# GESCHICHTLICHE WELTKUNDE Band 1

# GESCHICHTLICHE WELTKUNDE Band 1

## Von der frühen Zeit der Menschen bis zum Beginn der Neuzeit

Von Wolfgang Hug und Hejo Busley
unter Mitarbeit von Franz Bahl

**Verlag Moritz Diesterweg**

Frankfurt am Main · Berlin · München

# GESCHICHTLICHE WELTKUNDE

Band 1 **Von der frühen Zeit der Menschen bis zum Beginn der Neuzeit**

Band 2 **Vom Zeitalter der Entdeckungen bis zum Ende des 19. Jahrhunderts**

Band 3 **Von der Zeit des Imperialismus bis zur Gegenwart**


| | |
|---|---|
| Herausgeber: | Prof. Dr. Wolfgang Hug |
| Text: S. 1–135, 183–193, 228–245 | Dr. Wolfgang Hug, Freiburg |
| S. 135–183, 193–228 | Dr. Hejo Busley, München |
| Textredaktion: | Franz Bahl, Frankfurt am Main |


In der vorliegenden Auflage wurde der Band in Anpassung an die Lehrplanforderungen durch einige Abschnitte ergänzt. Der Einführung in geschichtliche Grundbegriffe dient das neue Einleitungskapitel (Seite 1 bis 10). Die griechische Geschichte wurde durch Abschnitte über den Freiheitskampf gegen die Perser (Seite 48 ff.) und über den Hellenismus (Seite 64 ff.) ergänzt. Gleichfalls ergänzt wurde die Darstellung der „Gesellschaft im Mittelalter" (Seite 147 ff.). Der Abschnitt über das Lehnswesen wurde umgestellt (Seite 170 ff.). Die Darstellung Friedrich Barbarossas (Seite 179 f.) wurde geringfügig erweitert. Die Register (Seite 246 ff.) wurden vervollständigt. Die Aufgabenstellungen wurden aufgrund der Unterrichtserfahrungen von Fall zu Fall modifiziert.

Genehmigt für den Gebrauch in Schulen.
Genehmigungsdaten teilt der Verlag auf Anfrage mit.


Kartenzeichnungen: Rudi Hubert, Berlin
Skizzen: Karl-F. Harig, Reinheim; Karl Schilling, Frankfurt am Main,
Hans-Georg Schmaderer, Wanne-Eickel
Umschlagentwurf: Hetty Krist-Schulz, Frankfurt am Main, unter Verwendung eines Farbfotos: Hirmer Fotoarchiv, München

ISBN 3-425-03310-7

4. Auflage (= 1. Auflage der überarbeiteten Fassung)





Gesamtherstellung: Oscar Brandstetter Druckerei KG, Wiesbaden

# Vorwort

Wozu soll ich Geschichte lernen? Das fragen viele Schüler, und die Lehrer geben verschiedene Antworten. Wir sagen: Es ist gut, wenn du geschichtlich zu denken lernst.

1. Wer etwas in unserer Welt erläutern und verstehen will, muß oft danach fragen, wie es früher war und wie die heutigen Verhältnisse entstanden sind. Vielleicht stellt er dann fest:

- Das hat es schon immer gegeben, und er meint damit: Das wird es auch heute und morgen noch geben. Oder:
- Das hat es früher nie gegeben, und er denkt dabei: Das sollte es auch heute und morgen nicht geben. Oder:
- Das ist eben so gekommen, und deshalb ist daran auch nichts zu ändern.

Aber wer so denkt und spricht, hat ein kindliches, naives Bild von unserer Welt. Er muß seine Ansichten erst überprüfen und aufklären. Dieses Buch hilft dir dabei, zu überprüfen und aufzuklären, wie es früher wirklich war und wie die heutigen Verhältnisse entstanden sind, indem es Informationen anbietet und Aufgaben stellt, die dazu anregen,

- verschiedene Standpunkte zu unterscheiden,
- Informationen zu verarbeiten,
- Früheres mit Heutigem zu vergleichen,
- Entwicklungen, Veränderungen und ihre Ursachen aufzuzeigen,
- Meinungen von Tatsachen abzuheben,
- festzustellen, aus welchen Interessen Menschen handeln.

Solche „Lernziele" verteilen sich auf das ganze Buch. Zu Beginn jedes Kapitels werden bestimmte Lernziele hervorgehoben. Am Ende jedes Kapitels stehen Fragen und Aufgaben zur „Lernkontrolle".

2. Das Buch konzentriert sich auf wenige große Themen der Geschichte. Über frühere Zeiten weiß man viel, viel mehr, als das Buch berichten kann. Nur solche Themen wurden ausgewählt, bei denen es sich lohnt, bestimmte Fragen zu stellen, vor allem folgende:

- Wie waren die Lebensbedingungen der Menschen – die Versorgung mit Nahrung, Kleidung und Wohnung, mit Arbeit, Erholung und Bildung – und wodurch haben sie sich verändert?
- Warum und auf welche Weise konnten Menschen andere Menschen beherrschen und Macht über sie ausüben? Was hat die Abhängigkeit zwischen Menschen vermehrt oder verringert?
- Wie sind Gegensätze zwischen einzelnen Gruppen, zwischen Völkern und Staaten entstanden? Wie hat man sie ausgetragen, was hat den Frieden ermöglicht?
- Wodurch entstanden Gruppen, Schichten und Klassen unter den Menschen? Wodurch werden sie zusammengehalten und von welchen Interessen sind sie geleitet?

Am Ende führen alle diese geschichtlichen Fragen zu der Gegenwartsfrage:
- Wie steht es mit den Lebensbedingungen, den Herrschaftsverhältnissen, den Gegensätzen und den Interessen der Menschen in unserer Welt? Werden sie sich ändern? Was sollte man ändern? Woran sollte man festhalten? Was kann ich tun?

3. Das Buch erzählt nicht einfach Geschichten, sondern informiert, stellt Fragen, bietet Materialien an, aus denen man selbst zu Erkenntnissen und Urteilen finden kann. Es enthält im wesentlichen folgende Teile:

(1) Die darstellenden Texte, die die Verfasser des Buches geschrieben haben. Sie berichten und informieren über einzelne Vorgänge, erläutern Zusammenhänge und beurteilen sie. Man kann diesen Texten Informationen entnehmen und kritisch dazu Stellung nehmen.

(2) Auszüge aus „Quellen". Quellen sind geschichtliche Zeugnisse, die aus der Zeit stammen, über die sie berichten. Sie können vergegenwärtigen, was gewesen ist. Aus ihnen läßt sich rekonstruieren, was wirklich war. Die Quellen sind mit blauer Farbe hervorgehoben.

(3) Auszüge aus modernen Büchern. Sie sind meistens aus Sachbüchern und Jugendliteratur entnommen. Diese Zitate sind dann eingefügt, wenn sie eine Sache besonders klar, verständlich und zuverlässig darstellen. Vielleicht können sie einen Anreiz zur Lektüre der Bücher ausüben. Die Zitate sind mit grauer Farbe von den anderen Texten abgehoben.

(4) Aufgaben und Fragen (Arbeitsvorschläge). Sie sollen dazu dienen, ein Problem zu vertiefen, etwas klarer herauszuarbeiten. Die Aufgaben und Fragen sind mit hellgelber Farbe hervorgehoben.

(5) Tabellen, Karten, Zeichnungen und Bilder. Sie haben die Aufgabe, einzelne Sachverhalte konkret zu erläutern oder sie so wiederzugeben, wie sie von zeitgenössischen Künstlern überliefert wurden.

(6) Stichworte, Begriffe und Zahlen am Rand. Sie sollen es erleichtern, den Überblick zu behalten, zusammenzufassen oder zu wiederholen und klare Begriffe zu verwenden.

Alle Teile des Buches haben den Zweck, dir zu helfen, nicht nur Kenntnisse über unsere Geschichte zu gewinnen, sondern kritischer zu werden und geschichtlich denken zu lernen, damit du die Bedingungen unserer Welt deutlicher erkennen und dich für eine vernünftige, menschenwürdige Entwicklung einsetzen kannst.

*Zur Erläuterung der Umschlagbilder*

Wie am Nil entwickelte sich auch im Zweistromland eine frühe Hochkultur (vgl. S. 29). Ein beredtes Zeugnis vom Leben der damaligen Menschen gibt ein längliches Gehäuse mit trapezartigen Seitenwänden, das in einem Königsgrab der Stadt Ur am Euphrat gefunden wurde. Es ist die sogenannte „Standarte von Ur", weil man früher annahm, daß sie auf einer Stange als Feldzeichen getragen wurde. Wahrscheinlich handelt es sich aber um den Resonanzkasten eines Musikinstruments. Die „Standarte von Ur" ist etwa 4.500 Jahre alt und ungefähr einen halben Meter lang. Auf den Schauseiten sind Menschen aller Stände in Krieg und Frieden abgebildet. Die Figuren bestehen aus Muscheln und Kalksteinstückchen, der Hintergrund aus Lapislazuli, einem tiefblauen, undurchsichtigen Halbedelstein.
Der Bildausschnitt auf der vorderen Umschlagseite zeigt oben den König und Mitglieder seines Hofstaates bei einem festlichen Umtrunk, während darunter die Untertanen einen Ochsen, einen Widder und Fische herbeischaffen. Auf dem Bildausschnitt auf der hinteren Umschlagseite sieht man einen Streitwagen mit Scheibenrädern, der, von Halbeseln (Onagern) gezogen, einen besiegten Feind überrollt. Darüber schwerbewaffnetes Fußvolk, das in geschlossener Formation vorrückt.

# Inhaltsverzeichnis

# 0. Zur Einführung

**Lernziele**

- Das neue Schulfach Geschichte wird dir leichter fallen, wenn du mit einigen Grundbegriffen wie Zeit, Vergangenheit, Jahrhundert, Erinnerung, Überlieferung, Vergegenwärtigung umgehen lernst. Diese Einführung wird dir dazu helfen.
- Wer sich näher mit Geschichte befaßt, hat es immer mit dem Material zu tun, das uns die Geschichte vermittelt. Es besteht aus „geschichtlichen Quellen" und „geschichtlichen Darstellungen". Mache dir anhand des folgenden Kapitels klar, um was es sich dabei handelt.

## 0.1. Zeit und Erinnerung: Die Grundlagen für Geschichte

**Zeitmesser.** Das folgende Rätsel ist leicht zu lösen:

„Sie hat wohl Räder,
doch fährt sie nicht fort.
Sie kann zwar gehen,
doch bleibt sie am Ort.
Sie hat eine Feder
und schmückt sich nicht,
kann Auskunft geben,
obwohl sie nicht spricht.
Sie hat keine Hände
und kann doch schlagen.
Du kannst sie sogar
in der Tasche tragen."

(Aus: H.-G. Oomen, Zeitbewußtsein und Zeitmessung. Kösel, München 1976, S. 16)

Die Uhr gibt dir die Zeit an, den jeweiligen Zeitpunkt oder Moment, in dem du nachschaust: Wieviel Uhr ist es? Mit der Uhr können wir Zeit messen. Das ist eine schwierige Aufgabe: Etwas, was man nicht sehen kann und was es doch gibt – den Ablauf der Zeit – zu messen. Die Uhr mißt 12 Stunden, manche Uhren auch 24, den Zeitablauf eines Tages. Wir sind gewohnt, sieben Tage zu einer Woche zusammenzufassen. Das war nicht immer und überall so. Die Juden (vgl. S. 107f.) haben die Woche vor beinahe 4000 Jahren eingeführt, und mit dem Christentum hat sich diese Einteilung in der ganzen Welt verbreitet. Die Bestimmung der Wochentage ist eine Tat der Menschen, durch die sie einen bestimmten Rhythmus in ihr alltägliches Leben und Arbeiten brachten. Anders ist es mit dem Jahr und den Monaten. Sie sind durch die Natur vorgegeben. Die alten Ägypter entdeckten als erste, daß die Jahres-

*Eiserne Kirchenuhr aus Norditalien (um 1700 n. Chr.). Ihr Zifferblatt, ein Mondgesicht, trägt das Datum und hat bewegliche Augen. Als Antrieb dienen riesige Steingewichte.*

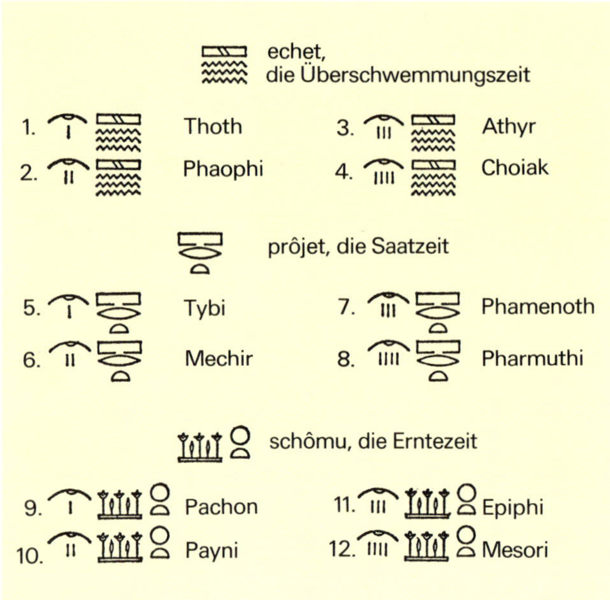


*Die ägyptischen Jahreszeiten und Monate. Die Schriftzeichen für die Jahreszeiten erscheinen wieder in den Zeichen für die einzelnen Monate.*

zeiten in ziemlich regelmäßigem Abstand einander folgen und die Natur im Ablauf eines Jahres sich wiederholt. Sie erfanden den ersten Kalender (vgl. S. 29), teilten das Jahr in 12 Monate und führten sogar die ersten Schaltjahre ein. Uhr und Kalender sind bis heute die wichtigsten Zeitmesser geblieben.

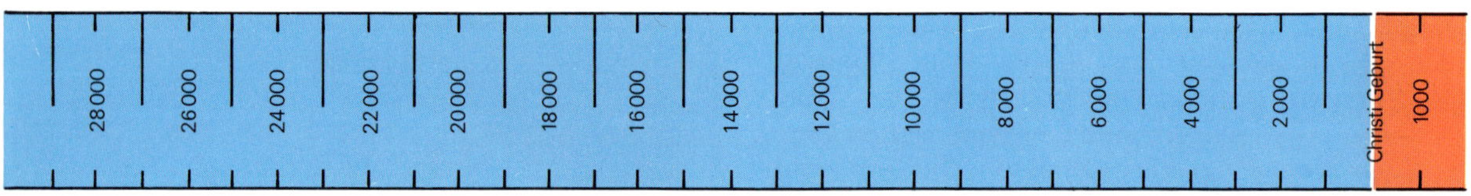


*Datierung*

Die Zeitleiste zeigt gleichmäßige Abstände von einer Jahresangabe zur andern. Aber wo fängt sie an? Gibt es ein Jahr Null? Wir betrachten heute die Geburt Christi als das Datum der „Zeitwende" und bezeichnen die Jahre davor mit „v. Chr.", die Zeit danach mit „n. Chr.". Diese Datierung hat zuerst ein Mönch namens Dionysios Exiguus vor rund 1500 Jahren eingeführt; vor etwa 1000 Jahren war sie in Europa allgemein üblich, und heute hat sie sich in der ganzen Welt durchgesetzt. Jetzt kann man also – für jedermann verständlich – genau angeben, wann ein Ereignis geschehen ist, z. B.: Am 4. Oktober 1957 starteten die Russen das erste Raumfahrzeug (Sputnik I). Am 23. Mai 1949 wurde die Bundesrepublik Deutschland gegründet.

Bei der Zählung der Jahre vor und nach Christi Geburt macht ein Jahr allerdings Schwierigkeiten:

*Zeitenwende*

„Getreu der damals üblichen Zählung nannte er [der Mönch Dionysios] das erste Jahr der neuen Zählmethode, das Jahr der Epoche also, Jahr Nummer 1 – nicht etwa Jahr 0! Denn die Null galt damals gar nicht als Zahl und konnte somit auch nicht zur Bezeichnung verwendet werden.

Lange Zeit ging alles gut, so lange nämlich, bis man bemerkte, daß viele wichtige Ereignisse auch vor der Epoche der neuen Ära stattgefunden hatten. Man mußte auch Jahre v. Chr. zählen; doch die Null hatte immer noch nicht den Rang einer Zahl erhalten, und das Jahr vor dem Jahr 1 bekam die Bezeichnung 1 v. Chr. Wir haben daher folgende Reihe der Zählung: . . . 3 v. Chr. – 2 v. Chr. – 1 v. Chr. 1 n. Chr. – 2 n. Chr. . . .[1] Zwischen dem Beginn des Jahres 2 v. Chr. und dem des Jahres 2 n. Chr. liegen also nur drei Jahre und nicht etwa (2 + 2) 4 Jahre."

(J. v. Erkrutt, Der Kalender im Wandel der Zeiten. Kosmos-Bibliothek Bd. 274, Stuttgart 1972, S. 58)

(1) Du kannst eine Zeitleiste anfertigen, auf der ein Millimeter ein Jahr bedeutet, und darauf das Jahr deiner Geburt, der Geburt deines Vaters, deiner Mutter, deiner Großeltern eintragen. Berechne, wie groß etwa der Zeitraum einer Generation ist.
(2) Erkläre den Ablauf eines Jahres, eines Monates, eines Tages mit Hilfe der Himmelskunde (Astronomie). Schlag im Geographie- oder Physikbuch nach.

Um die großen Zeitabschnitte von mehreren tausend Jahren besser gliedern zu können, berechnet man diese Zeiten mit dem Dezimalsystem. Es gibt also Jahrzehnte und auch Jahrhunderte. Auf einer Zeitleiste kann man sie ablesen:

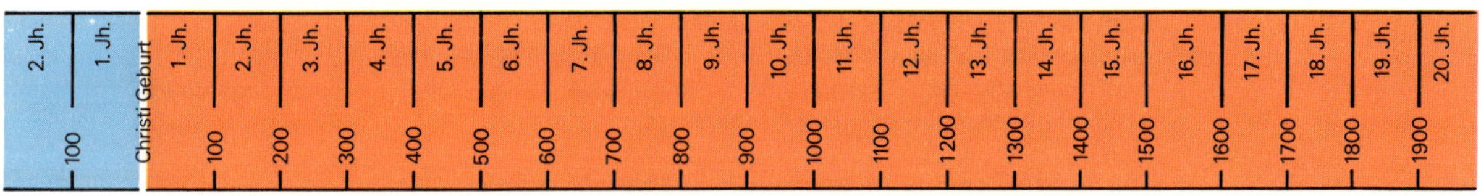


Aufpassen: Das 19. Jahrhundert (19. Jh.) ist die Zeit von 1800 bis 1900. Die Jahre, die mit „neunzehnhundert. . ." beginnen, gehören in das 20. Jh.!

*Zeitalter*

Seit rund 500 Jahren ist es auch üblich, daß man mehrere Jahrhunderte zu einem Zeitalter zusammenfaßt. Wir teilen die geschichtliche Vergangenheit heute in drei Hauptabschnitte ein:

Altertum (bis ca. 500 n. Chr.)

Mittelalter (ca. 500 – ca. 1500)

Neuzeit (seit ca. 1500)

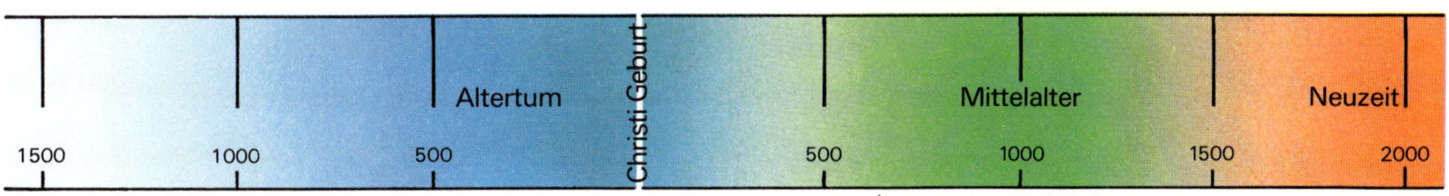


**Wir erinnern uns.** Unsere Uhr zeigt: Die Zeit vergeht. Geht das Vergehende unter? Der Dichter Homer erzählt von Odysseus, einem griechischen Helden, der nach einer zehnjährigen Irrfahrt unerkannt in seine Heimat zurückkehrte. Vor seinem

[1] Die Punkte (. . .) sind Auslassungszeichen. Sie bedeuten, daß in dem Buch, aus dem die Stelle zitiert ist, weitere Sätze oder Satzteile folgen, die für unseren Zusammenhang nicht so wichtig sind und deshalb ausgelassen wurden.

*Erinnerung*

Haus begegnete er seinem Hund Argos, den er selbst einst zum Jagdhund erzogen hatte. In seiner Abwesenheit hatte man den Hund verkommen lassen. Nun lag er, von Läusen gepeinigt, auf dem Dunghaufen vor dem Stall:

„Aber sobald er nur das Nah'n des Odysseus bemerkte,
wedelte er, und seine Ohren senkten sich leise.
Doch er vermochte nicht mehr, sich seinem Herrn zu nähern.
Der aber blickte beiseite, damit der Knecht ihn nicht sähe,
wie eine Träne ihm rann, und schnell begann er zu fragen . . ."

(Homer, Odyssee, Buch IX, 58ff.)

*Vergegenwärtigung*

Offenbar haben Menschen und sogar manche Tiere die Fähigkeit, Zeit zu überbrücken und Vergangenheit gegenwärtig zu machen. Was wir uns aus der Vergangenheit vergegenwärtigen, ist unsere Geschichte. Wo immer jemand aus seiner Zeit auf vergangene Zeit zurückblickt, treibt er Geschichte. Aber wenn wir zurückblicken, erscheint uns nicht jeder Tag und jede Minute, die wir erlebt haben oder die vergangen sind, gleich wichtig. Einzelne Zeiten sind uns in lebendiger Erinnerung, andere haben wir völlig vergessen. Ob etwas in Erinnerung bleibt oder sich in Erinnerung rufen läßt, hängt von seiner Bedeutung für uns ab.

(3) Schreibt einiges auf, woran ihr euch gern erinnert, ungern erinnert, häufig erinnert; einiges, das euch trotz Anstrengung nicht mehr recht in Erinnerung kommt. Was könnte man tun, um sich wieder besser daran zu erinnern?
(4) Sammelt bei älteren Menschen in eurer Umgebung deren Erinnerungen. Laßt euch erzählen, was ihnen aus ihrer Jugend, ihrer Schulzeit, aus den Kriegsjahren noch gegenwärtig ist. Nehmt solche Erinnerungen mit dem Kassettenrecorder auf.

Das Gedächtnis kann nicht nur festhalten, was man selbst erlebt hat. Wenn Mütter und Väter das, was sie aus der Vergangenheit in Erinnerung behalten haben, an die Kinder weitergeben, und wenn es die Enkelkinder wieder von diesen übernehmen und so weiter, dann bildet sich eine ganze Kette von Erinnerungen. Auch Nachbarn

*Funktionen des menschlichen Gehirns.*

(Aus: Hans Binder, Einführung in die Biologie, Band 1. Diesterweg 5665, S. 13)

| Gehirnabschnitt | Funktionen |
|---|---|
| Großhirn | Wahrnehmungen |
| Großhirn | Erinnerungen |
| Großhirn | Auslösung von Bewegungen (einschließlich Sprechen) |
| Großhirn | Bewußtes Denken und Wollen |
| Zwischenhirn | Beeinflussung seelischer Empfindungen und Erregungen |
| Mittelhirn | Steuerung von Reflexen und Beeinflussung der Großhirn-Funktionen |
| Verlängertes Mark | Steuerung von Atmung und Herzschlag; Husten-, Schluck- und andere Reflexe |
| Kleinhirn | Steuerung von Gleichgewicht und Körperbewegungen (unbewußt) |

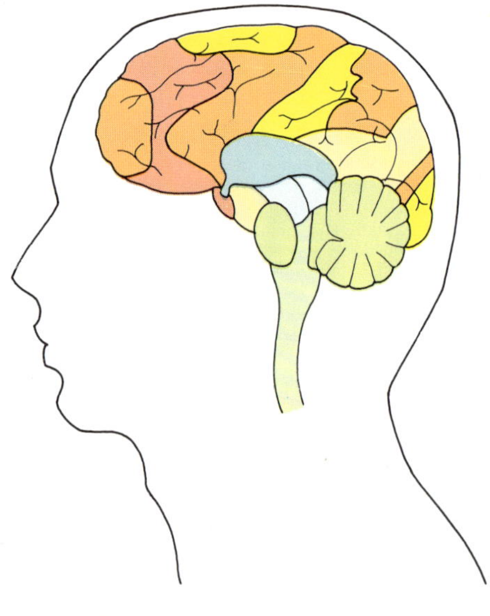

oder die Schule geben Erinnerungen an die Vergangenheit weiter. So entsteht das Bewußtsein einer gemeinsamen Geschichte. Wenn viele Menschen z. B. die Vergangenheit eines Dorfes oder einer Stadt oder eines Landes in Erinnerung behalten, dann wird die Geschichte dieses Dorfes, dieser Stadt oder dieses Volkes lebendig. Tatsächlich hat jedes Dorf und jede Stadt und jedes Volk seine eigene Geschichte. Die Deutschen haben eine andere Geschichte als die Polen oder die Italiener, die Europäer eine andere als die Afrikaner. Und gemeinsam nehmen sie teil an der Geschichte unserer Welt.

*Gemeinsame Erinnerung*

**Was uns Zeit bedeutet.** Niemand kann die Zeit selbst sehen, und doch wird sie jedem bewußt, der nicht schläft. Freilich haben die Menschen unterschiedliche Einstellungen zur Zeit. Die einen erwarten, daß sich mit der Zeit alles wiederholt: Wie die Jahreszeiten, so die Geschichte. Sie sagen: Alles kehrt wieder; es hat immer Reiche und Arme gegeben und wird sie auch künftig geben; Kriege hat es immer gegeben . . . Andere malen sich aus, was hätte sein können, z. B. wenn die Deutschen den Zweiten Weltkrieg nicht begonnen hätten, wenn sie ihn nicht verloren hätten, wenn man die Atombombe niemals eingesetzt hätte usw. Wer so über die Zeit denkt, kann die Geschichte nicht richtig sehen. Die Zeit geht immer in einer Richtung weiter; man kann das Rad nicht zurückstellen. Läuft die Zeit der Geschichte auf ein bestimmtes Ziel hinaus? Wir wissen es nicht. Aber wir können sehen, daß alles, was in der Vergangenheit geschehen ist, unwiederbringlich vorbei ist und daß kein Zauber es ungeschehen machen kann. Was aber geschehen ist, hat Folgen hinterlassen, die wir spüren können. Und man kann aus dem, was geschehen ist, für die Zukunft etwas lernen. Bei den meisten Dingen, die wir tun, richten wir uns danach, was Menschen früher getan haben.

*Zeiterfahrung*

Ein Beispiel: Man kann sich fragen, ob Schüler Hausaufgaben bekommen sollen. Die meisten Lehrer sagen: „Wir haben auch früher immer Hausaufgaben gegeben, warum jetzt plötzlich keine mehr?" Die meisten Erwachsenen meinen: „Wir haben früher auch Hausaufgaben bekommen, als wir noch zur Schule gingen. Das wird unsere Kinder nicht überfordern." Manche aber sagen: „Wir haben schon früher die Hausaufgaben abgeschrieben. Aus Hausaufgaben lernt man doch nichts." Alle berufen sich auf ihre Erfahrungen aus der Vergangenheit. Doch sie nützen erst dann etwas, wenn man kritisch abwägt, was mit Erfahrungen aus der Vergangenheit zu beweisen ist und was nicht.

(5) Die folgenden Sprichwörter und Redewendungen lassen ganz verschiedene Auffassungen von der Zeit erkennen: „Alles zu seiner Zeit" – „Kommt Zeit, kommt Rat" – „Zeit ist Geld" – „Ein jeder ist ein Kind seiner Zeit" – „Die Zeit heilt Wunden" – „Die Zeiten sind vorbei" – „Die Zeit arbeitet für uns". Versuche, mindestens drei davon zu erklären, am besten mit Hilfe von Beispielen.

## 0.2. Überlieferung und Darstellung vermitteln die Geschichte

**Womit wird überliefert, was früher war?** Kinder fragen uns Eltern zuweilen, wie das früher war, als wir noch zur Schule gingen. Aber wir können uns nur noch undeutlich erinnern. Wenn wir Glück haben, finden wir vielleicht ein Tagebuch aus der eigenen Schulzeit. Aber die heutigen Kinder können es nur mit unserer Hilfe entziffern, weil es meist in der damals üblichen „Sütterlinschrift" abgefaßt ist. Eine Schriftstellerin, die ihre Schulzeit vor rund 50 Jahren in Berlin verbracht hatte, veröffentlichte ihre Kindheitserinnerungen in einem Buch. Sie berichtet darin u. a.:

„Nach der Pause war Geschichtsstunde, und Herr Graupe erzählte . . . von den Höhlenmenschen. Wie er sagte, hatten sie vor Millionen Jahren gelebt. Sie töteten wilde Tiere und aßen sie und machten aus ihrem Fell Kleider. Dann lernten sie Feuer anzuzünden und einfache Werkzeuge zu machen und wurden allmählich zivilisiert. Das war der Fortschritt, sagte Herr

*Erinnerung an die Schulzeit*

Graupe, und dazu kam es teilweise durch Hausierer, die mit nützlichen Gegenständen zu den Höhlen der Höhlenmenschen kamen, um Tauschgeschäfte zu machen. ‚Was denn für nützliche Gegenstände?', fragte einer der Jungen. Herr Graupe schaute empört auf. ‚Für Höhlenmenschen waren alle möglichen Dinge nützlich', sagte er. ‚Zum Beispiel Perlen und bunte Wolle und Sicherheitsnadeln, um ihre Felle zusammenzustecken.' Anna war sehr überrascht über die Hausierer und die Sicherheitsnadeln. Sie hätte Herrn Graupe gern gebeten, das genauer zu erklären, aber dann kam es ihr doch klüger vor, es zu unterlassen. Es schellte auch, bevor sie die Möglichkeit dazu hatte . . ."

(J. Kerr, Als Hitler das rosa Kaninchen stahl. O. Maier, Ravensburg 1974, S. 50)

Sicher gäbe es ein verzerrtes Bild, wenn sich jemand auf Grund solcher Erinnerungen ein Bild davon machen wollte, wie die Schulverhältnisse vor 50 Jahren aussahen. Die Angaben sind zwar nicht falsch, aber einseitig. Sie heben ganz bestimmte Dinge hervor und lassen alles weg, was damals selbstverständlich war. So ist es mit den meisten Überlieferungen aus früherer Zeit.

Natürlich interessiert Kinder ein altes Fotoalbum noch mehr als ein Tagebuch. Die Bilder zeigen, wie wir Erwachsenen damals ausgesehen haben, was für Kleider wir getragen haben, mit wem wir spielten oder wohin wir mit unseren Eltern reisen durften. Tagebuch und Fotoalbum sind zwei Beispiele dafür, wie die Vergangenheit in schriftlicher und bildlicher Form überliefert sein kann.

*„Quellen"*

Man nennt alle Formen der Überlieferung – Briefe, Aufzeichnungen, Akten, aber auch Bilder, Bauwerke, Geräte und selbst Überreste davon – „Quellen" der Geschichte. Das Fotoalbum kann zum Grundstock für ein privates Museum der persönlichen Geschichte werden, das Tagebuch kann den Anfang zu einem kleinen „Archiv" der Familie bilden. Archive und Museen sind die wichtigsten Einrichtungen, in denen geschichtliche Überlieferungen gesammelt, aufbewahrt und ausgewertet werden.

*Das Foto aus dem Jahr 1903 zeigt eine wohlhabende adlige Offiziersfamilie. Wer von deinen Vorfahren hat damals gelebt? Kennst du Fotos von ihnen? Sind sie ebenso gekleidet, oder gibt es Unterschiede? Kannst du sie erklären?*

*Gruppenbild einer Familie aus dem Jahr 1938. Wieviele Generationen kannst du auf dem Bild erkennen? Vergleiche Haltung und Kleidung mit dem vorhergehenden Bild. Wie alt ist das jüngste Kind heute?*

(1) Ihr könnt eure Eltern, Großeltern, Bekannten fragen, ob sie noch Schulhefte, Schulbücher, Schulzeugnisse aus ihrer Jugend besitzen. Vergleicht mit euren jetzigen Schulmaterialien. Achtet auf Schrift, Inhalt, Umfang usw.; stellt fest, was euch bekannt, was unbekannt erscheint.
(2) Die Klasse sollte unbedingt einen Besuch im Heimatmuseum der eigenen Gemeinde oder der nächsten Stadt machen. Vorher anmelden und sich vorbereiten! Jede Gemeinde ist verpflichtet, ein eigenes Archiv zu führen. Informiert euch, wie alt die frühesten Schriftstücke sind, die dort aufbewahrt werden.

**Wie man mit Überlieferungen umgeht.** Will man erfahren, wie es in der Schule vor hundert oder tausend Jahren zuging, kann man nicht mehr Vater oder Mutter fragen, wie das bei ihnen war. Dazu sind ältere „Quellen" notwendig. Eines der frühesten Zeugnisse aus dem Alltag von Schülern ist fast 4000 Jahre alt und stammt aus dem Zweistromland im Nahen Osten. Darin heißt es u. a.:

*Schriftliche Überlieferung*

„Nun, Schüler, wohin gingst du all die Zeit?"
„Ins Tafelhaus!" – „Was hast du da gemacht?"
„Die Tafel las ich und mein Frühstück aß ich,
die Tafel schrieb ich voll bis an den Rand!
Als Schulschluß war, bin ich nach Haus gegangen
und sprach dem Vater das Gelernte vor,
las auch die Tafel ihm – er war zufrieden.
Am Morgen mußt' ich wieder früh heraus,
ich schaute nach der Mutter, sprach zu ihr:
‚Gib mir das Frühstück, denn ich muß zur Schule!'
Zwei Brote holte Mutter mir vom Ofen,
saß auch dabei, derweil ich durstig trank.
‚Das Schulbrot noch!' Zur Schule lief ich schon.
Der, der die Aufsicht hatte, fuhr mich an
im Schulhaus: ‚Warum kommst du denn zu spät?'
Da ward mir Angst, mein Herz fing an zu klopfen,
ich ging zum Lehrer. ‚Marsch auf deinen Platz!'
Gleich sah mein Lehrer meine Tafel an,
geriet in Zorn, und dann bekam ich Prügel . . ."

(Aus: H. Schmökel, Ur, Assur und Babylon. Drei Jahrhunderte im Zweistromland. 1955, S. 62)

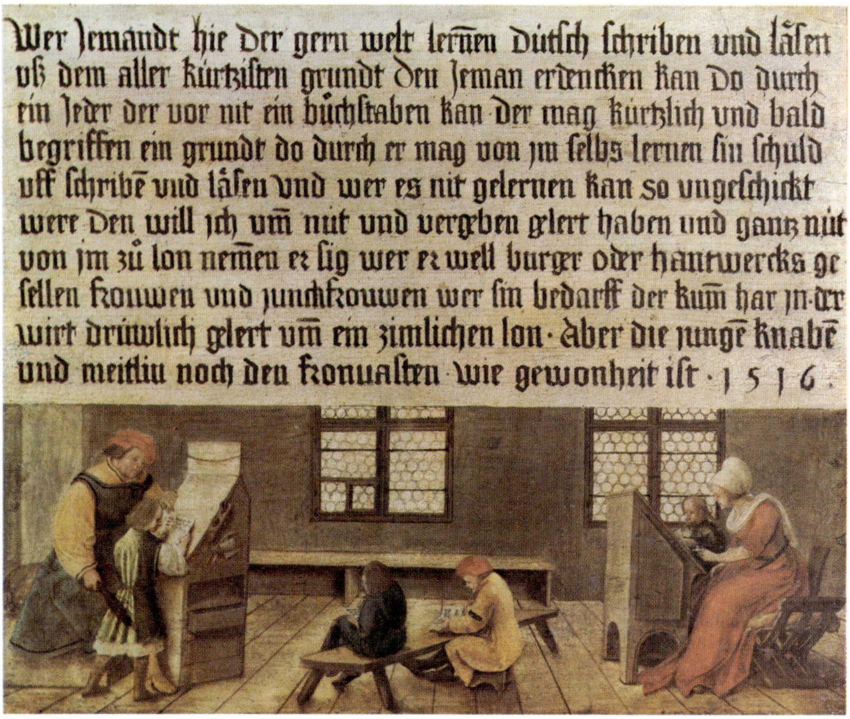


*Unterricht an der Wende vom Mittelalter zur Neuzeit zeigt das Reklameschild eines Schulmeisters, gemalt 1516 von Ambrosius Holbein, dem Bruder des berühmten Malers Hans Holbein d. J. Vier Kinder werden vom Schulmeister und seiner Frau unterrichtet. Wahrscheinlich gehörte das Aushängeschild einem Oswald Geißhüsler, der in Basel studierte und zum Broterwerb zugleich eine Elementarschule betrieb. Wie das Gedicht vom Schüler im „Tafelhaus" ist auch dieses Bild ein Zeugnis oder eine „Quelle", die vom Schulleben in früherer Zeit berichtet.*

Offenbar handelt es sich hier um ein Gespräch zwischen einem Schüler und einem Erwachsenen. Der Text wurde seit seiner Auffindung in vielen Büchern abgedruckt. Ursprünglich, d. h. vor 4000 Jahren, erschien er natürlich nicht in einem gedruckten Buch. Die ältesten gedruckten Bücher sind nämlich erst rund 500 Jahre alt. Der Text der Geschichte vom „Tafelhaus" stand vielmehr auf Tonscherben, die man bei Ausgrabungen gefunden hat. Sie mußten erst gereinigt, zusammengesetzt und entziffert werden. Einzelne Schriftzeichen, die nicht klar zu erkennen waren, mußte man aus dem Zusammenhang erschließen, damit der betreffende Satz einen Sinn ergab.

*Entdeckung von Quellen*

Dann mußte man den Text in unsere Sprache übersetzen. Diese Arbeiten haben Forscher ausgeführt, die solche alten Sprachen studiert haben. Bei der Übersetzung, die hier wiedergegeben ist, wurde manches vereinfacht. So heißt es in der 4. Zeile wörtlich: „Ich habe meine Tafel gemacht, habe sie beschrieben, bis zu Ende beschrieben." Die vereinfachte Übersetzung lautet nur: „Die Tafel schrieb ich voll bis an den Rand." Der Übersetzer, der diese Vereinfachung vorgenommen hat, wußte offenbar mit dem kurzen Satz „Ich habe meine Tafel gemacht" nichts anzufangen. Dabei ist es gar nicht so schwierig, ihn zu erklären: Der Schüler mußte im „Tafelhaus" zuerst eine Tafel aus Ton anfertigen, bevor er mit den Schreibarbeiten anfangen konnte.

*Übersetzung von Quellen*

*Erschließung von Quellen*

Hat man eine alte „Quelle" sorgfältig wiederhergestellt, ihr Alter ermittelt und sie übersetzt, dann lassen sich daraus zahlreiche Schlüsse ziehen.

(3) Stelle eine Liste von Gesichtspunkten zusammen, die in dem Text vom „Tafelhaus" erwähnt werden, und versuche festzustellen, was man ganz allgemein aus dem Bericht über die damaligen Schulverhältnisse schließen kann.

(4) Ein Buch über „Schule und Schüler in vier Jahrtausenden" trägt den Titel „Ihnen ging es auch nicht besser". Trifft dieser Titel auf die Verhältnisse im Zweistromland zu? Muß er für die Schulen aller Zeit zutreffen? Was braucht man, um ein solches Urteil abgeben zu können?

**Die Überlieferung ist bruchstückhaft.** Die meisten Quellen schildern einen Einzelfall. Wir müssen fragen, was daran typisch ist. Die meisten schriftlichen Quellen überliefern auch nicht, wie es wirklich war, sondern nur, wie es der Schreiber von seinem Standpunkt aus sah. Und viele Quellen beschreiben statt der Wirklichkeit das, was hätte sein sollen. Besonders gilt das für Anweisungen in Gesetzen oder Vorschriften. So liest man z. B. über das Verhalten der Schüler vor rund hundert Jahren:

*Quelleninhalt*

„Ruhe aber muß auch sein. Zunächst und unbedingt während des Unterrichts. Da muß jedes Geräusch, jedes Flüstern aufhören. Die Schüler sitzen da, wie angegossen; sie scheuen sich, auch die kleinste Bewegung zu machen, keiner wendet den Blick anderswohin, als nach dem Lehrer; keiner verzieht eine Miene, man würde das Stäubchen fallen hören, wenn der Lehrer nicht spräche. Eine solche Ruhe, mit der natürlich auch Aufmerksamkeit gepaart ist, ist dem Unterricht ungemein förderlich . . ."

(H. Gräfe, Deutsche Volksschule . . ., 3. Auflage, Jena 1878–79. Hier zitiert nach: K. Rutschky, Schwarze Pädagogik. Quellen zur Naturgeschichte der bürgerlichen Erziehung. Frankfurt 1977, S. 215f.)

„Damit jede Störung des Unterrichtes unmöglich gemacht werde, hat der Lehrer vor Beginn des Unterrichts darauf zu halten [zu verlangen][1]:

a) daß alle Schüler anständig, gerade, mit dem Rücken angelehnt und in Reihen hintereinandersitzen, damit der Lehrer alle leicht übersehen kann;
b) daß jedes Kind seine Hände geschlossen auf die Schultafel legt, damit alle Neckereien und Spielereien auf der Tafel, alle ungehörigen und unsittlichen Beschäftigungen unter derselben unmöglich gemacht werden;
c) daß die Füße parallel nebeneinander auf den Boden gestellt werden, damit das Übereinanderschlagen der Beine und das Hin- und Herscharren der Füße nicht stattfinden kann."

(Aus: C. Kehr, Praxis der Volksschule. Gotha 1903, S. 66. Zitiert nach: K. Hartmann u. a. (Hrsg.), Schule und Staat im 18. und 19. Jahrhundert. Frankfurt 1974, S. 378f.)

Wir erfahren aus diesen Texten zwar nicht, wie sich Schüler wirklich verhalten haben. Aber sie sind sehr aufschlußreich dafür, was die Erwachsenen damals von den Schülern erwartet haben, welche Erziehungsideale herrschten und wie das Verhältnis zu den Kindern war.

*Funktion von Quellen*

Wer sich aus „Quellen" kein falsches Bild von den Verhältnissen oder den Ereignissen machen will, von denen sie jeweils berichten, sollte sich an folgende Faustregeln halten:

1. Informiere dich, aus welcher Zeit die Quelle stammt und wie nahe sie räumlich und zeitlich dem steht, wovon sie berichtet.
2. Versuche Klarheit darüber zu gewinnen, zu welchem Zweck die Quelle abgefaßt wurde. Meist genügt es festzustellen, in welche „Gattung" die Quelle gehört: Ob sie z. B. von einem Dichter stammt oder aus einem Gesetzbuch, ob es sich um eine Stelle aus einem Brief oder einer Urkunde handelt u. ä. mehr.
3. Verschaffe dir einen Überblick über den Inhalt der Quelle: Wovon handelt sie hauptsächlich?
4. Prüfe, was die Quelle wegläßt (was man ergänzen muß, weil es unbedingt zum Thema gehört), und überlege, ob man dem, was die Quelle sagt, tatsächlich vertrauen kann.

*Regeln zur Quellenbenützung*

[1] An manchen Stellen sind erklärende Zusätze in die Zitate eingefügt; sie stehen in eckigen Klammern.

**Geschichtliche Darstellungen.** Natürlich können wir nicht alles, was uns aus der Vergangenheit interessiert, selbst aus den Quellen zusammensuchen. Das Leben keines einzelnen Menschen würde dazu jemals ausreichen. Es ist Aufgabe von Geschichtsforschern und Geschichtslehrern, die vielen Quellen für uns zu verarbeiten und das Ergebnis darzustellen. An ausgewählten Beispielen von Quellen sollten sie freilich immer wieder nachweisen, woraus sie ihr Bild von der Vergangenheit gewonnen haben. Aufgrund vieler Quellen über die Schulverhältnisse vor 200 Jahren konnte z. B. ein Geschichtsforscher schreiben:

*Geschichtsforscher*

„Die üblen Schulzustände sind gegen Ende des 18. Jahrhunderts in der Oppositionsliteratur [d.h. von den Schriftstellern jener Zeit, die die Verhältnisse kritisierten] oft und vielfach wohl auch zu grell geschildert worden; es bleibt aber doch des Lehrer- und Schulelendes genug – überfüllte Klassen, erbärmliche Schulstuben, ausgehungerte und unfähige Lehrer! Seine Einkünfte zog der Schulmeister von den Kindern in der Form des Schulgeldes ein, die Schulstellen waren Versorgungen für Invaliden, für unfähige und gescheiterte Handwerker; meist waren es die ‚sitzenden Gewerbe', Schneider oder Schuster, die sich der körperlichen Bewegung wegen zum Beruf des Prüglers meldeten; der Unterricht kam auf dem Lande selten über das Buchstabieren hinaus . . ."

(Aus: F. Schnabel, Deutsche Geschichte im neunzehnten Jahrhundert, 1. Bd., Die Grundlagen. Freiburg $^{3}$1947, S. 422)

*Darstellung von Tatsachen*

Nur selten können sich geschichtliche Darstellungen darauf beschränken, bloße „Tatsachen" aufzuzählen wie in folgendem Beispiel über „Ereignisse des Jahres 1930":

„Hugo Eckener (1868–1954) umfliegt mit dem Luftschiff ‚Graf Zeppelin' die Erde.
Claudius Dornier baut das Flugzeug Do X für 169 Passagiere.
Allgemeine Einführung des Tonfilms.
Bei der Reichstagswahl gewinnt die NSDAP als zweitstärkste Partei (nach der SPD) 107 Sitze.
In Deutschland wird eine Ledigensteuer eingeführt."

(Aus: Weltgeschichte in Zahlen. Fischer Verlag, Frankfurt 1977, S. 245)

Eigentlich muß eine geschichtliche Darstellung die Einzelereignisse immer in einen Zusammenhang stellen und in ihrer Bedeutung beurteilen. Das ist auch die Aufgabe der Darstellung im Schulgeschichtsbuch.

## Zur Lernkontrolle

1. Versuche, folgende Fragen zu beantworten: a) Von wann bis wann dauerte das 19. Jahrhundert? b) Welchen Zeitraum umfaßt das „Mittelalter"? c) Warum gibt es kein Jahr Null?
2. Das Gedächtnis kann festhalten und kann vergessen, was geschehen ist. Erkläre, wovon es abhängen kann, woran wir uns erinnern.
3. Es gibt verschiedene Arten von „geschichtlichen Quellen": Zähle einige dieser Arten auf. Gib an, ob du selbst etwas zuhause hast, was man als „geschichtliche Quelle" bezeichnen könnte. Um was handelt es sich?
4. Welche Faustregel(n) für den Umgang mit Quellen hast du dir gemerkt? Schreib sie auf.
5. Dieses Kapitel enthält mehrere Auszüge aus Quellen und aus Darstellungen. Woran sind sie zu erkennen, und wie kann man sie leicht auseinanderhalten? Welche Quellen in bildlicher Form sind in diesem Kapitel enthalten?

# 1. Der Mensch entwickelt sich

**Lernziele**

- In diesem Kapitel kannst du dir einen Überblick über die Entwicklung der Menschen von der Steinzeit bis zur Eisenzeit verschaffen.
- Du solltest darüber nachdenken, wie sich der Mensch in seiner Umwelt behaupten lernte, wie er seine Fähigkeiten steigerte und allmählich eine bäuerliche Lebensweise entwickelt hat.
- Versuche zu erkennen, wie man aus einzelnen Überresten der damaligen Zeit Schlüsse ziehen muß, um ein Bild davon zu bekommen, wie Menschen damals lebten.

## 1.1. Altsteinzeit: Der Mensch behauptet sich in der Natur

10–15 Millionen Jahre

**Seit wann gibt es Menschen?** Die Erde – ein Stern im Sonnensystem – ist nach wissenschaftlicher Schätzung rund 5 Milliarden Jahre alt. Die Erdoberfläche muß zuerst glühend und flüssig gewesen sein, bevor sie allmählich erkaltete. Man schätzt, daß es seit mehr als 3 Milliarden Jahren Leben auf der Erde gibt. Aus dieser Zeit stammen Spuren von Wassertieren, die man in Südafrika in alten Gesteinsschichten gefunden hat. Die Familie der Menschenaffen reicht etwa 40 Millionen Jahre zurück. Die Entwicklung zum Menschen muß vor etwa 10 bis 15 Millionen Jahren begonnen haben. Unendlich langsam hat sich die menschliche Gattung weiterentwickelt. Man kann sich diese Entwicklung in folgender Weise vorstellen:

*Auf der Suche nach Spuren des „Vormenschen" (vgl. S. 12). Ausgrabungsarbeiten in der Oldoway-Schlucht am Rande der Serengeti in Tansania (1961).*

*Aufrechter Gang*

*Sprache*

„Seine uralten Ahnen sind allem Anschein nach menschenaffenähnliche Wesen gewesen, die vom Leben auf Bäumen zum Bodenleben übergingen. Ihre Augen waren bereits nach vorne gerichtet; um den Gefahren auf dem Boden entgehen zu können, mußten sie sich nach allen Richtungen umsehen können. Das war am leichtesten möglich, wenn sie auf zwei Beinen standen; so entwickelte sich der aufrechte Gang. Da dadurch die beiden vorderen Gliedmaßen nicht mehr zur Fortbewegung gebraucht wurden, konnten Steine oder Knüppel als Werkzeug benutzt werden. Später gingen die Vormenschen dazu über, zweckbestimmte Geräte für künftigen Gebrauch herzustellen; daraus, daß solche Geräte allmählich in vereinheitlichten Formen erschienen, kann man schließen, daß diese Wesen mit ihren Lautäußerungen nicht nur Stimmungen zum Ausdruck brachten (wie es die Menschenaffen heute noch tun), sondern sie auch benutzten, um ihren Gefährten Erfahrungen mitzuteilen und ihre heranwachsenden Kinder zu unterweisen. Diese Geschöpfe waren nicht sehr leichtfüßig, und ihr Gebiß war kaum für einen Kampf geeignet; daher konnten sie ihrer Feinde nur mit Hilfe überlegener Intelligenz Herr werden. Dementsprechend nahm die Gehirngröße allmählich zu."

(Aus: Die Welt aus der wir kommen. Die Vorgeschichte der Menschheit, hrsg. v. S. Piggott, Knaur Verlag, München 1961, S. 21)

(1) Die Stelle, die hier aus dem Buch „Die Welt aus der wir kommen" zitiert ist, zählt wichtige Merkmale auf, die den Menschen im Vergleich zum Tier auszeichnen. Schreib sie in Stichworten auf.
(2) Prüfe, wie der Verfasser zu seiner Ansicht von der Entwicklung der Menschen kommt. Hat er Beweise? Wovon geht er aus? Wie findest du seine Ansicht: unwiderlegbar – einleuchtend – fragwürdig?

*Eiszeiten – Warmzeiten*

Die Entwicklung des Menschen war begleitet von Veränderungen in der Natur. Vor ungefähr 600000 Jahren legten sich über weite Gebiete Europas, Asiens und Nordamerikas gewaltige Eismassen. Erst nach vielen Jahrtausenden änderte sich das Klima, und das Eis schmolz. Eine längere Warmzeit setzte ein, Pflanzen und Tierwelt verbreiteten sich rasch. Doch es folgte wieder eine Vereisung, danach wieder eine Warmzeit, und dieser Wechsel wiederholte sich, bis vor etwa 12000 Jahren die vierte Warmzeit begann und die „Eiszeit" beendete.

*„Vormensch"*

**Entwicklungsstufen: Vom „Vormenschen" zum Vernunftwesen.** Was blieb von den frühesten Menschen erhalten? Vor gut 50 Jahren fand ein Steinbrucharbeiter in Südafrika einen Schädel im Kalkgestein, der nach Meinung der Fachleute von einem Wesen stammt, das eine Art „Vormensch" gewesen sein muß und vor mehr als 1,5 Millionen Jahren gelebt hat. Dieser „Vormensch" war nur etwa 1,20 m groß, konnte noch nicht völlig aufrecht gehen, seine Gehirngröße betrug nur etwa ein Viertel derjenigen eines heutigen Menschen.

**250000 Jahre**

In der Nähe von Heidelberg wurde in einer Kiesgrube ein menschlicher Unterkiefer gefunden, der 24 m tief in einer Kiesschicht lag, die über 500000 Jahre alt ist. Nur halb so alt, etwa 250000 Jahre, sind menschliche Überreste, die man bei Steinheim in Württemberg ausgegraben hat. Andere Funde bei Peking, auf der Insel Java und neuerdings bei Nizza beweisen nicht nur, daß sich der Mensch in der Zeit vor 500000 bis 250000 Jahren in den gemäßigten Zonen der ganzen Erde ausgebreitet hat, sondern zu dieser Zeit die Fähigkeit besaß, Steinwerkzeuge herzustellen und zu gebrauchen, sich des Feuers zu bedienen und in Gruppen zusammenzuleben.

*Neandertaler*

In einem Steinbruch des Neandertales – nahe bei Düsseldorf – fanden Arbeiter im August 1856 eine Menge Knochen. Sie informierten einen Fachmann, der die Knochen zu einem menschlichen Skelett zusammenfügte und ihr Alter auf über 100000 Jahre schätzte. Andere Wissenschaftler widersprachen ihm, und der Streit der Forscher dauerte fast 50 Jahre. Erst nachdem auch an anderen Orten solche Knochen gefunden wurden, gelang der zuverlässige Beweis: diese Menschenart, die man nach der ersten Fundstelle als „Neandertaler" bezeichnet, muß vor der letzten Vereisung

*Eine Horde von Neandertalern in ihrer Wohnhöhle. Die Zeichnung versucht darzustellen, wie man sich verschiedene Tätigkeiten der Menschen jener Zeit vorstellen kann. Welche sind zu erkennen? Was könnte in Wirklichkeit auch ganz anders ausgesehen haben?*

(vgl. Zeittafel S. 14) gelebt haben. Es waren gedrungene plumpe Gestalten mit langen Armen, einem Schädel mit kräftigen Augenwülsten und einem ziemlich großen Gehirn; Kinn und Stirn waren noch wenig ausgebildet. Die Neandertaler bearbeiteten Steine sorgfältig zu Spitzen und Schabern. Die „Rasse" der Neandertaler bewohnte ca. 100 000 Jahre lang weite Gebiete Europas; danach ist sie wohl ausgestorben und wurde von einer höher entwickelten Menschenart abgelöst. Die ersten Beweise dafür fand man in Südfrankreich bei Crô Magnon vor rund 100 Jahren. Später wurden zahlreiche Knochenfunde von diesem „Crô-Magnon-Menschen" entdeckt. Sein Körperbau gleicht dem unsrigen; nach der Art seines Kiefers zu schließen, konnte er sprechen; die Geräte aus dieser Zeit sind höher entwickelt. Man nimmt allgemein an, daß sich dieser Mensch – der „homo sapiens", d. h. ein Vernunftwesen – nicht nur äußerlich vom Tier unterschieden hat, sondern etwas dem Menschen Eigentümliches besaß: das Bewußtsein. Menschen können sich selbst wahrnehmen und erkennen; sie können „Ich" und „Du" und „Wir" sagen; sie allein können bewußt ausdrücken, was sie empfinden, z. B. „Ich fürchte mich" oder „Ich hab dich gern". Dieser „homo sapiens" existiert offenbar seit der letzten Vereisung, d. h. seit etwa 40 000 Jahren.

*„homo sapiens"*

**40 000 Jahre**

| | | |
|---|---|---|
| vor ca. | 1 500 000 Jahren | „Vormensch" |
| vor ca. | 500 000 Jahren | Erste Steinwerkzeuge |
| | | Gebrauch des Feuers |
| vor ca. | 120 000 Jahren | Neandertaler |
| vor ca. | 40 000 Jahren | Homo sapiens |

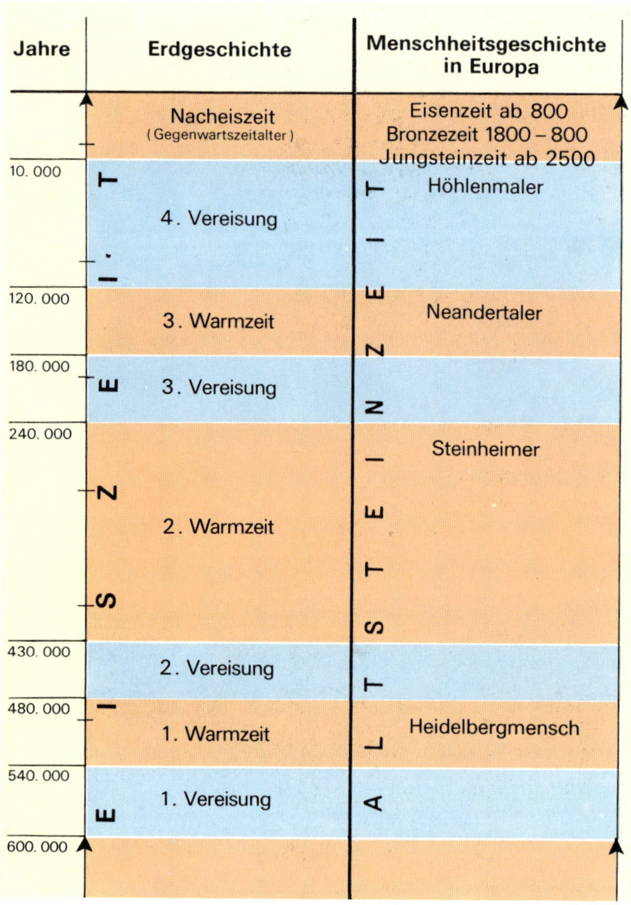


*Die Steinzeit in Europa.*

**Wie kann man das Alter von Funden errechnen?** Wissenschaftler erforschen die Vorgeschichte (d.h. die Zeit, aus der es noch keine schriftlichen Berichte gibt) mit Hilfe des Spatens. Die Zeugnisse aus der Vergangenheit, die sie ausgraben, sind zwar „stumm", aber keineswegs nichtssagend. Die erste Aufgabe besteht darin, sie zu datieren, d.h. ihr Alter zu bestimmen. Dafür gibt es verschiedene Methoden. Die wichtigste besteht darin, bei den Ausgrabungen eine Schicht nach der anderen sorgfältig freizulegen (vgl. das Bild S. 11) und aus der Lage der einzelnen Schichten ihr relatives Alter zu errechnen. Geologen (Fachleute für Gesteinskunde) helfen dabei, weil sie die Entstehungszeit einzelner Schotter-, Sand- und Lößschichten ziemlich genau kennen. Biologen können aus den Blütenstaubkörnern („Pollen"), die man in bestimmten Erdschichten findet, die Art des Baumbestandes erkennen, die es damals gab, und diese Erkenntnisse zur Datierung neuer Funde verwenden. Ein besonders interessantes Verfahren ist erst vor kurzem entdeckt worden; der amerikanische Physiker Libby erhielt für die Entdeckung 1960 den Nobelpreis. Er hatte erkannt, daß Pflanzen und über die Pflanzennahrung auch Tiere und Menschen Radiokarbon aufnehmen, einen radioaktiven Kohlenstoff (C 14). Dieses Radiokarbon zerfällt beständig und völlig gleichmäßig, während gewöhnlicher Kohlenstoff (C 12) sich erhält. Das Verhältnis von C 14 zu C 12 ist bei Lebewesen zunächst überall dasselbe. Da aber C 14 so zerfällt, daß nach rund 5600 Jahren nur noch die Hälfte davon vorhanden ist, nach der doppelten Zeit nur noch ein Viertel usw., und da nach dem Tod eines Lebewesens von diesem kein neues C 14 mehr aufgenommen wird, kann man aus dem Verhältnis zwischen C 14 und C 12 in den Überresten früherer Lebewesen berechnen, wieviel Zeit seit ihrem Tode verstrichen ist.

*Altersbestimmung durch Radiokarbon*

(3) Angenommen, bei Erdarbeiten in der Umgebung (z.B. beim Bau einer Autobahn) werden Knochen und Steinwerkzeuge gefunden. Was ist zu tun?
(4) Auf einem Blatt Papier wird eine Strecke von 18 cm aufgetragen; jeder Millimeter soll ein Jahr bedeuten. Dann tragen wir die Zeit von 1800 bis 1980 ein. Jeder markiert seinen Geburtstag, den seines Vaters und seiner Mutter, seiner Großeltern und wenn möglich auch den der Urgroßeltern. Wie lang müßte die Strecke sein, wenn wir die Zeit von Christi Geburt bis heute darstellen wollten; wie lang müßte sie sein, um das Alter der Menschheit zu zeigen?
(5) Was nützt die Kenntnis der Eiszeiten den Geologen bei der Bestimmung einer Gesteinsschicht?

**Die Entwicklung von Werkzeugen.** Neben den Überresten menschlicher Skelette fand man zahllose behauene Steine und Steinsplitter, die offenbar den Menschen als Werkzeug dienten. Sie bezeugen, daß Arbeit von früh an zum menschlichen Leben gehörte. Weil Stein bis lange nach der letzten Eiszeit den ersten und wichtigsten Werkstoff der Menschen bildete, nennt man diesen ersten Abschnitt in der Entwicklung des Menschen die „Steinzeit".

*Arbeitsgeräte*

*„Steinzeit"*

„Die ersten Werkzeuge des Menschen waren seine Körperteile, voran Arme und Hände. Ihre Wirkung zu steigern oder sie ganz zu ersetzen, war Ziel und Ergebnis frühester Erfindertätigkeit der Menschheit. Die Reichweite des Armes konnte durch einen abgerissenen Baumast, der Schlag der Faust durch einen aufgehobenen Stein verstärkt werden. Der nächste Schritt, der zwangsläufig dem ersten folgen mußte, bestand darin, dem Rohstoff eine Form zu geben, die ihn für bestimmte Handlungen geeignet machen konnte ... Das Universalgerät der ersten Zeit hat Mandelform, man hat es ‚Faustkeil' genannt. Es liegt in der Tat mit seinem dicken Ende vorzüglich in der Hand und konnte für alle Zwecke verwendet werden. Wir können seine Entwicklung an Tausenden von Exemplaren Schritt für Schritt verfolgen ... Der schwere Faustkeil wird ständig kleiner und endet als zierliche Handspitze. An die Stelle des allein verwendeten Werkzeuges tritt nun eine lange Reihe von Spezialformen: Schaber, Messer, Bohrer, Kratzer, Reißzinken usw. ... Außer Holz und Stein stand dem Menschen der Eiszeit noch ein weiterer Rohstoff zur Verfügung, dessen besondere Vorzüge er jedoch erst im späteren Verlauf der Eiszeit kennengelernt zu haben scheint, der Knochen."

*Faustkeile*

(Aus: F. Behn, Vorgeschichtliche Welt, Cotta Verlag, Stuttgart 1962, S. 11 f.)

*Älteste Geräte des Menschen: 1 und 2 Faustkeile, 3 Schaber, 4 und 5 Bogenspitzen, 6 Messer, 7 Lorbeerblattspitze, 8 Bohrer, 9 und 10 Pfeilspitzen, 11 und 12 Knochenspitzen. Die Zeichnung zeigt Waffen und Werkzeuge von unterschiedlichem Alter, die aus verschiedenen Fundstätten stammen. Am ältesten sind die Faustkeile. In Afrika fand man Hunderttausende davon; sie sind z.T. etwa 500000 Jahre alt. Aus der Zeit um 50000 v. Chr. stammen Schaber und Blattspitzen, die Knochenspitzen sind 10000 bis 20000 Jahre alt. Die Zeichnung berücksichtigt nicht die echten Größenverhältnisse.*

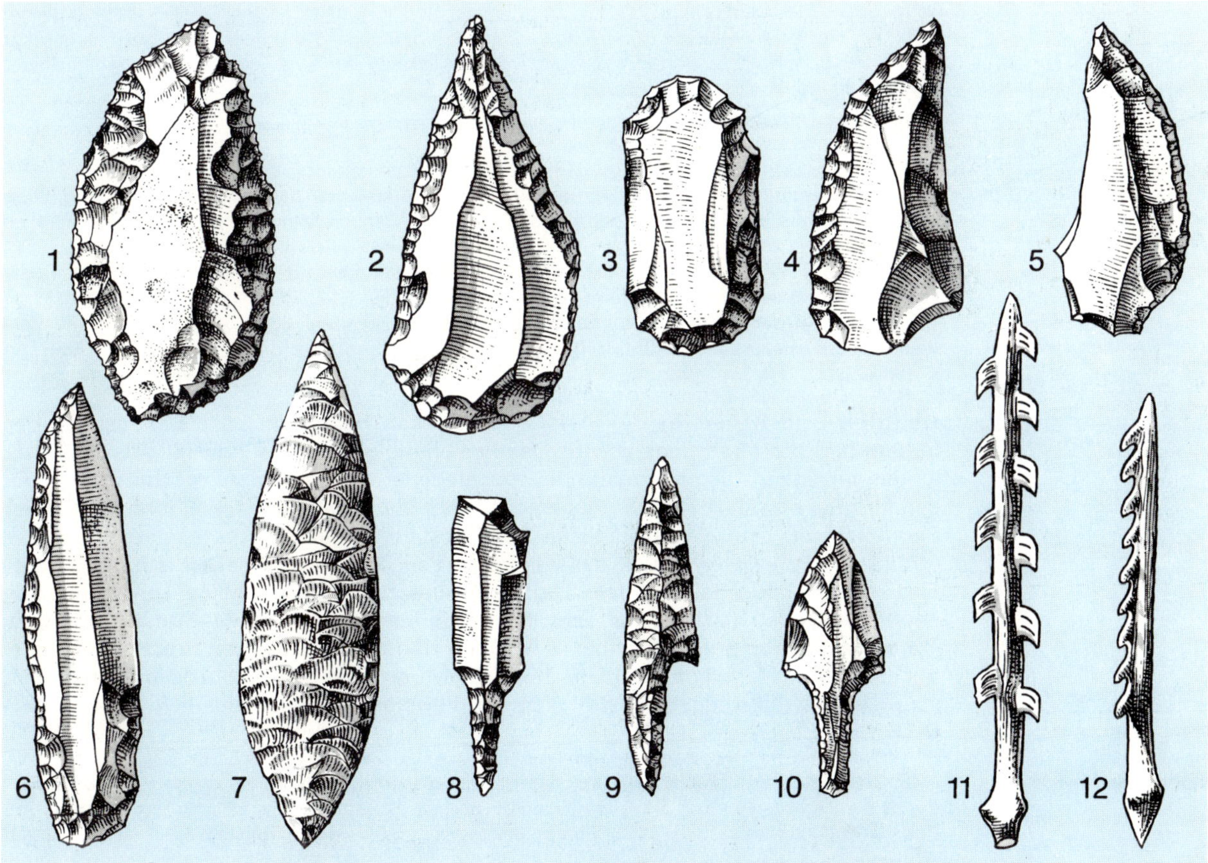

*Jäger und Sammler*

**Der Mensch behauptet sich in der Natur.** Die Menschen der Steinzeit lebten von der Jagd. Das Wild war der gefährlichste Feind des Menschen und zugleich seine Hauptnahrung. Mit Wurfkeule und Holzspieß erlegten die Steinzeitjäger ihre Beute: Mammut und Bison, Rentiere, Elche und Auerochsen, Wildschweine, Hasen, Rehe und Füchse. Mit Speer, Angelhaken und Netzen fingen sie Fische. Die Frauen und Kinder sammelten eßbare Wurzeln, Kräuter, Knollen, Nüsse und Samen, während die Männer auf Treibjagd gingen und das Wild über steile Felshänge oder in geschickt angelegte Fallgruben trieben. Bei manchen Ausgrabungen aus der Eiszeit wurden Fangriemen entdeckt: Schleudersteine waren in Lederbeutel eingenäht und an ledernen Riemen befestigt. Damit konnte man flüchtende Tiere zu Fall bringen.

*Horden*

Solche Treibjagden konnte kein einzelner unternehmen. Die Eiszeitjäger lebten, so muß man annehmen, in Horden zusammen, die jeweils von einem Ältesten geführt wurden. Man wohnte unter Felsvorsprüngen oder in Höhleneingängen, baute Fellhütten und Wohngruben, die mit Fellen überspannt waren. Man lernte das Feuer zu nutzen, es zu entzünden und zu behüten.

*Feuer*

„Als die ersten Menschen das Feuer erbeutet hatten, lernten sie, es in ihren Feuerstellen zu erhalten. Ihre Feuer müssen viele Male erloschen sein, bevor sie entdeckten, wie man die Glut bewahrt. Vielleicht legten sie Grasnarbe darauf (wie es in einigen Ecken der Erde geschieht, wohin das Streichholz noch nicht vorgedrungen ist). Der Umgang mit dem Feuer ermöglichte es ihnen, im Norden zu existieren . . . Als der Mensch das Garen erst einmal entdeckt hatte – vielleicht aus Versehen, als ein Stück Fleisch auf die brennende Feuerstelle fiel und danach verspeist wurde –, scheint er viel von dem, was er fing, gegart zu haben . . . Die Beobachtung, daß Knochen oder Geweihe in der Hitze eines Lagerfeuers hart wurden und grünes Holz nicht immer völlig verbrannte, sondern sich statt dessen härtete, muß ihn dazu geführt haben, Feuer zur Werkzeugherstellung zu verwenden."

(Die Frühzeit des Menschen: Die ersten Menschen. Rowohlt Life 66. Reinbek bei Hamburg 1977, S. 21ff.)

(6) Aufgrund des Textes, der aus dem Buch „Vorgeschichtliche Welt" zitiert wurde (S. 15), kannst du bestimmte Stufen der Entwicklung von Werkzeugen herausarbeiten. Die Abbildung von Werkzeugen (S. 15) zeigt noch genauer, wie der Mensch seine Steinwerkzeuge allmählich verbesserte.
(7) Lege eine Zeittafel für die Geschichte der Steinzeit an und erkläre daran, wie sich die Entwicklung allmählich beschleunigt hat.
(8) Mache aufgrund des Textes über das Feuer in Stichworten einige Angaben über die Verwendung des Feuers in der Steinzeit. Ergänze mit Angaben über die Benutzung von Feuer in unserer Zeit.

*Totenbestattung*

**Religion und Kunst in der Altsteinzeit.** Man fragt sich, ob die Menschen der frühen Zeit, die noch ganz von der Natur abhängig waren, schon religiöse Vorstellungen besaßen. Ausgrabungsfunde verschiedener Art deuten auf solche Vorstellungen hin. Bei der Stelle, an der man den Peking-Menschen entdeckte, fand man einen Begräbnisplatz, auf dem zahlreiche Tote bestattet wurden. Aus späterer Zeit (ca. 50 000 v. Chr.) ist erwiesen, daß man den Verstorbenen Beigaben ins Grab legte: Ein Zeichen dafür, daß mit dem Tod nicht alles zu Ende sein sollte. In der Zeit des „homo sapiens" (vgl. S. 13) hat man offenbar, wie einzelne Funde bezeugen, Tieropfer dargebracht, indem man z. B. junge Rentiere tötete, ihren Brustkorb öffnete, mit Steinen beschwerte und die Tiere im Moor versenkte. Aus der gleichen Zeit stammen Tierdarstellungen, die man an Felswänden steinzeitlicher Höhlen entdeckt hat.

*Kunst der Steinzeit*

„Eine der größten Entdeckungen des Menschen unseres Jahrhunderts ist die Auffindung der Kunst der Eiszeit. Es sind die Malereien wie die von Altamira, von Lascaux, von Niaux, von Rouffignac, insgesamt von 120 Höhlen, besonders in Frankreich und Spanien. Sie sprechen plötzlich mit lauter Stimme zu den Menschen unserer Tage. Sie berichten von den Vorfahren,

*Von Pfeilen getroffener Bison. Felsbild in der Höhle von Niaux (Südfrankreich).*

die in der Zeit zwischen 30000 und 10000 v. Chr. auf dieser Erde lebten... Noch das vorige Jahrhundert, das 19., wußte nichts von diesen Malereien an den Höhlenwänden, von den Bildern in den versteckten Höhlen unter der Erde. Diese Kunst ist wirklich wie ein Wunder und wie ein Geheimnis zu uns gekommen... Der Mensch, der diese Kunst schuf und der in diesen Bildern erzählt und berichtet von seinem Leben, von seinem Kampf um das Dasein, dieser Mensch ist nicht der Neandertaler, ... es ist der mit Vernunft begabte Mensch."

(Aus: H. Kühn, Vorgeschichte der Menschheit, Bd. 1, Altsteinzeit und Mittelsteinzeit, Dumont Verlag, Köln 1962, S. 49)

Die meisten Bilder stellen Tiere und Jagdszenen dar. Sie sollten die Höhle nicht schmücken, sondern dazu dienen, die Tiere zu beschwören oder zu verehren. Vielleicht haben Zauberer die Jäger in solche Höhlen geführt und vor den Bildern Tänze vollführt und beschwörende Sprüche vorgetragen; bestimmte Fußspuren sowie die Darstellung eines Flötenspielers auf einem Gemälde deuten auf eine solche Form des Jagdzaubers hin. Man nimmt aber auch an, daß diese Bilder eine Art religiöser Weihebilder darstellen, mit denen die Menschen das Tier als höheres Wesen und Schutzgeist verehrten.

*Tierkult*

„Das läßt auch den ungeheuren Aufwand an Mühe und die Aktivierung [Förderung] der bedeutendsten künstlerischen Talente verständlich werden, die die altsteinzeitlichen Höhlenbilder zu *dem* haben werden lassen, was wir heute noch an ihnen bewundern. Was für alle Kulturen und Epochen [Zeitalter] gilt, daß die überragenden Kunstwerke im Dienste der Religion zustande kamen, ist auch für das Jungpaläolithikum [d.h. die Zeit von ca. 35000 bis 8000 v. Chr.] anzunehmen."

(H. Müller-Karpe: Geschichte der Steinzeit. München 1974, S. 267)

## 1.2. Jungsteinzeit: Der Mensch gestaltet die Natur

**Die ersten Häuser.** Die Menschen in der Altsteinzeit sind Sammler und Jäger gewesen; als Nomaden folgten sie dem Wild, wohin es zog. Unterschlupf und Schutz suchte man in natürlichen Höhlen oder Mulden. Um die Bedürfnisse zu stillen, genügte es den Menschen in der Altsteinzeit, sich anzueignen, was die Natur ihnen bot. Ganz anders die Menschen einer späteren Stufe, deren Spuren zuerst im Gebiet östlich des Mittelmeers entdeckt worden sind. Sie reichen bis in die Zeit um 8000 v. Chr. zurück. Hier fand man z. B. im Tal des Jordan Überreste von Steinhütten, die wie in einem Dorf nebeneinander gebaut waren. In manchen Wohnhütten fand man Skelette von sorgfältig bestatteten Toten, z. T. müssen es richtige Sippengräber gewesen sein.

*Dauerhafte Siedlungen*

Es fanden sich Reste von Mauern und Türmen: Offenbar gab es schon befestigte Städte. Die älteste Stadt, die ausgegraben wurde, ist Jericho; sie hatte eine Fläche von fast 200×200 m und ist, wie man mit Hilfe der Radiokarbonmethode errechnet hat, in ihrer ältesten Schicht fast 10000 Jahre alt.

**8000 v. Chr.**

**Der Fortschritt: Ackerbau und Viehzucht.** Die neue Siedlungsweise setzt voraus, daß sich die Lebensweise dieser Menschen grundlegend gewandelt hat. Die Menschen wurden seßhaft. Wovon ernährten sie sich aber, wenn das Wild weiterzog? Offenbar nicht mehr allein von der Jagd. An den Berghängen im Gebiet östlich des Mittelmeers wuchsen, wie nachgewiesen ist, Grassorten, die als Urweizen und Wildgerste die Vorstufen des Getreides darstellen. Die Menschen müssen

*Getreideanbau*

offenbar erkannt haben, daß man die Körner sammeln, zermahlen und zu einem Brei kochen kann; sie lernten aber auch, daß man die Körner dort in die Erde legen kann, wo man die Frucht später ernten will; und sie haben aus den Wildsorten dieser Gräser die Getreidearten entwickelt, die mehr und größere Körner trugen als die wilden Gräser. Man fand sichelförmige Steinklingen, die bezeugen, daß man Getreide erntete; durchbohrte Steine oder Mörser, die man fand, dürften als Handmühlen gedient haben; und bei den ausgegrabenen Häusern fand man Gruben, in denen man vermutlich Vorräte aufbewahrt hat. Die Menschen waren also Ackerbauern geworden.

Zur selben Zeit gelang ihnen ein zweiter Fortschritt: Sie lernten Wildtiere zu zähmen. Darstellungen auf den Felszeichnungen aus der Zeit nach 8000 v. Chr. sowie zahlreiche Knochenfunde machen deutlich, daß der Wildhund zum Jagdhund und Wächter, dann die Ziege und das Schaf, später auch Rinder und Schweine und schließlich auch das Pferd zum Haustier gemacht worden sind. Die Tiere wurden als Schlacht- oder Milchvieh gehalten, später auch als Zug- oder Reittiere benutzt.

*Haustiere*

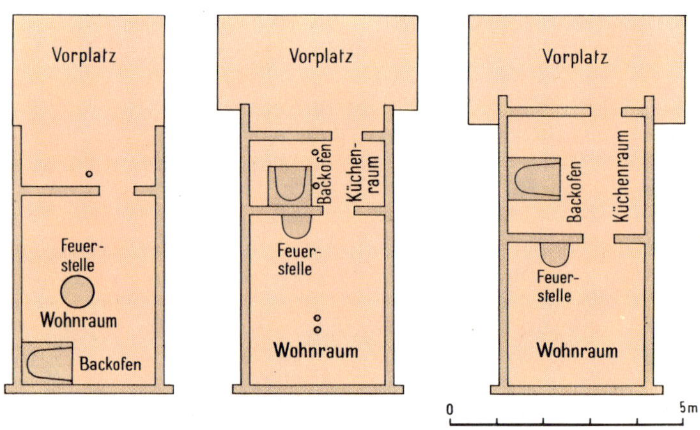


*Grundriß und Erweiterungen eines steinzeitlichen Hauses am Federsee in Oberschwaben.*

*Rekonstruktion von Pfahlbauten bei Unteruhldingen am Bodensee. Es ist wahrscheinlich, daß die Pfahlbauten der späten Steinzeit nicht im Wasser standen; die Pfahlroste sollten nur gegen die Bodenfeuchtigkeit schützen.*

**Neues Denken – neues Können.** Die Entwicklung von Getreideanbau und von Viehzucht läßt darauf schließen, daß die Menschen dieser Zeit ihre Einstellung zur Natur gewandelt haben. Sie beschränkten sich nicht mehr darauf, sich anzueignen, was sie ihnen bot. Sie begannen, durch ihre Tätigkeit dafür zu sorgen, daß die Natur ihnen regelmäßig Nahrung bot. Durch eigenes Handeln und durch planende Voraussicht suchten sie die Natur sich dienstbar zu machen. Das geschah nicht plötzlich und überall gleichzeitig. Während östlich des Mittelmeeres die Menschen schon vor 10 000 Jahren allmählich Bauern wurden, war in Mitteleuropa diese Entwicklungsstufe erst in der Zeit um 2500 v. Chr. allgemein erreicht. Dieser Übergang zur bäuerlichen Lebensweise bildet den tiefsten Einschnitt in der Entwicklung des Menschen und ist die Grundlage der ganzen weiteren Geschichte. Erst die Industrialisierung im vorigen Jahrhundert hat das Leben noch einmal in einer so einschneidenden Weise verändert. **2500 v. Chr.**

Aus Wildbeutern waren seßhafte Bauern geworden. Sie siedelten sich an festen Orten an und waren als Ackerbauern an ihren Boden gebunden: Die Felder, die man bearbeitet hatte, gab man so rasch nicht mehr auf. Die Menschen wollten den Grund, aus dem sie ihre Nahrung gewannen, planmäßig erhalten und ausbauen. Sie legten Vorräte an und gewöhnten sich, in größeren Gemeinschaften zu leben. Die seßhaften Bauern lernten ihre Fähigkeiten und Arbeitsmethoden verbessern. Sie bauten nicht nur Getreide an, sondern veredelten auch Obst und zogen Gemüse. Sie erfanden den *Seßhaftigkeit*

*Technischer Fortschritt in der späten Jungsteinzeit: 1. ungeschliffenes Beil und geschliffenes Beil mit Bohrung, 2. verzierte Tongefäße, 3. Pflug, 4. Bohrmaschine, 5. Spindel und Webstuhl, 6. Wagen. Die Wagen, die man in der Steinzeit baute, waren vermutlich sehr groß. In der Zeichnung ist eine kleine Nachbildung eines steinzeitlichen Wagens dargestellt, die man bei Ausgrabungen in Ungarn fand.*

*Technischer Fortschritt*

Pflug und erhöhten dadurch den Bodenertrag. Die Technik des Steinschliffs und der Bohrung verbreitete sich: Bei Ausgrabungen fand man an zahlreichen Orten z. B. feingeschliffene Steinbeile mit Bohrungen für hölzerne Stiele. Wegen der höher entwickelten Bearbeitungstechnik nennt man diese Epoche die „Jungsteinzeit". Vermutlich wurden schon Wagen und Räder hergestellt. Neben Stein, Knochen und Holz wurde in dieser Zeit auch die Tonerde zu einem wichtigen Werkstoff. Man entdeckte

*Töpferei*

bei Ausgrabungen unzählige Scherben von Tongefäßen; sie waren von Hand geformt und in der Sonne getrocknet oder im Feuer gebrannt. Die Gefäße wurden oft kunstvoll bemalt; in andere hat man Verzierungen eingeritzt oder mit Schnüren und Bändern bestimmte Muster aufgetragen. Man lernte Fäden aus Flachs und Wolle zu spinnen und sie zu Stoffen zu weben. Die Häuser wurden im Laufe der Zeit geräumiger, die Formen vielfältiger.

(1) Stelle eine Liste mit Funden zusammen, aus denen man die veränderte Lebensweise der Steinzeitbauern erschließen kann.
(2) Die bäuerliche Lebensweise unterscheidet sich in vieler Hinsicht von derjenigen der Wildbeuter. Worin bestehen die Unterschiede, und inwiefern stellen sie einen Fortschritt dar?
(3) Zeige an den Abbildungen oben den technischen Fortschritt in der Jungsteinzeit.

**Neue Formen des Zusammenlebens.** Die Jäger und Sammler der Altsteinzeit hatten in Horden gelebt. Bei den Bauern der Jungsteinzeit wurden die sozialen Beziehungen stärker gegliedert und dauerhafter gestaltet. Die Gräberfunde bezeugen, daß Mann und Frau gleiche Achtung genossen: Beiden wurde Schmuck von gleichem Wert ins Grab beigegeben; gelegentlich findet man Doppelgräber, in denen der Mann seinen Arm um die Frau geschlungen hat – ein Zeichen ihrer engen Beziehung. Kindergräber wurden mit besonderer Sorgfalt angelegt. Es gibt aber auch Gräber, die darauf schließen lassen, daß einzelne Familien eine überlegene Stellung besaßen. Nur im Zusammenwirken mehrerer Männer war es möglich, die „Hünengräber" zu errichten.

*Soziale Beziehungen*

*Totenbestattung*

„Das Hünenbett glich, aus geraumer Entfernung betrachtet, einem stattlichen Wohnhaus, und ein Wohnhaus sollte es ja auch sein, ein Wohnhaus der Toten, in denen diese wie zu ihren Lebzeiten ihren traditionsfesten Sippen nahe waren. Die Gräber waren gleichsam ‚für die Ewigkeit' gebaut, so akkurat und sauber, daß die Anlagen, die den Anschlägen der Schatzräuber entgingen, noch nach fast 4.000 Jahren keinerlei Verfallserscheinungen zeigten . . . Die Toten wurden in Schlafstellung mit leicht angezogenen Knien bestattet, gelegentlich zwischen hochkant gestellten Steinen. Freilich fanden Forscher die Skelette nur selten in ursprünglicher Bettung vor. Da es sich um Familiengräber handelte, um ‚Erbbegräbnisse', wie wir heute sagen würden, waren Neubelegungen an der Tagesordnung. Dabei pflegte man die Reste der Altinsassen nicht eben zimperlich zusammenzukehren . . ."

(Aus: R. Pörtner, Bevor die Römer kamen. Städte und Stätten deutscher Urgeschichte. Knaur Taschenbuch 69. München 1971, S. 202f.)

*Abwehr und Angriff*

Eine Folge der Anlage von dauerhaften Siedlungen und Dörfern bestand darin, daß man das Geschaffene gegen Nomaden oder feindliche Nachbarn verteidigen mußte. Es wurden Waffen entwickelt, die nicht nur zur Jagd dienten, sondern zum Schutz oder zur gewaltsamen Vermehrung des eigenen Besitzes und Ansehens.

*Im Tiefland vom Rhein bis zur Weichsel, von Jütland bis zum Harz wohnte in der späten Steinzeit ein Bauernvolk, das seine Toten in Großsteingräbern bestattete. Die Abbildung zeigt ein solches „Hünengrab" (bei Osnabrück). Das Grab war ursprünglich von einem Erdhügel überdeckt. Ein schmaler Gang, den eine Steinplatte abschloß, führte zur Grabkammer.*

*Prunkdolch aus einem Schachtgrab in Mykene (um 1550 v. Chr.). Er ist aus Bronze, die Figuren sind aus Goldblech und Silber eingehämmert und graviert. Dargestellt sind Schwerbewaffnete und ein Bogenschütze auf der Löwenjagd (vgl. S. 40).*

## 1.3. Bronzezeit und Eisenzeit: Der Mensch lernt die Natur beherrschen

*Bronze aus Kupfer und Zinn*
**1800 v. Chr.**

**Neuer Fortschritt durch Metall.** Wann und wie die Menschen der Steinzeit als erstes Metall das Kupfer entdeckt und seine Verwendung erprobt haben, wissen wir nicht. Die frühesten Waffen und Werkzeuge aus dem neuen Werkstoff hat man bei Ausgrabungen im Gebiet östlich des Mittelmeeres gefunden. Sie stammen aus der Zeit um 4000 v. Chr. Weil das Kupfer jedoch zu weich war, hat man es durch einen geringen Zusatz von Zinn beim Schmelzen gehärtet. Um 1800 v. Chr. ist dieses Metall auch in Mitteleuropa verbreitet. Man fand bronzene Sicheln, Kurzschwerter, Beile und Dolche, Schmuckgegenstände aller Art.
Diese Möglichkeit, Metall zu gewinnen und zu verarbeiten, hat das Leben der Menschen weiter verändert:

*Bergbau und Handel*

Erze gab (und gibt) es nicht überall. Kupfer stammte vor allem aus Spanien und der Insel Zypern, Zinn kam vorwiegend aus England. Das Erz mußte abgebaut und auf langen Transportwegen, zu Wasser oder zu Land, besorgt werden. So entstanden Bergbau und Handel mit Rohstoffen.

*Handwerker*

Das Schmelzen und Mischen des Metalls, das Gießen und Schmieden der Waffen und Geräte verlangte Geschicklichkeit und Übung und die Errichtung einer Werkstatt. So bildete sich ein eigener Handwerkerstand, der nicht mehr allein von der eigenen Landwirtschaft lebte.

*Kulturaustausch*

Die Bronzewaren wurden verbreitet, von auswärts bestellt oder dahin geliefert. Es entwickelte sich ein Warenhandel, der zuerst von Nomaden betrieben wurde, später zur Bildung von Marktorten und festen Handelswegen führte. Aus den Handelsbeziehungen ergab sich allmählich auch ein gegenseitiger Einfluß in anderen Bereichen: im Hausbau, in der Töpferei, in der Weise der Totenbestattung.

*Eigentum*

Die Handwerker verfeinerten ihre Erzeugnisse. Sie stellten nicht nur Waffen und nützliche Gebrauchsgegenstände her, sondern fertigten auch kunstvollen Schmuck. Dazu benutzten sie auch andere Werkstoffe, vor allem das wertvolle Gold oder den Bernstein. Der Sinn für das Schöne entfaltete sich, und man begann, Wertgegenstände als Besitz zu sammeln.

**Fortschreitende Arbeitsteilung.** Diese Entwicklungen waren nicht möglich ohne Änderungen im Zusammenleben der Menschen, im Aufbau ihrer Gemeinschaften und ihrer Beziehungen untereinander. Offenbar waren nicht mehr alle damit beschäftigt, die Äcker zu bestellen, das Vieh zu versorgen und auf die Jagd zu gehen. Die Verwendung von Pflug, Wagen und Zugvieh erlaubte es einzelnen Bauern, mehr zu erzeugen, als sie mit ihrer Familie verbrauchten. Der Überschuß diente dem Tauschhandel und der Versorgung solcher Dorfbewohner, die sich auf die Metallverarbeitung oder den Handel verlegt hatten. Einzelne Waffen- und Kunstschmiede oder auch Fernhändler mit wertvollen Waren machten gute Geschäfte, konnten Werte ansammeln und ihren Besitz vergrößern. Aus einzelnen Sippenverbänden mit ein paar Dutzend Mitgliedern wurden große Gemeinschaften mit vielen hundert Familien. Führende Männer konnten Einfluß und Macht vergrößern und ganze Gebiete beherrschen. Zum Erwerb oder zur Sicherung von Macht und Herrschaft griff man nun auch zum Mittel des Krieges.

*Produktion*

*Soziale Gliederung*

(1) Informiere dich im Lexikon oder im Physikbuch, wie man Bronze herstellt und welche Eigenschaften dieses Metall hat. Erkläre anhand der Abbildung, wozu man Bronze verarbeiten konnte.
(2) Schildere, wie die Verwendung von Metall zur „Arbeitsteilung" unter den Menschen veranlaßte. Nenne wichtige Voraussetzungen dafür, daß diese „Arbeitsteilung" möglich wurde.
(3) Wer Erze und Rohstoffe gewinnen und verarbeiten konnte, hatte eine Möglichkeit, reich und mächtig zu werden. Wie ist das zu erklären? Versuche, am Beispiel des Erdöls zu zeigen, wer durch den Besitz dieses Rohstoffes in unserer Zeit reich und mächtig wurde.
(4) Besprecht die Auswirkungen der „Arbeitsteilung" für den Aufbau und die Gliederung der Gesellschaft.

*Zu den schönsten Arbeiten der Bronzezeit gehört der Sonnenwagen, der bei Trundholm auf Seeland (Dänemark) gefunden wurde. Der sechsrädrige Wagen wurde während der Sonnenwende bei Prozessionen mitgeführt. Die Goldscheibe bedeutet die als göttlich verehrte Sonne. Auch das Pferd hatte religiöse Bedeutung (denke an Sage und Märchen). Die Ornamente zeigen vor allem Spiral- und Kreismuster.*

*Eisenerz wird geschmolzen und verarbeitet (Versuch einer Rekonstruktion).*

**Eisen wird das wichtigste Metall.** Ein gutes Jahrtausend lang war die Bronze der wichtigste Werkstoff des Menschen gewesen. Aber auch Bronze ist noch verhältnismäßig weich. Die bronzenen Waffen und Werkzeuge wurden beim Gebrauch stumpf oder verbogen sich. Ein großer Fortschritt war es darum, als es den Menschen – wieder zuerst am östlichen Mittelmeer – gelang, Eisenerz zu schmelzen und zu verarbeiten. Das Eisen war zunächst eine Kostbarkeit. Es wurde geschätzt wie Gold und wie dieses auch als Geld zu Tauschzwecken benutzt. Um 800 v. Chr. verbreitete sich das Eisen und seine Verwendung auch in unserer Heimat. In der Pfalz, im Siegener Land und in Bayern wurde das Erz in Bergwerken abgebaut.

*Eisengewinnung*

800 v. Chr.

Zum Eisenschmelzen braucht man hohe Temperaturen. Ein bloßes Holzfeuer genügte nicht. Darum brannten die Menschen Holz in hohen Meilern zu Holzkohle. Dann füllten sie meterhohe, aus Stein und Lehm gemauerte Öfen in mehreren Schichten mit dieser Kohle und mit Eisenerz und schmolzen in der durch einen Blasebalg angefachten Glut das neue Metall. Die Eisenklumpen wurden glühend auf einem Stein gehämmert. Dann verarbeiteten Schmiede das Eisen zu Äxten und Hämmern, Lanzenspitzen, Schwertern und Messern, zu Wagen- und Pferdebeschlägen und Gegenständen des täglichen Gebrauchs. Bis in unsere Tage ist Eisen das wichtigste Metall geblieben.

*Eiserne Geräte*

(5) Die Entwicklung geht immer weiter: Eisen wird heute z. T. durch andere Werkstoffe ersetzt. Nenne Beispiele und zeige daran die Bedeutung neuer Werkstoffe.

(6) Die Rohstoffvorräte der Erde sind nicht unbegrenzt. Viele werden wie z. B. das Erdöl in absehbarer Zeit vielleicht aufgebraucht sein. Was könnte man tun, um Rohstoffe zu sparen?

**Zur Lernkontrolle**

1. Nenne mindestens 4 Stufen der menschlichen Entwicklung bis zur „Eisenzeit".
2. Erkläre an einem Beispiel, wovon es abhängen kann, was wir über die Vergangenheit wissen.
3. Beschreibe an einem Beispiel, was sich durch eine neue Entwicklungsstufe geändert hat.
4. Entwirf eine Tabelle und trage darin in der richtigen Reihenfolge ein: Steinzeitjäger – Bronzegießer – Neandertaler – Steinzeitbauern – Vormenschen – Felsenmaler. Schreibe die zugehörigen Zeitangaben daneben.
5. Vergleiche die Waffen und Geräte auf den Abbildungen S. 15 und S. 20. Nach welchen Gesichtspunkten kannst du vergleichen? Welche Unterschiede und welche Ähnlichkeiten stellst du fest?

# 2. Das alte Ägypten, ein Land mit hoher Kultur

**Lernziele**

- Grundlagen für das Zusammenleben der Menschen sind Völker und Staaten. Versuche bitte am Beispiel der Ägypter zu erkennen:
  – Wie kann sich ein Volk bilden und wie kann ein Staat entstehen?
  – Wie war das Volk der alten Ägypter gegliedert und wer übte die Macht aus?
- Achte in diesem Kapitel außerdem auf die sozialen Unterschiede, um herauszubekommen, wie sie entstanden sind und wie sie sich auswirkten.
- Du kannst zu verstehen suchen, was den Ägyptern die Unvergänglichkeit des Lebens bedeutet hat und wie sie über den Tod dachten.

## 2.1. Land der Fellachen – Staat der Pharaonen

**Schriftzeichen werden entziffert.** Viele Überreste aus der früheren Zeit der menschlichen Geschichte sind durch die Ausgrabungen ans Licht gekommen. Aber Werkzeuge und Knochen, selbst die Felsmalereien sind nur „stumme" Zeugen der Vergangenheit. Nun fanden Ausgräber in Ägypten auch Steine, in die teils Bilder, teils abstrakte Zeichen eingemeißelt waren. Die ältesten davon waren 5000 Jahre alt. Schon griechische Schriftsteller des Altertums (vgl. S. 38ff.) hatten in ihren Schriften von solchen Zeichen aus dem alten Ägypten berichtet und sie „Hieroglyphen", d.h. „heilige Zeichen" genannt. Aber niemand konnte diese Hieroglyphen lesen. Was beinhalten sie? Lange blieb das ein Rätsel.

*Hieroglyphen*

1822 gelang einem französischen Gelehrten namens Champollion die Entzifferung der Hieroglyphen anhand eines Steindenkmals, auf dem unten eine griechische Inschrift stand, während sich darüber zwei Texte in ägyptischen Schriftzeichen befanden. Der griechische Text, den der Gelehrte leicht entziffern und übersetzen konnte, enthielt mehrmals die Namen KLEOPATRA und PTOLEMÄUS. Er verglich die griechischen Buchstaben mit den ägyptischen Zeichen und stellte fest, daß ein paar Mal die gleiche Abfolge bestimmter Zeichen vorkam. Er vermutete, daß hier die gleichen Namen wie im griechischen Text stünden, und kam so den ägyptischen Schriftzeichen auf die Spur. Er teilte seine Entdeckung in einem Brief mit:

„Das erste Zeichen des Namens KLEOPATRA, das den Buchstaben K darstellen müßte, dürfte im Namen PTOLEMÄUS nicht vorkommen, und das ist tatsächlich auch nicht der Fall. Das zweite Zeichen, ein ruhender Löwe, das dem L entsprechen müßte, ist völlig gleich dem vierten Zeichen des Namens PTOLEMÄUS, das auch ein L ist ... Das vierte Schriftzeichen von KLEOPATRA, das eine Blüte mit gekrümmtem Stiel darstellt, würde dem O entsprechen.

*Die eingerahmten Inschriften „Ptolemys" (= Ptolemäus) und „Kleopatra", die Champollion entzifferte.*

*Ursprung unserer Schrift*

Es ist tatsächlich das dritte Schriftzeichen des Namens PTOLEMÄUS. Das fünfte Zeichen des Namens KLEOPATRA, das die Form eines Parallelogramms hat und das P bezeichnen muß, ist gleichzeitig das erste Zeichen des Namens PTOLEMÄUS . . . Es könnte möglich sein, in dieser alten ägyptischen Schrift, so unvollkommen sie an sich noch war, wenn nicht den Ursprung, so doch das Vorbild gefunden zu haben, dem die Alphabete der Völker des westlichen Asiens und besonders diejenigen der Nachbarstaaten von Ägypten nachgebildet worden sein könnten."

(Aus dem Brief von R. F. Champollion vom 22. 9. 1822, abgedruckt in einer deutschen Übersetzung bei C. W. Ceram, Götter, Gräber und Gelehrte in Dokumenten. Rowohlt Verlag, Reinbek 1965, S. 159ff.)

Was der Gelehrte vor mehr als 150 Jahren vermutete, erwies sich als richtig: Die Griechen übernahmen die Schrift von den Phönikern, einem Nachbarvolk der Ägypter, das aus einem Teil der Hieroglyphen eine Buchstabenschrift gebildet hatte. Aus dem griechischen Alphabet wurde das lateinische entwickelt, das wir noch heute benutzen.

(1) Versuche weitere Buchstaben der ägyptischen Schrift anhand der Namen Kleopatra und Ptolemäus zu bestimmen.
(2) Ursprünglich enthielt die ägyptische Schrift neben bestimmten Zeichen für einzelne Laute vor allem Bildzeichen für bestimmte Wörter. Vergleiche die „Bilderschrift" mit der „Buchstabenschrift" und beurteile ihre Vor- und Nachteile.
(3) Inwiefern sind schriftliche Zeugnisse den „stummen Zeugen" der Vergangenheit überlegen? Zähle auf, was nur mit Hilfe der Schrift der Nachwelt überliefert werden kann.

**Der Strom – Lehrmeister der Menschen.** Die Erfindung der Schrift ist nicht das Werk eines einzelnen. Um zu erklären, wie diese Erfindung möglich wurde, muß man genauer betrachten, wie die Entwicklung im Stromtal des Nil verlief:

*Siedlung im Niltal*

„Vor 6000 Jahren etwa wurden die Grundlagen der ägyptischen Kultur und Zivilisation im Niltal gelegt: Der schmale fruchtbare Streifen Land, den der Nil alljährlich überschwemmt, wurde zur neuen Heimat für Mensch und Tier, als Nordafrika allmählich ausdorrte und unbewohnbar geworden war. Hier ließen sich zunächst die nomadisierenden Jäger nieder. Allmählich wurden sie seßhaft, bebauten den Boden, zähmten Wildtiere, machten sich die Wasser des Flusses nutzbar, bauten Hütten und bildeten schließlich Gemeinden . . . Der Nil war für diese Menschen lebensnotwendig: Indem er jährlich über seine Ufer trat, ließ er eine erneuerte, fruchtbare Erde zurück, sobald er wieder in seine alten Ufer zurückgewichen war. Die durch den Nilschlamm gedüngten Felder erbrachten bei verhältnismäßig geringem Arbeitsaufwand reiche Erträge, so daß die Menschen nicht mehr allein von der Jagd leben mußten . . . Durch die wachsende Einwohnerzahl waren die Menschen gezwungen, die Wasser der jährlichen Überschwemmungen für Dün-

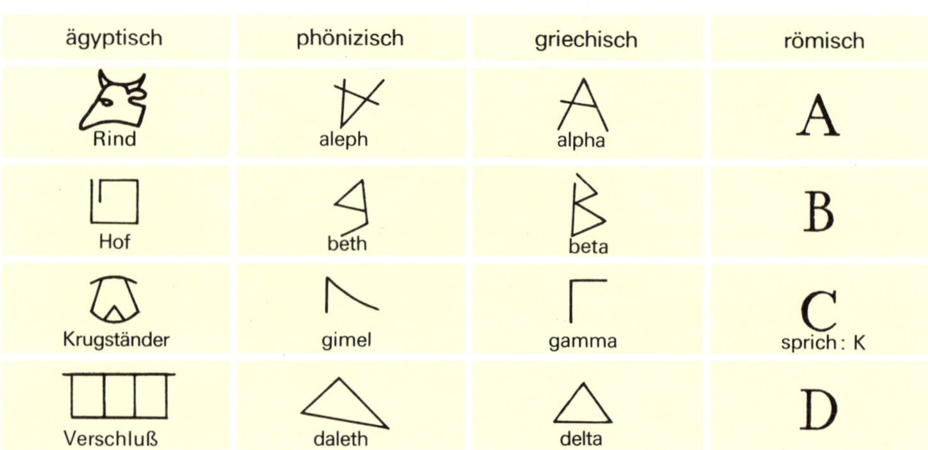


*Wie die ersten vier Buchstaben unserer Schrift entstanden.*

gung und Bewässerung durch geeignete Anlagen aufzufangen und zu verteilen. Das war am wirkungsvollsten nur in großem Maßstab möglich und nur durch gemeinsame Bemühungen zu erreichen."

(Aus: Die Welt aus der wir kommen, a.a.O., S. 99)[1]

Der Nil zwang die Menschen, gemeinsam zu handeln. Alle hatten ein gemeinsames Interesse daran, daß Dämme gegen das Hochwasser gebaut, Stauseen angelegt, Kanäle gegraben wurden; und je mehr Menschen sich zusammentaten, je besser sie die gemeinsame Arbeit organisierten, desto eher gelang es, den Strom zu zähmen.

Die Führung in einer Siedlung hatte vermutlich ein Häuptling. Er beobachtete planmäßig das Wetter und die Jahreszeit, um rechtzeitig Maßnahmen gegen Dürre und Überschwemmung anordnen zu können. Bei der Bevölkerung entstand so die Meinung, Häuptlinge hätten Gewalt über das Wetter, sie seien „Regenmacher" und besäßen göttliche Kräfte. Dadurch wuchs die Macht der Häuptlinge. Sie konnten befehlen, die anderen gehorchten. Wenn das Hochwasser des Nil abfloß und der Schlamm auf den Feldern zurückblieb, ließen die Häuptlinge das Land neu vermessen und aufteilen; sie selbst galten als oberste Besitzer des Bodens.

Die einzelnen Siedlungen nahmen enge Beziehungen zueinander auf. Es entstanden Stämme, die sich zusammenschlossen und größere politische Einheiten bildeten. Einige Stammesfürsten besiegten ihre Nachbarn und schufen im Laufe der Zeit zwei große Reiche; Oberägypten am Oberlauf des Nil, Unterägypten im Gebiet der Mündung. In der Zeit um 3000 v. Chr. vereinigte ein König die beiden Reiche und baute dort, wo sie aneinandergrenzten, seine Hauptstadt Memphis.

*Das Reich am Nil (zur Zeit der größten Ausdehnung).*

**Der ägyptische Pharao und seine Beamten.** Zum Zeichen der Macht über das vereinigte Ober- und Unterägypten trug der König eine doppelte Krone. Ein anderes Kennzeichen des Königs war der Falke (ägyptisch „Horus"); im Falken sahen die Ägypter damals die oberste Gottheit verkörpert. Der König trug den Namen „Horus" und gab damit zu erkennen, daß er selbst der Falken-Gott war. Er allein hatte damit die höchste Gewalt: Er konnte im Streitfall entscheiden, wer Recht hatte und wer zu bestrafen war; er führte die bewaffneten Männer an, wenn das Land gegen Überfälle verteidigt wurde oder wenn man zu Beutezügen in fremdes Land einfiel; er ernannte bestimmte Männer zu seinen Beamten, die in seinem Auftrag dafür zu sorgen hatten, daß die gemeinsamen Aufgaben im Land richtig ausgeführt wurden. Da waren Dämme, Kanäle, Bewässerungsanlagen zu bauen oder in Stand zu halten; es wurden Vorratshäuser angelegt, in die die ägyptischen Bauern regelmäßige Abgaben zu liefern hatten; man baute einen Palast für den König und Tempel für andere Götter; Handwerker und Diener des Königs mußten versorgt und beaufsichtigt werden. Dies alles waren Aufgaben für eine wachsende Zahl von Beamten.

*König und Gott*

[1] Die Abkürzung „a.a.O." bedeutet „am angeführten Ort"; sie wird jeweils dann benutzt, wenn aus demselben Buch mehrfach zitiert wird. Du findest den vollen Titel des Buches dort, wo es zum ersten Mal aufgeführt wird.

*Die Goldmaske des Pharao aus dem Grab des Tutenchamun (vgl. S. 36).*

Über allem aber stand der König, für das Volk in einer unnahbaren Höhe. Er umgab sich in seinem Palast mit steifer Würde und strenger Feierlichkeit. Sein Titel war „Pharao", was so viel wie „Großes Haus" bedeutet. Der Pharao wurde nicht gewählt. Er vererbte seine Stellung in der Familie. Man nennt eine solche Herrscherfamilie eine „Dynastie". Der Pharao galt als Begründer und Schützer stabiler Verhältnisse im ganzen Land. Als Gott stand dem Pharao auch nach dem Tod eine würdige Wohnstätte zu; darum ließ sich der Pharao einen zweiten Palast als Grabstätte bauen. In der Zeit um 2700 v. Chr. wählten die Pharaonen die Pyramide als neue Form ihres Toten-Hauses (vgl. S. 33f.). Für diese gewaltigen Steinhügel, zu deren Bau im Laufe eines einzigen Jahrhunderts rund 25 Millionen Tonnen Steine und anderes Material verarbeitet wurden, waren an die 100000 Arbeitskräfte notwendig. Sie wurden aus den ägyptischen Dörfern jeweils in den Monaten der Nilüberschwemmung, wenn die Feldarbeit ruhte, in Dienst gestellt, von den Beamten zur Arbeit eingeteilt und angeleitet, beaufsichtigt und versorgt: eine gewaltige Organisationsleistung.

*Das Volk der Ägypter*

„Das Pyramidenobjekt schuf einen Typ der Gemeinschaft, des menschlichen Zusammenlebens, den es vordem noch niemals gegeben hatte. Gemeinsames Schaffen schweißte Dörfler aus ganz verschiedenen Stämmen zu einem Volk zusammen, das sich erstmals seiner Zusammengehörigkeit wirklich bewußt wurde. Wahrscheinlich war dies die Zeit, in der all diese Menschen sich in erster Linie als ‚Ägypter' ansahen ... Diese Berge von Menschenhand sind Denkmäler gesellschaftlichen Fortschritts, Denkmäler des Eintritts in eine neue Lebensform: den Nationalstaat."

(K. Mendelssohn, Das Rätsel der Pyramiden. Frankfurt 1976, S. 139f.)

**Schrift, „Papier" und Kalender.** Was die Pharaonen und ihre Beamten am Nil geschaffen haben – der ägyptische Staat –, brauchte eine leistungsfähige Verwaltung. Man mußte in der Hauptstadt über die Bedürfnisse und Ernteerträge in den einzelnen Dörfern Bescheid wissen, mußte die Zahl der Arbeitskräfte kennen und ihren Bedarf an Material und Lebensmitteln vorausberechnen, den zeitlichen Ablauf der Arbeiten planen und kontrollieren und vieles mehr. Alles sollten die Beamten ständig im Kopf behalten, nach oben berichten, von dort Befehle nach unten weitergeben. Als unentbehrliche Hilfe erwies sich dabei die Schrift, die von Priestern oder Beamten des Pharao in der Zeit um 2900 v. Chr. entwickelt worden war: Die Hieroglyphen, die Vorläufer unserer heutigen Schrift (vgl. S. 25f.).

*Beamte und Schreiber*

Bald benutzten die Beamten für ihre Niederschriften ein besonderes Schreibmaterial: Papyros. Die schilfartigen Papyrosstauden wachsen bis zu 10 Metern hoch. Man kann ihre Fasern einzeln ablösen, kreuzweise übereinanderlegen, pressen, trocknen, glätten und schneiden; dann entstehen handliche Schreibblätter. Die Ägypter entwickelten diese Kunst, und sie klebten die Stücke auch zu größeren „Schriftrollen" aneinander. Viele von diesen blieben im trockenen Sand erhalten, vor allem wenn

*Papyros*

sie in versiegelten Tongefäßen aufbewahrt wurden. So kann man sich heute ein lebendiges Bild vom Leben und Denken der Ägypter machen.

*Kalender*

Ebenfalls zur Zeit der Entstehung des ägyptischen Reiches entwickelte man hier auch den ersten Kalender (vgl. S. 2). Er beruht auf der Beobachtung der jährlichen Nilschwemme, die im Durchschnitt nach 365 Tagen wiederkehrt. Dieser Zeitraum wurde in Monate und Jahreszeiten gegliedert, und jedes Jahr bekam seinen eigenen Namen. Dieser ägyptische Kalender hatte in der ganzen damaligen Welt nicht seinesgleichen.

(4) Stelle einige Ursachen oder Bedingungen zusammen, die zur Entstehung eines Staates in Ägypten führten.
(5) Beschreibe das Verhältnis zwischen Pharao und Beamten, zwischen Pharao und Volk, zwischen Beamten und Volk in Ägypten.
(6) Wie läßt sich die „Erfindung" der Schrift in Ägypten erklären?

**Andere Hochkulturen.** Was am Nil geschehen ist, daß sich im Stromtal immer mehr Menschen ansiedelten, größere Gemeinschaften bildeten, sich durch Zusammenarbeit und Organisation unter einem gemeinsamen Königtum zu einem Staat entwickelten, – das kann man auch in anderen großen Stromtälern beobachten:

*Indien, China*
*Mittelamerika*

Im „Zweistromland" entstanden an Euphrat und Tigris von Königen beherrschte Stadtstaaten mit Beamten, die ebenfalls eine Schrift entwickelten und das Land verwalteten. In Indien schuf die Bevölkerung im Tal des Indus eine ähnlich hochstehende Kultur mit einer eigenen Schrift und einem regen städtischen Leben. Eine eigenständige Hochkultur haben auch die Menschen am „Gelben Fluß" (Huang-ho) in China in der Zeit nach 1500 v. Chr. hervorgebracht. Schließlich entstanden in Mittelamerika in der Zeit um 200 bis 1500 n. Chr. die hohen Kulturen der Azteken, der Maya und Inka.

*Frühe Hochkulturen. Vergleiche zur Karte die Zeitleiste S. 244.*

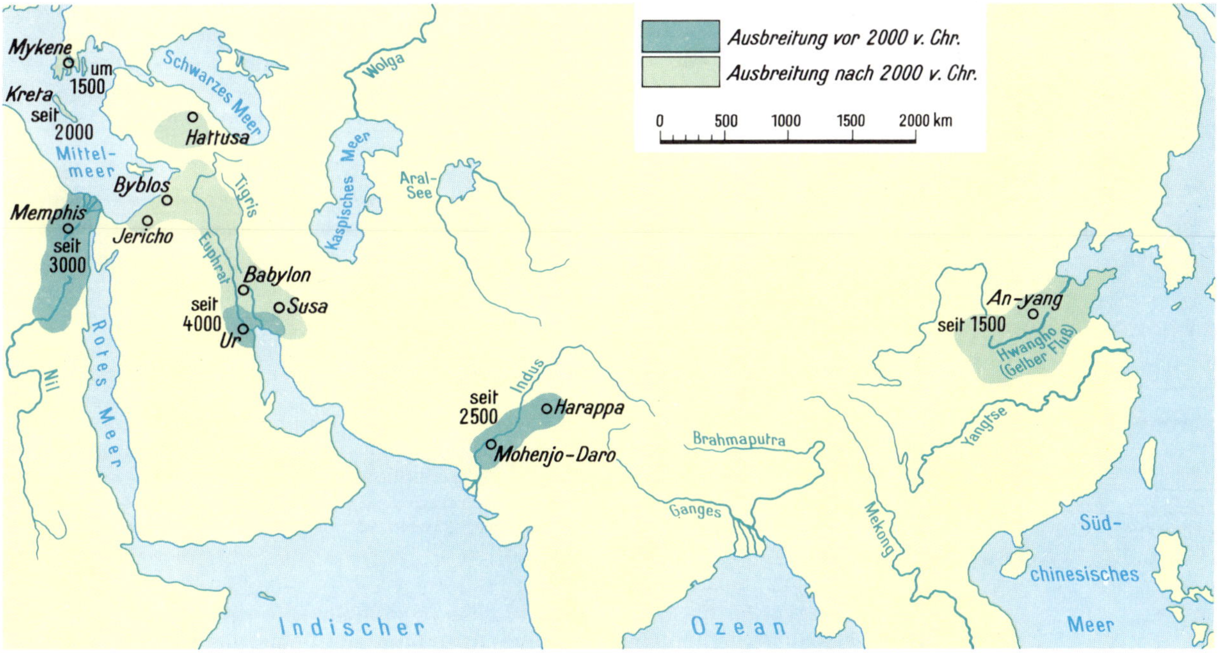

*Wandmalerei aus dem Grab eines ägyptischen Schreibers. Betrachte die einzelnen Szenen: Wo stehen die Aufsichtsbeamten? Was geschieht mit dem Bauern in der Mitte des oberen Bildstreifens? Was machen die Frauen (sie tragen weiße Kopftücher) mit dem Getreide?*

## 2.2. So lebten die Ägypter

**Bauern am Nil.** Die Mehrzahl der Bevölkerung in Ägypten trieb Landwirtschaft. Es waren Flußbauern, Fellachen, wie man sie heute noch in Ägypten findet. Ein griechischer Geschichtsschreiber, Herodot, beschreibt, wie die Landwirtschaft jahrtausendelang in Ägypten betrieben wurde:

*Landwirtschaft*

„Es gibt kein Volk auf der Erde, das die Früchte des Bodens so mühelos gewinnen kann wie die Ägypter. Sie haben es nicht nötig, mit dem Pflug Furchen in den Boden zu ziehen, ihn umzugraben und die anderen Feldarbeiten zu verrichten, mit denen die Menschen sich andernorts abmühen. Sie warten einfach ab, bis der Fluß kommt, die Äcker bewässert und wieder abfließt. Dann besät jeder sein Feld und treibt Schweine und Schafe darauf, um die Saat einzustampfen; danach wartet er ruhig die Erntezeit ab, drischt das Korn und speichert es auf."

(Aus: Herodot, Geschichten 2,14. Abgedruckt in: Geschichte in Quellen, Bd. 1, bearb. v. W. Arend, Bayer. Schulbuchverlag, München 1965, S. 15)

Tatsächlich war für die Fellachen nicht alles so mühelos wie der Getreideanbau. Sie hielten Haustiere, legten Gemüse- und Obstgärten an, hielten die Bewässerungsanlagen in Stand und hatten für die Nahrungsmittel im ganzen Land aufzukommen. Brot und Bier, das sie aus Gerste, Emmer und Weizen machten, waren die Hauptnahrung. Aus den Abrechnungen des Pharao wissen wir, daß auch Gemüse und Kohl angebaut wurde. Außerdem aß man Fisch und Geflügel. An Festtagen, wenn viele Menschen zusammenkamen, wurden Rinder geschlachtet; denn Fleisch ließ sich bei der Wärme nicht aufbewahren.

*Ernährung*

(1) Der Bericht des Herodot ist vor rund zweieinhalbtausend Jahren geschrieben. Was erfährst du aus ihm?
(2) Was uns aus vergangenen Zeiten erhalten ist und die damaligen Verhältnisse wiedergibt, nennt man „geschichtliche Zeugnisse" oder „Geschichtsquellen" (vgl. S. 6 ff.). Erläutere die beiden Ausdrücke. Es gibt schriftliche Geschichtsquellen und andere. Zähle einige auf.

**Arbeit im Dienst des Staates.** Da die Ägypter immer gezwungen waren, den Nil unter Kontrolle zu halten, entwickelten sie ganz besondere technische Fertigkeiten. Sie lernten schwierige Bauten zu konstruieren und große Flächen zu vermessen. Die Anzahl der Berufe stieg; einzelne konnten sich spezialisieren und die jeweilige Arbeitstechnik vervollkommnen.

*Handwerker und Arbeiter*

Alle Arbeitskraft gehörte in Ägypten – wie das Land – dem Pharao. Er konnte deshalb Tausende von Handwerkern, Handlangern, Transportarbeitern, Aufsehern, Technikern und Künstlern aufbieten und mit ihrer Hilfe gewaltige Bauwerke errichten lassen. Allerdings mußte der Pharao mit seinen Beamten auch die Versorgung der Leute gewährleisten. Jeder Arbeiter sollte täglich Verpflegung bekommen und in regelmäßigen Abständen Öl, Kleidung und Ausrüstung beziehen. Daß dies nicht immer pünktlich erfolgte, zeigt eine Abbildung protestierender Arbeiter auf einer ägyptischen Darstellung, die sich beim Aufseher mit den Worten beschwerten:

„Wir sind hierher gekommen, vor Hunger und Durst, wir haben keine Kleider, wir haben keine Salben, wir haben keine Fische, wir haben kein Kraut. Sendet Mitteilung an den Pharao, unsern guten Herrn, und schreibt an den Wesir, unseren Vorgesetzten, damit uns Lebensmittel verschafft werden."

(zitiert aus: Geschichte in Quellen, a.a.O., S. 50)

Was die Fellachen für ihren täglichen Bedarf brauchten, – Geschirr, Kleidung, Sandalen, einfache Möbel wie Truhen, Tische und Stühle – das konnten sie z. T. selbst herstellen oder sich beim einfachen Dorfhandwerker besorgen. Am Hof des Pharao und seiner hohen Beamten waren jedoch Fachleute beschäftigt, die immer feinere Techniken beherrschten. Manche Kostbarkeiten wurden auch aus dem Ausland eingeführt. Kaufleute reisten im Auftrag des Königs nilaufwärts oder über das Meer auf Schiffen, die mit großen viereckigen Segeln den Wind einfingen.

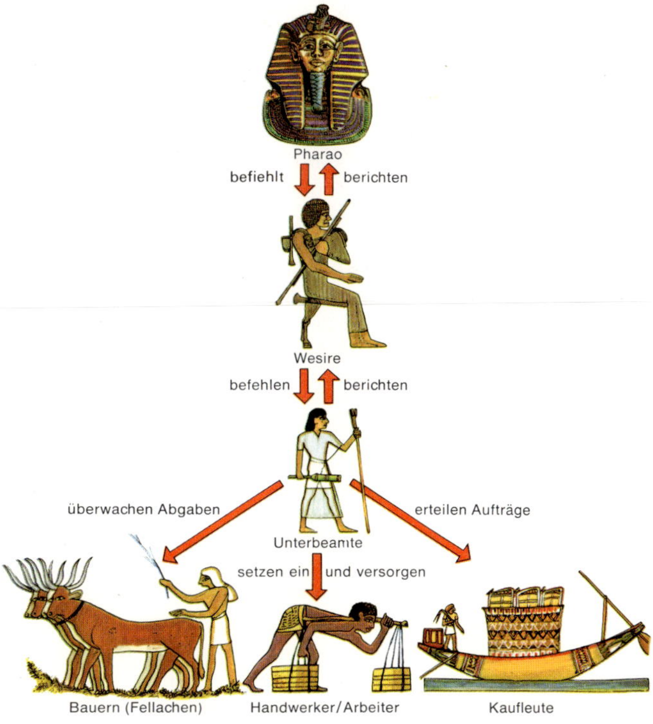


*Ausübung der staatlichen Gewalt in Ägypten.*

(3) Zähle auf, was ein ägyptischer Fellache das Jahr über zu arbeiten hatte.
(4) Man kann sagen, daß im alten Ägypten alles vom Staat organisiert wurde. Nenne Beispiele dafür.

*Hohe Beamte*

**Die Wesire.** Am nächsten standen dem Pharao die hohen Beamten, die in seinem Namen das Land regierten. Sie stammten z.T. aus der Verwandtschaft des Königs. Wenn sie das Vertrauen des Herrschers besaßen, wurden sie oftmals reich beschenkt. Sie konnten sich Villen bauen und Grabdenkmäler errichten lassen. An den Wänden der Grabanlagen finden wir häufig die Tätigkeiten solcher Beamten in Bild und Schrift dargestellt. Aus dem Grab eines Wesirs, der in der Zeit um 2350 v. Chr. lebte, erfahren wir z. B., wie der Morgen bei ihm verlief:

*Im Haus eines Wesirs*

„Sein Tag beginnt. Diener beeilen sich, ihn zu bekleiden. Einer setzt ihm mit größter Sorgfalt eine Perücke auf, die dem Gesicht einen würdigen Rahmen gibt. Ein anderer kümmert sich um die Füße, ein dritter um die Kleider. Vier Zwerge sind dabei, den Halskragen, ein wichtiges Abzeichen seines Ranges, zu ordnen. Der Vorsteher des Zwingers steht hinter seinem Herrn und hält dessen Lieblingsaffen und drei Hunde an Leinen. Zwölf Beamte, deren Haltung Emsigkeit verrät, warten auf Anweisung ihres Gebieters. Der, dem es geglückt ist, sich ganz vorn aufzustellen, überreicht eine Papyrusrolle. Im Hintergrund machen Harfen- und Flötenspieler Musik, und der Obervorriecher prüft, ob der Duft der Früchte, die auf die Frühstückstafel sollen, auch köstlich genug für den hohen Herrn sein wird. Alles ist darauf abgestimmt, den Wesir in gute Laune zu versetzen. Man redet ihn mit der langen Litanei seiner Titel an, legt ihm Listen mit schwindelerregenden Aufzählungen seiner Besitztümer vor: Zehntausende von Ochsen, Gazellen, Geflügel, Bierkrügen, Broten. Diener schleppen Leinwandballen, Sandalenbündel, volle Kästen, Schminke herbei, auch Weihrauch, der, in Wolken aufgehend, eine Brücke zum Himmel bildet. Die Seligkeit aber liegt in den irdischen Dingen beschlossen. Zärtlich hält ein kleines Mädchen Blumen hoch. Am liebsten ruht das Auge des Herrn indessen auf seinem Sohn, der, ein Kind noch, bereits zwei Binsenfedern hinter das Ohr gesteckt hat, für rote und schwarze Tinte, und eine Papyrusrolle in der Hand trägt – ein kleiner Schreiber, in der hohen Kunst der Hieroglyphen schon ein wenig bewandert, der Stolz seines Vaters."

(Aus: H. Baumann, Die Welt der Pharaonen, Ravensburger Taschenbücher Nr. 35. Otto Maier Verlag, Ravensburg 1969, S. 58)

(5) Was gefällt und was mißfällt dir an der Lebensweise des Wesirs, von dem hier berichtet wird?

**Wissen ist Macht.** Nur wer die Kunst des Schreibens erlernt hatte, konnte auf der Stufenleiter der Beamten aufsteigen und es vielleicht zum Wesir bringen. Darum schärfte ein Ägypter seinem Sohn ein:

*Schreibschule*

„Ich lasse dich die Schriften mehr lieben als deine eigene Mutter. Ich führe dir der Schriftkunst Schönheit vor Augen; sie ist größer als die aller anderen Berufe. Im ganzen Land gibt es nichts, was ihr gleichkommen könnte. Kaum hat ein Schriftkundiger angefangen, heranzuwachsen – er ist noch ein Kind –, so wird man ihn grüßen und als Boten senden. Und er wird nicht zurückkommen, um sich in den Arbeitsschurz zu stecken . . . Es gibt keinen Beruf, in dem einem nicht befohlen wird, außer dem des Schreibers und Beamten. Da allein ist er es selbst, der befiehlt. Wenn du schreiben kannst, wird dir das mehr Nutzen bringen als alle anderen Berufe. Nützlich ist schon ein einziger Tag in der Schule, und eine Ewigkeit hält das vor, was man in ihr gewinnt."

(Aus einem ägyptischen Papyrus, deutsche Übersetzung z. T. abgedruckt in: Materialien für den Geschichtsunterricht, Das Altertum, Diesterweg 7331 [4]1972, S. 15)

**Soziale Unterschiede.** Die Lebensbedingungen für die Menschen im alten Ägypten waren nicht gleich. Ein Wesir stand himmelhoch über dem Arbeiter, und ein Fellache lebte viel ärmlicher als ein Schreiber. Die Häuser der Bauern bestanden aus fensterlosen Hütten, waren aus ungebrannten Ziegeln gebaut und mit Palmenzweigen überdeckt. Die Häuser der Beamten jedoch waren villenartige Gebäude, zwei Stockwerke hoch mit einer nach Norden offenen Loggia im Obergeschoß, mit einem

*Arme und reiche Häuser*

Empfangsraum und mehreren Schlafzimmern im ersten Stock, mit Toiletten und Duschanlagen und einem schattigen Park.
Wer Untergebener blieb, war vom Wohlwollen der Aufseher abhängig. Von einem Bauleiter behauptet seine Grabinschrift:

„Ich war meinen Untergebenen ein guter Vater, ich unterrichtete ihre Kinder und unterstützte die Unglücklichen, ich gab Lebensunterhalt denen, die Mangel litten, und verrichtete in meiner Eigenschaft als oberster Bauleiter in Theben im Auftrag des Pharao viele nützliche Dinge in seinem Tempel..." Auf einem anderen Grabbild wird aber auch ein Lastträger dargestellt, der mit dem Blick auf den Stock, den ein Aufseher trägt, ruft: „Das ist der Prügel, mit dem mein Rücken gesalbt wird."

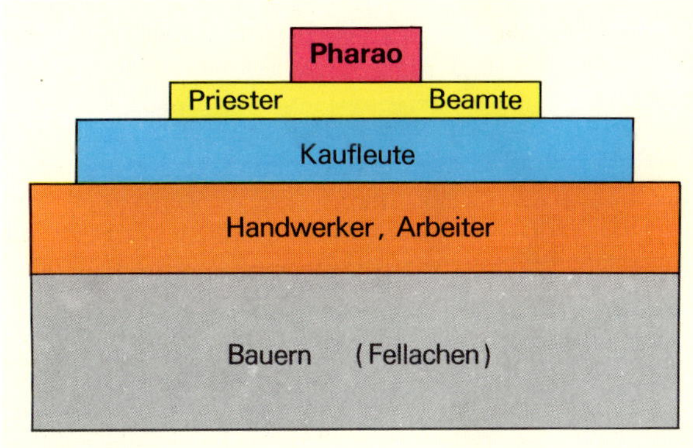

*Soziale Schichtung in Ägypten.*

Was der Pharao tun sollte, damit im Lande einigermaßen Gerechtigkeit herrschte, wird in einem „Fürstenspiegel" aus der Zeit um 2000 v. Chr. dem jungen König eingeschärft:

„Tue das Rechte, solange du auf Erden weilst. Beruhige den Weinenden, quäle keine Witwe, verdränge keinen Mann von der Habe seines Vaters. Hüte dich davor, ungerechterweise zu strafen... Erhebe den Sohn eines angesehenen Mannes nicht mehr als einen einfachen Bürger, sondern hole dir den Mann wegen seiner Taten..."

(Aus einem Papyrus. Deutsche Übersetzung abgedruckt in: Geschichtliche Quellenhefte mit Überblick, Heft 1, Alter Orient und Hellas, Diesterweg 7341, [7]1972, S. 22)

(6) In der Regel kamen in Ägypten die Söhne von Beamten in Schreibschulen. Welche Möglichkeiten hatten sie dadurch? Wie wirkte sich das auf die Aufstiegsmöglichkeiten von Kindern aus anderen Bevölkerungsschichten aus? Informiere dich im Sozialkunde-Unterricht, welche Aufstiegsmöglichkeiten der Besitz des Reifezeugnisses bei uns ermöglicht.
(7) Nimm Stellung zu der Frage nach Gleichheit und Gerechtigkeit bei den Ägyptern.
(8) Du findest in diesem Abschnitt über das Leben der Ägypter an vier Stellen Auszüge aus Geschichtsquellen. Welchen Vorzug besitzen solche Geschichtsquellen gegenüber den übrigen Texten des Buches?

## 2.3. Der Glaube an die Unvergänglichkeit

**Gräber für die Ewigkeit.** Nichts erinnert so sehr an das alte Ägypten wie die Pyramiden (vgl. S. 28).

„Sobald ein Pharao im Alten Reich zur Macht gekommen war, begann er, eine Pyramide zu planen, die sein Grab sein würde. Das gewaltige Aufgebot der Architekten, Handwerker und Arbeiter wurde in Bewegung gesetzt. Jedes Dorf mußte eine bestimmte Anzahl an Arbeitskräften in die Steinbrüche oder auf den Bauplatz schicken. Die königlichen Magazinverwalter teilten Geräte und Kleidung aus. Man sah sich einer gewaltigen Aufgabe gegenüber. Die Cheopspyramide bei Giseh wurde aus mehr als zwei Millionen Steinblöcken errichtet, die im Durchschnitt über zweieinhalb Tonnen wogen. Trotzdem wurde sie im 23. Regierungsjahr des Cheops

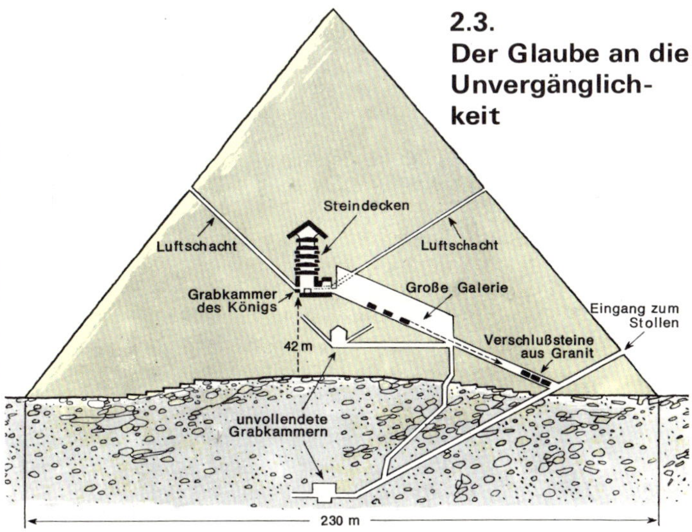

*Schnitt durch die Cheopspyramide. Versuche die Konstruktion zu erklären.*

*Die große Sphinx vor den Pyramiden von Giseh. Die Sphinx, ein Löwe mit menschlichem Haupt, wurde als steinerner Grabwächter aufgestellt.*

**2600 v. Chr.**

*Bau einer Pyramide*

um 2600 v. Chr. vollendet, von Menschen, die ohne Zugtiere und ohne Rad mit den primitivsten Werkzeugen arbeiteten... Die Cheopspyramide bei Giseh wurde zum größten Teil aus Kalkstein gebaut. Einige Blöcke sind auch aus Granit. Zur Bearbeitung der Granitblöcke erfand man eine neue Bearbeitungsmethode, da die vorhandenen Kupferwerkzeuge viel zu weich waren. Man trieb mit Dolorithämmern [Dolorit ist ein harter Stein] Spalten in den Granitstein. In diese wurden Holzkeile geschlagen, die sich – mit Wasser getränkt – auszudehnen begannen und so Teile des Granitblocks absprengten. Die Steinblöcke wurden mit den verschiedensten Zeichen bemalt. Einige geben an, wohin der Block gebracht werden sollte, andere haben Hinweise wie ‚Diese Seite nach oben!'. Eine Arbeitsgruppe hatte sogar den Mut, die Worte ‚Wie ist der Pharao trunken!' – auf einen Steinblock zu malen. An der Pyramide arbeiteten jeweils etwa 4000 Menschen, keine Sklaven, sondern freie Bürger – allerdings vorübergehend zwangsverpflichtet. Sie arbeiteten in Kolonnen zu 18 bis 20 Mann und schleppten die Steinblöcke die Rampen hinauf und setzten sie an ihren vorgeschriebenen Platz. Zuletzt schlugen Maurer, von der 145 Meter hohen Spitze beginnend, die überstehenden Blockkanten ab, so daß die glatten Seiten der Pyramiden entstanden."

(Aus: L. Casson, Ägypten. Die Pharaonenreiche. Rowohlt, Life 23, Hamburg 1971, S. 122 ff.)

(1) Vergleiche diesen Bericht über die Cheopspyramide mit dem Text von Mendelssohn auf S. 28.
(2) Was entnimmst du diesem Bericht in bezug auf die Fähigkeiten der alten Ägypter?

*Die Bilder und der Text dieser Darstellung in einem ägyptischen Totenbuch schildern, wie es dem Verstorbenen im Totenreich ergeht: In der Mitte kniet ein Gott mit dem Kopf eines Schakals und wiegt das Herz des Verstorbenen; hinter ihm schreibt ein anderer Totengott (mit einem Vogelkopf) das Ergebnis auf. In der oberen Reihe sitzen die Totenrichter, die das Urteil sprechen.*

**Leben nach dem Tod?** Die Pyramiden und auch die Gräber, die sich die Könige in der Zeit nach 2000 v. Chr. in Fels hauen ließen, bilden Festungen, die den Körper des Verstorbenen vor jedem Feind schützen sollten; denn der Tote lebte nach ägyptischem Glauben im Jenseits weiter. Nur durfte sein Körper niemals zerstört werden, damit die Seele den Weg zurückfinden und sich im erhaltenen Leib stärken konnte. Darum ließen sich die Ägypter auch, um nicht zu verwesen, nach dem Tode einbalsamieren. Es gab Leute, die sich besonders auf diese Kunst verstanden. Sie boten den Angehörigen der Toten drei Arten der Einbalsamierung in verschiedenen Preislagen an. Am kostspieligsten war die Reinigung des Leichnams, die Entfernung der Eingeweide, das Ausspülen und Desinfizieren der Bauchhöhle, das 70 Tage währende Natronbad, das Umwickeln mit Baumwollbinden, die man mit Pech aus der Libanonzeder getränkt hatte. Über das Gesicht legte man eine Totenmaske, die manchmal aus Gold bestand. Auf diese Weise erhielten sich zahlreiche einbalsamierte Körper (Mumien) bis auf den heutigen Tag. Damit der Tote sich stärken konnte, stellte man in der Grabkammer einen Tisch mit Gefäßen für Speise und Trank auf. Die Gefäße enthielten Fleisch, Gebäck, Gemüse, Obst, Bier und Wein. Den Reichen, vor allem den Pharaonen, legte man einen großen Teil ihrer Schätze ins Grab. Aber die kostbaren Schätze lockten schon im alten Ägypten zu Plünderungen; die meisten Pharaonengräber sind aufgebrochen

*Einbalsamierung*

*Grabbeigaben*

und beraubt worden. Keine der Pyramiden blieb verschont. Nur im abgelegenen „Tal der Könige", wo sich die Felsengräber befinden, entdeckte man 1922 bei Ausgrabungen ein einziges Pharaonengrab, das nicht ausgeraubt worden war: das Grab des Tutenchamun. Es enthielt prachtvoll verzierte Truhen, Schmuck, Waffen und Kleider, einen Thronsessel, einen goldüberzogenen Sarg und das goldene Abbild des Königs.

*Totengericht*

Nach dem Tode mußte, wie die Ägypter glaubten, der Verstorbene vor einem Totengericht erscheinen. Die strengen Richter trugen furchterregende Namen wie Gedärmefresser, Knochenbrecher, Blutfresser, Flammenauge, Feuerbein. Sie prüften die Taten des Menschen und verzeichneten sie auf einer Schriftrolle. Hatte die Seele gefrevelt, so verfiel sie endgültig der Vernichtung durch den Totenfresser, der den Kopf eines Krokodils trug. Wurde sie jedoch für rein befunden, so wurde sie von den Totengöttern Osiris und Isis in ihr Reich aufgenommen. Freilich blieb sie für immer im Jenseits, wie die Ägypter glaubten:

„Niemand kommt aus dem Jenseits zurück, um uns mitzuteilen, wie es ihm erging... Feiere fröhlich den Tag. Sei nicht traurig im Leben. Sieh, niemand nimmt mit, was er besitzt, und niemand kehrt zurück, der dahingeschieden ist."

So heißt es in einem Gedicht, das vor 4000 Jahren entstanden ist. Der Glaube an Osiris und Isis ließ auch den Armen, die keine schützende Grabstätte hatten, die Hoffnung auf ein Fortleben im Jenseits.

*Religion*

**Tempel und Götter.** Bei den Pyramiden und Felsengräbern standen auch Tempel. Man betrat sie durch ein riesiges Tor, gelangte durch einen Vorhof in eine Säulenhalle und von da aus zum Opferraum und zum Heiligtum des Gottes. Priester besorgten den Tempeldienst. Sie ließen Prozessionen zu Ehren der Götter abhalten und bewahrten die Tempelschätze. Unter den zahllosen ägyptischen Gottheiten ragt der Sonnengott Aton-Rê hervor, den der Pharao Echnaton sogar zum höchsten und einzigen Gott erklärte. Ein Gebet, das aus der Zeit um 1350 v. Chr. stammt, preist ihn mit folgenden Versen:

*Ein Gebet*

„Dein Aufleuchten ist schön am Rande des Himmels,
du lebender Aton, der zuerst lebte!
Wenn du dich erhebst am östlichen Rande des Himmels,
so erfüllst du jedes Land mit deiner Schönheit.
Denn du bist schön, groß und funkelnd, du bist hoch über der Erde;
deine Strahlen umarmen die Länder, ja alles, was du gemacht hast.
Du bist Rê, und du hast sie alle gefangengenommen;
du fesselst sie durch deine Liebe.
Obwohl du fern bist, sind deine Strahlen doch auf Erden;
obwohl du hoch droben bist, sind deine Fußstapfen der Tag!
Wenn du untergehst am westlichen Rande des Himmels,
dann liegt die Welt im Dunkel, als wäre sie tot ..."

(Aus einem Hymnus an den Sonnengott Aton. Deutsche Übersetzung in: Geschichtliche Quellenhefte mit Überblick, Heft 1, a.a.O., S. 27)

**Auch die Kunst will Unvergänglichkeit.** Die Grabmäler und Tempel wurden von den Ägyptern kunstvoll gestaltet. Sie meißelten Bilder und Hieroglyphen als Reliefs in die Wände. Außerdem stellten sie auf den Terrassen vor den Pyramiden, in den Tempeln und Grabkammern zahlreiche Statuen auf. Sie alle hatten den gleichen Sinn:

*Bildende Kunst*

„Die ägyptische Kunst hat ihren Ausgangspunkt in dem Bestreben, die vergehende Gegenwart für die Ewigkeit festzuhalten... Dabei ist ein Bild für den Ägypter genauso lebendig wie der dargestellte Gegenstand. Ein Mensch lebt in seiner Statue und in seinem Relief weiter, so daß eine Grabstatue der ‚Seele' des Verstorbenen in gleicher Weise Aufenthaltsort sein kann wie die Mumie, oder seine im Tempel aufgestellte Statue dort ebenso Ehrungen und Gebete entgegen-

*Der Totentempel der ägyptischen Königin Hatschepsut am Fuße der Felsen im „Tal der Könige" bei Theben. Die Grabanlage wurde um 1500 v. Chr. errichtet.*

*Regeln für die Kunst*

nehmen kann wie einst der Lebende. Daraus resultiert auch der ägyptische Stil: Eine Statue muß den Dargestellten in höchster Machtfülle abbilden, in bester Manneskraft und höchsten Würden; dazu den Weisheitslehren entsprechend in beherrschter Haltung. Beim Relief müssen alle wichtigen Körperteile vollständig erkennbar sein; daher vermeidet man Überschneidungen, zeigt das Gesicht im Profil, aber das Auge dabei von vorn ..."

(Aus: Kulturgeschichte der Welt. Asien, Afrika, Amerika. Hrsg. v. H. Boekhoff u. F. Winzer. Westermann Verlag, Braunschweig 1966, S. 119)

Was die Ägypter erstrebten und woran sie glaubten: die Unvergänglichkeit, das haben sie durch ihre Werke erreicht. Ihre Kunst, ihre Schrift, ihre Geschichte blieben lebendig bis in die Gegenwart.

(3) Man kann sagen, daß die Ägypter in allem das Dauerhafte anstrebten. Woran könnte man das zeigen?
(4) Aus dem Gebet an den Sonnengott kannst du herausfinden, welches Verhältnis Menschen damals zu ihrem Gott hatten.
(5) Schreibe auf, was dir an der Kunst der Ägypter (vgl. Abb. S. 28, 30, 34, 35) auffällt.

## Zur Lernkontrolle

1. Nenne Einzelheiten aus dem alten Ägypten, die nur bekannt sind, weil die Ägypter schriftliche Aufzeichnungen hinterlassen haben.
2. Erkläre die folgenden Begriffe: Hieroglyphen, Papyrus, Fellache, Pharao, Wesir, Pyramide, Mumie, Relief.
3. Zeichne ein Schema, das den Aufbau des Pharaonenstaates darstellt.
4. Zähle auf, welche Berufe es im alten Ägypten gab. Beschreibe die Tätigkeit einzelner Berufe. Gib an, welche Stellung einzelne Berufe im ägyptischen Volk einnahmen.
5. Erläutere an Beispielen, worin für die Ägypter die Unvergänglichkeit des Lebens beruhte.

*Der Tempel der Göttin Athene auf der Akropolis. Die Akropolis bildet den Mittelpunkt Athens: ein Felshügel mit einer flachen Kuppe, auf der mehrere Tempel standen (vgl. die Rekonstruktion S. 63). Dieser Tempel, Parthenon genannt, galt wegen seiner harmonischen Schönheit als Vorbild für die Architekten des Altertums. 1687 explodierte auf der Akropolis ein Munitionslager und zerstörte die antiken Gebäude. Sie konnten nur bruchstückhaft wiederhergestellt werden.*

# 3. Die große Zeit der Griechen

**Lernziele**

- Die Demokratie hat sich zur wichtigsten politischen Ordnung in unserer Welt entwickelt. Am Staat der Athener kannst du das erste Beispiel einer Demokratie in der Geschichte beobachten und seine Merkmale herausarbeiten.
- Um die Entwicklung der griechischen Staaten zu verstehen, sind Kenntnisse über ihre Kriege mit den Persern und über den Krieg zwischen Athen und Sparta notwendig. Du kannst sie im zweiten Teil des Kapitels gewinnen.
- Du solltest prüfen, was Alexander der Große gewollt und erreicht hat, und dich über seine Person und seine Wirkungen informieren.
- An einzelnen Beispielen aus dem kulturellen Leben der Griechen kannst du dir klar machen, was sie auf diesem Gebiet geleistet haben und wie wir von diesen Leistungen abhängen.

## 3.1. Die „Demokratie" der Athener

**Die „Polis" Athen.** Athen ist heute die Hauptstadt Griechenlands, eine Großstadt mit rund 2,5 Millionen Einwohnern, wenn man alle zählt, die auf dem Gebiet wohnen, das vor 2500 Jahren zu Athen gehörte. Damals – in der Zeit zwischen 600 und 400 v. Chr. – wurde Athen weltberühmt, obwohl es nur die Hauptstadt eines kleinen Staates war. Er umfaßte die Halbinsel Attika, auf der damals an die 300 000 Menschen lebten. Das Land war nicht besonders fruchtbar. Die Bauern pflanzten in der Ebene

*Die einzelnen „Staaten" und Stämme der Griechen.*

*Ein Stadtstaat*
**600 - 400 v. Chr.**

Oliven und Wein und ließen ihr Kleinvieh an den Hängen des Gebirges weiden, das ihr kleines Land zum Nachbarstaat hin abgrenzte. Athen war am Fuß eines Burghügels, der „Akropolis" angelegt; nicht weit entfernt lag der Piräus, der große Hafen. Die Bauern- und Fischerdörfer, der Hafen und die Stadt bildeten zusammen eine Einheit, und die Griechen, die hier wohnten, gehörten zusammen. Sie nannten sich alle „Athener", und ihr Gemeinwesen hieß „die Polis Athen". „Polis" bedeutet so viel wie „Staat" oder „Stadtstaat". Von „Polis" stammen unsere Begriffe „Politik", „politisch" u. ä.

„. . . die ‚Polis' kannte jeder Grieche; da lag sie vor seinen Augen, ein vollständig überschaubares Gebilde. Er konnte die Felder sehen, die sie ernährten – oder nicht ernährten, wenn die Ernte ausblieb; er konnte sehen, wie Landwirtschaft, Handel und Gewerbe sich ineinander verschränkten; er kannte die Landesgrenzen und wo sie stark und wo sie schwach waren; wenn irgendwelche Unzufriedenen einen Umsturz planten, dann war es nicht leicht für sie, ihre Absicht zu verbergen. Das ganze Leben der Polis und der Zusammenhang mit all ihren Teilen war durch die geringen Ausmaße viel leichter zu erfassen. Deshalb drückte der Satz ‚Es ist jedermanns Pflicht, die Polis zu unterstützen' nicht nur ein edles Gefühl aus, sondern eine einfache und dringliche Forderung des common sense [d. h. des gesunden Menschenverstandes]."

(Aus: H. D. F. Kitto, Die Griechen. Klett-Verlag, Stuttgart 1957, S. 117)

**Aus der Geschichte der Griechen.** Athen war nur einer von vielen Staaten, die Griechen gegründet haben; und die Zeit, die Athen weltberühmt machte, stellt nur einen Ausschnitt aus der ganzen Geschichte der Griechen dar. Die folgende Zeittafel gibt einen Überblick über die bedeutendsten Ereignisse der griechischen Geschichte und läßt die Abschnitte erkennen, über die dieses Buch im einzelnen berichtet.

| | |
|---|---|
| seit 2000 v. Chr. | Blütezeit der „minoischen Kultur" auf Kreta. |
| um 1400 v. Chr. | Eroberung Kretas durch die Achäer, Blütezeit der „mykenischen Kultur". |
| seit ca. 1200 v. Chr. | Dorer dringen auf der Balkanhalbinsel vor. Das Volk der Griechen (oder „Hellenen") bildet sich. |
| seit 776 v. Chr. | Olympische Spiele. |
| ca. 750–550 v. Chr. | Entstehung griechischer Kolonien am Mittelmeer und am Schwarzen Meer. |
| 594 v. Chr. | Gesetzeswerk des Solon in Athen. |
| 490–479 v. Chr. | Griechen verteidigen sich erfolgreich gegen die Perser und beherrschen das Ägäische Meer. |
| 5. Jh. v. Chr. | Die Demokratie in Athen entfaltet sich. Bau der Akropolis von Athen. Griechische Philosophen. Dramen des Aischylos, Sophokles und Euripides. |
| 431–404 v. Chr. | Krieg zwischen den Stadtstaaten Sparta und Athen. Niederlage Athens. |
| 336–323 v. Chr. | Der Makedonenkönig Alexander der Große erobert das Perserreich, gelangt bis nach Indien, gründet ein Weltreich. |
| 3. Jh. v. Chr. | Nach Alexanders Tod entstehen hellenistische Staaten in Ägypten, Syrien, Kleinasien, im Zweistromland und in Makedonien. |

**Einst beherrschte der Adel Athen.** Als Athen mächtig wurde, regierten dort nicht Könige wie in Ägypten, sondern Angehörige vornehmer Familien aus altem Geschlecht. Diese Familien bildeten den Adel im Land. Sie waren reich und angesehen, hatten Grundbesitz, den sie verpachten konnten, besaßen zum Teil Handwerksbetriebe in der Stadt, in denen Lohnarbeiter und Sklaven gewinnbringende Handelsgüter herstellten, z. B. Keramik, eiserne Waffen, Helme und Brustpanzer. Manche Adlige trieben vornehmlich Handel, besaßen Transportschiffe und eigene Werftanlagen.

*Die Führungsschicht*

Die führenden Adligen kamen regelmäßig zu Sitzungen in einem Adelsrat, im sogenannten „Areopag", zusammen. Der Areopag war das oberste Gericht und vertrat den Staat gegenüber dem Ausland. Es gab in Athen zwar auch eine Versammlung des Volkes. Sie entschied über Krieg und Frieden, beschloß die Gesetze und wählte die höchsten Regierungsbeamten, die „Archonten". Aber auch hier hatten ausschließlich die Adligen das Wort, und nur Adlige konnten das Archontenamt gewinnen. Eine solche Regierungsform nannten die Griechen „Aristokratie", Herrschaft der Vornehmen.

**Soziale Gegensätze – Ursache einer Staatskrise.** Wenn die Griechen Krieg führten, war das ursprünglich (bis ins 8. Jh. v. Chr.) Sache des Adels. Dieser kämpfte zu Pferd, von einfachen Fußsoldaten begleitet. Der Dichter Homer berichtet davon in seiner „Ilias", der Geschichte des Trojanischen Krieges. Doch seitdem es Eisen gab, konnte man Fußtruppen mit schwerer Rüstung in einer Schlachtreihe, der „Phalanx" aufstellen. Jeder mußte für seine Rüstung selbst aufkommen. Dazu waren außer dem Adel auch die reicheren Bauern, Handwerker und Händler imstande. Sie kämpften als schwerbewaffnete „Hopliten" im Krieg.

*Hopliten*

Handel und Handwerk waren in dieser Zeit (zwischen 800 und 600 v. Chr.) aufgeblüht. Rund um das Mittelmeer hatten sich Griechen, die entweder zu Hause kein Auskommen mehr fanden (weil das Land knapp wurde) oder sich im Ausland bessere Handelsgeschäfte versprachen, als „Kolonisten" angesiedelt. Sie hatten Städte gegründet, die nun den Handel des Mutterlandes in ferne Gebiete vermittelten. In der gleichen Zeit konnten die Griechen den Tauschhandel durch die Bezahlung der Waren mit Geld ersetzen. Silbermünzen aus Athen waren als Zahlungsmittel international anerkannt.

*Geldwirtschaft*

*Hopliten in der Schlacht (vgl. S. 40). Darstellung auf einer Vase (um 640–630 v. Chr.). Rechts stehen sich zwei Schlachtreihen gegenüber. Von links kommen weitere Hopliten zu Hilfe. Vor ihnen bläst ein Flötenspieler zum Kampf.*

Wer in Athen Geld verdiente und Geld besaß, war nun im Vorteil. Er konnte Geschäfte machen, Gewinn erzielen und andere gegen Lohn oder Pacht für sich arbeiten lassen. Schlecht erging es jedoch den kleinen Bauern, Fischern, Hirten und Landarbeitern. Wenn die Ernte ausfiel oder der Sturm die Boote zerstörte, mußten sie Schulden machen, um sich das Nötigste zum Leben zu kaufen. Viele verkauften ihr Land oder gar sich selbst und gerieten so in äußerste Abhängigkeit: Sie wurden Sklaven. In der Zeit um 600 v. Chr. herrschten schließlich Verhältnisse, die Plutarch, ein Schriftsteller aus späterer Zeit des Altertums, folgendermaßen schildert:

*Verarmung der Bauern*

„Damals war der Gegensatz zwischen arm und reich so groß geworden, daß sich die Stadt in einer höchst kritischen Lage befand und es den Anschein hatte, als könnte man die Gärung im Volk nur noch überwinden, indem man eine Tyrannenherrschaft einrichtete und die ganze Macht einem einzigen starken Mann übertrug. Das ganze niedere Volk war nämlich den Reichen verschuldet. Wer seiner Schulden wegen sich selbst verpfändet hatte, wurde von seinen Gläubigern abgeführt und diente fortan entweder im Lande als Sklave oder wurde in die Fremde verkauft. Viele waren auch genötigt, ihre eigenen Kinder zu verkaufen, denn kein Gesetz verbot das ... Endlich taten sich die Stärksten der bedrohten Bauern zusammen und ermahnten einander, nicht länger zuzusehen, sondern einen zuverlässigen Mann zum Führer zu wählen, die Verarmten aus der Schuldhaft zu befreien, das Land neu aufzuteilen und die Verfassung des Staates umzustürzen. Da aber wandten sich die Einsichtigsten unter den Adligen an Solon, einen Mann, der am ehesten außerhalb des Konfliktes stand, weil er sich weder in ungerechter Weise bereichert hatte, noch selbst in Not geraten war; sie baten ihn, dem Wohl des Ganzen zu Hilfe zu kommen und dem Streit ein Ende zu machen. So wurde er zum Schiedsrichter und zum Gesetzgeber gewählt."

*Umsturz oder Reform?*

(Aus: Plutarch, Solon, Kap. 13f.; nach: Plutarch, Große Griechen und Römer, übers. von K. Ziegler, Bd. 1, 1954; abgedruckt in: Materialien für den Geschichtsunterricht, Das Altertum, a.a.O., S. 61)

(1) In Athen sagte man „Das Gesetz ist unser König". Erkläre, was der Satz bedeutet. Trifft er für die Zeit der Adelsherrschaft wirklich zu?
(2) Lies den Bericht von Plutarch sorgfältig und versuche zunächst schwierige Wörter daraus – „Tyrannenherrschaft", „Sklave", „Schuldhaft", „Konflikt", „Gesetzgeber" – zu erklären. Ein Jugend- oder Geschichtslexikon hilft dir dabei; du kannst aber auch Erwachsene um eine Erklärung bitten – oder ihr besprecht die Begriffe mit dem Lehrer in der Klasse.
(3) Beschreibe anhand dieses Textes von Plutarch, wie sich die Ereignisse in Athen entwickelt haben. Die Zeitangaben im Text erleichtern die Gliederung: „Damals war...", „Endlich taten...", „Da aber wandten...", „So wurde...".

*Die Gesetze Solons*
**594 v. Chr.**

**Reformgesetze schaffen abgestufte Rechte.** Die Vernünftigsten in Athen hatten erkannt, daß ihr ganzes Gemeinwesen, ihr Staat zugrunde ging, wenn so viele im Volk ihre Freiheit verloren. Wie sollte sich einer noch als Athener betrachten, wenn er Schuldsklave reicher Herren geworden war? Und hatten nicht diejenigen Anspruch auf mehr politische Rechte, die als Hopliten die Pflicht zur Ausrüstung und zum Kriegsdienst auf sich nahmen? Solon war der geeignete Schiedsrichter. Er stellte sich zwischen Reiche und Arme und versuchte, Unrecht zu beseitigen, ohne die Verhältnisse umzustürzen. Die Volksversammlung folgte den Vorschlägen Solons und beschloß, den Armen die Schulden zu erlassen, die Leibeigenschaft zu beseitigen, den Bauern und Handwerkern in der Volksversammlung mehr Rechte zu geben und Volksgerichte einzusetzen, die jeder athenische Bürger anrufen konnte, dem Unrecht geschah. Andererseits durften die Reichen ihren Grundbesitz weiter behalten und hatten allein das Recht, eine Stelle als Archon oder General einzunehmen und in den Areopag aufzusteigen. Als man Solon einmal fragte, was er von den Gesetzen halte, die er den Athenern vorgeschlagen hatte, meinte er, es seien die besten gewesen, die sie sich gefallen ließen.

*Vier Klassen*

Nach den von Solon entworfenen Gesetzen wurde die Bevölkerung künftig nicht mehr nach ihrer Herkunft, sondern nach Besitz und Einkommen aufgeteilt. Man bildete vier Schichten oder Klassen und gab ihnen in abgestufter Form Rechte und Pflichten im Staat.

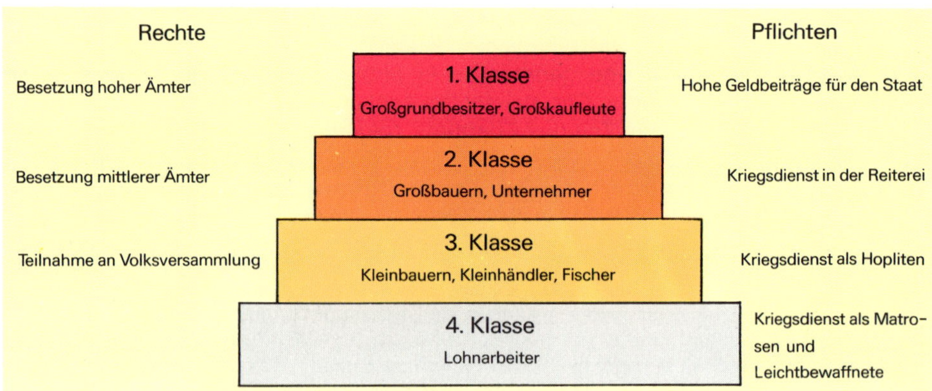


*Die Klasseneinteilung Solons.*

*Verfassung*

**Eine demokratische Grundordnung.** Die Rechte und Pflichten, die durch die neuen Gesetze festgelegt wurden, bestimmten das Zusammenleben aller im Staat. Eine solche Lebensordnung für das Gemeinwesen nennt man Verfassung. Solon

*Links: Weihestatue eines attischen Grundbesitzers, die ihn sebst darstellt, wie er der Göttin Athene ein Opfertier bringt (575 v. Chr.). – Rechts: Grabmal eines Schwerbewaffneten (510 v. Chr.). Vergleiche mit den Hopliten S. 41. Die oben wiedergegebenen Bildwerke waren wie meistens in Griechenland ursprünglich bunt bemalt und hatten Augen aus eingesetzten farbigen Steinen.*

ließ die grundlegenden Gesetze auf große Tafeln schreiben und öffentlich aufstellen. Jeder Bürger konnte sich darauf berufen. Aber die Ordnung, die Solon begründete, war nicht demokratisch. Das einfache Volk, das zahlenmäßig die Mehrheit besaß, verlangte daher mehr Gleichheit und das Recht auf politische Mitwirkung für alle Athener, d. h. eine Demokratie.

*Die Oberschicht bleibt bevorzugt*

Erst nach Generationen und auf dem Umweg über eine Tyrannenherrschaft, d. h. die Herrschaft eines einzelnen Mannes – er hieß Peisistratos –, kam man in Athen diesem Ziel näher. Eine neue Verfassung, deren Gesetze zum größten Teil von dem Athener Kleisthenes in der Zeit um 510 v. Chr. ausgearbeitet wurden, verteilte die Macht im Staat auf drei Einrichtungen: die Volksversammlung, den Rat und die Volksgerichte.

**510 v. Chr.**

*Volksversammlung*

In der Volksversammlung waren alle freien Bürger von Athen gleichberechtigt. Sie wählten die Beamten, Richter und Offiziere, und jeder freie Athener konnte für diese Ämter kandidieren. Nach Ablauf der Amtszeit, die in der Regel ein Jahr dauerte, mußte jeder Beamte der Volksversammlung Rechenschaft ablegen. Keine Behörde stand über der Volksversammlung; sie beschloß die Gesetze, entschied über Krieg oder Frieden und besaß die Kontrolle über Regierung und Militär.

*Rat der 500*

Für die laufenden Regierungsgeschäfte war der „Rat der 500" zuständig. Dieser setzte sich aus jeweils 50 Vertretern aus den 10 Wahlbezirken Athens zusammen. Die Wahlbezirke waren so eingeteilt, daß alle Bevölkerungsschichten – die Bewohner der Stadt, die Bauern aus den ländlichen Gemeinden und die Fischer und Seeleute aus den Dörfern an der Küste – gleichmäßig vertreten waren. Für jeweils ein Zehntel des Jahres waren die 50 Ratsherren aus einem Wahlbezirk für die Staatsgeschäfte verantwortlich: Sie hatten dafür zu sorgen, daß die Beschlüsse der Volksversammlung vorbereitet und durchgeführt wurden. Jeden Tag wurde ein anderer Ratsherr durch das Los zum Vorsitzenden des Rates bestimmt. So konnte jeder Athener, wenn das Los ihn traf, für einen Tag zum Staatsoberhaupt werden.

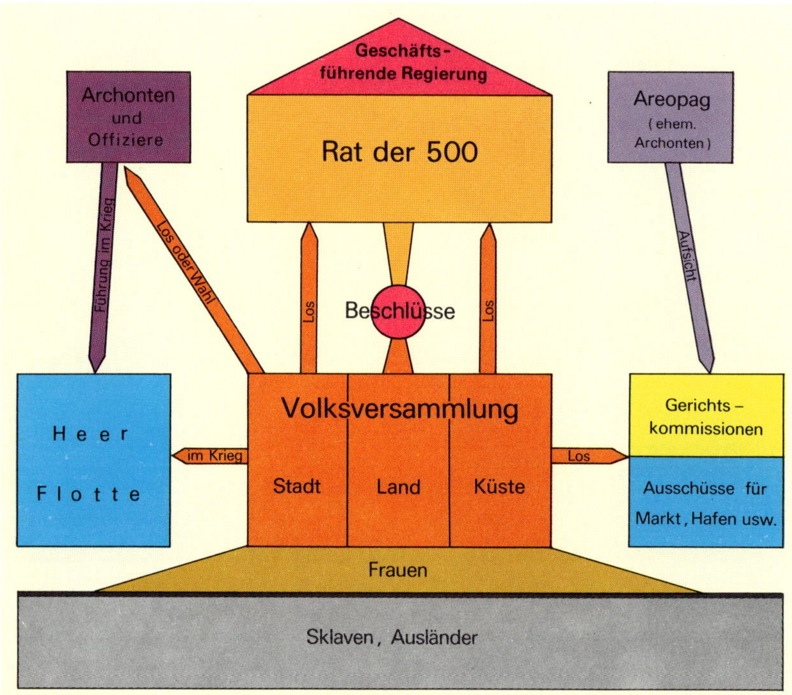


*Die Verfassung von Athen nach Kleisthenes. (Vgl. auch das Schaubild S. 42).*

Die ganze Gerichtsbarkeit im Land unterstand den Volksgerichten. Die Gerichtskommissionen wurden von der Volksversammlung gewählt. Sie hatten Verbrechen aufzuklären, Urteile zu fällen, Streitigkeiten zu schlichten, die Amtsführung der Behörden zu überprüfen, den Hafen, die Märkte und öffentlichen Bauten zu überwachen. Im Ganzen sollen – nach Angaben aus dem Altertum – 6000 Athener in den Gerichtskommissionen mitgewirkt haben.

*Scherbengericht*

Eine Gerichtsentscheidung war jedoch der Volksversammlung vorbehalten. Einmal im Jahr konnte sie diejenigen Bürger aus dem Staat verbannen, die im Verdacht standen, die innere Freiheit Athens zu bedrohen. Jeder freie Mann konnte den Namen eines Verdächtigen auf eine Tonscherbe schreiben. Mindestens 6000 Stimmen mußten abgegeben werden. Wenn die Mehrheit gegen einen Beschuldigten entschied, mußte er für 10 Jahre das Land verlassen. Mit diesem „Scherbengericht" verhinderten die Athener, daß noch einmal ein Tyrann die Stadt beherrschte.

*Tontafel mit dem eingeritzten Namen des Themistokles (vgl. S. 49).*

**Wie wird mehr Demokratie möglich?** Die Einteilung der Bevölkerung in 4 Klassen blieb bestehen. In der Zeit um 450 v. Chr. gehörten rund 300 Athener der obersten Klasse, 900 der 2. Klasse, etwa 8000 der 3. Klasse und zwischen 20000 und 30000 der untersten Klasse an. Da in der Volksversammlung alle die gleichen Rechte hatten und zu allen Ämtern zugelassen waren, gab die Masse der Bürger, die unterste Schicht, den Ausschlag. Damit bei den Wahlen niemand bevorzugt wurde, beschlossen die Athener sogar, die Ratsherren, Beamten und Richter durch das Los zu bestimmen. Und schließlich führten sie eine weitere Neuerung ein:

*Ämter durch Los*

„Die Staatsämter waren bisher unbesoldet. Die Stellen der Ratsherren, Richter sowie der meisten übrigen Beamten konnten daher nur Begüterte annehmen, denn der kleine unbemittelte Mann konnte nicht für längere Zeit seine Bauernwirtschaft oder seine Werkstätte im Stich lassen. Hier klaffte also im demokratischen Gefüge eine merkbare Lücke. Daher führte Perikles nicht nur den Kriegssold für die Schwerbewaffneten, Matrosen und Ruderer, sondern auch die Amtsbesoldung und die Tagegelder [Diäten] ein. Die Ratsherren erhielten eine Drachme täglich, die Richter drei Obolen, die Teilnehmer an der Volksversammlung eine Drachme. Man ermöglichte auch der ärmeren Bevölkerung die Teilnahme an den Festen und Opfermahlzeiten und versorgte sie mit Getreidespenden und Eintrittsgeldern für den Theaterbesuch. Die dadurch erwachsenden Ausgaben wurden durch Zölle, Hafengebühren, Verkaufssteuern, Leistungen der besitzenden Klasse, die Erträgnisse der staatlichen Erzgruben . . . gedeckt."

*Diäten*

(Aus: E. Nack / W. Wägner, Hellas. Land und Volk der alten Griechen. C. Ueberreuter Verlag, Wien–Heidelberg 1966, S. 199)

**Bevölkerung Athens nach Schätzungen (Mitte des 5. Jahrhunderts)**

| Insgesamt | Vollbürger (mit Familie) | Sklaven | Fremde |
|---|---|---|---|
| ca. 300000 Einwohner | ca. 150000 | ca. 50000 bis 100000 | ca. 75000 |

| Gliederung der Bürgerschaft | Staatsbedienstete |
|---|---|
| 1. Klasse: 300 Bürger (Vermögen über 1 Talent) | 500 Ratsherren |
| 2. Klasse: 900 Bürger (Vermögen um 1 Talent) | 6000 Richter |
| 3. Klasse: 8000 Bürger (Vermögen unter 1 Talent) | 2000 mittlere und untere Beamte |
| 4. Klasse: 30000 Bürger (ohne Vermögen) | 10000 Matrosen u.ä. |
| | Tausende von Staatssklaven |

(1 Talent = 36.000 Obolen. 1 Drachme = 6 Obolen = ca. 100 DM. 3 Obolen pro Tag gelten als Existenzminimum für eine Familie)

(Zahlen nach E. Beyer, Grundzüge der griechischen Geschichte. 1964, S. 65; O. Kampe, Die attische Polis, S. 18)

**Eine ideale Demokratie?** In Athen herrschte das Volk. Aber nur ein Teil des Volkes übte die Herrschaft tatsächlich aus. Das waren die freien Männer. Die Frauen blieben ausgeschlossen.

*Frauen*

„In Athen . . . war der Platz der Frau das Haus, und ihre wichtigste gesellschaftliche Pflicht war es, sich zurückzuhalten. Kein Geringerer als Perikles riet den Frauen, nach Anonymität [d.h. danach, unbekannt zu bleiben] zu streben: ‚. . . wenn von einer Frau, sei es im Guten, sei es im Bösen, unter Männern möglichst wenig geredet wird, so ist das ihr höchster Ruhm.' . . . Die Frau galt nur im heimischen Bereich etwas. Das Heim selbst war äußerst einfach – nüchtern möbliert und unkompliziert in der Anlage –, nahezu alle Lebensmittel und Kleidungsstücke der Familie wurden hier unter der Aufsicht der Ehefrau hergestellt. Nach außen wirkte sie nur durch ihren Einfluß auf den Mann."

(Aus: C. M. Bowra, Griechenland. Von Homer bis zum Hellenismus. Rowohlt, Life 31, Hamburg 1972, S. 100ff.)

*Mädchen und Möbelstücke (Terrakottarelief um 450 v. Chr.). Rechts ein Stuhl mit zwei Kissen, die Armlehne wird von einer kleinen Säule gestützt. Das Mädchen legt ein zusammengefaltetes Gewand in eine Truhe, die mit Szenen aus der griechischen Göttersage geschmückt ist. Welche Gegenstände befinden sich an der Wand?*

Auf die Frage, wie er mit seiner Frau zufrieden sei, antwortete ein Grieche in einer Schrift, die uns erhalten ist:

*Ausbildung der Mädchen*

„. . . Sie war noch nicht 15 Jahre alt, als ich sie heiratete. Die Zeit vorher hatte man fürsorglich auf sie aufgepaßt, damit sie möglichst wenig sah, hörte und fragte. Ich war schon damit zufrieden, daß sie bei ihrem Kommen bereits verstand, mit Wolle umzugehen und ein Gewand anzufertigen, und daß sie auch schon bei der Spinnarbeit der Dienerinnen zugesehen hatte. Außerdem war sie im Kochen vorzüglich erzogen, mein lieber Freund, was mir bei Mann und Frau die wichtigste Erziehungsfrage zu sein scheint. . ."

(Aus: Xenophon, Hauswirtschaftslehre 7,3. Abgedruckt in: Geschichte in Quellen Bd. I, a.a.O., S. 285)

*Fremde*

*Sklaven*

Nach der Auffassung der Athener setzte der Staat sich nicht aus Einzelpersonen, sondern aus den einheimischen Familien zusammen. Jede Familie war in der Politik durch das Familienoberhaupt vertreten. Die zahlreichen Zugewanderten, die Ausländer, die hier arbeiteten, hatten kaum politische Rechte.
Ausgeschlossen von allen Rechten blieben die Unfreien, die Sklaven. Das waren zu jener Zeit meist Menschen, die in Kriegsgefangenschaft geraten waren und auf dem Markt wie eine Ware verkauft wurden. Auch die Nachkommen eines Sklaven blieben unfrei, wenn ihr Besitzer ihnen nicht die Freiheit schenkte. Man schätzt den Anteil der Sklaven auf ein Drittel der Gesamtbevölkerung von Athen (vgl. S. 102ff.).

*Perikles*
**443–429 v. Chr.**

**Perikles schildert die Vorzüge der Verfassung von Athen.** Trotz der vollen Gleichberechtigung aller freien Staatsbürger besaßen geschickte Politiker in Athen mehr Einfluß als andere. Sie erreichten, daß die Mehrheit der Bürger bei demokratischen Abstimmungen so entschied, wie sie es wollten. Der berühmteste demokratische Staatsmann Athens war Perikles, der seit 443 v. Chr. bis zu seinem Tode (429 v. Chr.) die Geschicke des Staates lenkte. Viele Bürger Athens hielten Perikles für den idealen Führer ihrer Demokratie. Ein Geschichtsschreiber jener Zeit (Thukydides) schrieb jedoch, in Athen bestehe nur dem Namen nach eine Volksregierung, in Wirklichkeit herrsche ein Mann allein. Von Thukydides wird aber auch eine Rede des Perikles überliefert, in der dieser die Bezeichnung Athens als Demokratie stolz verteidigt:

*Ein demokratischer Staatsmann*

„Wir besitzen eine Verfassung, die die Einrichtungen anderer nicht nachahmt. Mit Recht heißt sie Demokratie, weil sie nicht auf der Herrschaft weniger Männer, sondern auf derjenigen der großen Menge des Volkes beruht. In persönlichen Sachen hat jeder gleiches Recht mit den andern, und was die öffentlichen Würden angeht, so wird nicht der bevorzugt, der einer besonderen Klasse angehört, sondern wer in irgendeiner Beziehung Wertschätzung genießt oder tüchtig ist. Auch ein armer Mitbürger, sofern er nur dem Staat nützen kann, wird wegen seines geringen Standes nirgends ausgeschlossen. Wir handeln frei in unseren politischen Angelegenheiten und im täglichen Verkehr, ohne gegenseitiges Mißtrauen . . . Wir hören auf die jeweilige Obrigkeit und die Gesetze, besonders auf solche, die zum Schutze der Schwachen bestehen, und selbst bei den ungeschriebenen Gesetzen wird derjenige in der öffentlichen Meinung herabgesetzt, der sie übertritt . . . Wir lieben das Schöne in Schlichtheit, lieben Wissen und Bildung, aber frei von Weichlichkeit. Reichtum ist bei uns zum Gebrauch in der rechten Weise, aber nicht zum Prahlen da. Armut einzugestehen bringt keine Schande, wohl aber, nicht tätig aus ihr fortzustreben. In der Hand derselben Männer ruht die Sorge für die privaten wie die öffentlichen Angelegenheiten. Bei uns gilt einer, der dem politischen Leben ganz fern steht, nicht als ein Mann ohne Ehrgeiz, sondern als unnützer Mensch. Unser Volk hat in den Fragen der Staatsführung zumindest ein Urteil, wenn nicht sogar fruchtbare eigene Gedanken . . ."

*Bürger im Staat*

(Aus: Thukydides, Gefallenenrede des Perikles, 36 ff. Abgedruckt in: Geschichtliche Quellenhefte mit Überblick, Heft 1, a.a.O., S. 39 f.)

(4) Es heißt, Demokratie muß man lernen. Berichte, wie die Athener zu Demokraten wurden.
(5) Diskutiert den Satz „Immer sind es die Schwächeren, die nach Gleichheit und Gerechtigkeit streben."
(6) Sage, was in Athen die Alleinherrschaft eines einzelnen verhindern sollte.
(7) Erkläre, welche Rolle die Frau im alten Athen spielte und wie sich ihr Leben vom Leben der Männer unterschied.
(8) Untersuche die Rede des Perikles über die Verfassung von Athen und prüfe, was auch für unsere heutige Demokratie gilt.

**Bürgersinn und Privatleben.** Es ist nicht zu bestreiten, daß Perikles die Demokratie in Athen so schildert, wie sie in seinen Augen aussehen sollte. Trotz mancher Zweifel an diesem Idealbild bleibt aber die Tatsache festzuhalten, daß die Bürger Athens sich selber regierten: Jeder von ihnen konnte unmittelbar am politischen Leben teilnehmen.

*Perikles. Das Bildnis ist die römische Kopie eines griechischen Originals.*

*Politische Beteiligung*

„In der Volksversammlung hatte jeder Bürger nicht nur das Recht, so oft er wollte, anwesend zu sein, sondern ihm stand auch zu, sich an der Debatte zu beteiligen, Änderungsvorschläge zu machen und über die Anträge, über Krieg und Frieden, Steuerfragen, Aushebungen zum Militärdienst, den Kriegshaushalt, öffentliche Arbeiten, Verträge und diplomatische Verhandlungen und alle anderen größeren oder kleineren Anliegen, die eine Regierungsentscheidung erforderten, abzustimmen."

(N.I. Finley, Die Griechen. Verlag Beck, München 1976, S. 54, leicht gekürzt)

Man hat oft gefragt, woher die Bürger Athens die Zeit nahmen, sich so sehr den öffentlichen Dingen zu widmen. Der Athener war einmal Soldat (oder Matrose), dann wieder Gesetzgeber, Richter, Regierungsbeamter . . . Wann hat er für seine eigenen Interessen gearbeitet? Wie verdiente er seinen Lebensunterhalt? Eines ist sicher: Die Griechen brauchten sich um vieles nicht zu kümmern, wofür wir heute viel Geld und Zeit aufwenden. Sie waren anspruchsloser. „Die meisten Häuser waren mittelmäßig, nur wenige gut", gesteht ein Grieche jener Zeit selbst.

*Einfache Verhältnisse*

„Im Eingangshof des griechischen Hauses stand ein kleiner Altar, auf dem der Hausvater an den Feiertagen Opfer darbrachte; an diesem Altar wurde auch der Besucher mit reinigendem, geweihtem Wasser besprengt. In den kleinen Räumen um den Mittelhof gab es wenig zu sehen außer den Liegen, einigen kleinen dreifüßigen Tischen im Speisezimmer und einem oder zwei Betten in anderen Zimmern. Die Armen schliefen auf Strohsäcken, ein paar Fellen oder Lumpen, alles voller Ungeziefer und von Schmutz starrend. Stühle mit Rücken- und Armlehnen waren weniger üblich als einfache Schemel. Außer einer Holztruhe, die das Woll- und Leinenzeug des Haushalts barg, standen einige irdene Vasen, Krüge, Schüsseln und Becher längs der Wand, entweder in Nischen oder einfach auf dem Fußboden aufgereiht. Gute Tonerde gab es massenhaft, Metall jedoch war rar und schwierig zu bearbeiten. So waren bei den Armen nicht nur Töpfe und Tiegel, sondern auch die Glutpfannen – kleine tragbare Öfen – und selbst die Kochlöffel aus Ton. Das alles wurde natürlich bald unsauber. Seife oder ein anderes gutes Reinigungsmittel gab es noch nicht; dafür aber war das Kochgeschirr billig . . ."

(Aus: Die Welt der Antike. Kulturgeschichte Griechenlands und Roms. Hrsg. v. M. Grant. Knaur Droemer, München 1964, S. 195)

*Der Alltag*

Man stand auf, sobald es hell wurde, kleidete sich einfach; das Frühstück bestand aus ein paar Bissen Brot, die in Wasser getaucht wurden; auch als Mittagessen gab es höchstens einen kleinen Imbiß. Nur abends nahm man eine warme Mahlzeit ein. Gearbeitet wurde vormittags, ein griechisches Sprichwort lautet: „Sechs Stunden am Tag genügen für die Arbeit, die übrigen widme dem Leben!"

## 3.2. Athen und Sparta im Kampf um Freiheit und Macht

**Griechen gegen Perser.** Das größte Reich besaßen zur Zeit, als Athen eine Demokratie wurde, die Perser. Es reichte von Ägypten, das zum Perserreich zählte, bis an die Grenzen Indiens. Sein Herrscher konnte von sich behaupten:

„Ich bin der Großkönig, der König der Könige, König in Persien, König von 23 Ländern, die mir zufielen. Diese Länder wurden mir untertänig. Sie brachten mir Tribut. Was ich befohlen habe – sei es bei Tag oder bei Nacht – das taten sie."

(Der Perserkönig Dareios I., Inschrift von Behistun. Zitiert aus: Geschichtliche Quellenhefte mit Überblick, Heft 1. Diesterweg 7341, S. 24, gekürzt)

*Das Perserreich*

*Schlacht bei Marathon* **490 v. Chr.**

Zu den Untertanen des Perserkönigs zählten auch die Griechen, die sich an der Küste Kleinasiens angesiedelt hatten. Eine der Griechenstädte, Milet, versuchte sich durch einen Aufstand zu befreien und wurde dabei von Athen unterstützt. Die Truppen des Dareios siegten. Nachdem die Perser Milet zerstört hatten, rüsteten sie eine Flotte gegen Athen. Aber die Stadt konnte sich durch einen Sieg bei Marathon erfolgreich verteidigen (490 v. Chr.). Der Perserkönig starb, bevor er sich rächen konnte.

*Die Vorstöße der Perser nach Griechenland bis zum Jahre 480 v. Chr.*

Sein Nachfolger Xerxes plante, nicht nur die Athener zu strafen, sondern ganz Griechenland seinem Reich einzufügen. Er führte sein Heer zur Meerenge der Dardanellen (Hellespont), durch die Europa von Asien getrennt wird. Um rasch voranzukommen, ließ er eine 4 Kilometer breite Schiffsbrücke anlegen, auf der seine Truppen die Meerenge überquerten. Nach der Darstellung der Griechen hätte Xerxes über eine Million Soldaten gehabt. In Wirklichkeit waren es etwa 100000 Mann, auch dies für die damalige Zeit noch eine gewaltige Zahl. Die Landarmee wurde von 600–700 Schiffen begleitet, die Athen von der Seeseite angreifen und zugleich die Verpflegung für das Landheer sicherstellen sollten. Was konnten die Griechen dieser Übermacht entgegenstellen? Athen und Sparta verbündeten sich.

Ein Athener, Themístokles, sah lange voraus, wie gefährlich die Lage war. Er überzeugte die Athener, daß nur eine Kriegsflotte sie vor dem Untergang retten könne. So wurden alle Kräfte auf den Schiffsbau verwendet; Athen hatte Glück, daß kurz zuvor neue Silberbergwerke erschlossen waren, deren Ertrag den Schiffsbau finanzierte. Es waren gerade 100 Schiffe fertiggestellt, als Xerxes 480 v. Chr. vom Norden her gegen die Stadt vorrückte. Die Athener entschlossen sich, die Bevölkerung zu „evakuieren": Frauen und Kinder wurden in eine Stadt auf der Peloponnes gebracht; die alten Leute begaben sich auf die Insel Salamis, vor deren Küste die griechische Flotte lag. Die wehrfähigen Männer versammelten sich an Bord der Schiffe. Nun besetzten die Perser kampflos die Stadt. Viele Griechen gaben bereits alles verloren.

*Perser besetzen Athen*

Da lockte Themistokles die persischen Schiffe, die im offenen Meer lagen, in eine Falle. Er schickte einen Athener zu Xerxes und ließ ihm sagen: „Die griechischen Führer sind unter sich uneins. Die meisten wollen in ihre Heimat zurück. Nur wenn du sie sofort angreifst, kannst du die ganze Flotte der Griechen auf einmal vernichten."

*Seeschlacht bei Salamis*
**480 v. Chr.**

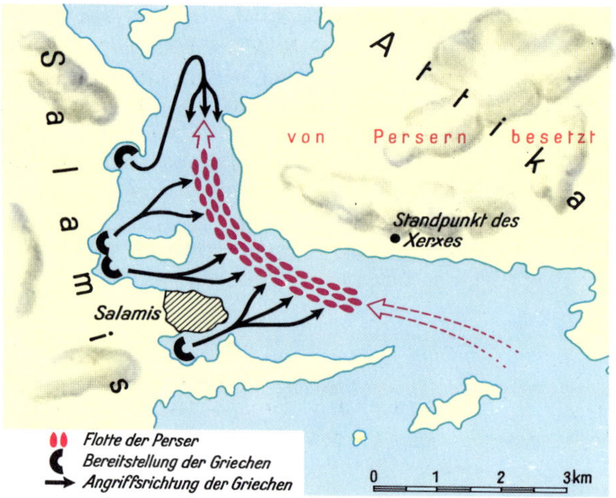


*Die Seeschlacht von Salamis. Erkläre anhand der Skizze ihren Verlauf.*

Der Großkönig befahl unverzüglich den Angriff seiner Schiffe. Er selbst wollte, an der Küste des Festlandes stehend, dem Sieg zuschauen.

*Taktik der Griechen*

„. . . Aber die meisten Schiffe der Perser bei Salamis wurden erobert und teils von den Athenern, teils von den Äginetern übel zugerichtet; denn weil die Griechen in guter Ordnung fochten, die Feinde aber keine Ordnung hielten und nichts mit Überlegung taten, so mußte es ihnen gehen, wie es ging . . . In diesem Treffen büßte der Feldherr Aribignes, ein Sohn des Darius und Bruder des Xerxes, nebst vielen anderen berühmten Medern, Persern und Bundesgenossen das Leben ein, wenige aber von den Griechen; denn die, die schwimmen konnten, schwammen, wenn ihre Schiffe zugrunde gingen, nach Salamis. Die Feinde aber kamen meistenteils im Meer um, weil sie nicht schwimmen konnten. Nachdem sich nun die ersten Schiffe auf die Flucht begeben hatten, wurden die meisten in den Grund gebohrt; denn die, die in der hintersten Linie standen, suchten bei diesen Schiffen vorbeizufahren . . .,gerieten aber dadurch auf ihre eigenen flüchtenden Schiffe."

(Aus: Herodot, Neun Bücher Griechischer Geschichte. Köln o. J., 8,86 ff.)

*Rekonstruktion eines athenischen Kriegsschiffes, der „Triere" (= Dreiruderer). Die drei Ruderreihen befanden sich schräg über- und hintereinander. Die obersten Ruderer mit den längsten Rudern saßen in einer Art Galerie. Die beiden anderen Reihen saßen nur wenig tiefer innerhalb der Schiffswand. Segel wurden nur während der Fahrt gesetzt. Im Gefecht benutzte man die Ruder. Ein Schiff war mit 170 Ruderern bemannt. Es war etwa 35 m lang und ungefähr 5 m breit. Es war ungewöhnlich schnell, wendig und vom Wind unabhängig.*

Diese Niederlage bewog Xerxes, den Rest seiner Flotte nach Kleinasien zu schicken, während seine Landarmee nach Norden marschierte. Im folgenden Jahr griffen die vereinigten griechischen Truppen unter Führung Spartas die persischen Landstreitkräfte bei Platää an und siegten. Eine griechische Flotte landete darauf an der Küste Kleinasiens, wo sich das persische Schiffslager befand. Es wurde gestürmt und mit allen Schiffen niedergebrannt. So blieb Griechenland von der Fremdherrschaft bewahrt und konnte für lange Zeit seine Freiheit retten.

*Sieg bei Platää*

(1) Erkläre, worauf der Sieg der Griechen bei Marathon und bei Salamis zurückzuführen ist.
(2) Vergleiche die Kriegsziele der Perser und der Griechen.

**Die Athener und ihre Verbündeten.** Um die Perser von einem neuen Angriff abzuschrecken, gaben die Athener den Rat, ein Flottenbündnis zu schließen. Fast alle Insel- und Küstenstädte des Ägäischen Meeres folgten ihrem Vorschlag. Im Jahre 477 v. Chr. entstand der Attische Seebund. Er umfaßte mehr als 200 Mitglieder. Es gab eine Bundesversammlung, in der jedes Mitglied gleiches Stimmrecht besaß. Aber Athen, dem der militärische Oberbefehl übertragen wurde, gab mit seiner Meinung immer den Ausschlag. So wurde Athen zur Vormacht des Seebundes. Die Mitglieder des Bundes mußten Schiffe und Mannschaften für das gemeinsame Flottenaufgebot bereitstellen. Wer von den Verbündeten keine eigenen Kriegsschiffe und Matrosen beisteuern wollte, zahlte statt dessen einen Geldbetrag. Die Aufsicht über die Bundeskasse auf der Insel Delos hatten einige athenische Bürger. Die Bundesgenossen brachten jährlich 460 Talente auf. Damit konnte Athen 200 bis 300 moderne Kriegsschiffe unterhalten, die einsatzbereit im Militärhafen der Stadt lagen oder durch das Ägäische Meer segelten.

*Attischer Seebund*
**477 v. Chr.**

*Vormachtstellung Athens*

*Der Attische Seebund und der Peloponnesische Bund.*

*Wirtschaftliche Vorteile*

Das Kommando über die ganze Flotte des Attischen Seebundes lag in Athen. Zwar galt der Bund als freie Vereinigung selbständiger Mitgliedsstaaten, aber Athen nützte seine Vormachtstellung dazu aus, bei den Verbündeten mitzuregieren. Die Athener erlaubten keinem Mitglied, aus dem Bündnis auszutreten; und sie bestraften alle, die ihre Verpflichtungen nicht erfüllten. Die Bundeskasse wurde nach Athen gebracht und zum Teil für die Bedürfnisse der Stadt verwendet. Die Verbündeten mußten in ihren Staaten das athenische Geld (die attische Währung) einführen. Das Übergewicht Athens war so deutlich, daß der Seebund die Bezeichnung erhielt: „Die Athener und ihre Verbündeten".

(3) Der Attische Seebund – ein Militärbündnis. Welchen Nutzen hatten die Athener davon, welchen die anderen Bundesgenossen?
(4) Erkläre an Beispielen, wie die Athener die Selbständigkeit ihrer Verbündeten beeinträchtigt haben.

*Gewerbliche Produktion*

**Athen, Stadt der „Industrie" und des Handels.** Der Attische Seebund diente auch wirtschaftlichen Interessen Athens. In der Stadt wurden hochwertige Keramikgefäße und Metallwaren aller Art hergestellt, die man ins Ausland verkaufte. Das Gewerbe war weitgehend spezialisiert, wie ein Geschichtsschreiber jener Zeit berichtet:

„In kleinen Städten macht derselbe Mann Bett, Tür, Pflug, Tisch, und oft baut er auch noch die Häuser und ist froh, wenn er dadurch Kunden genug hat, um seinen Lebensunterhalt verdienen zu können; es ist aber unmöglich, daß jemand, der viele Gewerbe betreibt, alles gut machen kann. In den großen Städten dagegen genügt infolge des erweiterten Absatzes für jeden Hand-

*Der Abschied des Kriegers. Vasenmalerei auf einem Mischkrug des Kleophonmalers (um 440 v. Chr.). Der Krieger mit attischem Helm, gesenkter Lanze und einem Schild mit großem Auge erhält von seiner jungen Frau die Schale mit dem Abschiedstrunk. Hinter ihr ein Greis mit weißem Haar, ganz rechts die Mutter oder Schwester des Kriegers.*

*Arbeiten an einem Schmelzofen. Neben dem Erzgießer sind Schmiedehämmer, eine Blattsäge und andere Werkzeuge abgebildet; über ihm Tonmodelle und Gemälde (Malerei auf einer attischen Schale, nach 490 v. Chr.).*

werker ein einziges Gewerbe zum Lebensunterhalt, und oftmals nicht einmal ein ganzes, sondern der eine macht Männer-, der andere Damenschuhe, ja mitunter lebt der eine lediglich vom Zuschneiden des Leders, der andere näht es zusammen, einer schneidet nur die Röcke zu, der andere näht ausschließlich die zugeschnittenen Stücke zusammen. Wer sich so ganz auf einen kleinen Teil eines Handwerks konzentriert, macht das natürlich auch am besten."

*Weitgehende Arbeitsteilung*

(Xenophon, Kyroupaideia 8,2,5. Zitiert nach: I. Weiler, Griechische Geschichte. Einführung. Darmstadt 1976, S. 89)

Es gab ganze „Fabriken", in denen vor allem „attische Vasen" hergestellt wurden: schwarz und rot bemalte Tonkrüge, Vasen, Schalen und sonstige Tongefäße, die man in die ganze damals bekannte Welt verkaufte. Sie waren berühmt ihrer schönen Form wegen, und ihre Bemalung galt mit Recht als unübertrefflich. Für die Herstellung der Vasen und des einfachen Tongeschirrs brauchte man viele Arbeitskräfte. Es waren zum Teil athenische Bürger, die gegen Lohn arbeiteten; viele Arbeitskräfte kamen auch aus dem Ausland; am meisten aber wurden Sklaven beschäftigt. Man schätzt, daß allein in den Betrieben der Stadt 50000 Sklaven arbeiteten: billige Arbeitskräfte, die nur das Nötigste an Nahrung und Kleidung und eine Schlafstelle kosteten (vgl. S. 46).

*Lohnarbeiter und Sklaven*

Den Lohnarbeitern und selbständigen Handwerkern ging es in Athen am besten in der Zeit, als die Stadt nach den siegreichen Perserkriegen neu aufgebaut und mit großartigen öffentlichen Gebäuden ausgestattet wurde (vgl. S. 62). Wie kam es dazu?

*Handwerksberufe*

„Vielerlei Materialien wurden benötigt, Steine, Erz, Elfenbein, Gold, Eben- und Zypressenholz, und zu ihrer Bearbeitung brauchte es mancherlei Handwerker, so Zimmerleute, Bildhauer, Kupferschmiede, Steinmetzen, Färber, Goldarbeiter, Elfenbeinschnitzer, Maler, Sticker, Graveure. Die Transporte zur See brachten den Reedern, den Matrosen und Steuerleuten Beschäftigung, diejenigen zu Land den Wagenbauern, Pferdehaltern und Fuhrleuten, den Seilern, Leinewebern, Sattlern und Straßenbauern und Bergknappen. Jedes Handwerk verfügte, wie der Feldherr über sein Heer, über eine Masse von ungelernten Hilfsarbeitern, welche als Handlanger dienten, kurz, die Vielfalt der Arbeiten machte es möglich, daß sozusagen jedem Alter und jedem Stand reicher Gewinn zuströmte."

(Aus: Plutarch, Perikles, Kap. 12. Übers. von K. Ziegler in: Plutarch, Große Griechen und Römer, Bd. 2, 1955; abgedruckt in: Materialien für den Geschichtsunterricht, Das Altertum, a.a.O., S. 88)

*Lage der Arbeiter*

Man darf sich aber die Lage der Arbeiter nicht allzu günstig vorstellen. In einem Arbeitsvertrag stand z. B.: „Wenn irgendeiner der Arbeiter, die ein Handwerker beschäftigt, bei unsorgfältiger Arbeit erwischt wird, so soll er ausgestoßen und nicht wieder in Dienst genommen werden."

*Handelsgüter*

**Am Hafen der Stadt,** am Piräus, wurden die Waren umgeschlagen. Hier wurden die Tongefäße mit Wein oder Olivenöl, die Vasen und Krüge, die Marmorstatuen, der feine Schmuck, die Werkzeuge und Waffen, die in Athen produziert wurden, auf Schiffe verladen. Ein Schiff konnte bis zu 3000 Weinkrüge aufnehmen. Aus dem Ausland brachten die Schiffe zahlreiche Güter, die die Stadt einführte: Da gab es Thunfisch und gepökelte Seefische vom Hellespont, Rippenstücke schwerer Rinder, Schweine und Käse aus Italien, Birnen und feiste Schafe von der Nachbarinsel Euböa. Mandeln, Kastanien und Datteln kamen aus dem Innern Kleinasiens, Rosinen und getrocknete Feigen von Rhodos, Teppiche und Kissen, Leder und Elfenbein aus Nordafrika, Weihrauch und Zypressenholz aus Syrien, schöne Papyrusrollen aus Ägypten. Das eingeführte Holz, Eisen und Kupfer, die Segeltuchballen und Pechvorräte wurden in Lagerhallen gestapelt. Daneben standen Getreidespeicher, die man ständig mit Lieferungen von der Schwarzmeerküste füllte. Jeder Athener wußte, daß die Einfuhr von Brotgetreide für die Stadt lebenswichtig war – die Stadt mußte jährlich 3 Millionen Zentner

*Währung*

davon einführen –, und die Getreidehändler machten gute Geschäfte. Alle Einfuhr-

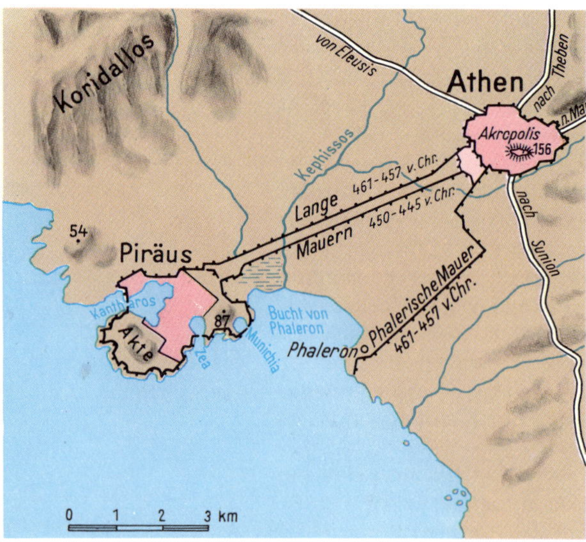


*Nach dem Sieg über die Perser baute Athen seinen Hafen zu einer modernen Anlage aus. Der Piräus wurde mit einer 5 m dicken Mauer umgeben, die auch die Anlegeplätze des Kriegs- und Handelshafens umschloß. Zwei Türme flankierten jede Einfahrt. An ihnen hing jeweils eine schwere Eisenkette, mit der das Hafenbecken gesperrt werden konnte. Damit kein Gegner Athen jemals von seinem Hafen abschneiden konnte, wurde die Stadt mit dem Piräus durch 8 km lange Mauern verbunden, die die Verbindungsstraßen schützten.*

*Der Handel Athens.*

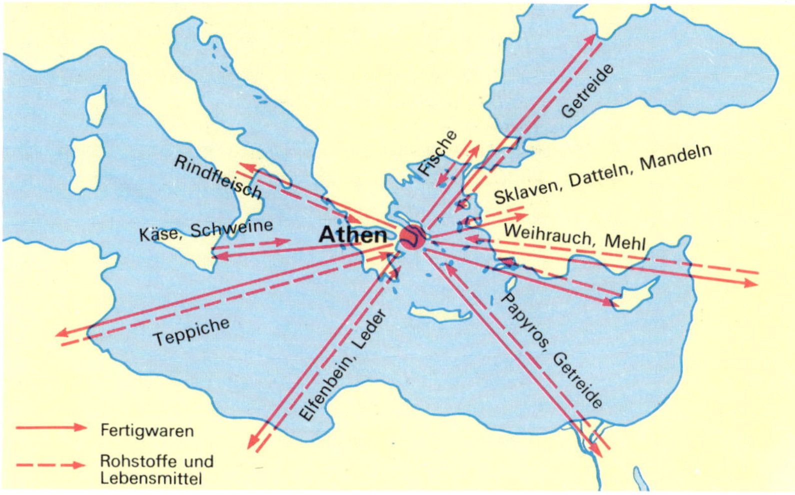


güter wurden mit athenischem Geld bezahlt. Es waren Münzen, die eine Eule, das Wahrzeichen der Stadtgöttin Athene, zeigten.

(5) Erkläre mit Hilfe des Textes von Xenophon (S. 52f.), warum man in Athen besonders hochwertige Waren herstellen konnte. Vgl. auch den Text von Plutarch (S. 54).
(6) Ermittle aus dem Bericht von Plutarch die Berufe, die es im damaligen Athen gab.
(7) Benenne auf der Karte oben die Gebiete, mit denen die Athener Handel trieben. Welchen Nutzen hatten sie dabei vom Attischen Seebund?

**Sparta, ein Staat der Krieger und Heloten.** Nur einer der vielen Einzelstaaten in Griechenland erlangte eine ähnlich große Bedeutung wie Athen: Das war Sparta. Der Staat lag im Süden der Peloponnes auf fruchtbarem Land. In der Stadt Sparta wohnte nur die Oberschicht der Spartaner: die „Spartiaten". Diese hatten in der Zeit um 1000 v. Chr. als Eroberer die in dem Gebiet ansässige Bevölkerung unterworfen und zu rechtlosen „Heloten" gemacht. Die Heloten mußten wie Sklaven die Felder der spartanischen Herren bewirtschaften und besaßen kein Eigentum; sie durften nur einen Teil der Erträge behalten. Wenn ein Spartiate einen Heloten tötete, konnte sich die Familie des Ermordeten nirgends beschweren. Es gab noch eine Mittelschicht in Sparta, die „Periöken". Das waren freie Bauern, die jedoch keine politische Mitsprache besaßen. Die Spartiaten mußten dauernd vor einem Aufstand der Heloten auf der Hut sein. Darum konnten sie keinen anderen Beruf als den eines Soldaten und Herren ausüben. Ihr Alltag war ausgefüllt mit Jagd, militärischen Übungen und der Beratung politischer Fragen. Plutarch (vgl. S. 41) schildert das Leben in Sparta folgendermaßen:

*Heloten*

*Spartiaten*

„Keinem stand es in Sparta zu, frei zu leben, wie er wollte. Vielmehr lebten sie in dieser Stadt wie in einem Feldlager nach strengen Vorschriften für all ihr Verhalten und ihre Beschäftigung in der Öffentlichkeit. Überhaupt gewöhnten sich die Bürger daran, ein Privatleben weder zu wünschen noch zu kennen, sondern wie die Bienen fest mit der Gemeinschaft verwachsen zu leben und ganz dem Vaterland zu gehören."

*Kein Privatleben*

(Aus: Plutarch, Lykurg. Nach: Materialien für den Geschichtsunterricht, a.a.O., S. 59)

Kein Spartiate durfte Sonderrechte beanspruchen. Alle wohnten in Gemeinschaftsunterkünften, nahmen gemeinsam ihre Mahlzeiten ein und führten ein hartes Leben, um jede Verweichlichung auszuschließen. Die Spartiaten kannten kein Familienleben; sie besuchten ihre Frauen und Kinder nur selten. In ein benachbartes Land durfte man nur mit einer Genehmigung reisen. Fremden war nur ein kurzer Aufenthalt in Sparta erlaubt. Denn kein Spartaner sollte durch enge Berührung mit anderen Menschen in seinem Gehorsam und in seinen strengen Lebensgewohnheiten gefährdet sein.

*Erziehung*

„Sobald die Knaben 7 Jahre alt waren, nahm der Staat sie an sich und teilte sie in einzelne Rudel oder Horden ein, in denen sie miteinander aufwuchsen, erzogen und daran gewöhnt wurden, beim Spiel und bei ernster Beschäftigung immer beisammen zu sein. Als Führer der Horde wählten sie denjenigen, der sich durch Klugheit und Mut auszeichnete. Auf ihn blickten sie, hörten auf seine Befehle und unterwarfen sich seinen Strafen, so daß die Erziehung ganz in der Übung des Gehorsams bestand. Lesen und Schreiben und geistige Bildung erwarben sie nur so viel, wie sie brauchten. Die ganze übrige Ausbildung war darauf ausgerichtet, daß sie lernten, pünktlich zu gehorchen, Strapazen zu ertragen, etwas zu wagen und im Kampf niemals auszureißen . . ."

(Aus: Plutarch, Lykurg. Zitiert nach Materialien, a.a.O. S. 57f.)

*Wachsende Gegensätze*

Die Armee der Spartaner galt als die beste in Griechenland. Die Stärke Spartas bewog die übrigen Staaten der Peloponnes, sich den Spartanern in einem Bündnis anzuschließen. Dieser Peloponnesische Bund hatte die Athener im Kampf gegen die Perser unterstützt. Doch seitdem Athen den Attischen Seebund immer mehr zum eigenen Vorteil benutzte, wurden Sparta und seine Verbündeten mißtrauisch. Es hieß, Athen wolle den griechischen Städten die Freiheit rauben.

(8) Beurteile die Lage der Heloten und das Verhalten der Spartiaten.
(9) Vergleiche Sparta mit Athen: In Athen regierte das Volk; wer regierte in Sparta? Athen war eine Stadt des Gewerbes und Handels; worin war Sparta führend?

*Kriegsvorbereitungen*

**Krieg zwischen Athen und Sparta.** Im Jahr 431 v. Chr. erbat die Handelsstadt Korinth, die sich von der Konkurrenz der athenischen Wirtschaft bedroht sah, Hilfe vom Peloponnesischen Bund, dessen Mitglied Korinth war. Sparta erklärte den Athenern den Krieg. Perikles, der erste Mann in Athen (vgl. S. 47), hatte den Konflikt vorausgesehen. Er wußte, daß der Gegner zu Land überlegen war. Den Sieg konnte Athen nur mit seiner Flotte erringen. Darum mußte das flache Land, wenn nötig, den Feinden preisgegeben werden. Die gesamte Bevölkerung Attikas konnte Zuflucht zwischen den „Langen Mauern" finden (vgl. S. 54). Wenn nur die Handelswege zur See frei blieben!

*Belagerung von Athen*

Als das Heer der Peloponnesier anrückte, war die athenische Bevölkerung in Sicherheit. Die Ausdauer der Athener wurde allerdings auf eine harte Probe gestellt, als sie von den Zinnen der Mauern zusehen mußten, wie ihre Kornfelder in Flammen aufgingen und die Weinstöcke und Olivenpflanzungen vernichtet wurden. Aber bald gingen den Belagerern die Lebensmittel aus, und sie mußten den Rückzug antreten. Inzwischen hatte die athenische Flotte einen Gegenschlag ausgeführt: Sie landete an verschiedenen Plätzen der Peloponnes und zerstörte einige Dörfer in Küstennähe. Und vor allem hielt sie die ganze Peloponnes umklammert und blockierte alle Handelswege des Gegners. Das gleiche wiederholte sich Jahr für Jahr.
Das stark befestigte Athen hielt allen Angriffen stand. Die notwendigen Lebensmittel wurden auf Schiffen herangebracht. Da traf die eingeschlossene Bevölkerung ein schweres Unglück: Seeleute schleppten aus fremden Ländern eine Seuche (die Pest) in den Hafen ein. Sie fand in den dicht gefüllten Notunterkünften und in den engen Gas-

sen der Stadt zahllose Opfer. Ein Drittel der ganzen Bevölkerung Attikas starb. Auch Perikles erlag der Seuche (429 v. Chr.).

429 v. Chr.

Aber der Krieg ging noch 25 Jahre lang weiter. Er dehnte sich zeitweilig bis nach Sizilien aus. Keiner gab nach. Das Ende kam, als die Spartaner mit persischer Hilfe eine eigene Seestreitmacht aufbauten, die athenische Flotte überfielen und total vernichteten. Nach diesem Sieg konnten sie Athen vom Land und von der See her einschließen. Die Blockade war lückenlos; bald gingen die Vorräte in der belagerten Stadt zu Ende. Da entschlossen sich die Athener, vom Hunger getrieben, zu kapitulieren (404 v. Chr.). Die Festungsanlagen der Stadt wurden zerstört. Athen verlor seine auswärtigen Besitzungen und die Macht im Attischen Seebund; es mußte sich dem Peloponnesischen Bund anschließen. Aber auch die Kräfte Spartas waren erschöpft. Die Griechen mußten sich wieder der Herrschaft des Perserkönigs über die Städte Kleinasiens und das östliche Mittelmeer (Zypern) beugen. Sparta erlitt in Kriegen gegen Theben, das sich mit Athen verbündete, empfindliche Niederlagen. Schließlich gewann 338 v. Chr. der Makedonenkönig Philipp die Vormacht in Griechenland (vgl. S. 64).

*Niederlage Athens*
404 v. Chr.

## 3.3. Nachwirkende Leistungen der Griechen

*Philosophie*

**Philosophie und Naturwissenschaft.** Wie uns die Erfindung des Kalenders bezeugt, versuchten schon im alten Ägypten Menschen das, was sie sahen und erlebten, zu erklären und zu berechnen. Auf ihren Erkenntnissen bauten die Griechen auf, wenn sie sich z. B. fragten, was der Ursprung der Erde sei, aus welchen Grundstoffen sie sich zusammensetze, welches die kleinsten Teile (Atome) seien und wie man überprüfen könne, ob das, was man denkt, auch wahr sei. Männer, die solche Fragen stellten und sie mit den besten Beweisen beantworten konnten, galten als „Philosophen". Die frühesten Philosophen, die wir kennen, lebten wie Thales von Milet um 600 v. Chr. in Kleinasien. Zur Zeit des Perikles wirkte in Athen der Philosoph Sokrates, der in seinen Gesprächen versuchte, die Mitbürger zum Nachdenken zu bringen.

*Die Methode des Sokrates*

Einen reichen jungen Athener z. B., der sich über die Beschwerden einer Reise beklagte, fragte er: „Hat dir dein Sklave folgen können?" – „O ja." – „Trug er denn etwas?" – „Das Gepäck natürlich." – „So war er wohl erst recht müde nach dieser Reise?" – „Ach nein, ich konnte ihn gleich wieder mit einem neuen Auftrag in die Stadt schicken." – „Siehst du," sagte nun Sokrates, „du hast gegenüber deinem Sklaven die Vorzüge der Stellung, er hat dir gegenüber die Vorzüge der Natur. Du bist reich und frei, aber schwach und verweichlicht. Er ist arm und unfrei, aber gesund und stark. Sag selbst, wer der Glücklichste ist."
Einen anderen fragte Sokrates: „Was ist eigentlich Besonnenheit?" „Ich glaubte, es ist eine gewisse Ruhe im Verhalten", antwortete dieser. „Also bist du besonnen, wenn du hier ruhig sitzest und nicht mit Beinen und Händen wackelst?" So machte Sokrates seine Mitmenschen unsicher und brachte sie zum Nachdenken über sich selbst und ihre Pflichten. Einer, der nachdenkt, muß sich eingestehen: „Ich weiß, daß ich nichts weiß"; das war die Überzeugung von Sokrates. „Mehl und Öl kann man auf dem Markt kaufen", sagte er ein andermal; „um weise und gut zu werden, muß man sich selbst und die Wahrheit aufsuchen."

Sokrates hatte zahlreiche Freunde und Schüler. Es gab aber auch manchen, der sich durch seine Fragen gekränkt und bloßgestellt fühlte. Schließlich verklagten ihn seine Gegner bei Gericht, er habe die Jugend verführt und die Götter verleugnet. Sokrates wurde zum Tode verurteilt und mußte einen Giftbecher trinken (399 v. Chr.).

*Tod des Sokrates*
399 v. Chr.

Ein Schüler von Sokrates, der auch seine Gespräche aufzeichnete, war Platon. Er versuchte ähnlich wie Sokrates, die Menschen durch Einsicht zum sittlichen Handeln zu führen; zugleich wollte er die Bedingungen des menschlichen Denkens ergründen. Wie Platon, der in Athen eine Gelehrtenschule, die Akademie, leitete, wirkte auch Aristoteles als berühmter Lehrer in der Stadt. Er schuf ein umfassendes Gedankengebäude, in dem er das ganze Wissen seiner Zeit zusammengefaßt hat.

*Geistes- und Naturwissenschaften*

Da die griechischen Denker bestrebt waren, den Dingen auf den Grund zu gehen und herauszufinden, woher sie kommen, begnügten sich manche von ihnen nicht damit, das Geschick von Menschen und Staaten auf das Wirken der Götter zurückzuführen. Sie versuchten vielmehr, das Handeln der Menschen und die Gesetze des Staates aus menschlichen Bedürfnissen und Anlagen zu erklären. Indem griechische Denker die Natur genau beobachteten und mit dem Verstand nach logischen Gesetzen vorgingen, entdeckten sie zahlreiche Regeln und Lehrsätze der Naturkunde, der Mathematik und Geometrie. Unsere Wissenschaften bauen auf den Erkenntnissen der Griechen auf, und viele ihrer Bezeichnungen entstammen der griechischen Sprache. Einen großen Aufschwung nahm die Medizin bei den Griechen. Noch heute gelten Grundsätze, nach denen die athenischen Ärzte ihren Beruf ausübten. Jeder Arzt in Athen mußte den Eid des großen Lehrers Hippokrates schwören:

*Der Eid der Ärzte*

„Ich schwöre bei Apollon . . . Ich werde die Grundsätze der gesunden Ernährung und Lebensweise nach bestem Wissen und Können zum Heil der Kranken anwenden, dagegen nie zu ihrem Verderben und Schaden.
Ich werde auch niemandem eine Arznei geben, die den Tod herbeiführt, auch nicht, wenn ich darum gebeten werde, auch nie einen Rat in dieser Richtung erteilen. Ich werde auch keiner Frau ein Mittel zur Vernichtung keimenden Lebens geben. Ich werde mein Leben und meine Kunst stets lauter und rein bewahren. In welche Häuser ich auch gehe: ich werde sie nur zum Heil der Kranken betreten und jedes wissentliche Unrecht und Verderben meiden und verhüten.
Was ich in meiner Praxis sehe oder höre oder außerhalb dieser im Verkehr mit Menschen erfahre, was niemals anderen Menschen mitgeteilt werden darf, darüber werde ich schweigen in der Überzeugung, daß man diese Dinge geheimhalten muß . . .“

(Aus: Hippokratische Schriften, in: Geschichte in Quellen, a.a.O., S. 140)

(1) Sokrates wollte durch Gespräche Vorurteile aufdecken. Wem sollte das nützen? Er ging davon aus, daß die rechte Einsicht zum rechten Handeln führt. Muß das so sein?
(2) Welche Schlüsse ziehst du aus diesem Eid der Ärzte in Athen, der rund 2500 Jahre alt ist, in bezug auf das medizinische Können der Griechen und in bezug auf ihre Auffassung vom Beruf des Arztes?
(3) Prüfe die einzelnen Sätze im Eid des Hippokrates, welche auch für einen heutigen Arzt gelten könnten oder gelten sollten.

*Schule und Unterricht*

**Ausbildung der Jugend.** In Athen sollte jeder freie Bürger lesen und schreiben können. Den Unterricht erteilten Privatlehrer, die man bezahlen mußte. Die Kinder reicher Eltern wurden von einem Sklaven zur Schule begleitet, der meist auch die Hausaufgaben überprüfte. Wer das Lesen und Schreiben beherrschte, lernte auch das Zither- und Flötenspiel, vor allem aber lernte er die griechische Dichtung kennen. Die beiden berühmtesten Werke stammten von dem Dichter Homer: der „Kampf um Troja“ und die „Irrfahrten des Odysseus“, zwei Romane in ungereimten Versen. Ein guter Schüler konnte große Teile daraus auswendig hersagen.

*Gymnasium*

In der Zeit des Hellenismus (vgl. S. 69) wurde die Schule verstaatlicht, die Lehrer wurden Beamte. Das Gymnasium (griech.: Gymnasion) – ursprünglich eine Art Sportschule – trat in den Mittelpunkt der Ausbildung, vor allem für die Söhne der Wohlhabenden. Hier trieb man neben Turnen, Fechten, Bogenschießen und Speerwerfen musische Bildung, d. h. Musik, übte den Vortrag von Gedichten und die Kunst der freien Rede, lernte Grammatik, Rechnen, Zeichnen und erwarb Kenntnisse der Geschichte und Geographie.

„Die Lehrer benutzten Handbücher für den Unterricht. Es gibt Rangordnung, Versetzung, Zensuren, Schulfahrten . . ., Abschlußexamina mit Preisen. Die Schule benutzte für ihre Schreibübungen wachsüberzogene Tafeln . . . Das Gymnasion aber war noch viel mehr als Stätte der Jugendbildung. Wie Tempel und Theater ist es das Symbol des wahren Hellenentums; ‚die vom Gymnasion‘, das sind im Lande die echten Griechen.“

(W. Kranz, Die Kultur der Griechen. Bremen 1947, S. 580 gekürzt)

*Griechischer Schulunterricht. Ein Junge lernt die Leier spielen, ein zweiter trägt Verse aus Homers „Kampf um Troja" vor. Vor den Schülern jeweils die Lehrer. Was halten sie in der Hand? Ganz rechts ein Sklave, der auf den Schüler aufzupassen hat (attische Schale, um 480 v. Chr.).*

(4) Stelle die Schulfächer des Gymnasiums bei den Griechen zusammen und vergleiche mit denen in deiner Schule.
(5) Was wird heute als „Gymnasium" bezeichnet? Auch das Wort „Stadion" ist griechischer Herkunft. Was bedeutet es?

**Die Olympischen Spiele.** Apollon, vor dem die Ärzte ihren Berufseid schwören mußten, war ein Gott, den alle Griechen verehrten. Er verkörperte das Licht und die Kräfte des Geistes; ihm verdankten die Menschen nach Meinung der Griechen Dichtung und Musik; er führte in seinem Gefolge die neun Musen, die den Menschen die Gaben der Künste und Wissenschaften verleihen.

*Olympia*

Der höchste Gott der Griechen war Zeus. In Olympia – einem Ort auf der Insel Peloponnes – stand ein großes Zeusheiligtum, und Zeus zu Ehren fanden in jedem vierten Jahr Wettkämpfe statt: die Olympischen Spiele. Einem Franzosen, dem Baron von Coubertin, ist es zu verdanken, daß diese Sportfestspiele seit 1896 wieder stattfinden. Vor mehr als zweieinhalbtausend Jahren haben die Griechen die Tradition der Olympischen Spiele begründet. Die Männer kamen aus allen griechischen Staaten zu diesem wichtigen Ereignis, nach dem sich sogar die griechische Zeitrechnung richtete. Während der Spiele durfte niemand in Griechenland Krieg führen. Zum ersten Mal wurden diese Spiele im Jahr 776 v. Chr. abgehalten. Als Kämpfer waren nur freie, unbescholtene Griechen zugelassen, als Zuschauer jeder, auch wenn er Ausländer war. Für Frauen gab es eigene Spiele.

*Wettspiele*

**776 v. Chr.**

10 Monate wurde trainiert, davon 1 Monat in Olympia selbst. Wer eine Kampfregel mißachtete, zahlte hohe Geldstrafen. Für jeden Sieg gab es einen Ölzweig: Er war die höchste Ehre, auch für die Familie des Siegers. Dieser durfte seine Statue in Olympia aufstellen lassen, wurde zuhause festlich empfangen, brauchte fortan keine Steuern mehr zu bezahlen und konnte auf Staatskosten immer mit den Ratsherren der Stadt essen. Die wichtigsten Sportarten in den Olympischen Spielen waren Springen, Lauf, Ringkampf, Pferderennen und Faustkampf. Als schwierigste Disziplin galt der Fünfkampf.

*Sportarten*

**Religiöses Denken und Feiern.** Das öffentliche Leben war bei den Griechen ganz von religiösen Gewohnheiten durchdrungen: Bei den Göttern wurde geschworen, Götter wurden vor großen Entscheidungen um Rat gefragt, den Göttern wurde geopfert, und ihnen zu Ehren feierte man Feste. Die Götter, so glaubten die Griechen, sehen den Menschen ähnlich, doch sind sie vollkommener als die Menschen. Sie besitzen Unsterblichkeit, kraftvolle Schönheit und unvergängliche Jugend. Man schmückte die Vorstellung von den Göttern durch zahllose Geschichten aus und scheute sich nicht, fremde Götter in den Kreis der griechischen Gottheiten aufzunehmen. Nach und nach setzte sich bei den gebildeten Griechen die Vorstellung durch, daß Götter nicht übermächtige Wesen seien, sondern als Lenker des Schicksals für Gerechtigkeit unter den Menschen sorgten. Im Göttlichen sahen sie so das Sittengesetz verkörpert. In den meisten Städten und Heiligtümern verehrten die Griechen mehrere Gottheiten. Aber so wie Olympia dem Zeus gewidmet war, so gehörte der Tempelbezirk von Delphi dem Gott Apollon. Seine Priesterin hieß Pythia. Durch ihren Mund verkündete Apollon den Menschen seinen göttlichen Willen.

*Bedeutung der Götter*

*Delphi*

„Sie sitzt auf einem goldenen Dreifuß ... und murmelt dunkle Worte, die Priester den Gläubigen deuteten, Dichter, die dem Heiligtum dienten, in Verse umsetzten. Doch sagt Heraklit [ein griechischer Philosoph]: ‚Der Herr, dem das Orakel in Delphi gehört, sagt nichts und birgt nichts ...' Seine Aussprüche waren darum oft doppelsinnig ... Einzelnen Menschen gab die Pythia nur selten einen Rat oder eine Weisung, wohl aber Staaten, Städten und Königen ... Man kam nach Delphi, wenn es um Krieg oder Frieden ging, Kolonien angelegt werden sollten, man Verfassungen ändern, neue Kulte einführen oder Kulte an andere Orte übertragen wollte. So wurde Apollon zum religiösen Gesetzgeber der griechischen Staaten."

(E. Peterich/J. Rast, Griechenland. Olten u. Freiburg 1964, S. 273f.)

*Der Diskuswerfer des Bildhauers Myron (um 460 v. Chr.), eines der bekanntesten Bildwerke der Antike (römische Marmorkopie nach dem griechischen Bronzeoriginal). Der Diskuswerfer ist in dem Augenblick dargestellt, wo er aus dem Rückwärtsschwung zu der dem Wurf vorausgehenden Drehbewegung ansetzt. In der perikleischen Zeit erreichte die griechische Plastik ihre klassische Vollendung, neben Myron vor allem durch die Bildhauer Phidias und Polyklet (vgl. S. 62f.).*

*Die obersten Götter der Griechen. Zum Teil kannst du an ihren Merkmalen erkennen, welche Bedeutung sie hatten. Zeus, der Göttervater, schützt Recht und Ordnung. Hera, seine Gemahlin, behütet Ehe und Familie; sie wird vor allem von den Frauen verehrt. Die Lieblingstochter des Zeus heißt Pallas Athene, die Kriegsgöttin und Schutzherrin von Athen. Als Bote zwischen den Göttern und Menschen dient Hermes. Er geleitet auch die Seelen der Verstorbenen in den Hades, in die Unterwelt, wo Pluton herrscht.*

Zu Ehren des Dionysos, des Gottes des Weines und des Gesangs, feierten die Athener jedes Jahr im Frühling ein Fest. Am Altar des Gottes tanzten Knaben und Männer und sangen Lieder im Chor. Indem Dichter den Text für die Tänze und Lieder verfaßten, entwickelten sie das griechische Theater. Am Dionysosfest wurden drei Tage nacheinander jeweils vier dramatische Schauspiele aufgeführt.

*Dramatische Schauspiele*

„Das Drama (griechisch = Handlung): eine Dichtung, die nicht nur gelesen oder vorgelesen, sondern vor Zuschauern gespielt wird. Dieses geschieht dadurch, daß die Personen des Dramas miteinander reden. Dieses Gespräch nennen wir Dialog, während das Selbstgespräch einer einzelnen Person Monolog genannt wird ... Dargestellt wurden (bei den Griechen) nicht nur die Geschichten der Götter, sondern auch die Schicksale der Menschen."

(Knaurs Jugendlexikon. München 1968, S. 136)

*Theater als Gottesdienst*

Die athenischen Bürger kamen ins Theater wie zu einem Gottesdienst; denn die Schauspiele hatten ursprünglich eine religiöse Bedeutung. Die Zuschauer erlebten, wozu Menschen im Guten und Bösen fähig sein können und was ihr Handeln bewirkt. Das sollte die Gedanken und Gefühle der attischen Bürger läutern und sie zu sittlichem Handeln erziehen. Einige von ihnen, die sich besonders gut auskannten, hatten am Ende

*Das Theater von Epidauros. Hier finden noch heute Festspiele statt. Die eindrucksvolle Anlage hat vierzehntausend Zuschauerplätze. Die Akustik ist einzigartig. Vor den Zuschauerrängen liegt die kreisrunde „Orchestra“: der Platz des Chores. Dahinter die Überreste der Bühne.*

*Tragödien und Komödien*

darüber zu entscheiden, welcher Dichter die besten Dramen verfaßt hatte. Die meisten Auszeichnungen erhielten die Dichter Aischylos, Sophokles und Euripides für ihre Tragödien (Trauerspiele) und Komödien (heitere Dramen).

*Akropolis*

**Großartige Kunstwerke.** Als die Athener unter Perikles (vgl. S. 47) die im Kriege zerstörte Akropolis neu aufbauen ließen, machten die berühmtesten Baumeister und Bildhauer Entwürfe, aus denen eine Baukommission der Bürgerschaft das Beste auswählte. In knapp 40 Jahren entstanden die Hauptgebäude. Man sah sie von weitem leuchten, wenn man vom Meer oder auf einem Landweg nach Athen gelangte. Ein gewundener Weg führte aus den engen Gassen der Stadt zur Felskuppe empor. Über diesen Weg gelangte man zunächst zu einem mächtigen Torbau, Propyläen genannt. Nach dem Vorbild dieser Propyläen sind später z. B. das Brandenburger Tor in Berlin und die Propyläen in München erbaut worden. Neben dem Tor stand rechts auf einem vorspringenden Felsen ein Tempelchen der Siegesgöttin Nike. Hinter den Propyläen lag ein weiter, offener Platz, auf dem ein Standbild der Stadtgöttin Athena alles überragte. Die Göttin trug Rüstung und Waffen, ihre goldene Lanzenspitze blinkte weithin sichtbar in der Sonne. Dahinter lag zur linken Hand ein eigenartiger Tempelbau (Erechtheion): Mädchengestalten aus Stein ersetzten die Säulen der Vorhalle, deren Dach sie trugen. An der höchsten Stelle des Platzes erhob sich das herrlichste Gebäude der ganzen Anlage: der Parthenon. Auf 10 Meter hohen Säulen ruhte das mächtige Dach; reicher Schmuck bedeckte die Wände und Giebel. Im Innenraum befand sich ein Athenastandbild aus Gold und Elfenbein. An der Außen-

*Parthenon*

*Rekonstruktion der Akropolis. Von links nach rechts: Erechtheion, Standbild der Athene, Parthenon, davor die Propyläen und der Niketempel. (Vergleiche den Parthenon mit der heutigen Ansicht, S. 38).*

wand des Parthenon sah man einen Festzug dargestellt, wie ihn die Athener jedes vierte Jahr ihrer Stadtgöttin zu Ehren veranstalteten.

*„Klassische" Kunstwerke*

Schon im Altertum wurden die Bauwerke der Akropolis, die Statuen und Reliefs der athenischen Bildhauer und die Vasenbilder der Maler Athens, die in dieser Zeit zwischen 500 und 400 v. Chr. geschaffen wurden, als vollkommene Kunstwerke, als „klassische" Schöpfungen bewundert. Die Römer ahmten sie nach, und später wurden sie zum Vorbild der Künstler der Renaissance und der Neuzeit (vgl. Bd. 2). Das Ebenmaß der Figuren, das ausgewogene Verhältnis zwischen idealer Schönheit und lebendiger Natur, das Gleichgewicht in den Proportionen – das alles galt als ein Höhepunkt der Kunst und als „klassischer" Stil.

(6) Sehr viele Fachausdrücke in den meisten Wissenschaften von heute sind Fremdwörter oder Lehnwörter aus dem Griechischen, z. B. Mathematik, Geographie, Analyse, dialektisch, demokratisch, Hypothese . . . Welchen Schluß kann man daraus ziehen?
(7) Stelle durch einen Vergleich fest, welche Unterschiede und Übereinstimmungen zwischen den Olympischen Spielen damals und heute bestehen.
(8) Erkläre folgende Ausdrücke, die alle aus dem Griechischen stammen: Tragödie, Komödie, Szene, Monolog, rhetorisch, theatralisch. Nimm das Lexikon zu Hilfe.

## 3.4. Alexander der Große und seine Erben

**Alexander erobert das Perserreich.** Den Norden der griechischen Halbinsel bewohnten die Makedonen, ein mit den Griechen verwandtes Volk von Bauern und Hirten. Sie kannten keine Städte und waren wirtschaftlich und kulturell weit weniger entwickelt als die Griechen, wurden aber von ehrgeizigen Königen geführt, die eine schlagkräftige Armee befehligten: Reiterei und Fußsoldaten, die mit langen Lanzen kämpften. Der Makedonenkönig Philipp zwang mit Hilfe dieser Streitmacht im Jahr 338 v. Chr. die griechischen Stadtstaaten, einen Hellenischen Bund unter seiner Führung zu bilden und ihn dabei zu unterstützen, das Perserreich zu erobern. Noch vor Beginn dieses Unternehmens wurde Philipp ermordet; doch sein zwanzigjähriger Sohn Alexander unterdrückte schnell den Versuch einiger griechischer Städte, sich wieder selbständig zu machen, und führte dann das Vorhaben aus.

338 v. Chr.

Er überschritt mit 30 000 Lanzenträgern und 5000 Reitern den Hellespont und durchzog Kleinasien, wo sich ihm die Söldnertruppen der persischen Statthalter vergebens in den Weg stellten: Sie wurden von Alexanders Reiterei niedergerannt. In der Ebene von Issos im Süden Kleinasiens hatte der Großkönig Dareios III. ein gewaltiges Heer aufgestellt, um sein Reich zu verteidigen. Mit einem überraschenden Reiterangriff trieb Alexander den Gegner zur Flucht. Dareios konnte sich retten, doch sein ganzer Hofstaat und seine Familie fielen dem Sieger in die Hände. Dem Großkönig schrieb Alexander darauf:

*Sieg über Dareios*

„Eure Vorfahren sind gegen Makedonien und das übrige Hellas [Griechenland] gezogen. Sie haben uns ohne unser Verschulden schwer geschädigt. Ich bin zum Feldherrn der Hellenen ernannt. Ich will an den Persern Vergeltung üben . . . In offener Schlacht habe ich zuerst über deine Feldherrn und Statthalter, jetzt über dich und deine Heeresmacht gesiegt; so bin ich durch der Götter Gnade Herr des Landes. Da ich Herr über ganz Asien bin, komm du zu mir. Behandle mich als König ganz Asiens. Bist du über die Krone anderer Meinung, so stelle dich noch einmal. Kämpfe um sie und fliehe nicht; ich werde gegen dich ziehen, wo du auch bist."

(Arrian, Feldzüge Alexanders, 2,14 f.; nach: Geschichte im Altertum. Hamburg 1964)

Alexander wandte sich, ohne die Antwort von Dareios abzuwarten, erst nach Süden, eroberte die Küstenstädte Phönikiens und bemächtigte sich der persischen Flotte. In Ägypten wurde der Makedonenkönig als Befreier empfangen und als neuer Pharao gleich wie ein Gott auf Erden begrüßt. Er gründete im Nildelta eine Stadt, Alexandria, die für Jahrhunderte das größte Handelszentrum der alten Welt wurde (vgl. S. 70 f.).

*Alexander in Ägypten*

*Münze mit dem Bild Alexanders des Großen als Herakles im Löwenfell (um 325 v. Chr.). Herakles war nach der griechischen Sage ein Sohn des Gottes Zeus und der Königstochter Alkmene. Welche Vorstellung von der Herkunft Alexanders sollte diese Darstellung erwecken (vgl. S. 67)?*

*Die Alexanderschlacht. Mosaik aus einem Haus in Pompeji (vgl. S. 98). Als Vorbild des Mosaiks diente wahrscheinlich ein griechisches Gemälde aus dem 4. Jahrhundert. Der Bildausschnitt zeigt den vor Alexander d. Gr. fliehenden persischen Großkönig Dareios. Der Wagenlenker hinter ihm reißt den Streitwagen herum und treibt die Pferde mit der Peitsche an, um Dareios vor der anstürmenden griechischen Reiterei zu retten. Der Großkönig sieht entsetzt zum Führer seiner Leibgarde zurück, der, von einem Speer durchbohrt, von dem gestürzten Pferd sinkt.*

Nach diesen Erfolgen marschierte Alexander ins eigentliche Perserreich. Bei Gaugamela stellte sich Dareios noch einmal zu einer Entscheidungsschlacht. Er verlor wieder und mußte wieder fliehen. Alexander konnte sich nun wirklich „König von Asien" nennen. Die persischen Residenzstädte Babylon, Susa, Persepolis mußten sich ihm ergeben. Den Palast von Persepolis ließ Alexander niederbrennen, damit die einstige Zerstörung von Athen gerächt sei. Dann verfolgte er den flüchtigen Großkönig, aber der wurde von seinem eigenen Statthalter ermordet. Alexander ließ die Leiche ehrenvoll bestatten und trat selbst die Nachfolge des persischen Königsgeschlechtes an.

*Alexander „König von Asien"*

(1) Ein Grund, der Alexander zur Eroberung des Perserreiches antrieb, ist in seinem Brief an den Perserkönig Dareios genannt. Um welchen Grund handelt es sich? Kannst du noch weitere Gründe nennen?

**Weiter nach Indien.** Der „König von Asien" trieb seine Soldaten zu neuen Eroberungszügen. Er sah: Asien war größer als das Perserreich. Um die Grenzen im

*Sieg über Poros*

Osten zu sichern, wollte er das angrenzende Indien unter Kontrolle bringen. Zugleich ging es um mehr: Alexander wollte das Unbekannte entdecken, bis zu den Grenzen der Erde vorstoßen. Für ihn schien nichts unmöglich zu sein. Er führte das Heer, das nun mit Hilfstruppen und Troß über 100000 Mann umfaßte, durch das heutige Afghanistan nach dem Pandschab, dem Fünfstromland. Am Indus trat ihm ein König namens Poros mit einer fremdartigen Streitmacht entgegen: Von großen Elefanten herab schossen Speerwerfer und Bogenschützen. Aber auch Poros unterlag. Nach seiner Niederlage gewann Poros die Freundschaft der Makedonen, wurde aber später von ihnen ermordet. Als der weitere Vormarsch in einem wochenlangen Regen stecken blieb, begannen die makedonischen Soldaten zu meutern.

*Strapazen der Soldaten*

„Die Männer waren in den letzten Jahren 18000 km marschiert, ohne Rücksicht auf Jahreszeit oder Geländebeschaffenheit. Offizielle Zahlen sollten später behaupten, daß sie mindestens eine dreiviertel Million Asiaten getötet hatten. Zweimal hatten sie gehungert. Ihre alte Kleidung war so zerfetzt, daß die meisten von ihnen indische Gewänder trugen. Die Pferde waren fußkrank, die Wagen in der Ebene, die sich in Sümpfe verwandelt hatten, unbrauchbar. Es war das Wetter, das letzten Endes ihre Kampfmoral gebrochen hatte. In den vorhergehenden Monaten waren sie fortwährend völlig vom Regen durchnäßt. Ihre Schnallen und Gürtel waren von Rost zerfressen, und ihre Lebensmittel verdarben, da Mehltau das Getreide ruinierte. Ihre Stiefel waren undicht, und sie hatten ihre Waffen kaum gereinigt, so überzog die Feuchtigkeit sie erneut mit einem grünen Schimmer . . .“

(R. L. Fox, Alexander der Große. Düsseldorf 1974, S. 500)

Einer der Offiziere trat vor den Feldherrn und erklärte:

*Gehorsamsverweigerung*

„Je mehr und je größere Taten von dir als unserem Führer und von denen, die zusammen mit dir aus der Heimat ausgezogen sind, vollbracht worden sind, um so mehr scheint es mir geboten zu sein, den Anstrengungen und Gefahren ein Ende zu machen. Du siehst ja selbst, wie viele Makedonen und Griechen zusammen mit dir ausgezogen und wie wenige noch von uns übrig sind. Wenige von den vielen sind nur noch da, und die sind keineswegs mehr im vollen Besitz ihrer Kräfte, vor allem aber sind sie in seelischer Hinsicht Greise geworden. Sie alle haben Heimweh nach ihren Eltern, wenn sie noch welche haben, und Heimweh nach Frau und Kindern, ja, Heimweh nach der Heimaterde selber. Du darfst sie jetzt nicht gegen ihren Willen weiterführen!‘ Für drei Tage zog sich darauf Alexander zurück und ließ sich nirgendwo sehen, noch immer auf eine Wandlung in den Gemütern hoffend. Dann endlich rief er die engsten Vertrauten zu sich und ließ dem Heer verkünden, daß er sich entschlossen habe, umzukehren.“

(Nach Arrian, Feldzüge Alexanders. 5, 24, 29. In: Materialien für den Geschichtsunterricht, Band 1: Das Altertum. Diesterweg 7331, S. 116)

*Rückkehr nach Persien*

Nun ließ Alexander eine Flotte bauen, die mit zwei Abteilungen bemannt den Indus hinab zum Ozean fuhr. Sie wurde am Ufer von den Landtruppen begleitet, die sich gegen wachsenden Widerstand der Bewohner hindurchkämpfen mußten. Vom Flußdelta aus marschierte das Heer durch die gedrosische Wüste (heute: Belutschistan) nach Persien zurück, während die Flotte den Seeweg nach Susa erkundete. Beide erreichten das Ziel, das Heer unter unsäglichen Leiden an Hunger und Durst, Hitze und Kälte, denen mehr als die Hälfte des Zuges zum Opfer fielen.

(2) Vergleiche die Ursachen und Gründe, die in den Texten von R. L. Fox und von Arrian für das Verhalten der Soldaten genannt werden.
(3) Wie soll man den Indienfeldzug Alexanders beurteilen? Denke u.a. an die unterworfenen Völker, an die unsäglichen Opfer des Unternehmens, aber auch an die Erkenntnisse, die man gewann.

*Das Alexanderreich*

**Was hat Alexander geleistet?** Man nennt Alexander „den Großen". Schon zu seinen Lebzeiten gab es Heldenlegenden um seine Person. Von den Griechen verlangte er, ihn als Gott zu verehren. Nach seinem Tod wuchs sein Bild ins Übermenschliche. Ein Biograph beurteilt seine Fähigkeiten so:

„Wahrhaft genial war er als Feldherr: alles in allem war er vielleicht der unvergleichlichste Heerführer, den die Welt je gesehen hat. Sein Geschäft war der Krieg und die Eroberung . . . Er verbrachte sein Leben – mit legendärem Erfolg – auf der Jagd nach persönlichem Ruhm, und bis in die allerjüngste Zeit galt dies als durchaus löblich."

(P. Green, Alexander der Große. Mensch oder Mythos? Ploetz Verlag, Würzburg 1974, S. 260)

*Verschmelzungspolitik*

Sein größter Plan war es, Europa und Asien miteinander zu verschmelzen und auf dieser Grundlage die Weltherrschaft zu errichten. In Susa heiratete er zwei persische Prinzessinnen und ließ gleichzeitig mehr als zehntausend seiner Offiziere, Beamten und Soldaten persische Frauen nehmen. Durch diese „Massenhochzeit" wollte Alexander die Gleichberechtigung der Perser mit den Makedonen in Verwaltung und Heer bewirken und eine neue Führungsschicht für sein Weltreich schaffen. Zugleich sollten alle sehen, was er mit seinem Plan meinte: Der Orient wurde zum Schwerpunkt des neuen Reiches. Er selbst hatte die Nachfolge der persischen Großkönige angetreten; darum übernahm er auch persische Sitten, trug orientalische Kleidung, ließ sich nach Art des Großkönigs mit dem Fußfall begrüßen. Das verärgerte zwar viele Makedonen, gewann ihm aber die Völker im persischen Reich. Das Ganze sollte jedoch von griechischem Geist durchdrungen

*Darstellung einer Löwenjagd. Relief vom sogenannten Alexandersarkophag aus Sidon (um 310 v. Chr.), einem Meisterwerk hellenistischer Kunst (vgl. S. 69). Auf der anderen Seite ist eine Schlacht Alexanders gegen die Perser zu sehen. Beide Seiten zeigen kräftige Spuren der ursprünglichen Bemalung.*

*Rolle des Griechischen*

sein. Griechische Sprache sollte zur Staatssprache werden. Makedonische Statthalter übernahmen die Verwaltung in den Provinzen. Zahlreiche Städte – mindestens 30 an Zahl – wurden gegründet und mit griechischen Bürgern besiedelt; in den Städten führte Alexander die Demokratie nach athenischem Muster ein. Ein neues Straßennetz und eine einheitliche Währung förderten den Handel. Wissenschaftler begleiteten den König auf seinen Zügen und erforschten bisher unbekannte Länder, Tiere, Pflanzen, Meere und Flüsse. Die Herrschaft über die ganze Erde hatte Alexander – noch nicht oder nicht mehr

**323 v. Chr.**

– erreicht. Er starb, knapp 33 Jahre alt, am 13. Juni 323. In Alexandria in Ägypten fand er seine letzte Ruhestätte.

**Die Erben Alexanders: Hellenistische Herrscher.** Alexanders Generäle stritten sich nach seinem Tod um die Nachfolge. Die Witwen und der Sohn Alexanders wurden ermordet. Nach Jahrzehnte dauernden Kriegen blieb das „Weltreich" unter

*Diadochenreiche*

drei Nachfolgern („Diadochen") aufgeteilt: In Makedonien regierte das Geschlecht der Antigoniden, zu dessen Machtbereich auch Griechenland gehörte; in Ägypten herrschte die Familie der Ptolemäer, in Syrien, Kleinasien, im Zweistromland und bis nach Indien das Herrscherhaus der Seleukiden. Kleinere Teile wie Pergamon und die Insel Rhodos konnten sich zwischen den Machtblöcken selbständig halten. Die Diadochen setzten auf ihre Art fort, was Alexander begonnen hatte: die Ausbreitung des Griechischen und die Sicherung ihrer Macht, allerdings ohne Alexanders Verschmelzungspolitik weiterzuführen. Griechische Sprache und Lebensart beherrschten die Oberschicht: Im Geschäftsleben, beim Militär, in der Verwaltung und in den Schulen wurde griechisch gesprochen; im Heer und bei der Staatsverwaltung behielten die

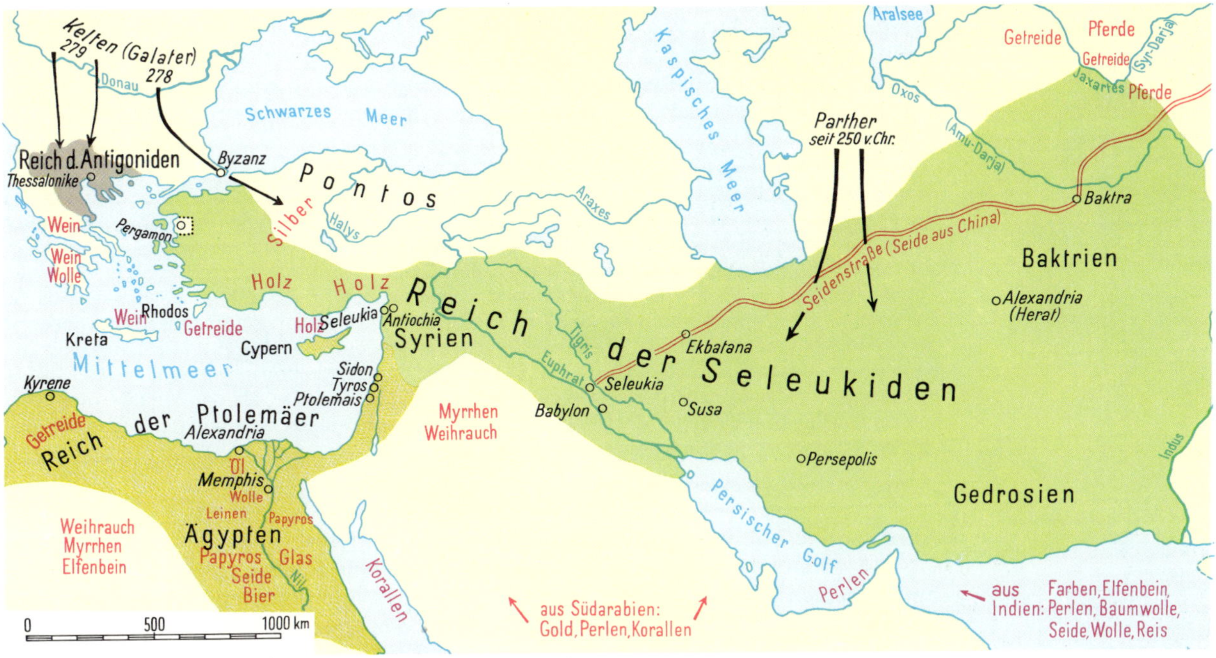


*Die Diadochenreiche. Die Karte zeigt die Ausdehnung der Herrschaftsgebiete, die Herkunft der wichtigsten Wirtschafts- und Handelsgüter (Seidenstraße!) und die Bedrohung der Diadochenreiche durch Kelten- und Parthereinfälle.*

Makedonen den Vorrang. Die breite Masse der Bevölkerung behielt jedoch ihre angestammte Sprache und Lebensart. Auch im Aufbau des Staates setzten sich die orientalischen Formen durch: In Ägypten die Regierungsform der Pharaonen, im Seleukidenreich die Art der persischen Großkönige. Nicht die Demokratie von Athen oder die aristokratische Ordnung von Sparta bestimmten die politische Ordnung, sondern der Wille der Könige. Die Monarchie bildete die herrschende Staatsform der folgenden Jahrhunderte.

*Hellenismus*

Man nennt diese Zeit, in der die Griechen (die „Hellenen") ihre Sprache, ihre Lebensart und – durch Auswanderung in die von Alexander eroberten Gebiete – sich selbst im weiten Orient ausbreiteten, das Zeitalter des „Hellenismus" und die Könige dieser Zeit „hellenistische Herrscher".

**Herrscherkult und Staatswirtschaft.** Die hellenistischen Herrscher verlangten von den Beamten und den Soldaten, ja vom ganzen Volk absoluten Gehorsam. Der König allein galt als Quelle des Rechts. Wie Alexander verlangt hatte, daß er als Sohn des Zeus anerkannt werde, so ließen sich jetzt die Diadochen als Götter auf Erden verehren. Man errichtete Statuen zu ihren Ehren, baute mächtige Grabdenkmäler und veranstaltete feierliche „Gottesdienste" zur Anbetung des Herrschers. Die Herrscher vererbten die Macht in der Familie: So entstand eine Dynastie wie bei den Pharaonen (vgl. S. 28).

*Staat und Dynastie*

Der ganze Staat wurde als Besitz der Dynastie betrachtet. Das wirtschaftliche Leben – Arbeit, Produktion und Handel – galt gleichsam als ein großer Haushalt des Königs. Er wurde zentral verwaltet mit dem Ziel, immer mehr zu erzeugen und die Einnahmen zu steigern. Ein Heer von Beamten überwachte Aussaat und Ernte, regulierte den Handel durch Zölle und Staatsmonopole (staatliches Alleinverkaufsrecht bei bestimmten Waren) und bestimmte mit staatlicher Planung, was und wieviel im Handwerk hergestellt und verdient werden sollte. Ein Musterbeispiel für diese Staatswirtschaft war Ägypten:

*Staatswirtschaft*

„Die eigentliche Bedeutung Ägyptens beruhte auf seiner Landwirtschaft. Alljährlich wurden riesige Kornmengen von den Feldern auf die Tenne, von der Tenne in die Vorratshäuser auf dem Lande gebracht, von hier aus transportierte man sie auf dem Nil in die großen Speicheranlagen von Alexandrien. Das Korn, vor allem Weizen und Gerste, war ein wichtiger Ausfuhrartikel, die Schiffe brachten das Korn nach Griechenland, Kleinasien und nach Italien, wo das ägyptische Getreide mit dem sizilianischen konkurrierte. Die Bauern wurden bei der Aussaat, beim Dreschen und beim Korntransport streng überwacht; ein Heer von Funktionären und Tausende von Arbeitern waren ständig unterwegs, um die Felder und die Deichanlagen auf dem flachen Lande in Ordnung zu halten. Über allem schwebte der Dioiketes, den man als den Finanz- und Wirtschaftsminister des Reiches bezeichnen kann; er hielt von Alexandrien aus die Fäden der gesamten Staatswirtschaft in seinen Händen."

(H. Bengtson, Herrschergestalten des Hellenismus. Beck, München 1975 S. 19)

*Hellenistische Städte*

**Städtisches Leben im Hellenismus.** Oft wird berichtet, daß Alexander und seine Erben Städte gegründet haben. Was bedeutet das, eine Stadt zu gründen? Alexander hat auf seinen Eroberungszügen an strategisch wichtigen Punkten befestigte Orte angelegt, um den Nachschub zu sichern und das umliegende Land zu kontrollieren. Er wählte stets Plätze, die an wichtigen Handelswegen lagen; so konnten sie sich auch wirtschaftlich gut entwickeln. In den Städten wurden Griechen aus dem Mutterland angesiedelt. Sie prägten das Gesicht der hellenistischen Städte: Es gab gepflasterte Straßen, einen großen Marktplatz im Mittelpunkt, eine Reihe öffentlicher Anlagen und Gebäude, Sport- und Rennbahnen, Theateranlagen, in denen Schauspieler griechische Stücke aufführten, Tempelbauten mit Werken griechischer Künstler, Wasserleitungen, Werkstätten und Schulen, vor allem ein Gymnasium für die höhere Bildung. Berühmt wurden die Residenzstädte der Diadochen, vor allem Alexandria, das rund eine halbe Million Einwohner zählte. Ein Reiseschriftsteller berichtet, wie die Stadt damals aussah:

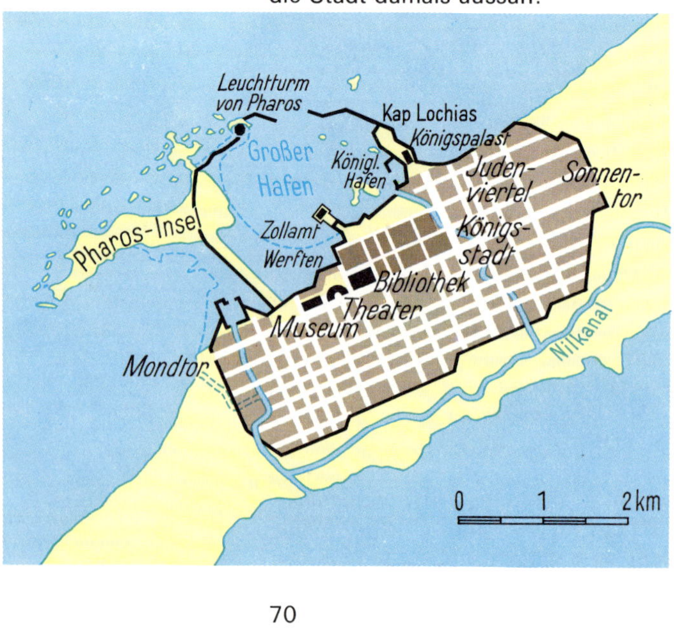


„Vielseitig ist die Gunst seiner Lage: von zwei Meeren wird es umspült, im Süden von einem See, den der Nil mit seinen Kanälen speist, auf denen weit mehr eingeführt wird als vom Meer. Neben dem Reichtum der in die beiden Häfen einströmenden Güter verdient die milde Luft erwähnt zu werden ... Die ganze Stadt wird von Straßen durchschnitten, die Platz für Reiter und Wagen bieten; zwei sind besonders geräumig und von einer Breite, die man sonst in keiner Stadt findet. Alle Straßen schneiden sich im rechten Winkel. Die Stadt besitzt sehr schöne öffentliche Bezirke, unter denen der Bezirk der Königspaläste hervorragt; er macht allein fast ein Drittel des ganzen Stadtgebietes aus. Zum Palastviertel gehört auch das Museion mit seinen Wandelhallen und dem Speisesaal für die Gelehrten. Am Großen Hafen, zur Rechten der Einfahrt, liegt die Insel Pharos mit dem berühmten Leuchtturm, dessen Höhe gut 160 Meter beträgt.

*Stadtplan von Alexandria*

*Rekonstruktion des Leuchtturms auf der Insel Pharos, der als eines der „sieben Weltwunder" galt. Die Höhe des 280 v. Chr. erbauten Leuchtturms ist umstritten (130 oder sogar 180 m). Sein Feuer war 57 km weit sichtbar. In der Zeit der Kreuzzüge (um 1100 n. Chr.) stürzte das Bauwerk durch ein Erdbeben zusammen.*

Hinter dem ‚Kleinen Hafen' erhebt sich das Theater, ihm folgt der Poseidontempel, dann der Marktplatz mit den Warenlagern, dahinter die Schiffsarsenale und danach wieder ein künstlich angelegter Hafen. Die ganze Stadt ist voll von Heiligtümern und großen Gebäuden, von denen das schönste das Gymnasion darstellt; es hat Säulenhallen von fast 200 Metern Länge. In der Mitte der Stadt liegt das Gerichtsgebäude und die Parkanlagen, die einen künstlichen Hügel umschließen, von dessen Gipfel man die ganze Stadt überschauen kann ... Durch den Kanal, der den Nil mit dem Roten Meer verbindet, kommen gewaltige Flotten sogar aus dem Indischen Ozean und bringen die wertvollsten Frachten nach Alexandria, von wo sie weiter zu den anderen Handelsplätzen versandt werden. So kommen doppelte Zölle ein, von der Einfuhr wie von der Ausfuhr. Und wo die Waren so wertvoll sind, sind auch die Zölle entsprechend hoch ..."

(Aus: Strabo, Geographie XVII, 1)

*Das „Museion"*

Das „Museion" (lateinisch: Museum), das hier erwähnt wird, war ein Heim der „Musen", das die Ptolemäerkönige für die Gelehrten, Dichter und Künstler bauen ließen. Sie wohnten dort ganz von den Sorgen des Alltags befreit und konnten sich ausschließlich den Wissenschaften und Künsten widmen. Eine Bibliothek von mehr als 100000 Papyrosrollen, wohlgeordnet und in einem Katalog verzeichnet, stand ihnen zur Verfügung. Ein medizinisches Institut (Anatomie), eine Sternwarte und ein Zoologischer Garten mit exotischen Tieren gehörten ebenfalls zum „Museion".

*Wissenschaften*

Verschiedene Einzelwissenschaften konnten sich hier entwickeln. Spezialisten für Literatur und Dichtung sammelten Werke aus früherer Zeit, erklärten den Text und erläuterten den Inhalt: So entstand die Wissenschaft der Philologie. Erd- und Himmelskunde machten großartige Fortschritte. Der Geograph Aristarch lehrte schon damals, daß die Erde sich um die Sonne bewege und sich dabei um sich selber drehe.

Am „Museion" gab es auch eine Ärzteschule, und hier entdeckten Forscher den Blutkreislauf, den Unterschied zwischen Sehnen und Nerven und die Tätigkeit des Gehirns. Die Ärzte benutzten zahlreiche Drogen und führten schwierige Operationen durch. Euklid und Archimedes, zwei Mathematiker, die in Alexandria lehrten, sind besonders berühmt. Die Ergebnisse ihrer Forschungen behielten bis heute grundlegende Bedeutung. Viele der gewonnenen Erkenntnisse sind in der Technik praktisch genutzt worden. Den Werften gelang es, Schiffe von mehreren Tausend BRT zu bauen.

*Technische Leistungen*

Der Leuchtturm von Pharos oder das Grabmal von Halikarnaß galten als Weltwunder. Man liebte das Gewaltige, Monumentale. So versuchten Künstler, aus dem 2000 Meter hohen Berg Athos ein Bildnis Alexanders des Großen herauszuschlagen. Nach anfänglichen Erfolgen stellten sie den Versuch ein. Anderen gelang es, ein 34 Meter hohes Standbild des Sonnengottes, den „Koloß von Rhodos", aus Erz zu gießen.

Viele Wissenschaftler und Künstler verbrachten, wie z. B. Archimedes, nur einige Zeit in Alexandria und kehrten wieder in ihre Heimat zurück. Auf diese Weise verbreiteten sich Kenntnisse und Erfahrungen der Wissenschaft in der ganzen hellenistischen Welt.

(4) Stelle anhand folgender Stichworte die Ziele Alexanders dar: „Eroberung", „Verschmelzung", „Weltherrschaft". Versuche zu beurteilen, wie er sie zu verwirklichen suchte.
(5) Erkläre die Bedeutung der griechischen Sprache im Alexanderreich und in den hellenistischen Reichen. Vergleiche die Rolle des Griechischen mit der Rolle der englischen Sprache in unserer Zeit.
(6) Suche die einzelnen Angaben aus dem Bericht S. 70f. auf dem Stadtplan von Alexandria.
(7) Informiere dich in einem Lexikon oder einem Jugendbuch über Euklid und Archimedes.

**Grenzen und Niedergang der hellenistischen Welt.** Im Osten hatte Alexander vergebens nach den Grenzen der Erde gesucht. Seine Nachfolger verloren schon bald ihren Einfluß auf die Völker in Indien. Hier entstand ein neues Großreich, das fast das gesamte Gebiet des heutigen Indien und Pakistan umfaßte. Sein berühmtester Herrscher war Kaiser Ashoka, der es von 273 bis 236 v. Chr. regierte. Nachdem er zunächst sehr blutige Kriege geführt hatte, bekehrte er sich zur Religion des Buddhismus und versuchte, nach den Lehren Buddhas, der um 500 v. Chr. gelebt und gelehrt hatte, seinen Untertanen ein Vorbild an Güte, Freigebigkeit und Wahrhaftigkeit zu sein. Ihm ist es zu danken, daß sich der Buddhismus in weiten Teilen Indiens und in den Fernen Osten ausbreitete.

*Ashoka*
273–236 v. Chr.

Im Westen erhob sich seit dem 3. Jh. v. Chr. die neue Großmacht der Römer (vgl. S. 77). Ägypten suchte die Freundschaft Roms, indem es seine Vorherrschaft anerkannte. Die Makedonenherrscher, geschwächt durch Einfälle der Kelten (vgl. S. 115) und Aufstände griechischer Städte, unterlagen nach langen Kriegen den Römern. Auch Kleinasien und Syrien mußte sich schließlich der römischen Macht beugen. 200 Jahre nach Alexanders Tod wurde der größere Teil seines Reiches von den Römern regiert. Aber die griechische Sprache und die Kultur der Griechen lebte auch unter den neuen Herren fort.

## Zur Lernkontrolle

1. Berichte über die Entwicklung der Demokratie der Athener und beschreibe einige Merkmale dieser demokratischen Ordnung; zeige, worin Unterschiede zu unserer Verfassung bestehen.
2. Mache verständlich, warum die Griechen im Krieg gegen die Perser siegten, und beurteile die Art, wie Athen seine Stellung nach dem Sieg ausgebaut hat.
3. Erläutere die Gegensätze zwischen Athen und Sparta und berichte, wozu sie führten.
4. Zeige an verschiedenen Beispielen aus der Gegenwart, wie etwas von den Griechen Geschaffenes bis heute weitergewirkt hat.
5. Skizziere in Stichworten die Ziele und Taten von Alexander und gib einen Überblick über die Regierungsform seiner Nachfolger.

# 4. Das Römische Weltreich

**Lernziele**

- Auch die Römer haben eine Verfassung entwickelt, um das Zusammenleben der Bürger im Staat zu regeln. Du kannst das anwenden, was du am Beispiel Athens gelernt hast, indem du untersuchst:
  - Wie haben die Römer die Macht im Staat verteilt?
  - Wie wurden in Rom Freiheit und Recht geschützt oder gefährdet?
  - Wer wurde reich – wer wurde arm?
- Die Römer haben ihre Herrschaft über viele Völker ausgebreitet und ein Weltreich geschaffen. Versuche herauszuarbeiten, mit welchen Mitteln das Reich erobert, regiert und zu einer Einheit gemacht wurde.
- Das Leben der Menschen in Rom zeigt dir, was eine Stadt damals bieten konnte und was sie von ihren Bürgern verlangte. Du kannst an diesem Beispiel Grundformen des städtischen Lebens erkennen und sie mit heutigen Verhältnissen vergleichen.

## 4.1. Die Republik Rom wird eine Großmacht

*Bedeutung und Lage Roms*

**Die Stadt auf den sieben Hügeln.** Keine Stadt der Welt hat eine so bedeutende Vergangenheit wie Rom. Die italischen Bauern, die sich vor rund 3000 Jahren am Tiber ansiedelten, konnten ihre Zukunft nicht ahnen. Für mehr als 1000 Jahre wurde Rom die Hauptstadt eines Staates, der ein Weltreich beherrschte, dann wurde Rom zum Zentrum der katholischen Christenheit und im Jahr 1871 zur Hauptstadt Italiens. Die Lage war günstig: auf sieben Hügeln, die von Sümpfen umgeben waren und sich leicht verteidigen ließen; am Tiber, den die Schiffe bis zum nahen Meer befahren konnten; an der Stelle, wo eine Fernstraße den Fluß überquerte. Etrusker – ein hoch-

*Links: Etruskisches Ehepaar. Plastik auf einem Tonsarkophag (um 550 v. Chr.). – Rechts: Ein tanzender Flötenspieler. Diese etruskische Wandmalerei aus einem Grab bei Tarquinii (um 475 v. Chr.) zeigt, wie bei den Etruskern Malerei, Musik und Tanz mit dem Totenkult verbunden waren.*

entwickeltes Volk, das vom Osten nach Italien eingewandert war – gewannen die Herrschaft über die italischen Bauern am Tiber und schlossen die Bauerndörfer auf den sieben Hügeln zu einer Stadt zusammen, umgaben sie mit einer Mauer, legten einen Marktplatz an und errichteten eine Burg auf einem der Hügel, dem Kapitol. Später, in der Zeit um 500 v. Chr., wurden die etruskischen Herrscher von den führenden Familien Roms verjagt. Seitdem regierte im römischen Stadtstaat der Adel.

**um 500 v. Chr.**

**Wie standen Adel und Volk zueinander?** Der Adel, das waren hier wie in Athen die vornehmen Familien, reich durch Grundbesitz, seit Generationen schon angesehen und einflußreich. Sie fühlten sich seit der Vertreibung der Etrusker für die Regierung der Stadt verantwortlich und wurden von der Bevölkerung als eine Elite betrachtet, der alle Vorrechte gehörten. Die Adligen – sie hießen in Rom Patrizier – standen hoch über der Schicht der einfachen Leute, die man hier Plebejer (von „Plebs", d. h. Volk) nannte. Meist schlossen sich die Plebejer einem Patrizier als Schutzherrn (Patron) an und wurden so seine Klienten.

*Patrizier*
*Plebejer*

Der Patron vertrat seine Leute vor Gericht und unterstützte sie in geschäftlichen und politischen Dingen. Im übrigen waren die Plebejer allerdings freie Leute. Manche von ihnen wurden reich und verlangten die volle Gleichberechtigung mit den Patriziern.

„Die aus Handwerkern, Kaufleuten, besonders aber Kleinbauern zusammengesetzte Plebs besaß ursprünglich nicht das volle Bürgerrecht; namentlich das passive Wahlrecht war den Patriziern reserviert. Dagegen hatten die Plebejer im Kriege die Hauptlast zu tragen. Mit wachsendem Reichtum erstarkte das Selbstbewußtsein der Plebs gegenüber dem Stolz der patrizischen Geschlechter. In langen Kämpfen zwischen den beiden Parteien erzwang die Plebs nach und nach die politische und z. T. gesellschaftliche Gleichberechtigung mit den Patriziern."

*„Ständekämpfe"*

(Lexikon der Antike, Kröner Verlag, Stuttgart, S. 749)

Die Plebejer hatten erkannt, daß die Patrizier im Krieg auf sie angewiesen waren. Das nutzten sie aus; und wenn der Adel ihren Forderungen gar nicht nachgeben wollte, traten die Plebejer in Streik: Sie verweigerten jede Mitarbeit im Staat und zogen sogar ein paar Mal (zuletzt 287 v. Chr.) aus der Stadt aus, bis die Patrizier begriffen, daß der Staat nur existieren konnte, wenn er allen gehörte und alle einen gewissen Einfluß auf die öffentlichen Belange besaßen. So stimmten sie zu, daß auch ein Plebejer ein Regierungsamt anstreben konnte, wenn er erfolgreich war. Sie anerkannten das Recht des Volkes auf eigene Beamte, die „Volkstribunen", die eigens zum Schutz der Plebejer da waren und eine bevorzugte Stellung besaßen: Sie hatten das Recht, jedem Bürger zu Hilfe zu kommen, der sich durch einen Regierungsbeamten bedroht oder in seinen Rechten verletzt fühlte. Sie konnten gegen staatliche Maßnahmen im Interesse der Bürger Einspruch erheben und sie mit Gewalt verhindern. Sie selbst waren „unverletzlich", niemand durfte sie behindern oder gar festnehmen. Wenn ein römischer Bürger vor Gericht zum Tode verurteilt wurde, konnten die Volkstribunen das Urteil aufschieben und den Fall einer Versammlung des Volkes zur Abstimmung vorlegen.

*Volkstribunen*

**Die oberste Gewalt und ihre Kontrolle.** Es gab im römischen Staat keinen König. Rom war eine Republik (von „res publica", d. h. gemeinsame Sache, Sache der Öffentlichkeit). Die Macht verteilten die Römer auf drei Körperschaften:

*res publica*

Die Regierung hieß in Rom „Magistrat". An der Spitze dieser „regierenden Beamtenschaft" standen zwei Konsuln. Sie hatten die Macht, zu befehlen und von allen Bürgern außer den Volkstribunen Gehorsam zu fordern. Sie hatten die Volksversammlung zu leiten und befehligten im Krieg das Heer. Eine Reihe von Ämtern wurden zur

*Regierende Beamte*

Unterstützung der Konsuln geschaffen: Prätoren für das Gerichtswesen, Ädile für das Bauwesen der Stadt, Quästoren für alle Finanzangelegenheiten. Sie wurden wie die Konsuln vom Volk gewählt.
Das römische Volk besaß auch selbst unmittelbare Macht. Jeder römische Bürger konnte in der Volksversammlung darüber mitentscheiden, wer den Staat regierte und nach welchen Gesetzen regiert wurde. Ob Rom Krieg führen oder Frieden schließen wollte, hing von der Volksversammlung ab; denn die Bürger, die auch das Heer bildeten, hatten allein das Recht, das zu entscheiden. Die Volksversammlung wählte alle Beamten des Staates, und sie konnte das Urteil über Leben und Tod eines Bürgers fällen, der eines schweren Verbrechens angeklagt war.

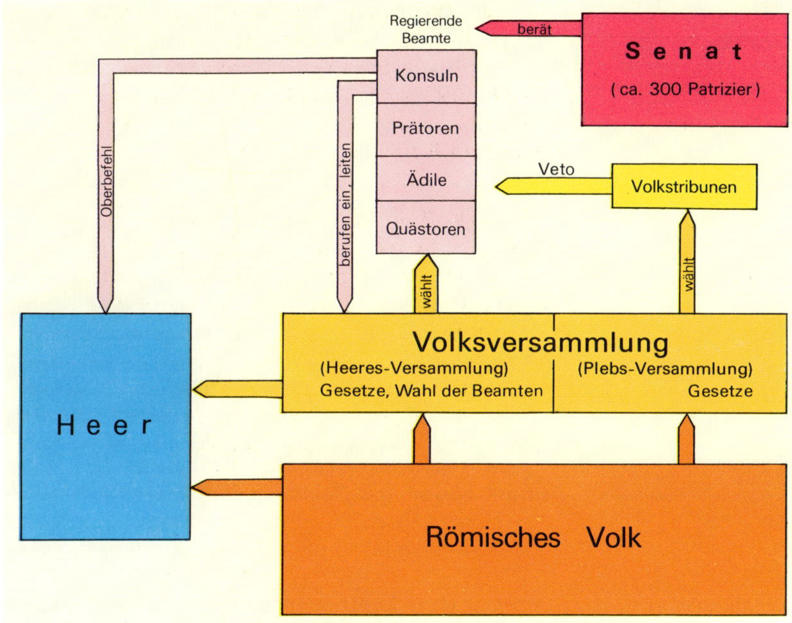

*Die Verfassung der römischen Republik.*

Die meisten politischen Entscheidungen fielen in Rom aber im Senat. In ihm saßen die Vertreter der angesehenen Familien, rund 300 Männer, vorwiegend solche, die schon ein hohes Regierungsamt bekleidet hatten. Der Senat war ein ständiger Beirat der Beamten. Seine Mitglieder nahmen aufgrund ihrer Erfahrung zu allen wichtigen politischen Fragen Stellung, gaben Ratschläge und Empfehlungen. Was nach einem Beschluß des Senats richtig war oder geschehen sollte, das wurde in Rom auch verwirklicht. Daher kann man den Senat als die eigentliche Regierung bezeichnen. *Senat*
Aber weder Beamte, noch Volksversammlung, noch Senat konnten allein entscheiden. Sie bremsten sich gegenseitig, d. h. die Macht blieb kontrolliert. Die Amtszeit der Konsuln und der übrigen Beamten betrug nur ein Jahr. Und für jedes Jahr wurden jeweils zwei Konsuln, zwei Prätoren usw. gewählt. Jeder hatte somit einen Kollegen, der die gleiche Vollmacht besaß und jede Entscheidung seines Mitkonsuls, Mitprätors usw. durch seinen Einspruch aufheben konnte. In Zeiten der höchsten Not konnte statt der beiden Konsuln ein „Diktator" ernannt werden, der aber auch nur für sechs Monate die ganze Macht besaß. *Diktator*
Die Volksversammlung konnte zwar die Gesetze beschließen und die Beamten wählen, aber nur, wenn sie vom Magistrat einberufen war und wenn dieser ein Gesetz zur Abstimmung vorlegte bzw. einen Kandidaten zur Wahl vorschlug. Auch wurde nicht einzeln abgestimmt, sondern nach Gruppen, wobei nur die Stimme der ganzen Gruppe zählte. Die Gruppen waren nach dem Vermögen der Bürger gebildet. Von 193 Abstimmungsgruppen konnten die Patrizier und die reichen Geschäftsleute von Rom 98 besetzen. So besaß die Oberschicht eine sichere Mehrheit bei Abstimmungen. *Abstimmung*
Der Senat wurde in Rom zwar als höchste Autorität anerkannt, doch er konnte nicht selbst handeln, sondern nur Ratschläge erteilen. Im übrigen gaben im römischen Senat die führenden Familien den Ausschlag. Die meisten Konsuln kamen aus dem Kreis

*Nobilität*

der vornehmsten „Häuser". Sie bildeten den Kern der Patrizier und beeinflußten die Meinung der übrigen. Die „vornehmen Leute" in Rom (die „Nobilität") besaßen nicht nur den größten Reichtum an Grundbesitz und eine große Dienerschaft. Sie hatten durch ihre Klienten auch stets eine treue Gefolgschaft von politischen Anhängern hinter sich.

(1) Rom war lange Zeit ein „Stadtstaat". Erkläre, was du darunter verstehst. Vergleiche mit Athen.
(2) Zeige an der Stellung der Volkstribunen, wie die Macht des Adels eingeschränkt wurde und wie das Volk vor Willkür geschützt werden konnte.
(3) Stelle in einer Tabelle nebeneinander zusammen: Rechte des Magistrats/Kontrolle des Magistrats; Rechte des Volkes/Einschränkung der Rechte des Volkes.
(4) Erkläre das Schema S. 75, indem du schilderst, was die Pfeile jeweils bedeuten.
(5) Zeige anhand des Schemas und aufgrund der Informationen im Text, wie in Rom ein Gesetz zustande kam.
(6) Versuche zu beurteilen, welche Vor- und Nachteile es hatte, daß in Rom die regierenden Beamten nur für ein Jahr und stets „paarweise" gewählt wurden.

**450 v. Chr.**

**Das Recht schützt den Einzelnen.** Die Macht war in Rom einseitig verteilt. Dennoch konnte das Recht die Bürger weitgehend vor Willkür schützen. Die Plebejer hatten erreicht, daß eine Sammlung des gültigen Rechts um 450 v. Chr. auf 12 Tafeln öffentlich aufgestellt wurde. Sie bestimmte u. a.:

*Zwölftafelgesetz*

„Wenn einer einen anklagt und vor Gericht ruft, muß dieser ihm folgen. Wenn er Ausflüchte macht oder fliehen will, soll der Kläger ihn festnehmen. Wenn einer zu einer Geldstrafe verurteilt ist, dann hat er bis zur Erfüllung der Schuld eine Frist von 30 Tagen.
Was jemand durch ein letztwilliges Testament verfügt, hat volle Rechtsgültigkeit. Stirbt jemand, der keinen Abkömmling hat, ohne ein gültiges Testament, so soll der nächste Blutsverwandte väterlicherseits das Familiengut erben.
Wenn jemand einem andern ein Glied verstümmelt, soll der Täter das gleiche erleiden, sofern er sich nicht mit dem Verletzten gütlich einigen kann.
Es ist verboten, jemand ohne Urteilsspruch zu töten, es sei denn, er werde bei einem Verbrechen ertappt."

(Aus dem Zwölftafelgesetz, abgedruckt in: Geschichte in Quellen, a.a.O., S. 395)

Streng wurde in Rom darauf geachtet, daß im Streitfall auch nach dem geltenden Recht vorgegangen wurde. Auf ihr Rechtswesen konnten die Römer stolz sein. Sie haben es weiterentwickelt und an ihm festgehalten bis zum Ende ihres Staates; damals ließ – tausend Jahre nach dem „Zwölftafelgesetz" – ein Kaiser noch einmal alle Rechtssätze sammeln und in einem Buch zusammenfassen. Dieses Werk, das Corpus juris, bildet noch heute eine Grundlage der Rechtsprechung. In ihm steht z. B.:

*Römische Rechtssätze*

„Demjenigen obliegt es, den Beweis zu erbringen, der etwas behauptet (Kläger), nicht dem, der leugnet (Angeklagter).
Auf bloße Verdachtsmomente hin jemanden zu verurteilen, geht nicht an . . . es ist besser, wenn einmal die Straftat eines Schuldigen ungesühnt bleibt, als wenn man einen Unschuldigen verurteilt.
Wegen bloßer Gedanken wird niemand bestraft.
Jemand zu verurteilen, ohne ihn gehört zu haben, verbietet die Gerechtigkeit. Was man dem Beklagten nicht erlaubt, darf auch dem Kläger nicht gestattet werden.
Wer schweigt, gesteht damit keineswegs unter allen Umständen etwas zu; sicher ist nur, daß er nicht bestreitet.
Eine Strafe wird nur verhängt, wenn sie im Gesetz für die begangene Straftat besonders angedroht ist.
Bei der Gesetzesauslegung sind Straftaten eher zu mildern als zu verschärfen."

(Aus dem Corpus Juris, abgedruckt in: Geschichte in Quellen, a.a.O., S. 844ff.)

*Römisches Kriegsschiff mit Soldaten auf Deck. Die Ruder wurden von Sklaven (im Innern des Schiffes) bedient. Relief vom Fortunatempel in Praeneste, 1. Jahrhundert v. Chr.*

(7) Zahlreiche Ausdrücke im Bereich des Rechtswesens, – z. B. Justiz, Jurist, Notar, Klient, Prozeß, Delikt – stammen aus der lateinischen Sprache. Warum? Versuche, diese Ausdrücke zu erklären.
(8) „Das Recht ist die Grundlage unserer Freiheit", sagte ein römischer Staatsmann. Überlegt und diskutiert den Satz. Gilt er auch für uns? Begründe deine Antwort.

**Vom Stadtstaat zur Großmacht am Mittelmeer.** Als Rom eine Republik wurde, war dieser Staat ein paar hundert Quadratkilometer groß. In zahllosen Kriegen, die die Römer mit ihren Nachbarn führten, konnten sie das Staatsgebiet ständig erweitern. Um 250 v. Chr. beherrschte die römische Republik bereits Italien von der Südküste bis zur Poebene, ein Gebiet von ungefähr 150 000 qkm mit etwa 3 Millionen Menschen. Ein Drittel davon waren römische Bürger geworden, die anderen wurden als „Bundesgenossen" behandelt: Im Innern blieben sie selbständig, aber mit anderen Staaten durften sie nicht verhandeln und im Kriegsfall hatten sie Rom Hilfstruppen zu stellen.

*Italien wird römisch*

„Im Streit um den Besitz Siziliens kam es zum Zusammenstoß Roms, der größten Landmacht, mit Karthago, der großen See- und Handelsmacht des westlichen Mittelmeerraumes. Erst als es den Römern gelang, die Karthager zur See zu schlagen, konnten sie diesen den Frieden diktieren. Sizilien wurde die erste römische Provinz – ein tributpflichtiges Untertanengebiet – im Jahr 241 v. Chr. Mit dem Sieg über Hannibal im 2. Krieg gegen Karthago war Roms Vormacht im westlichen Mittelmeer endgültig gesichert. 201 wurde Spanien römische Provinz. Die Provinzen wurden von römischen Statthaltern verwaltet und wirtschaftlich ausgebeutet.
Im Laufe der 1. Hälfte des 2. Jahrhunderts v. Chr. vernichteten die Römer die Nachfolgereiche Alexanders des Großen (außer Ägypten). Im Jahr 146 wurde Karthago zerstört. Rom war jetzt die einzige Großmacht im Bereich des Mittelmeeres" (vgl. Karte S. 87).

*Siege über Karthago*

241 v. Chr.

(Aus: E. Görlitz, Taschenbuch zur Geschichte. Schöningh-Schroedel, Paderborn u. Hannover 1970, S. 15)

Was hier in wenigen Sätzen berichtet wird, bedeutete für die Römer und ihre Gegner Krieg für die Dauer von mehr als 100 Jahren; Krieg, der nur von kürzerer Friedenszeit unterbrochen war. Bei den Kriegen zwischen Rom und Karthago ging es ums Äußerste, vor allem als Hannibal die Karthager im 2. Punischen (= Karthagischen) Krieg führte. Er war mit seinem Heer von Spanien, wo sich Karthago gegen den Willen Roms immer mehr ausgedehnt hatte, durch Südfrankreich und über die Alpen nach Oberitalien eingedrungen. Zwar hatte Hannibal bei der unerhört kühnen Überquerung der Alpen im Oktober 218 v. Chr. mehr als ein Drittel des Heeres – fast 20000 Mann und den gesamten Troß – verloren, aber die Überraschung gelang: Er kam den römischen Kriegsvorbereitungen zuvor und schlug zwei Armeen, die man ihm eilends entgegengeschickt hatte. Nun versuchte er, die italischen Bundesgenossen der Römer für sich zu gewinnen.

*Hannibal in Italien*

[Doch] „die Städte schlossen ihm ihre Tore, und Hannibals Machtbereich ging nicht über die Gegenden hinaus, in denen sich sein Heer im Augenblick aufhielt. Er konnte den Feind besiegen, die Dörfer zerstören, die Anpflanzungen verwüsten, aber er war nicht imstande, das Land wirklich in Besitz zu nehmen. In dieser Lage hätte nur der unmittelbare Angriff auf Rom eine Entscheidung bringen können, und dort scheint man es für einige Tage befürchtet zu haben; aber durch einen Überfall war Rom nicht zu nehmen, und eine Belagerung dieser großen Stadt war für ein Heer, das sich ohne die Möglichkeit des Nachschubs mitten in einem feindlichen Gebiet befand, ganz undenkbar."

(W. Hoffmann, Hannibal. Vandenhoeck und Ruprecht, Göttingen 1962, S. 65)

*Schlacht bei Cannae*
**216 v. Chr.**

Bei Cannae stellten die Römer ihr größtes Heer – rund 80000 Mann – den Karthagern entgegen. Wieder blieb Hannibal trotz der zahlenmäßigen Übermacht der Römer siegreich.

„Nach Rom war die Kunde gekommen, daß nicht einmal die Überreste von Bürgern und Bundesgenossen übrig seien, sondern daß das Heer und alle Truppen mit den Heerführern im Gemetzel umgekommen seien. Niemals hatte, solange die Stadt bestand, eine solche Furcht und Verwirrung in den Mauern von Rom geherrscht."

(Livius, Römische Geschichte, Buch XXII, c. 54. In: Geschichtliche Quellenhefte mit Überblick, Heft 2. Diesterweg 7342, S. 33f.)

*Endgültiger Sieg über Karthago*

**201 v. Chr.**

Aber hier bewährte sich die Republik: Der Senat übernahm die Führung des Staates. Neue Truppen wurden ausgehoben. Bürger und Bundesgenossen hielten auch jetzt zu Rom, das zwar Schlachten verlor, doch keinen Krieg. Man zwang Hannibal mit einer Verzögerungstaktik, seine Kräfte in endlosen Märschen und Einzelgefechten zu verzetteln. Dann griffen die Römer unter dem neuen Konsul Scipio Karthago zuerst in Spanien, dann in Nordafrika an. Hannibal mußte Italien aufgeben. Es kam bei Zama auf afrikanischem Boden zur Entscheidungsschlacht. Scipio errang einen glänzenden Sieg. Karthago mußte 201 v. Chr. Frieden schließen.

„Allen Schaden sollen die Karthager den Römern ersetzen, die Kriegsgefangenen und Überläufer herausgeben, sämtliche Schiffe bis auf zehn Trieren ausliefern, desgleichen auch die Elefanten. Sie sollen mit keinem Staat außerhalb Libyens [d. h. Afrikas] Krieg beginnen, aber auch mit keinem in Libyen ohne Genehmigung der Römer. An barem Geld sollen die Karthager zehntausend Talente binnen fünfzig Jahren entrichten, und zwar jedes Jahr zweihundert Talente [1 Talent = 50–100000 Mark]."

(Aus: Polybios, Geschichte XV, 18. In: Historisch-politisches Quellenbuch, Bd. 1. Diesterweg 7376, S. 96, gekürzt)

*Unterwerfung fremder Völker*

Man kann darüber streiten, ob Rom gegen Karthago Verteidigungs- oder Eroberungskriege geführt hat. Im Konflikt mit den hellenistischen Staaten begnügte es sich jedenfalls nicht mehr damit, die eigene Sicherheit auszubauen. Rücksichtslos ging man daran, das Herrschaftsgebiet mit militärischer Macht immer mehr auszudehnen. Wie

*Relief mit der Darstellung eines Bauern, der mit einem Rind zum Markt zieht. Man kann einiges erkennen, was er dort verkaufen will: zwei Schafe, die an den Füßen zusammengebunden sind, ein Ferkel und einen Korb voll Obst. Beachte die Kleidung und den gebückten Gang des Bauern.*

Sizilien, Spanien, Oberitalien und Nord-Afrika machten die Römer nun auch die Gebiete des Mittelmeers zu Provinzen, d.h. zu abhängigen Ländern, die von einem römischen Statthalter regiert wurden und deren Bewohner hohe Abgaben (Tribute) nach Rom zahlen mußten (vgl. Karte S. 87).

(9) Erkläre, wie die römische Führung, die römischen Bürger und die Bundesgenossen der Römer durch ihr Verhalten einen endgültigen Sieg Hannibals verhindert haben.
(10) Nimm Stellung zu der Ansicht, die Römer seien ein Volk von herrschsüchtigen Eroberern. Begründe deine Meinung anhand der Informationen in diesem Kapitel.
(11) Dieser Abschnitt enthält Tatsachenberichte und Beurteilungen. Lies den Text noch einmal und versuche, beides zu unterscheiden.

## 4.2. Umbruch im römischen Staat

**Ungerechte Verhältnisse.** Die Last all dieser Kriege trug der römische Bürger, vor allem der Bauer, der in Friedenszeiten sein Feld bebaute, im Krieg an der Front stand (vgl. auch S. 86). Von den Siegen profitierten die Reichen, und zwar so:
Das Land besiegter Nachbarn wurde z.T. in Staatsgut verwandelt und an römische Bürger verpachtet. Aber während die kleinen Bauern in der kurzen Friedenszeit kaum den eigenen Hof instandsetzen konnten, vermehrten die römischen Patrizier ihren Besitz, den sie durch ihre Sklaven bewirtschaften ließen. Die Senatoren konnten außerdem als Offiziere und Militärbefehlshaber gewaltige Schätze erbeuten, während die einfachen Leute durch den Kriegsdienst fast nur Schaden erlitten: Ihre Felder verwahrlosten, die Handwerksbetriebe machten bankrott, das Familienleben wurde

*Verarmung der Bauern*

zerrüttet. Die verarmende Landbevölkerung sah oft den einzigen Ausweg in der Flucht in die Stadt. Aber nur wenige fanden dort das erhoffte bessere Leben. Es gab nicht genügend Verdienstmöglichkeiten. Die großen Gewerbebetriebe arbeiteten lieber mit Sklaven, die kaum Lohn erhielten und die jetzt billig zu haben waren. So lebten in Rom und den anderen Städten immer mehr Menschen, die ihre Landwirtschaft und ihren Beruf aufgegeben hatten: ein Proletariat, das keine solide Existenz mehr besaß und von der Hand in den Mund leben mußte.

(1) Erkläre, wie es zur „Landflucht" römischer Bauern kam.
(2) In den Städten vieler Entwicklungsländer gibt es heute wachsende Elendsviertel (sogenannte „Slums"). Was weißt du davon? Was könnte man aus der römischen Geschichte für dieses Problem lernen?

*Tiberius Gracchus*

133 v. Chr.

**Ein Volkstribun will helfen.** Tiberius Gracchus, ein Senatorensohn, erkannte die Lage und wollte die Mißstände beseitigen. Er ließ sich zum Volkstribun im Jahre 133 v. Chr. wählen und schlug ein Gesetz vor, daß ein Römer künftig höchstens 500 Morgen, für zwei Söhne weitere 500 Morgen (insgesamt also ca. 250 Hektar) vom Staatsland erhalten sollte. Das übrige Feld sollte an die besitzlosen Bürger verteilt werden. Mit mutigen Reden hatte er die römischen Bürger für seinen Plan begeistert; in der Volksversammlung rief er ihnen zu:

*Kritik an den Zuständen*

„Die wilden Tiere Italiens haben eine Höhle, ein Lager, einen Unterschlupf. Aber ihr Bürger, die ihr für Italien kämpft, habt nichts außer Licht und Luft. Ohne Haus, ohne Heimat irrt ihr mit Weib und Kind umher. Die Feldherrn lügen, wenn sie euch Soldaten auffordern, die Gräber der Ahnen zu verteidigen. Denn von so vielen Römern hat keiner mehr sein Vaterhaus und die Grabstätte seiner Vorfahren. Damit andere schwelgen und prassen können, vergießt ihr euer Blut, müßt ihr sterben. Ihr heißt Herren der Welt, und in Wahrheit gehört euch nicht eine einzige Erdscholle zu eigen!"

(Plutarch, Tiberius Gracchus, Kap. 9, nach: Plutarch, Römische Heldenleben, hrsg. von W. Ax, Kröner TB, Bd. 67, 1953; abgedruckt in: Materialien für den Geschichtsunterricht, Das Altertum a.a.O., S. 197)

*Kampf um mehr Gerechtigkeit*

**Warum ist die Reform gescheitert?** Der Amtskollege des Volkstribuns erhob Einspruch gegen den Gesetzesantrag. Wenn Tiberius Gracchus keinen Ausweg fand, mußte die ganze Reform scheitern. Er flehte den Kollegen an, den Einspruch zurückzunehmen. Vergebens. Nun rief Tiberius das Volk zusammen und verlangte, daß der andere Volkstribun abgesetzt werde, weil er gegen das Wohl des Volkes handle. Das war etwas völlig Neues und widersprach dem Herkommen. Aber die Volksversammlung folgte Tiberius, erklärte den Mann für abgesetzt und stimmte dem Ackergesetz zu. Eine Kommission wurde gebildet, die nun das Land verteilen sollte. Die neuen Siedler erhielten Geld aus dem Staatsschatz, damit sie ihre Höfe einrichten konnten. Aber noch bevor die Aktion recht in Gang gekommen war, ging die Amtszeit des Tiberius zu Ende. Was konnte er tun? Es galt als verboten, daß ein Mann zwei Jahre nacheinander dieses Amt verwalte. Er stellte sich trotzdem zur Wiederwahl.

*Widerstand des Senats*

Im Senat herrschte große Empörung. Viele unter den Senatoren stemmten sich gegen die ganze Reform. Die meisten wollten am Alten festhalten und sahen durch die Neuerungen des Volkstribuns die Ordnung des Staates gefährdet. Manche sagten, dieser Gracchus strebte nach der Alleinherrschaft. Als die Volksversammlung ohne Waffen, wie es die Vorschrift verlangte, zur Wahl der Tribunen zusammenkam, erschienen plötzlich die Senatoren. Was dann geschah, berichtet ein Schriftsteller aus dem Altertum folgendermaßen:

„Die Senatoren drängten fort, was ihnen in den Weg kam. Die Begleiter der Senatoren hatten schon Keulen und Stöcke mitgebracht, sie selbst aber ergriffen Bretter und Stuhlbeine der vom fliehenden Volk zerbrochenen Bänke und gingen geradewegs auf Tiberius los, indem sie auf die Leute, die vor ihm standen, wie wild dreinschlugen. So wurde die ganze Versammlung zum Fliehen gebracht und viele wurden getötet. Tiberius selbst ergriff die Flucht, strauchelte und wurde erschlagen. Von den andern wurden mehr als dreihundert mit Stöcken und Steinen totgeschlagen, keiner aber mit richtigen Waffen. Dies war nun, wie zuverlässig versichert wird, der erste Aufstand in Rom seit Bestehen der Republik, der durch Mord und Bürgerblut entschieden wurde. Alle anderen Konflikte hatte man immer durch gegenseitiges Nachgeben beizulegen gewußt."

*Gewaltsames Ende*

(Plutarch, Tiberius Gracchus, Kap. 19f., Übersetzung nach Reclam Ausgabe 2527/2528, S. 90f.)

(3) Nenne die Ziele und untersuche die Mittel des Tiberius Gracchus.
(4) Prüfe, ob ein Kompromiß möglich gewesen wäre. Stelle eine Regel auf, nach der man sich deiner Ansicht nach bei politischen Auseinandersetzungen verhalten sollte.

**Neue politische Kräfte.** Tiberius Gracchus und auch sein jüngerer Bruder, der 10 Jahre nach ihm eine ähnliche Politik versuchte, scheiterten. Die Ungerechtigkeiten blieben bestehen. Was für den Staat gut und notwendig sei, darüber standen sich von jetzt an in Rom zwei Auffassungen gegenüber. Die eine wurde von der „Senatspartei" vertreten und lautete: Wir müssen am Altbewährten festhalten; die Macht bleibt am besten in den Händen der Patrizier, denn sie allein können die Aufgaben meistern, sie haben Erfahrung und Überblick; das Volk braucht eine starke Führung. Die Anhänger der Gegenpartei nannten sich „Popularen" (von populus = das Volk). Sie hielten auch die Interessen des einfachen Volkes für berechtigt und waren für Reformen, für eine schrittweise Änderung der Verfassung. Die beiden Gruppen bildeten keine Parteien im modernen Sinn, sie dienten jedoch ehrgeizigen Männern dazu, eine breite Anhängerschaft zu gewinnen.

*Senatspartei und Popularen*

*Dieses Marmorrelief aus dem 1. Jh. v. Chr. zeigt römische Soldaten, die aus dem aktiven Dienst ausscheiden (vgl. S. 82). Der Schreiber links nimmt in einem Buch Eintragungen vor. Neben ihm ein Soldat, der bereits Zivilkleidung trägt. Zwei andere warten noch und sprechen miteinander.*

*Marius*
104 v. Chr.

Seitdem Rom eine Großmacht geworden war, hing der politische Aufstieg eines einzelnen weniger von seinen Leistungen zuhause, in der Verwaltung und im politischen Alltag ab, sondern vom Erfolg an der Front. So erreichte z. B. Marius, ein Mann einfacher Herkunft, der sich als Offizier emporgedient und seine Soldaten zum Sieg geführt hatte, die Gunst der Wähler und wurde mehrmals Konsul (104–100 v. Chr.). Als gelernter Soldat hatte er auch erkannt, daß sich das römische Heer nicht mehr allein auf das Aufgebot wehrpflichtiger Bauern beschränken konnte, zumal die Zahl freier Bauern schrumpfte (vgl. S. 79). Deshalb stellte er neben den Wehrpflichtigen auch Freiwillige ein: Proletarier aus den Armenvierteln der Stadt. Sie wurden Berufssoldaten; der Staat zahlte ihnen Sold und mußte auch für ihre Ausrüstung aufkommen. Auf diese Weise war aus dem Bürgerheer eine Berufsarmee geworden, die freilich noch immer aus römischen Bürgern in Uniform bestand. Allerdings galt die Treue dieser Soldaten mehr ihren Feldherrn als der Republik. Die Feldherrn sahen in ihren Soldaten „Klienten" (vgl. S. 74), die sie versorgten und die ihnen zur politischen Macht verhalfen.

*Der Feldherr Pompeius*

**Pompeius und Caesar.** Ein besonders erfolgreicher Feldherr war Gnaeus Pompeius. Als er im Jahre 61 v. Chr. nach einem langjährigen Krieg aus Asien heimkehrte, bereitete ihm die Hauptstadt einen Triumphzug, wie ihn die Welt bis dahin nicht gesehen hatte. Auf großen Schildern standen die Gebiete, in denen Pompeius seine Siege errungen hatte. Es waren 15 an der Zahl, darunter Armenien, Syrien, Palästina, Arabien und Pontus am Schwarzen Meer. Die römische Macht reichte jetzt bis zum Kaukasus. Außerdem hatte Pompeius das ganze Mittelmeergebiet von der Seeräuberplage befreit, an allen Küsten die Raubnester und Schlupfwinkel der Piraten zerstört und ihre Schiffe versenkt oder erbeutet. Die Goldschätze, die Pompeius mitbrachte und der römischen Staatskasse ablieferte, waren allein schon 20 000 Talente (mehrere Milliarden DM) wert. Er selbst besaß riesige Landgüter, zahlreiche Villen mit prachtvollen Kunstschätzen, die er aus Griechenland mitgeschleppt hatte, eine unermeßliche Zahl von Sklaven – und dazu die Treue seiner Soldaten, die er zum Sieg geführt hatte. Die Gunst des Volkes, das ihn bewunderte, war ihm gewiß.

*Julius Caesar*

Nur einer wagte es, mit Pompeius zu konkurrieren: der junge Gaius Julius Caesar. Aber zunächst schloß er mit Pompeius und einem Dritten, dem schwerreichen Crassus, ein Bündnis. Zu dritt beherrschten sie den Staat und ließen dem Senat kaum noch Einfluß. Während Caesar Gallien, das heutige Frankreich, für das Römische Reich eroberte, starb Crassus auf einem Feldzug, und Pompeius trennte sich von Caesar, um sich der Senatspartei anzuschließen. Die Parteigegensätze spitzten sich zu. In einem Brief schildert Cicero, ein Freund der Senatspartei, mit welchen Mitteln man sich bekämpfte:

*Haß zwischen den Parteien*

„Vor acht Tagen verteidigte Pompeius den Milo [einen angeklagten ehemaligen Provinzstatthalter] vor dem Volksgericht, oder richtiger gesagt, er wollte ihn verteidigen. Denn kaum hatte er sich erhoben, begannen die Handlanger des Clodius [Führer der „Popularen"] zu lärmen, ihn zu beschimpfen und zu stören. Als er geendet hatte, erhob sich Clodius. Unsere Leute zahlten mit gleicher Münze heim, daß er ganz den Faden, die Sprache und auch die Farbe verlor. Das dauerte mehrere Stunden, wobei Clodius die wüstesten Schimpfworte und Spottverse zu hören bekam. Blaß vor Wut überbrüllte er schließlich das Geschrei ringsum mit der Frage an seine Leute: Wer läßt denn die Bürger vor Hunger verenden? – Pompeius, schrie darauf der ganze Haufen. Als er mit derartigen Reden die Menge immer weiter aufgehetzt hatte, begannen schließlich seine Anhänger, die Männer der Senatspartei anzuspucken. Diese aber fielen über sie her. Die Burschen des Clodius gaben Fersengeld. Er selber wurde von der Rednertribüne gejagt. Auch ich machte mich davon, um dem Getümmel zu entgehen."

(Brief Ciceros an seinen Bruder Quintus vom 15. Februar 56 v. Chr.; entnommen aus: Bilder aus der Weltgeschichte, Heft 2: Rom. Diesterweg 7202, S. 47)

*Links: Porträtbüste des Pompeius (um 50 v. Chr.). – Rechts: Porträtbüste des Julius Caesar (um 20 v. Chr.).*

**Was bewirkte Caesars Alleinherrschaft?** Caesar entschloß sich schließlich, den Kampf um die Macht im Staat mit seinen Truppen zu entscheiden. Er marschierte mit einer Legion Soldaten gegen die Hauptstadt. Die meisten Senatoren flüchteten Hals über Kopf aus der Stadt, nicht einmal die Staatskasse nahmen sie mit. Caesar verfolgte sie, aber sie entkamen nach Griechenland. Dort gelang es dem Pompeius, ein neues starkes Heer aufzustellen. Im Jahre 48 v. Chr. kam es zur Entscheidungsschlacht. Caesar siegte über das Senatsheer. Pompeius floh nach Ägypten, wurde dort aber heimtückisch ermordet.

*Caesar wird Alleinherrscher*

Caesar überraschte die geschlagenen Gegner durch seine Milde. Er nahm keine Rache, er strafte nicht, sondern bot allen, die sich mit der neuen Lage abfinden wollten, die Versöhnung an.

*Grundlagen der Macht*

Nun ließ sich Caesar von Senat und Volk zum Konsul für viele Jahre und zum Diktator auf Lebenszeit ernennen. Zugleich durfte er sich Imperator nennen, womit ausgedrückt war, daß ihm der Oberbefehl über sämtliche Truppen zustand. Um sicher zu gehen, erwarb er das Recht auf Unverletzlichkeit seiner Person wie ein Volkstribun. Sein Geburtstag wurde als römischer Nationalfeiertag begangen, und von manchen empfing Caesar geradezu göttliche Ehren. Die Republik blieb nur noch dem Schein nach erhalten. In Wirklichkeit regierte Caesar, wie Cicero schrieb, als König in allem, nur daß ihm der Titel fehlte.

Als Alleinherrscher beseitigte Caesar in kurzer Zeit viele Mißstände durch Reformen. Doch viele Senatoren wollten nicht hinnehmen, daß er alle Entscheidungen allein mit seinen persönlichen Ratgebern traf und den Senat nur noch um die nachträgliche Zustimmung bat, damit der Schein gewahrt werde. Sie bildeten eine Verschwörung gegen den allzu mächtigen Mann und erdolchten den Diktator an den „Iden des März" (15. März) des Jahres 44 v. Chr. mitten in einer Senatssitzung.

*Caesars Ermordung*
**44 v. Chr.**

(5) Caesar scheint gute und schlechte Eigenschaften gehabt zu haben. Zähle einige auf und versuche, den Mann zu beurteilen.
(6) Schreib auf, welche politischen Grundsätze die „Senatspartei" hatte.
(7) Vergleiche die Rolle des Volkes in den Machtkämpfen zwischen Pompeius und Caesar mit dem, was das Volk in einer demokratischen Ordnung tun kann.

*Aufstieg Oktavians*

**Die Erben Caesars.** Die Verschwörer hatten geglaubt, daß nach der Ermordung Caesars die alte Freiheit sich von allein wieder einstellen werde. Aber statt dessen herrschten nur Aufruhr und Ratlosigkeit. Die Gegensätze verschärften sich noch mehr. Aus dem Streit der Männer, die jetzt nach der Macht strebten, ging schließlich Oktavian als Sieger hervor, ein Adoptivsohn Caesars, dem dieser sein ganzes Vermögen vermacht hatte. Oktavian schildert seinen Sieg selbst mit folgenden Worten:

„Im Alter von 19 Jahren brachte ich aus eigenem Entschluß und mit eigenen Mitteln ein Heer auf, mit dessen Hilfe ich den unterdrückten Staat von der Gewaltherrschaft einer Partei in die Freiheit versetzte... Der Senat gab mir den militärischen Oberbefehl und hieß mich zusammen mit den Konsuln dafür Sorge zu tragen, daß der Staat keinen Schaden erleide. Das Volk aber wählte mich im selben Jahr, da beide Konsuln im Kriege gefallen waren, zum Konsul, damit ich den Staat ordne. Die Mörder meines Vaters trieb ich in die Verbannung, nachdem ich ihre Untat durch gesetzmäßige Urteilssprüche geahndet hatte ..."

(Aus: Augustus, Tatenbericht. Zitiert nach: Historisch-politisches Quellenbuch, Bd. 1, Diesterweg 7376, S. 113f.)

*Alle Macht in einer Hand*

In Wirklichkeit hatte Oktavian kein Mittel gescheut, um an die Macht zu kommen. Zusammen mit zwei Männern, mit denen er sich zunächst verbündet hatte, stellte er eine Liste all derer auf, die zu beseitigen waren: politische Gegner, persönliche Feinde, reiche Leute, deren Vermögen er auf diese Weise an sich bringen wollte. Ungefähr 300 Senatoren und gut 2000 Leute aus den gehobenen Schichten wurden beseitigt. Dann entledigte sich Oktavian seiner beiden Bundesgenossen und wurde Alleinherrscher.

(8) Welchen Angaben im „Tatenbericht" des Augustus muß man mißtrauen? Warum?
(9) Zeitgenössische Berichte („Quellen") enthalten nicht nur die Wahrheit. Man sollte immer prüfen: Für wen ist der Bericht geschrieben? Was ist mit ihm beabsichtigt? Wende diese Fragen auf andere „Quellen" in diesem Buch an, z.B. S. 47, 82.

**Kaiser Augustus: der „Erste Bürger" oder der „starke Mann" im Staat?** Nach seinem Sieg über Antonius, den gefährlichsten Rivalen, im Jahr 31 v. Chr. gelang es Oktavian, den römischen Staat allmählich zur Ruhe zu bringen. Die Parteien waren von den langen Bürgerkriegen zermürbt, das Volk war der Auseinandersetzungen überdrüssig, man wollte nur Frieden. Der Mann, der – wie man glaubte – allein imstande war, diesen Frieden zu geben und ihn zu erhalten, war Oktavian. Er trat vor den Senat mit den Worten: „Die Zeit der Gewalt ist vorbei. Nun herrscht wieder Frieden. Ich gebe meine außerordentliche Amtsgewalt dem Senat und dem Volk zurück." Doch der Senat – und damit hatte Oktavian gerechnet – konnte nicht anders, als ihn zu bitten, die Verantwortung für den Staat erneut auf sich zu nehmen.

*Kaiser Augustus als Feldherr, eine 2 m hohe Marmorstatue, die in Primaporta bei Rom gefunden wurde.*

Wie Caesar erhielt er jetzt fast alle führenden Ämter zugleich übertragen, und zwar auf Lebenszeit. Man verlieh ihm den Titel ,,Imperator", d.h. oberster Befehlshaber, und ehrte ihn mit dem Beinamen ,,Augustus", d.h. ,,Mehrer des Reiches". Zusammen mit dem Namen Caesar, den Oktavian als Erbe des Julius Caesar trug, hieß er jetzt ,,Imperator Caesar Augustus". Diese drei Bezeichnungen erhielten in der folgenden Zeit alle die Bedeutung von ,,Kaiser". Niemals ließ sich Augustus ,,König" nennen. Er wollte nur als der ,,Erste Bürger" des Staates gelten, denn er wußte, daß ihm Würde und Ansehen mehr Macht verliehen als Titel und Ämter. Seine Autorität hatte keine Grenzen. Augustus ließ zwar die Leute glauben, daß Senat und Volk noch immer die Herren von Rom seien, die über Gesetze bestimmten und die hohen Beamten wählten. Nur – die äußere Form täuschte. Denn Augustus bestimmte, wer dem Senat angehörte, und er bestimmte auch, wer für eine Beamtenstelle in Frage kam und welche Gesetze zur Abstimmung vorgelegt wurden. Niemand konnte etwas gegen den Willen des Kaisers tun.

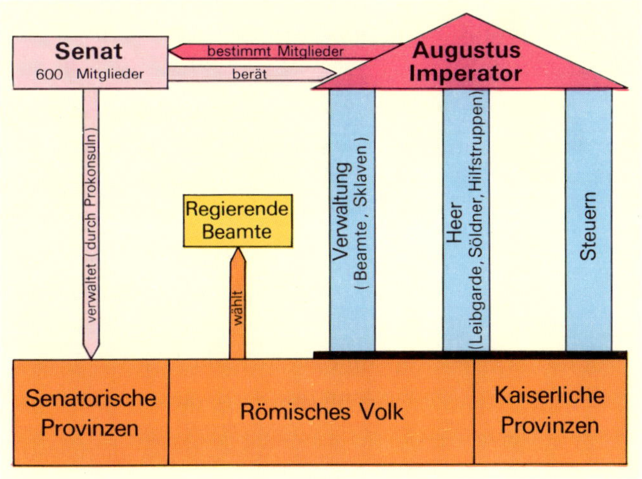


*Die Prinzipatsverfassung (von lat. ,,princeps" = erster). Sie wurde durch Augustus geschaffen. Auf welchen Säulen steht die Macht des ,,Ersten Mannes", d.h. des Kaisers? Warum fehlen dem Senat und den ,,Regierenden Beamten" diese Säulen?*

*Augustus*
31 v. Chr.-14 n. Chr.

**Grundlagen der kaiserlichen Macht.** Die Macht des Kaisers hatte drei Grundlagen:

*Das Heer dient dem Kaiser*

Dem Kaiser unterstand das gesamte römische Heer. Die Soldaten und Offiziere erhielten von ihm Befehle und Auszeichnungen, Sold und Beförderung. Sie standen zuverlässig auf seiner Seite.

*Gunst des Volkes*

Das Volk verdankte dem Kaiser Frieden und Ordnung. Er allein konnte gesicherte Grenzen und einheitliches Recht im ganzen Reich garantieren. Die Armen versorgte er mit kostenlosem Getreide. Die Städte, vor allem Rom selbst, erhielten durch öffentliche Bauwerke ein neues Gesicht. So sicherte sich der Kaiser die Gunst des Volkes.

*Herr über die Finanzen*

Das ganze Finanzwesen des Staates war dem Kaiser anvertraut. Er setzte die Steuern fest, überwachte die Einnahmen und ließ die staatlichen Gelder durch geschulte Beamte verwalten. Sein eigenes Vermögen war so unermeßlich, daß er freiwillig große Zuschüsse in die Staatskasse zahlte.

*Soldatenkaiser*

Die Nachfolger des Augustus zeigten sich nicht alle so geschickt und maßvoll im Gebrauch der Macht wie der erste Kaiser. Es kam häufig vor, daß sie sich nur mit Hilfe von Waffengewalt durchsetzen konnten. So erlangte das Heer im Staat eine überragende Stellung. Und als das Reich auch an seinen Grenzen gefährlich bedroht wurde und sein Schicksal ganz vom Heer abhing, beherrschte das Militär fast allein die Politik. Rücksichtslos wurden Kaiser, die den Soldaten nicht paßten, gestürzt, viele ermordet. Die ,,Soldatenkaiser" stützten sich ganz auf die bewaffnete Macht. Ihr Titel ,,Feldherr und Herrscher" ließ deutlich erkennen, daß sie auf Volk und Senat keine Rücksicht mehr nahmen. So war aus der römischen Republik eine Militärmonarchie geworden, ein Kaisertum in der Hand des jeweils mächtigsten Generals.

(10) Die Autorität des Augustus war größer als die gesetzlichen Machtmittel, die er besaß. Wie ist das zu erklären? Vergleiche mit dem Senat in der Zeit der Republik!
(11) Augustus nannte sich ,,Erster Bürger", die Soldatenkaiser tragen den Titel ,,Feldherr und Herrscher". Vergleiche und versuche daraus die Entwicklung des Kaisertums zu kennzeichnen.

## 4.3. Das römische Kaiserreich

*Größe des Römischen Reiches*

**Die Größe des Reiches.** Unter Trajan, einem der Nachfolger des Kaisers Augustus, erreichte das Römische Reich seine größte Ausdehnung. Alles, was rund um das Mittelmeer lag, gehörte dazu: von Portugal über Nordafrika nach Ägypten, Palästina und Syrien, ganz Kleinasien, Griechenland, der gesamte Balkan, das Schwarze Meer, aber auch die Gebiete an Donau und Rhein, das heutige Frankreich und sogar ein Teil Britanniens; das alles war römisch geworden. In allen Teilen dieses Reiches standen römische Soldaten, galt römisches Recht, wurde mit römischen Münzen bezahlt und wurden römische Götter verehrt, überall konnte man sich mit Latein oder Griechisch, den beiden Hauptsprachen des Reiches, verständigen. Im ganzen Reich unterstanden die Menschen den Befehlen des Kaisers und seiner Beamten. Man schätzt, daß mindestens 50–70 Millionen Menschen in diesem Reich lebten, die Hälfte davon in Europa, die übrigen in Nordafrika und im Nahen Osten. Viele Jahrhunderte lang blieb dieses Reich bestehen; wahrhaftig ein Weltreich an Größe und Dauer.

*Milizheer*

**Von der Bürgermiliz zur Berufsarmee.** Die Ausbreitung der römischen Herrschaft war vor allem das Werk der Soldaten und Offiziere. Das Heer, mit dem Rom die Welt eroberte, bestand bis zur Reform des Marius (vgl. S. 82) nur aus Bürgern, die jeweils zu Kriegszeiten einberufen wurden. Jeder dieser Bauern-Soldaten hatte für seine Ausrüstung selbst aufzukommen. Die reichen Bürger kämpften daher in der Reiterei und bei den Schwerbewaffneten; die ärmeren Leute dienten als Leichtbewaffnete und bei der Marine. Die Offiziersstellen blieben dem Adel vorbehalten. Von einem einfachen römischen Bürger erfahren wir:

*Ein Soldatenleben*

„Zweiundzwanzig Dienstjahre habe ich im Heer zugebracht und bin über 50 Jahre alt. Jetzt wäre es nicht mehr als gerecht, mich zu entlassen, zumal ich vier Söhne als Ersatz für mich stellen kann . . . Ich selber werde allerdings, solange mich auch nur einer, der ein Heer aushebt, für tauglich hält, niemals von einer Entschuldigung Gebrauch machen; welchen Dienstrang mir die Offiziere zuweisen, ist ihre Sache; keiner wird mich im Heer an Tapferkeit übertreffen, dafür werde ich sorgen."

(Livius, Römische Geschichte 45,35, abgedruckt in: Geschichte in Quellen, a.a.O., S. 449)

*Aufbau des Heeres*

Die Soldaten wurden in 4 Legionen eingeteilt; das waren Abteilungen von 3000 Vollbewaffneten, 1200 Leichtbewaffneten und 300 Reitern. Sie wurden von einem Konsul oder seinem Vertreter angeführt. Das Fußvolk kämpfte – in mehrere Reihen gestaffelt – mit Wurf- oder Stechspieß, geschützt durch einen Schild aus Holz und Leder. Später, als das Reich immer größer wurde, mußten die Römer ihr Heer erweitern. Marius stellte außer den Wehrpflichtigen auch Freiwillige ein, Berufssoldaten mit einer Dienstzeit von 20 Jahren (vgl. S. 82). Sie wurden nun einheitlich bewaffnet (mit Helm und Panzer, einem länglichen Schild, einem kurzen Schwert und dem Wurfspeer), erhielten regelmäßigen Sold und, wenn sie ausgedient hatten, ein kleines Landgut als Lebensunterhalt. Die Stärke der Truppen wuchs ständig, und man verzichtete allmählich ganz auf die Wehrpflicht. Augustus befehligte 25 Legionen und hatte mit den Hilfstruppen zusammen ein „stehendes Heer" von rund 300 000 Berufssoldaten einsatzbereit.

*Stehendes Heer*

(1) Wie ist die Einstellung des römischen Soldaten zu beurteilen?
(2) Untersuche die Rolle der Bauern-Soldaten im römischen Staat. Berücksichtige dabei auch den Abschnitt „Ungerechte Verhältnisse" S. 79f.

**Die Grenzen der Herrschaft.** Feindlichen Heeren waren die römischen Legionen meist überlegen. Man fürchtete und bewunderte ihre Schlachtordnung, das Können

*Rechts: Ausdehnung der römischen Herrschaft*

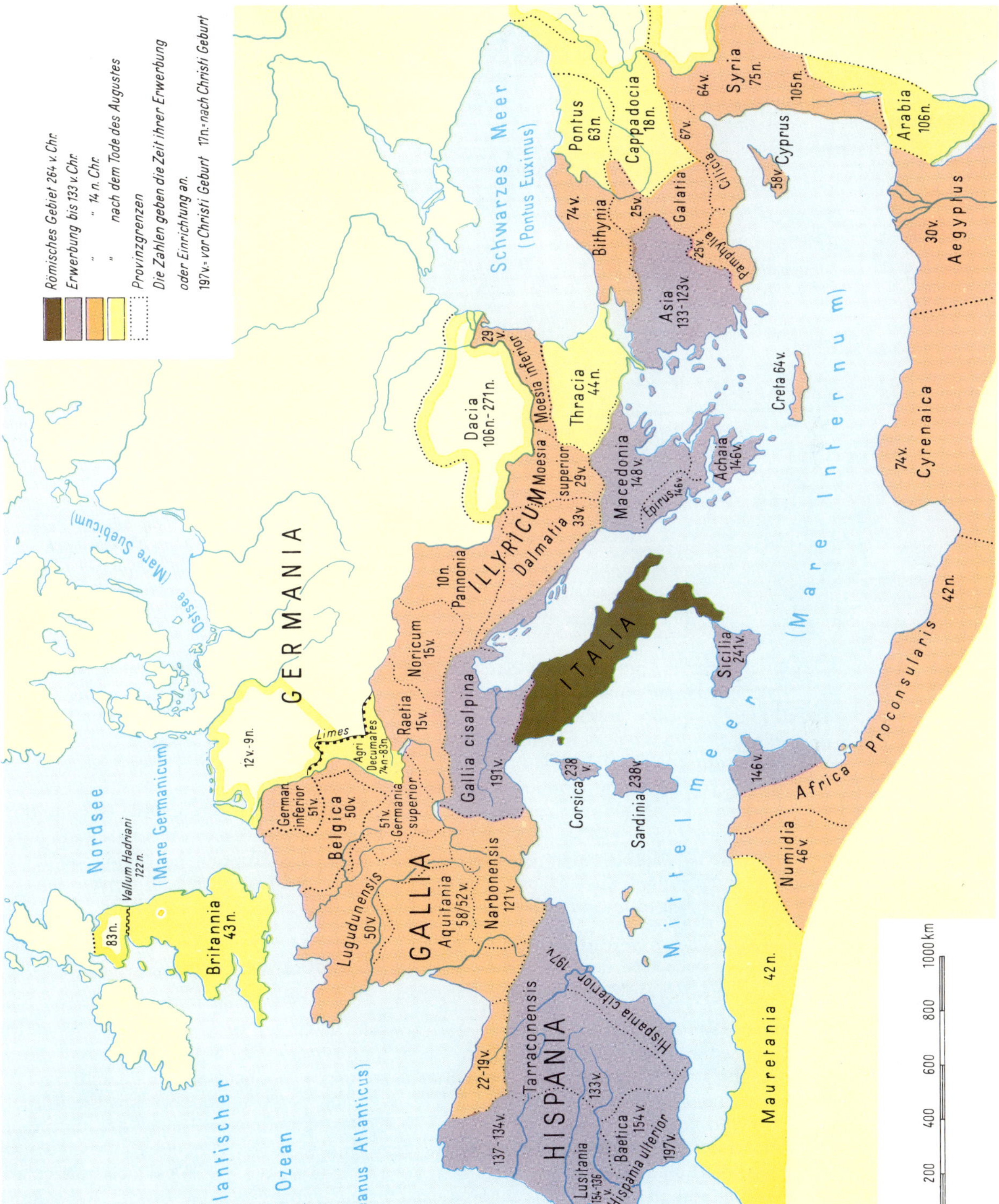
Römisches Gebiet 264 v. Chr.
Erwerbung bis 133 v. Chr.
" " 14 n. Chr.
" nach dem Tode des Augustus
Provinzgrenzen
Die Zahlen geben die Zeit ihrer Erwerbung oder Einrichtung an.
197v.= vor Christi Geburt 17n.= nach Christi Geburt
GERMANIA
Ostsee (Mare Suebicum)
Nordsee (Mare Germanicum)
Atlantischer Ozean (Oceanus Atlanticus)
Schwarzes Meer (Pontus Euxinus)
Mittelmeer (Mare Internum)
Vallum Hadriani 122 n.
83n.
Britannia 43n.
12v.-9n.
Limes
Agri Decumates 74n-83n.
German inferior 51v.
Belgica 50v.
Germania superior 51v.
GALLIA
Lugudunensis 50v.
Aquitania 58/52v.
Narbonensis 121v.
HISPANIA
Tarraconensis
Hispania citerior 197v.
22-19v.
137-134v.
133v.
Lusitania 154-136v.
Baetica 154v.
Hispania ulterior 197v.
Raetia 15v.
Noricum 15v.
Pannonia 10n.
ILLYRICUM
Dalmatia 33v.
Gallia cisalpina 191v.
ITALIA
Corsica 238v.
Sardinia 238v.
Sicilia 241v.
Dacia 106n.-271n.
Moesia superior 29v.
Moesia inferior 29v.
Thracia 44n.
Macedonia 148v.
Epirus 146v.
Achaia 146v.
Creta 64v.
Asia 133-123v.
Bithynia 74v.
Pontus 63n.
Cappadocia 18n.
Galatia 25v.
Pamphylia 25v.
Cilicia 67v.
Cyprus 58v.
Syria 64v. 75n.
105n.
Arabia 106n.
Aegyptus 30v.
Cyrenaica 74v.
Africa Proconsularis 146v.
42n.
Numidia 46v.
Mauretania 42n.
0 200 400 600 800 1000 km

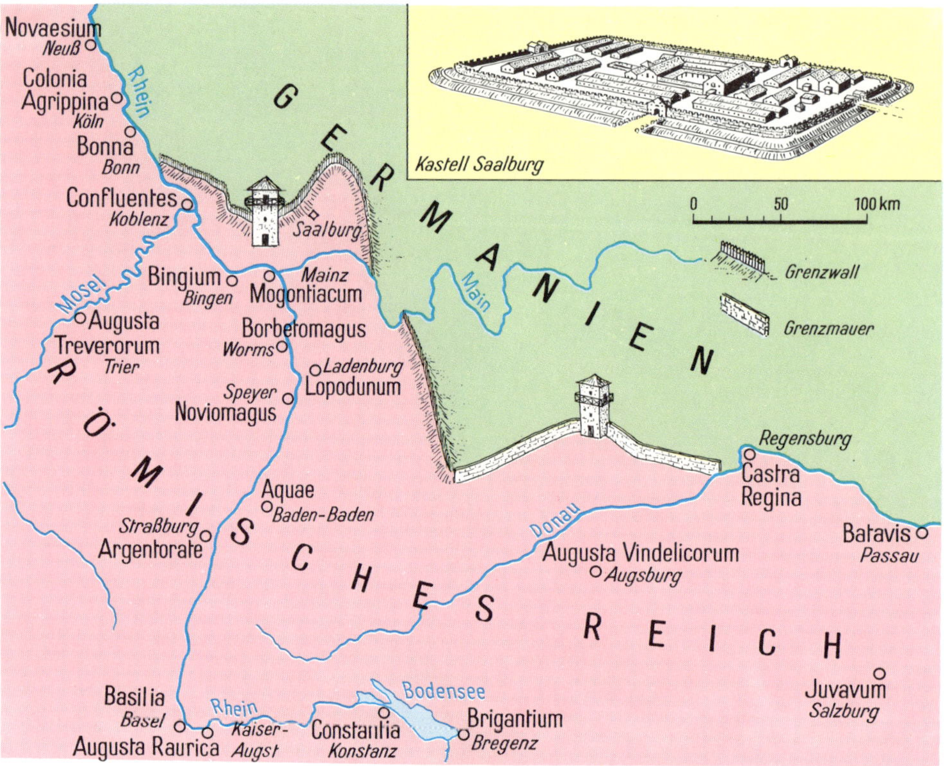


*Links: Römer in Germanien; Verlauf des Limes.*

*Rechts: Römische Postkutsche. Vermutlich vom Grabstein des Stadtpostmeisters der römischen Provinzstadt Virunum (bei Klagenfurt). Die Darstellung ist ein Zeugnis für die Verkehrsentwicklung im Römischen Reich. Beschreibe die Konstruktion des Wagens, soweit sie zu erkennen ist.*

*Niederlage im Teutoburger Wald* **9 n. Chr.**

*Limes*

ihrer Offiziere, die Disziplin der Soldaten und ihr technisches Geschick, wenn es galt, ein Lager aufzuschlagen, eine Brücke zu bauen oder eine Stadt zu belagern. Dennoch mußte schon Augustus darauf verzichten, Germanien zu erobern: Drei seiner besten Legionen wurden von germanischen Kriegern in einer Schlacht im Teutoburger Wald im Jahre 9 n. Chr. vernichtet. Schließlich betrachtete man in Rom die Flüsse Rhein und Donau als endgültige Grenzen im Norden des Reiches. Um die Grenzstrecke abzukürzen, besetzten die Römer die schwach besiedelten Gebiete des Schwarzwaldes, des Odenwaldes und des Taunus und sicherten dieses sogenannte „Zehntland" durch einen Grenzwall, den Limes. Die Truppen erhielten nun feste Standorte, legten Kastelle und Heerlager an. Aus den Legionslagern entstanden im Laufe der Zeit römische Städte wie z. B. Mainz, Straßburg, Köln, Augsburg.

(3) Erkläre den Ausdruck „stehendes Heer".
(4) Stelle nebeneinander: Veränderungen der politischen Ordnung in Rom – Veränderungen in der Zusammensetzung des römischen Heeres.

*Stellung der Provinzen*

**Wie wurde das Reich regiert?** Das römische Weltreich hatte nur eine Hauptstadt: Rom selbst. Hier allein gab es einen Senat, und hier residierte der Kaiser, hier waren die obersten Reichsbehörden, die Staatskasse, das höchste Gericht. Ursprünglich waren nur die Bewohner der Stadt und der nächsten Umgebung römische Bürger gewesen. Nach und nach erhielt die ganze Bevölkerung von Italien das römische Bürgerrecht. Die übrigen Teile des Reiches wurden lange Zeit als Untertanenland behandelt; man bildete Provinzen, d. h. Verwaltungsbezirke, die jeweils ein römischer Statthalter regierte und nicht selten rücksichtslos ausbeutete. Aber Caesar und Augustus beseitigten diese Mißstände allmählich, indem sie die Höhe der Steuern, die von

der Provinzbevölkerung aufzubringen waren, genau festsetzten: Im Durchschnitt 10% vom jährlichen Ertragswert des Grundbesitzes, 5% Erbschaftssteuer und 1% für die Freilassung eines Sklaven.

Kaiserliche Beamte zogen die Steuern ein. Die Statthalter bekamen ein festes, großzügig bemessenes Jahresgehalt, um sie vor der Versuchung zu schützen, sich bestechen zu lassen. Tatsächlich erlebten die Provinzen unter der Herrschaft der römischen Kaiser geordnete Zeiten. Recht und Sicherheit waren gewährleistet. Im Jahr 212 n. Chr. wurde allen Bewohnern des Reichsgebietes das römische Bürgerrecht verliehen.

*Römisches Bürgerrecht im ganzen Reich*
**212 n. Chr.**

**Handelsaustausch.** Ein gutes Verkehrsnetz entstand. Vorzügliche Straßen, gradlinig – notfalls durch künstliche Tunnels und über Brücken – geführt, solide gepflastert und mit Meilensteinen markiert, führten sternförmig von Rom in alle Teile des Reiches. Die staatliche Post brauchte von Rom bis nach Spanien nur 36 Stunden. Häfen wurden ausgebaut, ein reger Schiffsverkehr herrschte auf dem Mittelmeer. Der Handel konnte sich frei entfalten: Währung, Gewichte und Maße galten einheitlich im ganzen Reich. Zölle dienten für die Instandhaltung der Straßen und Brükken.

*Straßennetz*

Die Fabrikation von gewerblichen Waren wuchs an Menge und Qualität. In Italien wurden vor allem Keramik, Glas- und Metallwaren hergestellt, außerdem Wolle verarbeitet, die von den großen Landgütern geliefert wurde. Erzeugnisse der Landwirtschaft und Rohmaterialien kamen vorwiegend aus den Provinzen.

*Handelswaren*

„In den drei Häfen von Rom strömten die Güter der Welt zusammen: Ziegel und Ziegelsteine, Gemüse, Obst und Weine aus Italien; Getreide aus Ägypten und Afrika; Öl aus Spanien; Wild,

*Die Wirtschaft im Römischen Reich. Herkunft der Produkte.*

Holz und Wolle aus Gallien; Pökelfleisch aus Baetica [Landschaft in Spanien]; Datteln aus den Oasen; Marmor aus der Toskana, aus Griechenland und Numidien; Porphyr aus der Arabischen Wüste; Blei, Silber und Kupfer von der Iberischen Halbinsel; Elfenbein aus den Syrten [Buchten der nordafrikanischen Küste] und aus Mauretanien; Gold aus Dalmatien und Dakien; Zinn von den Kassiteriden [Inseln vor der Bretagne]; Bernstein aus den baltischen Ländern; Papyrus aus dem Niltal; Glasschätze aus Phönizien und Syrien; Stoffe aus dem Orient; Weihrauch aus Arabien; Gewürze, Korallen und Edelsteine aus Indien; Seide aus dem Fernen Orient."

(J. Carcopino, Rom. Leben und Kultur in der Kaiserzeit. Reclam, Stuttgart 1977, S. 247 f.

**Römische Lebensart breitet sich aus.** Den größten Vorteil zogen die Römer selbst aus dem Handel in ihrem Weltreich. Aber auch in den Provinzen steigerten sich Produktion und Verbrauch, und so nahmen ihre Bewohner Teil am wachsenden Wohlstand. Sie lernten durch römische Händler und durch Soldaten des römischen Heeres fremde Erzeugnisse und andere Lebensart kennen. Griechische und lateinische Sprache und Schrift, Kunst und Bildung konnten sich in allen Teilen des Reiches ausbreiten. Die römische Kultur wurde zum Vorbild auch der wenig entwickelten Völker im Reich.

*Einheitskultur*

Die Lebensbeschreibung eines römischen Statthalters, der in der Zeit von 77 bis 85 n. Chr. in Britannien war, schildert, auf welche Weise die Römer ihre Kultur weitergaben:

*Römische Zivilisation*

„Um die verstreuten, rohen und darum leicht zum Kriege geneigten Menschen durch Annehmlichkeiten an Ruhe und Muße zu gewöhnen, ermunterte er sie persönlich und unterstützte sie öffentlich, Tempel, Märkte, Häuser zu errichten, wobei er die Raschen lobte und die Trägen schalt; so war Wetteifer um die Ehre an die Stelle des Zwanges getreten. Dann ließ er die Söhne der Fürsten in den „freien Künsten" [d.h. den Unterrichtsfächern der höheren Schule] ausbilden ... so daß die, welche eben noch die römische Sprache abwiesen, jetzt danach strebten, sie möglichst gut zu beherrschen. In der Folge kam sogar im äußeren Auftreten römisches Wesen zu Ehren, und man sah häufig die Toga [die Kleidung der Römer]. Allmählich ließ man sich auch auf andere Dinge ein: Säulenhallen, Bäder und erlesene Festgelage ..."

(Tacitus, Agricola. Geschichte in Quellen, Bd. 1, a.a.O., S. 642)

*Römisches Selbstbewußtsein*

Angesichts ihrer Herrschaft über so weite Teile der Welt erfüllte die Römer ein stolzes Bewußtsein. Ein Dichter der Zeit des Augustus drückte dieses Bewußtsein mit folgenden Worten aus:

| | |
|---|---|
| Tu regere imperio<br>populos, Romane, memento<br>(hae tibi erunt artes),<br>pacique imponere morem,<br>parcere subjectis<br>et debellare superbos. | „Du Römer, wisse, dies ist dein Beruf:<br>Die Welt regiere, denn du bist ihr Herr.<br>Dem Frieden gib Gesittung und Gesetze.<br>Begnad'ge, die sich dir gehorsam fügen,<br>und brich in Kriegen der Rebellen Trotz!" |

(Vergil, Aeneis 6, 851 ff. Deutsche Übersetzung nach: Geschichte in Quellen, a.a.O., S. 587)

(5) Wodurch wollten die Kaiser die Ausbeutung der Provinzen durch römische Statthalter verhindern? Waren diese Maßnahmen der Kaiser zum Schutz der Provinzen ganz uneigennützig?
(6) Stelle auf der Karte S. 90 fest, welche Handelswege die verschiedenen Waren hatten.
(7) Die Römer nannten die Unterwerfung fremder Völker „Befriedung". Erkläre diesen Ausdruck mit Hilfe der beiden Quellentexte oben.
(8) Ursprünglich waren die Bewohner der römischen Provinzen rechtlose Untertanen. Was hat sich geändert?

## 4.4. Städtisches Leben in Rom

**Die Weltstadt.** Die Völker im Römischen Reich wurden angezogen vom Reichtum und Glanz der Hauptstadt. Rom hatte, so schätzt man, in der Kaiserzeit etwa eine Million Einwohner. Die „Stadt auf den sieben Hügeln" war längst eine Weltstadt geworden. Täglich kamen unzählige Besucher aus den Provinzen, um Geschäfte abzuschließen, um Geld auszugeben, um Verwandte oder Bekannte aufzusuchen, um die Sehenswürdigkeiten zu bewundern oder ganz einfach: um einmal dagewesen zu sein.

*Forum Romanum*

Auf dem Marktplatz der Stadt, dem Forum Romanum, trafen sich Menschen aller Rassen und Sprachen. Hier auf dem Forum wurde die Politik des Weltreiches gemacht. Hier lagen die Amtsräume der wichtigsten Behörden, hier versammelte sich der Senat, und hier fanden in aller Öffentlichkeit die Gerichtsverhandlungen statt. Hier blühten auch die Geldgeschäfte, hier wurden große Handelsverträge geschlossen. In den Markthallen des Forums konnte man kaufen und verkaufen, und es wimmelte von Müßiggängern, die auf Kosten der staatlichen Getreidespenden lebten; fast ein Fünftel der Bevölkerung Roms ließ sich vom Staat ernähren.

*Pantheon*

Besonders eindrucksvoll war der Blick vom Kapitol. Man sah – neben dem Forum mit seinen Tempeln und Hallen – weitere Marktplätze mit großartigen Gebäuden. Dem Kapitol gegenüber erblickte man Parkanlagen, an die sich das Häusermeer der Stadt anschloß, markiert von den verschiedenen Tempeln, z. B. dem Pantheon, einem Rundbau mit riesiger Kuppel (vgl. S. 108), und von dem mächtigen Amphitheater, dem Kolosseum (vgl. S. 100).

**Tempel und Götter.** Die vielen Tempel der Stadt zeugen vom religiösen Denken der Römer. Sie waren gewohnt, sowohl das Schicksal des einzelnen wie auch das Wohl

*Das Pantheon in Rom, ein „allen Göttern" geweihter Rundbau mit einer Säulenvorhalle. Die Kuppel dieses Tempels hat einen Durchmesser von 39,5 m; in ihrem Scheitel befindet sich eine 8 m weite Lichtöffnung. Wie die Inschrift über den Säulen sagt, hat „Marcus Agrippa, zum 3. Male Konsul, den Tempel erbaut". Agrippa war der Freund und Schwiegersohn des Augustus.*

*Religiöse Vorstellungen*

des Staates vom Willen der Götter herzuleiten. Sie erkannten göttliche Kräfte in allen Vorgängen der Natur und flehten zu Göttern um Gesundheit von Menschen und Vieh, um gutes Wetter und um Glück bei der Ernte; ebenso riefen die Römer die Götter an, wenn es um Krieg oder Frieden oder um einen Erfolg in der Schlacht ging. Besondere Priester, Auguren genannt, deuteten aus dem Vogelflug oder aus den Eingeweiden von Opfertieren den göttlichen Willen. Den Weisungen der Götter, wie sie aus dem Munde der Auguren kamen, folgten die Römer gehorsam. Sie empfanden Furcht vor den Göttern, nicht Demut. Wenn sie beteten oder ein Opfer darbrachten, waren sie überzeugt, daß ihre Götter das belohnen würden. Man dachte: Gebe ich Gott, so gibt er auch mir. Im Laufe der Zeit lernten die Römer auch griechische Gottheiten kennen, denen sie meist römische Namen gaben. In der Kaiserzeit verbreiteten sich verschiedene Religionen aus Ägypten und dem Orient, darunter der Glaube der Juden und das Christentum (vgl. S. 107 ff.), aber auch der Mithraskult und der Kult des „Sol invictus" (= unbesiegbarer Sonnengott). Die Sonne wurde zum Symbol des Reiches, und der Tag der Wintersonnwende, der 25. Dezember, zum Staatsfeiertag.

*Kaiserkult*

Daneben bestand der Kaiserkult. Seit 274 n. Chr. trugen die Kaiser den Titel „Herr und Gott"; sie verlangten Anbetung durch ihre Untertanen. Einzelne Kaiser versuchten, eine einheitliche Staatsreligion durchzusetzen; aber im Ganzen blieben die Römer für viele Religionen aufgeschlossen und tolerant.

*Weissagung aus den Eingeweiden eines Stieres (Relief von einem Kaiserforum in Rom, vgl. S. 91). Die Priester verkündeten je nach dem Aussehen der Eingeweide, besonders der Leber des Opfertieres, ob ein Vorhaben der Römer Glück oder Unheil bringen werde.*

*Paläste und Mietskasernen*

**Wie wohnte man in Rom?** Die reichen Grundbesitzer und Geschäftsleute, deren Villen außerhalb der Stadt lagen, hatten natürlich einen zweiten Wohnsitz in Rom selbst: Das waren Marmorpaläste mit Innenhöfen und Säulengängen, oftmals Schauplatz rauschender nächtlicher Feste.
Es wäre aber ein Irrtum anzunehmen, Rom habe nur aus Prachtbauten bestanden. Neben Häusern berühmter Männer und Familien standen die Gebäude, in denen die armen Leute, der weitaus größte Teil der römischen Bevölkerung, wohnten: große, schmucklose Häuser mit kleinen, unbequemen Mietwohnungen. Im tiefgelegenen Erdgeschoß der Mietshäuser, in der sogenannten „taberna", lagen die Werkstätten, Krämerläden und Kneipen.

*Ärmliche Räume*

„Fast immer befand sich in einem Winkel der taberna eine vier- oder fünfstufige Ziegel- oder Steintreppe, die durch eine Holzleiter verlängert wurde. Über sie erreichte man einen Hängeboden, dem ein einziges, längliches, mitten über der Tür eingeschnittenes Fenster Licht gab. In diesem Verschlag hatten die Ladeninhaber, die Lagerarbeiter, die Handwerker ihren privaten Wohnraum. Ob freie Arbeiter, ob Haussklaven, stets stand dem Inhaber einer taberna für sich und seine Angehörigen nur ein einziger Raum zur Verfügung. Sie arbeiteten, kochten, aßen, schliefen in einem Gedränge, das höchstens noch von dem Durcheinander bei den Mietern der obersten Stockwerke übertroffen werden konnte. Wahrscheinlich aber waren die Verhältnisse dort noch schlimmer . . ."

(J. Carcopino, Rom, a.a.O., S. 48)

*Rekonstruktion römischer Mietshäuser in der Hafenstadt Ostia.*

*Schmutzige Straßen*

„Den Stadtplan der riesigen Metropole konnte man nur im Kopf haben. Die meisten Straßen hatten keinen Namen, die Häuser sämtlich keine Nummern. Jeder Fremde erkannte bald die Unentbehrlichkeit eines Führers. Gehsteige fand der Fußgänger nur selten; das Leben drängte sich in schmalen Gassen, die – in Zeiten, da man Abfälle geradewegs und unbedenklich aus dem Fenster warf – mit allerlei Gefahren aufwarteten.
Ein nächtlicher Spaziergang durch die Stadt war ein recht gefahrvolles Abenteuer. Straßenlaternen gab es nicht. Die Wagen, die Fuhrwerke der Händler und die sonstigen sperrigen Fahrzeuge mühten sich nach Einbruch der Dunkelheit durch die engen Mauerschächte. Dirnen lagen auf der Lauer. Das Verbrechen wucherte. Der Vorsichtige blieb nachts zu Hause."

(Aus: M. Hadas, Römisches Reich. Das lateinische Jahrtausend. Rowohlt, Life 32, Hamburg 1972, S. 102 f.)

**Arbeit und Verdienst.** Rom war in noch größerem Maß als Athen vom Import abhängig. Drei Häfen besaß die Stadt, einer lag am Meer (Ostia), zwei lagen am Tiber. Auf Lastkarren wurden die schweren Waren in die Innenstadt gebracht. Tagsüber blieben die Straßen allerdings für alle Fahrzeuge gesperrt. Um so mehr waren sie von Fußgängern und Lastenträgern verstopft. Die reichen Herren ließen sich auf Sänften tragen, begleitet von einer Menge ihrer Klienten. Am Morgen und gegen Abend zogen fahrende Händler durch die Straßen. Sie verkauften, schreiend die Waren anpreisend, gebrauchte oder fabrikneue Artikel, die zum Teil aus den Werkstätten der Stadt kamen, in denen oft Hunderte von Arbeitssklaven beschäftigt waren. Viel zu tun hatten Bäcker, Metzger und Köche. Man aß mittags kaum zu Hause. In den Speiseküchen gab es Wurst und warmes Essen, auch Backwaren, besonders Erbskuchen, die im Straßenverkauf von Laufjungen angeboten wurden. Viele Schausteller zeigten an Straßenecken und kleinen Plätzen Zauberstückchen und fremdartige Tiere.

*Händler, Handwerker, Wirte u.a.*

Neben den vielen Handwerkern, Händlern und Arbeitssklaven lebten in Rom Tausende von Beamten, fest besoldete Schreiber, die in den verschiedenen Ämtern saßen, außerdem viele Grundeigentümer, die vom Ertrag ihrer Ländereien lebten, und schließlich bis zu 200000 Proletarier, die sich auf Staatskosten ernährten, d.h. einmal im Monat die Lebensmittel in Empfang nahmen, die ihnen auf Lebenszeit zugesichert waren.

*Proletarier*

**Erfolgreiche Geschäftsleute.** Einige Leute, die kein Risiko scheuten und das nötige Grundkapital aufbringen konnten, kamen in Rom zu großem Vermögen. Von seiner eigenen Karriere berichtet der ehemalige Sklave Trimalchio:

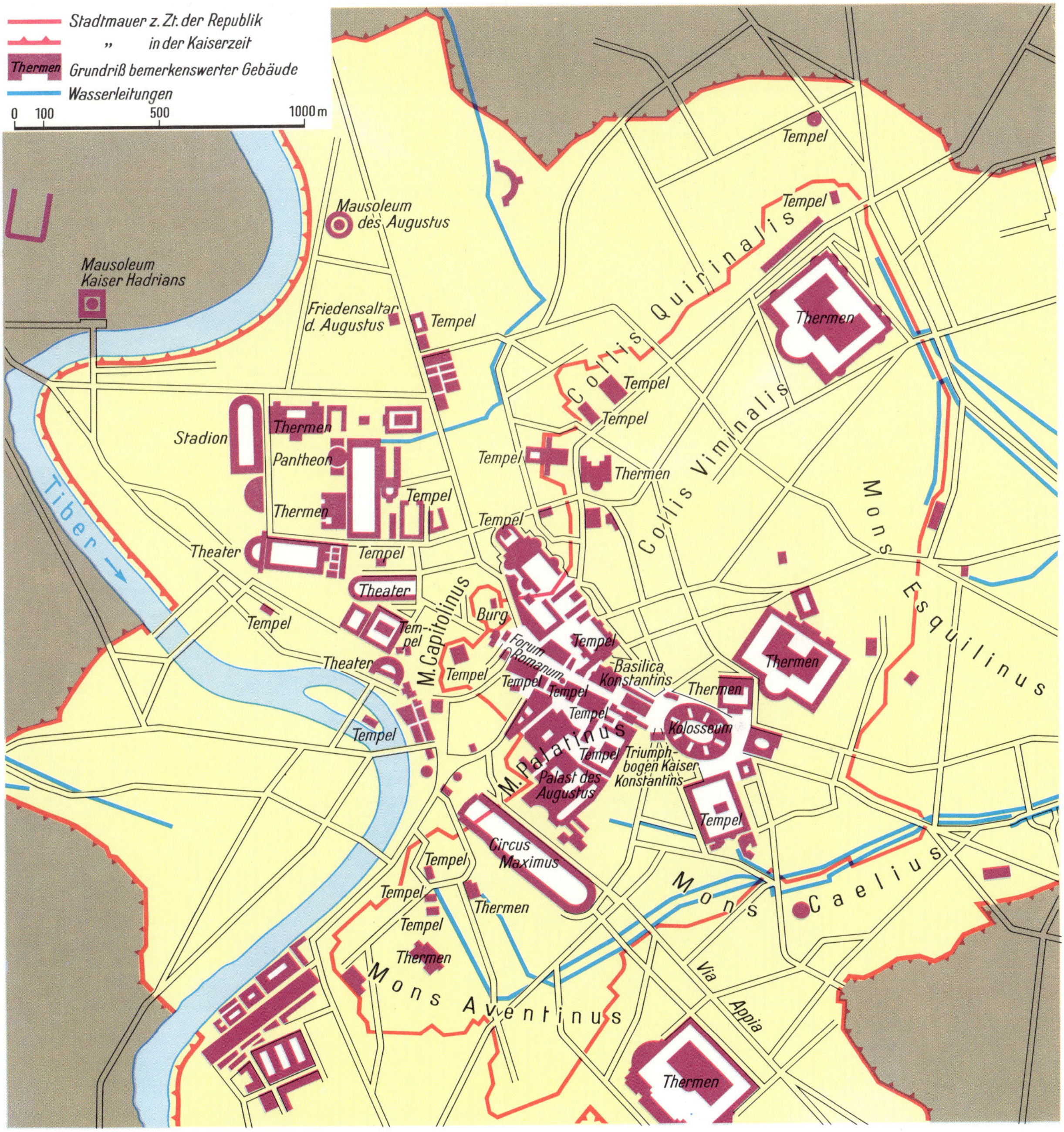


*Rom zur Kaiserzeit.*

*Nach den erhaltenen Ruinen und durch Ausgrabungen konnten die Wissenschaftler (Archäologen) ein Modell des kaiserlichen Roms rekonstruieren. Im Vordergrund der Circus Maximus, in dem vor allem die Wagenrennen (vgl. S. 100) stattfanden. Die Tribünen faßten 300 000 Zuschauer.*

*Geschäftemacher*

„Mich packte die Leidenschaft für Geschäfte. Ich will dich nicht lange aufhalten – ich ließ fünf Schiffe bauen und besorgte mir eine Ladung Wein, die damals ihr Gewicht in Gold wert war, und schickte sie nach Rom. Du wirst vielleicht glauben, es sei eine abgekartete Sache gewesen: Alle fünf gingen unter, das ist wahr und nicht gelogen. An einem einzigen Tag hat Neptun [der Meeresgott] dreißig Millionen verschlungen. Glaubst du, ich hätte den Mut verloren? Du lieber Gott, nein, ich fühlte den Verlust nicht stärker, als ob sich gar nichts ereignet hätte. Ich ließ neue Schiffe bauen, größere, bessere und kostspieligere, damit niemand behaupten könne, ich sei kein mutiger Mann. Du mußt wissen, die Größe des Schiffes bringt eine gewisse Sicherheit mit

*Hinter dem Circus Maximus der Kaiserpalast, links oben das Kapitol. In der rechten Bildhälfte ist der mächtige Bau des Kolosseums zu erkennen (vgl. S. 91).*

sich. Ich besorgte mir abermals eine Ladung Wein, Speck, Bohnen, Parfüme und Sklaven. Damals hat mein Weib Fortunata sehr edelmütig gehandelt. Sie verkaufte ihren ganzen Schmuck und alle ihre Gewänder und legte mir hundert Goldstücke in die Hand. Sie waren der Grundstock meines Vermögens. Was Gott wünscht, trifft schnell ein. Ich verdiente mit dieser Reise runde zehn Millionen. Sogleich kaufte ich alle Ländereien auf, die meinem Herrn gehört hatten. Ich ließ ein Haus bauen und kaufte Sklaven und Vieh: Was ich auch anrührte, wuchs wie eine Honigwabe . . ."

(Aus: Petronius, Leben des Trimalchio. Abgedruckt in: M. Grant: Rom. Kindler Verlag, Zürich 1960, S. 112 f.)

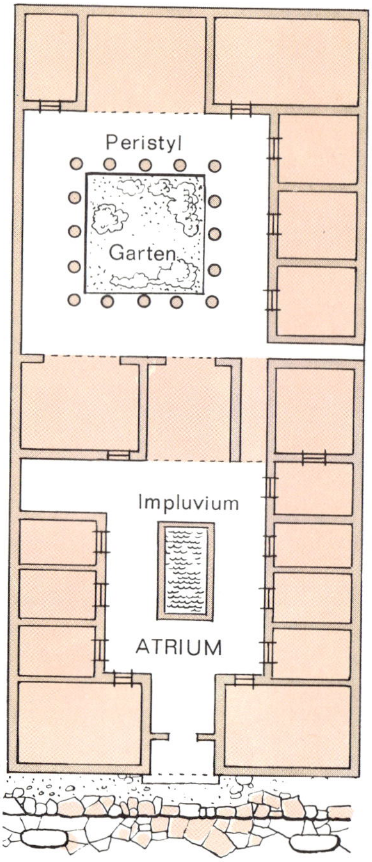


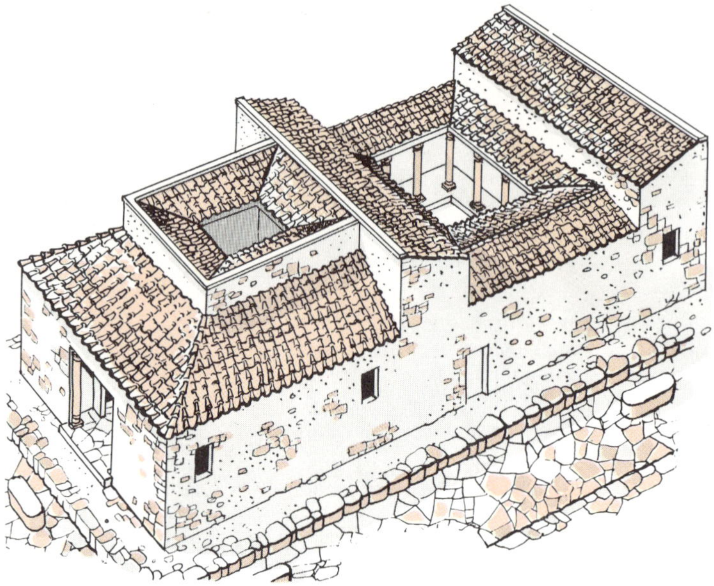

*Das römische Haus. Grundriß und Rekonstruktion nach dem Vorbild zahlreicher in Pompeji ausgegrabener Häuser. Während die meisten Römer in einfacheren Verhältnissen wohnten (vgl. S. 93), besaßen die wohlhabenden Leute Häuser, die sozusagen aus zwei Teilen bestanden: dem Atriumteil und dem Peristyl mit den umliegenden Räumen. Im vorderen Teil befanden sich Geschäftsräume und Zimmer für das Personal. Zwischen Atrium und Peristyl lag die Empfangshalle. In den hinteren Räumen spielte sich das Privatleben ab. Da die Häuser mehr gegen die Hitze als gegen Kälte schützen sollten, gab es keine Heizung.*

(1) Rom – eine Stadt der Gegensätze. Worin bestanden sie?
(2) Zähle einzelne Gebäude auf, die du auf dem Stadtplan S. 95 bzw. 96/97 erkennen kannst, und beschreibe, wozu sie dienten.
(3) Nenne einzelne Gründe und Motive, die so viele Menschen veranlaßt haben,
a) das Rom der Kaiserzeit zu besuchen,
b) im damaligen Rom zu leben.
(4) Prüfe, ob die Angaben des Trimalchio wörtlich zu nehmen sind. Was kann man aus seinem Bericht alles erfahren?

*Wasserleitungen*

**Wasserleitungen, Bäder und Sportanlagen.** Eine besondere Anstrengung war nötig, um die Millionenstadt mit Wasser zu versorgen. Im Jahre 300 v. Chr. war die erste staatliche Wasserleitung von Rom entstanden. Von verschiedenen Quellhäusern, wo das Wasser gesammelt wurde, floß es jetzt über große Strecken, z. T. bis zu 100 km, in insgesamt 19 Wasserleitungen in die Stadt, zu den öffentlichen Brunnen und Bädern und in die Häuser der Vornehmen. Die Leitungen verliefen teils unterirdisch, teils in kunstvollen Bauten über der Erde, in Röhren aus Blei, Holz oder Ton, aber auch in Kanälen aus Stein, die mit einem Kalkbewurf abgedichtet waren. Es gibt Wasserleitungen aus der Kaiserzeit, die noch heute benutzt werden. Ebenso ist ein Teil der alten Kanalisation der Stadt noch intakt.

*Öffentliche Bäder*

Den höchsten Wasserverbrauch hatten die öffentlichen Bäder, die „Thermen" der Stadt, die von mehreren Kaisern zum Wohl der Bürger errichtet wurden. Insgesamt hatte Rom einige hundert Badeanstalten. Die größten Anlagen enthielten nicht nur Heißluftbäder und Schwimmbassins, sondern auch Gärten mit Spazierwegen und Sportplätzen, Turnsäle, Massageräume, Bibliotheken, Ausstellungshallen, Läden und Verkaufsstände. Am Eingang waren die Umkleideräume, dann folgte eine gewölbte Halle, in der im Winter eine behagliche Wärme herrschte, während es im Sommer angenehm kühl blieb. Auf der einen Seite gelangte man zum großen Schwimmbassin, auf der anderen zum Warmwasserbad, wo auch die Einzelkabinen mit Wannen- und Schwitzbädern lagen. Alle Räume hatten eine vorzügliche Fußbodenheizung. An die Bäder schlossen sich Hallen und offene Plätze für Sport, Unterhaltung und Spiel an. Man sah darin Männer und Frauen beim Wurf- oder Schlagballspiel, beim Wettlauf oder beim Spiel mit Reifen und Hanteln. Der Ringkampf zählte zu den beliebtesten Sportarten, und die Römer machten es wie früher die Griechen: sie fetteten den Körper mit Öl ein, das man nach dem Sport zugleich mit dem Schmutz und Schweiß abschaben konnte.

*Sportanlagen*

Die Thermen, die man in der Hauptstadt sehr schätzte und die jedermann Gelegenheit zu Sport, Erfrischung und Unterhaltung boten, wollten die Bewohner der Provinzstädte nicht missen. So entstanden in England und Algier, bei Preßburg und Klagenfurt, in Badenweiler und Trier und in zahllosen weiteren Städten des Römischen Reiches solche Badeanlagen. Fast immer wurden sie von großzügigen Mitbürgern gestiftet, die sogar für die jährliche Unterhaltung aufkamen. Auch die Tempel, Markt-

*Nachahmung in den Provinzstädten*

*Der Pont du Gard bei Nîmes, der über einen Nebenfluß der Rhône führt. Das Bauwerk ist 269 m lang, 49 m hoch. Auf der obersten Bogenreihe verlief die mit Steinplatten abgedeckte Rinne der Wasserleitung, die insgesamt 20 km lang war und der Stadt Nîmes (damals hieß sie Nemausus) täglich 40000 cbm Wasser lieferte (um 20 v. Chr.). Der Pont du Gard ist der besterhaltene Aquädukt („Wasserleitungsbrücke") aus der Römerzeit und zeigt zugleich die wirtschaftliche Entwicklung der Provinzstädte.*

*Wagenrennen im Circus Maximus in Rom. Marmorrelief Ende 3. Jahrhundert n.Chr. Mehrere Vierergespanne sind gleichzeitig auf der Bahn. Die Zuschauer (ihre Tribünen im Hintergrund sind nur angedeutet) feuern die Wagenlenker zu halsbrecherischem Tempo an. Bei dem Gedränge kam es, vor allem an der Wendemarke, oft zu Zusammenstößen und lebensgefährlichen Stürzen. Siebenmal (später fünfmal) mußte die ovale Bahn in einem Rennen durchfahren werden.*

*Finanzierung*

hallen und Bauten für Theater und Zirkusveranstaltungen wurden meistens von freiwilligen Spendern finanziert. Auf diese Weise wollten die reichen Patrizier in der Provinz mit dem Kaiser in Rom wetteifern.

(5) Von wem wurden die öffentlichen Einrichtungen in Rom und in den römischen Provinzstädten finanziert – und von wem wurden sie benutzt? Wie ist das in unseren heutigen Städten?

**Spiele für die Massen.** Vieles, was bei den Griechen üblich war, kam auch nach Rom: Theateraufführungen, sportliche Wettkämpfe, festliche Umzüge. Am meisten liebten die Römer eine andere Art von Vergnügen: Zirkuswettspiele und Gladiatorenkämpfe.

*Zirkus und Wagenrennen*

Im Zirkus sah man Scheinkämpfe zu Pferde, Elefantenkämpfe, akrobatische Kunststücke galoppierender Reiter, Wettrennen und Wettspringen von Rennreitern, die liegend oder kniend ritten, vor allem die beliebten Rennen der Zwei-, Drei- und Viergespanne.

*Tier- und Gladiatorenkämpfe*

Im Amphitheater vergnügten sich Römer an blutigen Tierhetzen und Gladiatorenkämpfen. Noch heute stehen in Rom die Überreste eines solchen Bauwerkes, des Kolosseums (vgl. S. 97). Es hatte Platz für 50 000 Zuschauer. Hier wurden Bären und Büffel, Elefanten und Rhinozerosse gegeneinander gehetzt; man ließ wehrlose Menschen von Tigern, Löwen und anderen Bestien zerfleischen, und Gladiatoren (Fechter) mußten so lange mit blanker Waffe gegeneinander kämpfen, bis einer tot auf dem Kampfplatz lag. Das Volk jubelte, wenn das Blut floß.

**Schule und Bildung.** Solche Freude an blutigen Schauspielen läßt sich nur schwer vereinbaren mit dem Eifer, mit dem sich die Römer um Bildung und eine verfeinerte Lebensweise bemühten. In den Städten konnten die meisten Erwachsenen lesen und

*Kinder werden im Lesen unterrichtet. Dieses Relief wurde bei Neumagen an der Mosel gefunden. Vgl. mit der Darstellung S. 8 und S. 59!*

schreiben. Man hatte die Literatur, die Kunst und die Wissenschaft von den Griechen übernommen und selbständig weiterentwickelt. Über die Schulen in Rom berichtet ein Spottgedicht aus der Zeit um 100 n. Chr.:

*Lehrer und Schüler*

„In einem Säulengang war die Schule des Magisters für die Kleinen: ein paar Schemel, ein Pult für den Lehrer, einen freigelassenen Sklaven, der sich für ein geringes Entgelt die Mühe aufgeladen hatte, den Lausbuben das Lesen und Schreiben beizubringen.
Die Leute, die in der Nähe des Säulenganges vorbeikamen, sahen und hörten die Buben, wie sie mit einer Tafel auf den Knien ein Diktat schrieben oder der Reihe nach das aufsagten, was der Lehrer vorsprach. Immer wieder mußte einer eine tüchtige Tracht Prügel einstecken, denn auch das gehörte zu der Erziehungsmethode des Lehrers . . .
Nicht viel anders waren die Verhältnisse auf der höheren Schule, beim ‚Rhetoriklehrer' [Lehrer der Redekunst]: ein enger Raum oder ein Säulengang, die gleiche Litanei sechs Stunden lang und die gleichen Prügel, solange einer nicht halbwegs erwachsen war. Einige Lehrer versuchten, ihre Schüler im öffentlichen Reden auszubilden, mit dem Erfolg jedoch, daß nur ganz wenige das Honorar bezahlten; die anderen redeten sich damit heraus, sie hätten nichts Rechtes gelernt . . .
Was waren das noch für schöne Zeiten, als die Eltern selbst ihre Kinder unterrichteten und sie nach den damaligen strengen Grundsätzen erzogen! Denn nicht immer hat man das Glück, gute Lehrer zu finden, die von ihrer Aufgabe erfüllt sind."

(Juvenal, 7. Satire. Bearbeitet in: Rom und seine große Zeit. Leben und Kultur im antiken Rom. Arena Verlag, Würzburg 1963, S. 68).

**Römisches Erbe.** Römer und Griechen wollten durch Schule und Bildung nicht nur Kenntnisse vermitteln, sondern vor allem den Charakter des Menschen formen. Das zeigen auch die Ratschläge, die ein römischer Kaiser, Marc Aurel, in seinem Buch „Betrachtungen über mich selbst" aufgeschrieben hat:

*Menschlichkeit: Humanität*

„Trachte danach, die Aufgabe, die gerade vor dir liegt, mit gesammelter Kraft und in ernster Würde, aber ohne Verkrampfung, in Liebe zu deinem Nächsten, in innerer Freiheit, in Gerechtigkeit als

Römer und als Mann zu erfüllen, und du verschaffst dir Ruhe vor allen anderen Gedanken. Das wird dir gelingen, wenn du jede Handlung so vollziehst, als ob es die letzte deines Lebens wäre, frei von jeder Planlosigkeit, frei von Leidenschaft, die dich dem gesunden Urteil der Vernunft entzieht, frei von Verstellung und Eigenliebe, frei von Unmut über das Los, das dir das Schicksal zugedacht hat. Du siehst, wie wenig es ist, was du meistern mußt, um ein glückliches, gottgefälliges Leben führen zu können."

(Marc Aurel, Selbstbetrachtungen, Buch 2, Kap. 4. Übersetzt in: Geschichtliche Quellenhefte mit Überblick, Heft 2, Von den Anfängen Roms bis zum Zerfall des Reiches, Diesterweg 7342, [7]1972, S. 59)

*Urbanität*

Solche Gesinnung und die Menschlichkeit, die in den Worten Marc Aurels zum Ausdruck kommt – die „Humanität", wie die Römer sie nannten – gehören zum Besten, was sie der Nachwelt vererbt haben. Den Römern verdanken die Völker Europas aber auch manche anderen Grundlagen ihrer Kultur. Am stärksten hat das römische Vorbild städtischer Lebensform weitergewirkt: das Zusammenwohnen vieler Menschen mit gemeinsamen Interessen und scharfen Gegensätzen, das Nebeneinander vieler Berufe und sozialer Schichten, der vielfältige Austausch von Gütern, Meinungen und Fähigkeiten, das Engagement für öffentliche Angelegenheiten; das alles sind Bedingungen der modernen Gesellschaft, die in den römischen Städten ihr unmittelbares Vorbild haben.

(6) Beurteile das technische Können der römischen Handwerker und Architekten (denke z. B. an die Wasserleitungen, Thermen, Fußbodenheizungen).
(7) Äußere deine Meinung über das römische Schulwesen. Was hältst du von den Unterrichtsmethoden jener Zeit? Bedenke, daß das Spottgedicht stark übertreibt.
(8) Nimm Stellung zum letzten Satz in dem Zitat aus dem Buch des Kaisers Marc Aurel.

**Zur Lernkontrolle**

1. Erkläre den inneren Aufbau der römischen Republik an einer Zeichnung und stelle fest, welche Rechte und Pflichten der Bürger in einer Republik hat.
2. Berichte über das römische Recht und seine Bedeutung.
3. Schildere, wie Caesar, wie Augustus und wie die „Soldatenkaiser" an die Macht kamen.
4. Welche Fortschritte brachte die römische Herrschaft den Völkern im Römischen Reich?
5. Zeige am Beispiel von Rom und, wenn möglich, an einer heutigen Stadt, was die Stadt besonders kennzeichnet und vom Dorf unterscheidet, z. B. in bezug auf öffentliche Einrichtungen, Veranstaltungen, Zusammensetzung der Bevölkerung.

## 5. Sklaven bei Griechen und Römern

**Lernziele**

- Immer wieder geraten Menschen in Abhängigkeit von anderen Menschen. Am Beispiel der Sklaverei in der Antike läßt sich besonders klar feststellen, was das für sie bedeutete.
- Versuche herauszufinden, aus welchen Gründen und zu welchen Zwecken Griechen und Römer Sklaven hielten.
- Indem du dein eigenes Urteil über die Sklaverei mit dem Urteil von Griechen und Römern vergleichst, kannst du lernen, auf eine fremde Meinung einzugehen und begründete Kritik zu üben.

**Politische Rechte – nur für eine Minderheit.** Griechen und Römer haben vieles von dem entwickelt, was unser politisches Leben bestimmt. Sie lehrten, wie man Gesetze vereinbart, an die sich alle zu halten haben. Sie setzten ein Beispiel, wie man Recht und Unrecht öffentlich bestimmt und auf welche Weise einer zu seinem Recht kommen kann. Sie versuchten, die Freiheit der Menschen zu schützen, und zeigten, wie man die Macht der Herrschenden begrenzt und kontrolliert. Sie setzten Beamte und Behörden ein, die für die Interessen der Allgemeinheit verantwortlich waren.
So vernünftig haben die Griechen und Römer das politische Leben gestaltet.

Aber damals besaß nur ein bestimmter Teil der Bevölkerung die politischen Rechte: Es waren die „Vollbürger" im Staat. Für die meisten Bewohner der griechischen Staaten und des Römischen Reiches galten die Vorzüge der politischen Ordnung nur in beschränktem Ausmaß. Ganz ausgeschlossen von diesen Rechten waren die Sklaven. Sklaverei ist in unserer Zeit selten geworden, und das Wort erinnert vielleicht nur an Negersklaven oder an Ruderknechte auf Seeräuberschiffen. Bei den Griechen und Römern war Sklaverei jedoch weit verbreitet, und zeitweilig war jeder dritte Bewohner Athens und Roms ein Sklave, d.h. Eigentum seines Herrn und ohne Rechte. Der Besitzer konnte seinen Sklaven behandeln wie eine Sache.

*Vollbürger und rechtlose Sklaven*

**Sklaven galten als unentbehrliche Arbeitskräfte.** Sklaven waren in ganz verschiedenen Bereichen beschäftigt.

Bei den Griechen:

*Sklaven bei den Griechen*

„Als rechtlose Menschen arbeiteten sie mitten unter den Freien, taten Dienst in jedem Haushalt, waren in der Landwirtschaft ebenso unentbehrlich wie in den gewerblichen Betrieben, bestritten nahezu allein die Arbeit in den Bergwerken. Auch im öffentlichen Dienst fehlten sie nicht, sie waren städtische Arbeiter, Dienstboten bei den Behörden und sogar Polizisten."

(J. Vogt, Sklaverei und Humanität. Steiner Verlag, Wiesbaden 1965, S. 3)

Bei den Römern:

*Sklaven bei den Römern*

„Den qualifiziertesten Sklaven und ihren Kindern wurden öffentliche Arbeiten oder häusliche Pflichten zugewiesen, oder sie übten sogar freie Berufe aus, als Philosophen, Lehrer, Künstler und Architekten. Ihre unglücklicheren Leidensgenossen, Barbaren oder Verbrecher, mußten die Härten der Gladiatorenschulen und die Schrecken der Bergwerke und Steinbrüche durchmachen. Außerdem wurden . . . die freien Pächter und Bauern in Italien allmählich durch landwirtschaftliche Großbetriebe verdrängt, die von den abwesenden Besitzern mit Hilfe zahlreicher Sklaven bewirtschaftet wurden."

(M. Grant, Rom. Kindlers Kulturgeschichte. Kindler Verlag, Zürich 1960, S. 194)

**Wie lebten Sklaven?** Es ist nicht möglich, in genauen Zahlen anzugeben, wie viele Sklaven griechische und römische Familien besaßen. Einfache Bauern hatten in der Regel nur einen Knecht und einen Sklaven. Aber in manchen Großbetrieben – Töpfereien, Waffenfabriken, Gerbereien und Textilwerkstätten – waren mehrere hundert Sklaven beschäftigt. Römische Patrizier hatten zur Zeit von Caesar und Augustus im Durchschnitt vier- bis fünfhundert Sklaven; je größer die Anzahl, desto höher das Ansehen des Herrn; die Kaiser hielten sich tausende.

*Unterschiedliche Lage der Sklaven*

Die meisten Sklaven stammten aus fremden Ländern; sie waren als Kriegsgefangene verschleppt oder auf den Sklavenmärkten – vor allem auf der Insel Delos und in Capua – verkauft worden. Die meisten römischen Sklaven kamen aus dem Orient, aus Gallien und aus Germanien.

Die Lebensbedingungen der Sklaven waren sehr unterschiedlich. Viele Haussklaven fanden zu ihrer Herrschaft ein vertrautes, ja freundschaftliches Verhältnis. Die Arbeitssklaven, die in der Landwirtschaft eingesetzt waren, lebten schlechter: tagaus und tagein mußten sie arbeiten, oft an Ketten gefesselt und armselig gekleidet. Wenn ein Sklave alt oder krank wurde, war er weniger wert als ein rostiger Pflug. Die meisten Sklaven wurden jedoch nicht alt. Viele starben früh, andere wurden, bevor sie alterten, freigelassen. Die schlimmsten Zustände herrschten im Bergbau. Von einem Zeitgenossen erfahren wir:

„Die Sklaven, die im Bergbau beschäftigt sind, bringen ihren Besitzern unglaubliche Einkünfte; sie selbst aber müssen unterirdisch graben, bei Tage wie bei Nacht, gehen körperlich

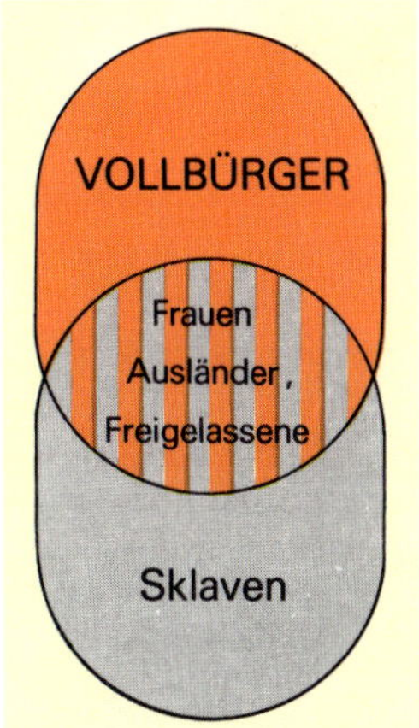


*Bevölkerungsgruppen im Römischen Reich.*

*Unmenschliche Bedingungen*

zugrunde, und viele sterben infolge der übermäßigen Anstrengung – denn Erholung oder Pausen in der Arbeit gibt es nicht; Aufseher zwingen sie mit Schlägen, die furchtbaren Leiden zu ertragen, bis sie elend ihr Leben aushauchen; wenige nur, die Körperkraft und seelische Widerstandsfähigkeit genug haben, halten durch – und verlängern damit nur ihre Qual. Denn erstrebenswerter als das Leben wäre für sie der Tod wegen der Größe ihres Elends."

(Diodor, Weltgeschichte, 5, 36 ff.; dt. Übersetzung in „Geschichte in Quellen", a.a.O., S. 506)

(1) Zähle verschiedene „Berufe" auf, in denen Sklaven tätig sein konnten. Versuche, sie nach ihrer Stellung zu ordnen.
(2) Unter welchen Bedingungen mußten Sklaven arbeiten? Schildere drei verschiedene Möglichkeiten.

**Mißachtete Menschenwürde.** Im Altertum mußte vieles von Menschen geleistet werden, was die moderne Technik mittels Maschinen und Automaten erledigt. Das rechtfertigt jedoch nicht, daß solche niederen Arbeiten rechtlosen Sklaven aufgetragen wurden, denen der Anspruch auf menschliche Würde versagt blieb. Auch wenn viele Sklaven ihren Herren echte Treue und Anhänglichkeit bezeugten, blieben sie dennoch abhängige Knechte ohne persönliche Freiheit. Ein Lehrbuch der Landwirtschaft empfiehlt den römischen Bauern, Sklaven wie Tiere so gut zu behandeln, daß sie genügend Kraft behalten, um ausdauernd arbeiten zu können. Vergeblich versuchten ein paarmal Sklaven, sich durch einen bewaffneten Aufstand selbst zu befreien. Unter der Führung von Spartacus, einem thrakischen Fechtersklaven in Süditalien, kam es im Jahre 73 v. Chr. zu einem Sklavenkrieg.

*Sklaven wie Tiere behandelt*

*Aufstand des Spartacus*
**73 v. Chr.**

Die aus den Fechterschulen „ausgebrochenen Sklaven erhielten Zuzug von Schicksalsgenossen, und sogar verarmte Freie gesellten sich zu ihnen. Bald hatten sie ein Heer von mehr als 70000 Mann zusammen, verwüsteten und plünderten das Land, schlugen nacheinander mehrere römische Legionen und bedrohten zuletzt Rom. Da betraute der Senat . . . den energischen Crassus damit, diese ‚Landplage' zu beseitigen. Dieser hatte selbst das größte Interesse, den Aufruhr niederzuschlagen, denn er war einer der größten Sklavenhändler. Er ließ sie in eigenen Schulen als Techniker und Schreiber ausbilden und verlieh und verkaufte sie zu hohen Preisen. Die Erhebung drohte, ihm sein Geschäft zu verderben, durch das er sich ein Riesenvermögen erworben hatte. Es gelang ihm auch, Spartacus im Kampfe zu stellen, der nach tapferster Gegenwehr fiel. Ihres Führers beraubt, wurden die Sklavenverbände in Kürze überwältigt, und Crassus ließ 6000 Sklaven längs der Via Appia ans Kreuz schlagen, um die andern von der Fortsetzung des Kampfes abzuschrecken. Nur ein kleiner Rest der Zersprengten schlug sich nach Norden durch und fiel dort dem aus Spanien zurückkehrenden Pompeius in die Hände. Dieser vernichtete die fliehenden Scharen . . ."

(E. Nack/W. Wägner, Rom. Land und Volk der alten Römer. Ueberreuter Verlag, Wien/Heidelberg 1966, S. 137 f.)

**Ursprünge der Sklaverei.** Aus ihrer Sicht hielten es die meisten Griechen und Römer für richtig, Sklaven wie Dinge, nicht aber wie Menschen zu behandeln. Sie betrachteten die Sklaverei nicht als etwas Besonderes; ein und dasselbe Wort bezeichnet „Sklaven" und „Diener": sie zählten einfach zum Personal oder zum Haushalt. Sklaven hatten keine persönlichen Rechte, keine menschliche Freiheit. Zum Sklaven wurde, wer zur Strafe für ein Verbrechen seine Freiheit verlor – oder bei einem Krieg in Gefangenschaft geriet. In beiden Fällen galt der Verlust der Freiheit als gerechte Strafe; und ein Unfreier hatte keinen Anspruch auf rechtlichen Schutz. Gefängnisse oder Gefangenenlager gab es im Altertum nicht. Wer einen Unfreien, einen Sklaven erwarb, konnte mit ihm machen, was er wollte. Aber auch wer von einem Sklaven oder von einer Sklavin abstammte, blieb unfrei; und viele Sklavenbesitzer besorgten sich auf diese Weise ihre Nachwuchskräfte. Als Sklaven galten außerdem Kinder, die von ihren Eltern ausgesetzt oder in Schuldknechtschaft verkauft wurden.

*Herkunft der Sklaven*

*Links: Sklave mit Sturmlaterne. – Rechts: Fechtersklaven (Gladiatoren) im Kampf (Mosaik).*

*Sklavenmarkt*

Schließlich gab es auch organisierte Banden, die als Seeräuber auf dem Mittelmeer und an den Küsten wehrlose Menschen überfielen, gefangensetzten und als Sklaven verkauften. An manchen Tagen sollen die Händler auf dem Menschenmarkt der Insel Delos bis zu 10000 Sklaven verkauft haben. Die Preise richteten sich nach Gesundheit, Alter und Können des zum Verkauf angebotenen Menschen. Sie entsprachen mindestens dem Jahreseinkommen eines Taglöhners und lagen im Durchschnitt etwa so hoch wie die Preise für ein gutes Pferd.

(3) Welches Interesse konnten einzelne Griechen oder Römer daran haben, Sklaven zu halten? Nenne verschiedene Beispiele.
(4) Griechen und Römer hatten dasselbe Wort für „Diener" und „Sklave". Welche Schlüsse könntest du daraus ziehen?
(5) Nenne mindestens vier verschiedene Möglichkeiten, wie jemand bei Griechen und Römern zum Sklaven werden konnte.
(6) Weshalb ist deiner Auffassung nach der Aufstand des Spartacus und seiner Anhänger gescheitert?

**Kritische Stimmen.** In den Schriften griechischer und römischer Philosophen findet man Darlegungen, in denen die Sklaverei gerechtfertigt wird. Manche Philosophen des Altertums vertreten aber auch eine andere Auffassung; ein Grieche schreibt z. B.:

*Alle Menschen sind gleich*

„Alle Menschen sind nicht nur durch dieselben körperlichen Merkmale gleich . . . sie haben auch denselben Geist, der sie über das Tier erhebt; sie haben die gleiche sittliche Anlage und Aufgabe, und das ist es, was über Wesen und Wert des Menschen entscheidet. Keiner ist adeliger als der andere, außer wer eine bessere und leistungsfähigere Naturanlage hat. Kein Mensch ist von Natur Sklave."

(Aus: M. Pohlenz, Stoa und Stoiker, 1950, S. 139 f.)

Ein römischer Schriftsteller schreibt an seinen Freund:

*Auch Sklaven sind Menschen*

„Zu meiner Freude erfuhr ich von Leuten, die Dich besucht haben, daß Du freundlich mit Deinen Sklaven umgehst. Das entspricht Deiner Einsicht und Deiner Bildung. Es heißt: ‚Es sind nur

Sklaven'. Nein, es sind Menschen! ‚Es sind nur Sklaven'. Nein, es sind Hausgenossen! Es heißt: ‚Es sind nur Sklaven'. Nein, es sind Freunde geringeren Ranges! Es heißt: ‚Es sind nur Sklaven!' Nein, es sind Mitsklaven, wenn Du bedenkst, daß das Schicksal über euch beide die gleiche Macht hat ... Geh mit Deinem Sklaven mild und freundlich um, ziehe ihn ins Gespräch, höre seinen Rat, lade ihn zu Tisch!"

(Seneca, Briefe an Lucilius. Dt. Übersetzung nach: H. v. Hentig, Hrsg., Hellas und Rom. Langewiesche Verlag, München 1964, S. 266)

(7) Worin stimmst du mit der Meinung dieser beiden Philosophen überein?
(8) Vergleiche ihre Auffassung
a) mit der Rechtslage in Griechenland und Rom
b) mit der heutigen Rechtslage in der Bundesrepublik Deutschland.

**Erleichterung, aber keine Beseitigung der Sklaverei.** Solche Stimmen blieben selten. Sie konnten die Lage der Sklaven kaum bessern. Dennoch war ihr Schicksal nicht überall gleich hart. In Athen wurde z. B. schon unter Solon die Schuldknechtschaft abgeschafft. In Rom wurde verboten, Sklaven grundlos zu mißhandeln oder gar zu töten. Äußerlich waren die Sklaven im Römischen Reich nicht von den Bürgern zu unterscheiden: Sie trugen normale Kleidung und konnten sich in der Stadt frei bewegen. Römische Sklaven erhielten Lohn für ihre Arbeit, und manche von ihnen brachten es sogar zu einem Vermögen. Ein athenischer Bürger, der zwar frei, aber arm war, klagte: „Wieviel besser wäre es doch, Sklave bei einem anständigen Herrn zu werden, als niedrig und schlecht als freier Bürger zu leben!"

*Sklaven und Lohnarbeiter*

*Freigelassene*

Für manche Sklaven gab es sogar eine Hoffnung für die Zukunft: die Freilassung. Wer seinen Lohn als Sklave über lange Jahre hinweg zu sparen vermochte, konnte sich mit einer dem Marktpreis entsprechenden Summe freikaufen. Viele römische Herren schenkten bewährten Sklaven auch freiwillig die Freiheit. Die „Freigelassenen" waren zwar noch keine Vollbürger, zählten jedoch zu den angesehenen Leuten. Häufig waren sie besonders ehrgeizig und erfolgreich im Geschäftsleben; sie strengten sich an und scheuten kein Risiko. Ihr Aufstieg machte sie selbstbewußt, und stolz blickten viele auf ihre ehemaligen Mitsklaven herunter. Die Kinder von Freigelassenen hatten das volle Bürgerrecht, konnten Beamte und Offiziere werden.

*Sklaverei in der Neuzeit*

Gegen Ende des Römischen Reiches verlor die Sklaverei an Bedeutung, dafür kam die Leibeigenschaft auf. In großem Maß breitete sich die Sklaverei erneut nach der Entdeckung Amerikas (1492) aus. Millionen Schwarze wurden von Sklavenhändlern von Afrika nach Amerika verschifft und mußten dort in Bergwerken und auf Plantagen arbeiten – ohne Lohn und Aussicht auf eine Freilassung. Vor rund 150 Jahren wurde der Sklavenhandel in den USA verboten, aber die Lage der ehemaligen Negersklaven hat sich nur langsam verbessert.

(9) Es gab Verbesserungen in der Lage der Sklaven, aber: ...
(10) Versuche, das Verhalten der Freigelassenen zu erklären.
(11) Du kannst erklären, woher die Vorfahren der „Schwarzen Amerikaner" stammen, und kannst dich informieren, unter welchen Bedingungen sie leben mußten.
(12) Die Vereinten Nationen beschlossen in einem „Pakt über die bürgerlichen und politischen Rechte" u. a.: „Niemand darf in Sklaverei gehalten werden; Sklaverei und Sklavenhandel in allen Formen sind verboten." Beschaffe dir weitere Informationen über den Schutz der Menschenrechte durch die Vereinten Nationen.

## Zur Lernkontrolle

1. Erkläre in einigen Sätzen, was „Sklaverei" ist, wo sie bestand, unter welchen Bedingungen Sklaven lebten.
2. Worin lag nach deiner Meinung die wirtschaftliche Bedeutung der Sklaven für die Griechen und Römer?
3. Erläutere, wie bei den Griechen und Römern die Sklaverei gerechtfertigt wurde, und nimm aus deiner Sicht dazu Stellung.

# 6. Das Christentum setzt sich durch

**Lernziele**

- Dieses Kapitel informiert über Entstehung, Ausbreitung und Bedeutung des Christentums. Du solltest darüber Bescheid wissen, um die geschichtliche Entwicklung Europas besser verstehen zu können.
- Versuche, am Beispiel des Christentums dir darüber klar zu werden, was Religion für einzelne Menschen, für eine Gesellschaft oder für einen Staat bedeuten kann.
- Du kannst herausfinden, was ursprünglich „christlich" war, um das heutige Christentum damit vergleichen zu können.

## 6.1. Entstehung des Christentums

**Das Christentum geht aus dem Judentum hervor.** Die Christen bilden heute die zahlenmäßig größte Religionsgemeinschaft in der Welt. Diese Weltreligion ist vor fast 2000 Jahren im Römischen Reich entstanden.

**Weltreligionen heute (geschätzte Zahlen)**

| Insgesamt | Christen | Andere Weltreligionen | Sonstige |
|---|---|---|---|
| Weltbevölkerung ca. 4,1 Mrd. | Orthodoxe u. östl. Christen ca. 140 Mill. | Muslime ca. 600 Mill. | Stammesreligionen ca. 180 Mill. |
| Christen ca. 1,1 Mrd. | Protest. u. angl. Christen ca. 320 Mill. | Hindus ca. 530 Mill.<br>Buddhisten ca. 300 Mill. | Ohne Religion und Nichtermittelte ca. 900 Mill. |
| Nichtchristen ca. 2,9 Mrd. | Kath. Christen ca. 710 Mill. | Konfuzianer ca. 360 Mill.<br>Taoisten u.a. ca. 130 Mill. | |

(Zahlen z.T. aus: Fischer Weltalmanach '80)

*Römische Soldaten tragen den im Tempel von Jerusalem erbeuteten siebenarmigen Leuchter, den Tisch für die Schaubrote und die heiligen Tuben (Trompeten) im Triumphzug mit, der dem Feldherrn Titus nach seinem Sieg über die Juden (70 n.Chr.) gewährt wurde.*

*Die Juden*

Zu Beginn der Kaiserzeit waren in Rom viele Götter anerkannt. In einem Tempel, dem Pantheon (vgl. S. 92), wurden sie sogar alle zugleich verehrt. Die Juden, deren Land Judäa römische Provinz geworden war, verabscheuten eine solche Vielgötterei. Sie hatten nur einen Gott: Jahwe. Moses und die Propheten hatten dem jüdischen Volk in „Heiligen Schriften" mitgeteilt, was sie von Jahwe erfahren hatten. Daran hielten die Juden für alle Zeit in ihrem Glauben fest, auch dann noch, als die Römer ihre Hauptstadt Jerusalem im Jahre 70 n. Chr. zerstörten und sie schließlich 135 n. Chr. ganz aus ihrer Heimat vertrieben.

*Jesus Christus*

Zur Zeit des Augustus lebte und lehrte unter den Juden Jesus, der auch Messias oder Christus (Gesalbter Gottes) genannt wurde. Er stellte den jüdischen Glauben an Jahwe auf eine neue Grundlage und verkündigte die „Frohe Botschaft" vom Reich Gottes. Auf Betreiben seiner Gegner wurde er hingerichtet. Seine Anhänger hielten jedoch an seiner Botschaft fest und verkündeten, daß Jesus Christus von den Toten auferstanden und ihnen begegnet sei. Da sie Christus als Sohn Gottes anerkannten, wurden sie von den Juden, die am alten Jahwe-Glauben festhielten, bekämpft.

*Christen in Rom*

**Auf dem Weg zur Weltreligion.** Von dem römischen Geschichtsschreiber Tacitus erfahren wir, daß es im Jahre 64 n. Chr. schon zahlreiche Christen in Rom gab:

„Christus, von dem dieser Name abgeleitet ist, wurde unter der Regierung des Tiberius von dem Prokurator Pontius Pilatus hingerichtet. Dadurch wurde der verderbliche Aberglaube für den Augenblick unterdrückt, brach aber doch wieder aus und verbreitete sich nicht nur in Judäa, dem Ursprungsland dieses Übels, sondern auch in der Stadt Rom . . ."

(Tacitus, Annalen 15,44. In: Geschichtliche Quellenhefte mit Überblick, Heft 2, a.a.O., S. 66)

Im Römischen Reich konnten sich damals Religionen leicht ausbreiten. Die Einheit von Verwaltung, Bildungs- und Rechtswesen, Sprache und Verkehr erleichterte den Austausch von Ideen. Neben dem Christentum verbreiteten sich auch andere Religionen, die ebenfalls aus dem Orient kamen und deren Glauben ähnlich wie beim Christentum von einer Bekehrung des Herzens und einer inneren Zuwendung zu Gott ausging.

*Apostel Paulus*

Einer der Wortführer unter den Christen in Judäa war Paulus. Er stammte aus einer jüdischen Familie im Ausland und war erst später Christ geworden. Paulus sprach Griechisch und besaß das römische Bürgerrecht. So war es ihm möglich, in andere Provinzen des Römischen Reiches zu reisen. In den Städten versammelte er interessierte Leute um sich und erklärte ihnen, was Jesus Christus den Menschen zu sagen habe. Er konnte durch seine Worte und durch sein Beispiel viele von der neuen Lehre überzeugen. Wer sich dazu bekennen wollte, erhielt die Taufe. Die Getauften bildeten eine feste Gemeinschaft, eine „Gemeinde". Den Christengemeinden mehrerer griechischer Städte sowie einer Gemeinde in Rom sandte Paulus längere Briefe. Zusammen mit Schriften anderer Zeugen vom Leben des Jesus Christus bilden diese Briefe das „Evangelium" oder das „Neue Testament" (in Ergänzung zu den jüdischen Schriften des „Alten Testaments").

*Das Evangelium*

Anders als der jüdische Glaube blieb die christliche Religion nicht auf ein Volk beschränkt, sondern wandte sich an die Menschen verschiedener Sprache und unterschiedlicher Kultur. Sie konnte eine Weltreligion werden.

(1) Schreibe auf, was du aus dem Bericht von Tacitus über die Christen erfahren konntest.
(2) Der Zustand des Römischen Reiches zur damaligen Zeit bot günstige Voraussetzungen für die Missionsreisen des Paulus. Inwiefern? Wiederhole S. 89f.

*Links: Betende. Darstellung auf einem koptischen Grabstein. Hast du eine ähnliche Gebetshaltung wie hier schon einmal gesehen? – Kopten heißen die Christen in Ägypten und im heutigen Äthiopien. Sie bildeten früh eine eigene Kirche, die nicht dem Papst unterstand. Nenne andere christliche Kirchen von heute, die von Rom unabhängig sind. – Rechts: Blick in eine „Katakombe". Diese unterirdischen Begräbnisstätten der Christen dienten in der Verfolgungszeit auch als Zuflucht, denn an den Begräbnisplätzen durfte nach römischem Recht niemand verhaftet werden.*

**Wie lebten die Christen der Urkirche?** Ein Christ aus der frühen Zeit schrieb seinen andersgläubigen Mitbürgern: „Wir leben mit euch zusammen, sind Leute von derselben Lebensweise, tragen dieselbe Kleidung, richten die Wohnung ein wie ihr und haben dieselben Bedürfnisse." Das alles traf zu. Dennoch unterschieden sich Christen und Nichtchristen.

*Christengemeinden*

Die Christen einer Stadt oder eines Bezirks bildeten eine Gemeinde, in der sie sich wie Brüder und Schwestern einer Familie begegneten. Alle wurden gleich geachtet, Männer wie Frauen, Arme wie Reiche, auch Sklaven nahm man in die Gemeinde auf. Jeder Christ gab einen Teil seines Vermögens und Einkommens in eine gemeinsame Kasse; davon wurden die Notleidenden unterstützt. Das alles war ebenso ungewöhnlich wie der strenge Lebenswandel der Christen: Sie aßen und tranken maßvoll, besuchten keine grausamen Schauspiele und betrachteten Abtreibung und Kindesaussetzung als schweres Verbrechen. Wer sich etwas zuschulden kommen ließ, wurde vor der Gemeinde gerügt und mußte Buße leisten. Regelmäßig hielten die Christen am Sonntag eine Versammlung, hörten Auszüge aus der Bibel (d.h. aus den Schriften des „Alten und Neuen Testaments") und feierten eine gemeinsame Mahlzeit, das „Abendmahl". Den Vorsitz führte dabei ein Priester oder ein Bischof. Er verwaltete auch die gemeinsame Kasse, entschied über Aufnahme oder Ausschluß von Mitgliedern und hatte die Leitung der ganzen Gemeinde. Gemeindediener und -dienerinnen (Diakone und Diakonissen) sorgten für Kranke und Notleidende; Witwen übernahmen weitere Pflichten, z. B. die Erziehung der Mädchen.

(3) Zähle einzelne Ämter auf, die es in der Gemeinde der Urkirche gab.
(4) Worin siehst du das Besondere der Lebensweise dieser Christen?

## 6.2. Christen im Römerreich

**Im Konflikt mit dem Herrscher.** Das, woran die Christen glaubten und wonach sie lebten, hat viele Menschen der damaligen Zeit angezogen. Vor allem die Armen und Schwachen, aber auch Leute aus den bessergestellten Kreisen ließen sich taufen. Viele mißtrauten jedoch den Christen. Man verbreitete böse Gerüchte über sie, und wenn etwas Schlimmes geschah – bei Seuchen, Überschwemmungen, Kriegen – hieß es: die Christen sind schuld, weil sie nicht die alten Götter verehrten. Die Regierung zeigte sich anfangs sehr großzügig. Je mehr aber die Grenzen des Reiches und die Macht der Kaiser bedroht wurden, desto häufiger versuchten die Herrscher, die Einheit des Reiches durch religiösen Zwang wiederherzustellen: Sie verlangten Treue zum römischen Götterglauben und Anerkennung des Kaisers als Gott (vgl. S. 92). Wenn Christen sich weigerten, vor dem Standbild des Kaisers zu opfern, wurden sie vor Gericht gestellt. Es kam, insbesondere seit Kaiser Decius (um 250 n. Chr.) zu schweren Verfolgungen. Zahllose Christen bezeugten jedoch vor dem Richter, daß sie nur an einen Gott glaubten. Viele Prozesse sind uns durch Gerichtsakten bekannt. Ein Fall war z. B. der des Justinus:

*Christenverfolgungen*

*Prozeß gegen Justinus*

Justinus wird aufgefordert, den Göttern zu gehorchen. Er antwortet: „Es kann kein Vorwurf vor Gericht und kein Grund für einen Prozeß sein, wenn jemand den Geboten gehorcht, die unser Erlöser Jesus Christus gegeben hat."
Richter: „Welcher Lehre folgst du?"
Justinus: „Ich habe mich bemüht, alle Lehren der Philosophen kennenzulernen. Zuletzt habe ich mich für die allein wahren Lehren der Christen entschieden. Ich folge diesen Lehren mit der Kraft einer festen Überzeugung."
Richter: „Was ist das für eine Überzeugung?"
Justinus: „Sie lautet: Wir verehren den Gott der Christen, den wir für den einzigen Gott und den Schöpfer der sichtbaren und unsichtbaren Welt halten."
Richter: „Wo haltet ihr eure Versammlungen ab?"
Justinus: „Wo jeder kann und mag . . ."
Richter (zu Justinus und den Mitangeklagten): „Wenn ihr nicht den Göttern gehorcht, wird man euch erbarmungslos strafen!"
Justinus: „Das ist gerade, was wir erhoffen: für unseren Herrn Jesus Christus den Tod zu erleiden."
Das gleiche sagen auch die übrigen: „Tu, was du willst. Wir sind Christen, und den Götzenbildern opfern wir nicht!"
Der Richter verkündet das Urteil: „Weil diese den Göttern nicht opfern wollen und sich so dem Befehl des Kaisers widersetzen, sollen sie ausgepeitscht werden und sind, nach dem Gesetz, zur Enthauptung verurteilt."

(Aus den Märtyrerakten des 2. Jahrhunderts, hrsg. v. H. Rahner, abgedruckt in: H. v. Hentig: Hellas und Rom, a.a.O., S. 373 ff.)

*Märtyrer*

(1) Die Christen, die für ihren Glauben starben, nennt man „Märtyrer", d.h. Zeugen. Das Wort kannst du erklären.
(2) Charakterisiere die Haltung des Richters und des Angeklagten.

**Gleichberechtigung der Christen.** Die Christen wollten keine Staatsfeinde sein, obwohl sie verfolgt wurden. Sie bezahlten pünktlich die Steuern und befolgten die Gesetze. Doch keine Folter und kein Todesurteil konnte sie von ihrer Überzeugung

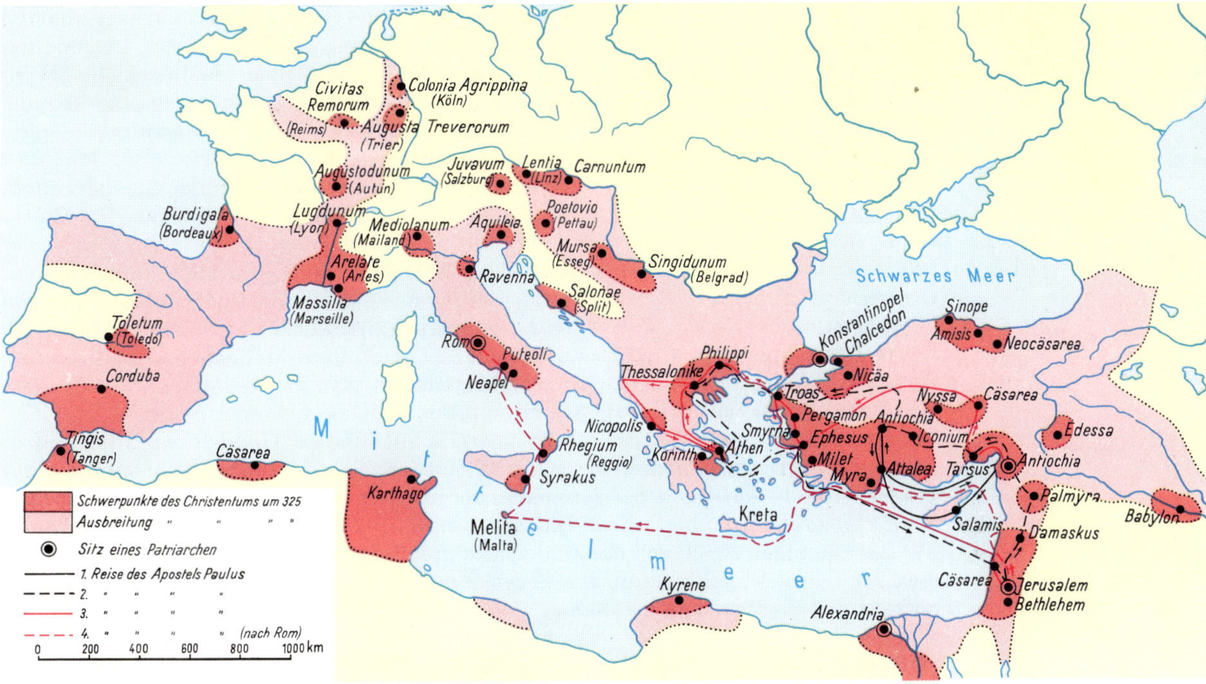


*Die Ausbreitung des Christentums. Inwieweit entspricht sie dem Umfang des Römischen Reiches?*

abbringen, an das zu glauben, was sie für wahr hielten. Die römischen Kaiser erkannten schließlich, daß sie die Haltung der Christen nicht brechen konnten. Da ihre Herrschaft durch fremde Völker von außen und durch politische Gegner im Innern bedroht war, gaben sie nach und erlaubten den Christen, ihre Religion frei auszuüben. Kaiser Konstantin verfügte im Jahr 313 in Mailand:

**313 n. Chr.**

*Toleranzedikt von Mailand*

„In der Erkenntnis, daß die Religionsfreiheit nicht verwehrt sein dürfe, daß es vielmehr jedem gemäß seiner Gesinnung und seinem Willen gestattet sein soll, nach eigener Entscheidung sich religiös zu betätigen, haben wir bereits früher Befehl erlassen, daß es den Christen unbenommen sei, den Glauben beizubehalten, den sie selbst gewählt haben und den sie durch ihren Gottesdienst kundtun. . . Künftig soll jeder, der sich entschieden hat, die Religion der Christen zu bekennen, dies frei und ohne irgendeine Belästigung tun können. . . Damit aber der Inhalt dieses Gesetzes allen zur Kenntnis gelange, ist es notwendig, daß dieses Schreiben überall angeschlagen und allen kundgegeben werde, damit die Verfügung niemand verborgen bleibe."

(Aus dem „Mailänder Edikt". Übers. von Haeuser in Bibliothek der Kirchenväter, 1932, abgedruckt in: Historisch-politisches Quellenbuch, Bd. 1, a.a.O., S. 138 f.)

**Das Bündnis von Thron und Altar.** Konstantin wollte mit diesem Gesetz die Christen für sich gewinnen. Obwohl er sich selbst erst auf dem Sterbebett taufen ließ, stand er als Kaiser ganz auf ihrer Seite und unterstützte sie, wo immer er konnte. Er gab ihnen das Vermögen zurück, das seine Vorgänger beschlagnahmt hatten. Den Sonntag, an dem sich die Christen zur Abendmahlsfeier versammelten, machte er zum allgemeinen Ruhetag. Er verschaffte den Bischöfen und Priestern der Christengemeinden großes Ansehen und befreite sie – entsprechend den nichtchristlichen Priestern – von allen Steuerabgaben. Im Beamten- und Militärdienst, zu dem die Christen vorher

*Förderung des Christentums*

*Christen dienen dem Kaiser*

keinen Zugang gehabt hatten, erhielten sie jetzt hohe Posten. Die Christen verhielten sich dementsprechend. Sie standen in Treue auf der Seite des Kaisers, bekämpften seine Feinde, beteten für ihn, halfen ihm als Soldaten und Staatsbeamte, seine Macht zu festigen. Sie hielten die Alleinherrschaft des Kaisers für eine gottgewollte Sache. Dieses Bündnis zwischen „Thron und Altar", zwischen staatlicher Macht und religiöser Gesinnung hatte für die Christen zweierlei Folgen:

Einerseits unterstützte die christliche Kirche politische Interessen der Staatsführung. Alle Christen sollten die bestehende Ordnung anerkennen, ja verteidigen. Die Geistlichen nutzten ihr öffentliches Ansehen zur Stärkung kirchlicher Macht. Der Kaiser selbst übernahm eine doppelte Rolle als Schutz-Herr der Kirche. Er schützte sie vor äußeren Feinden, verlangte aber auch Gehorsam und Unterstützung. Auf der ersten

325 n. Chr.

Versammlung der ganzen Kirche, dem „Ökumenischen Konzil" in Nicaea im Jahr 325, führte der Kaiser den Vorsitz und fällte Entscheidungen in Sachen des Glaubens. Den Bischöfen und Priestern gab er Anweisungen wie seinen staatlichen Beamten. Das Christentum war in Abhängigkeit von der weltlichen Macht geraten.

Andererseits wurde das Christentum mit dem Schutz und der Unterstützung des Kaisers bald zur mächtigsten Religion im Römischen Reich. Schon Konstantin betrachtete das Christentum als ein Band der Zusammengehörigkeit aller römischen Bürger, als eine

*Christentum wird Reichsreligion*

neue Klammer der Einheit seines Reiches. Kaiser Theodosius machte das Christentum 391 zur alleinigen Reichsreligion und verbot die übrigen Kulte. Seitdem galt nur der als römischer Bürger, der getauft war. Die Fahnen des römischen Heeres trugen häufig anstelle des Reichsadlers das Kreuz.

(3) Versuche, den Ausdruck „Gewissensfreiheit" durch ein Beispiel zu erläutern; denke an einen Fall, bei dem diese Freiheit verweigert wurde.
(4) Lege eine Tabelle mit 4 Spalten an und zähle darin auf, welche Vorteile und Nachteile das Bündnis zwischen Staat und Kirche für die beiden hatte.

Vergeblich wehrten sich die Anhänger des alten römischen Götterglaubens dagegen, daß durch kaiserliche Erlasse ihre Tempel geschlossen, ihre Opfer verboten, ihre Priesterschaften aufgelöst wurden. Die Kaiser, die sich zum Vorkämpfer der „reinen

*„Irrlehren"*

Lehre" machten, wandten sich auch mit allen Mitteln gegen diejenigen Christen, die von der herrschenden Meinung der Kirche abwichen. Da gab es „Donatisten", die ein vom Staat unabhängiges Christentum forderten; „Arianer", die nur Gottvater als wahren Gott, Christus aber nur als seinen Mittler anerkannten; eine weitere Gruppe vertrat die Meinung, am Kreuz sei in Christus Gott selbst gestorben. Alle diese Lehrmeinungen wurden zu Irrlehren erklärt und verboten, ihre Anhänger von der Regierung verfolgt. Dennoch konnten sich viele von ihnen in einzelnen Teilen des Reiches behaupten.

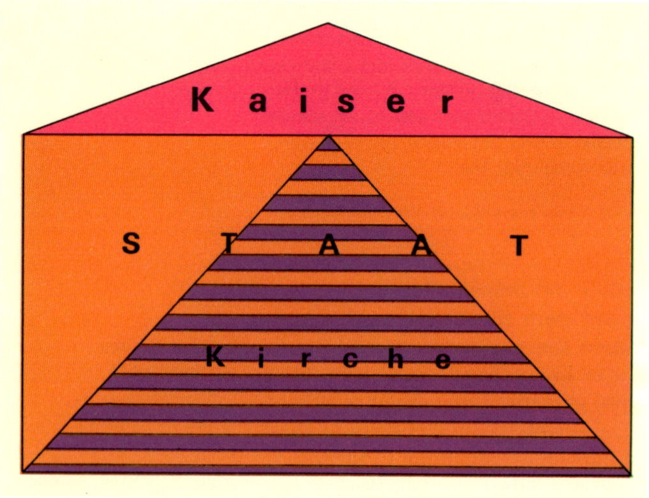


*Kirche und Staat im spätrömischen Reich.*

## 6.3. Die Bedeutung der christlichen Kirche

**Wie entstand der Vorrang des Papstes?** Die Christengemeinde von Rom besaß von Anfang an eine besondere Stellung. Hier war der Mittelpunkt des Reiches; hier waren Petrus und Paulus den Märtyrertod gestorben. Daher beanspruchten die Bischöfe Roms, die sich auch Patriarchen (d.h. „Erzväter") nannten, daß man bei Streitfragen auf ihr Wort höre. In der Zeit nach Konstantin bekam der römische Bischof den Titel „Papst" (von lat. „pater" bzw. „papa", d.h. Vater). Man sah im römischen Bischof die Einheit der Kirche verkörpert. Er galt als Nachfolger des Apostelfürsten Petrus; Rom betrachtete man nach der Zerstörung Jerusalems als die Mitte der Welt und als „Heilige Stadt".

*Patriarchen*

Auch die Bischöfe von Jerusalem, Konstantinopel und anderen Großstädten hatten eine besondere Würde und wurden „Patriarchen" genannt. Konstantinopel war unter Kaiser Konstantin die neue Hauptstadt des Römischen Reiches geworden; er hatte die Stadt Byzanz nach seinem eigenen Namen umbenannt und sie zu einer glänzenden Residenz ausgebaut. Während jedoch der Patriarch von Konstantinopel immer mehr in Abhängigkeit vom Kaiser geriet, konnte der Papst in Rom seine Selbständigkeit stärken. Das kam seiner Vorrangstellung in der Kirche zugute. Augustinus, der bedeutendste Gelehrte der damaligen Kirche, prägte bereits das Wort: „Hat Rom gesprochen, so ist die Sache erledigt." Allerdings gab der Vorrang des Papstes ihm nicht das Recht, den übrigen Bischöfen Aufträge und Weisungen zu erteilen und von ihnen Gehorsam zu fordern. Erst Papst Leo der Große (440–461) vertrat die Überzeugung, Petrus habe als Stellvertreter Christi gewirkt, und die Päpste könnten als Nachfolger auf dem „apostolischen Stuhl" eine ähnliche Stellung beanspruchen. Im Abendland wurde die Führungsrolle des Papstes in der damaligen Kirche weithin anerkannt.

*Primat des Papstes*
um 450 n. Chr.

Die Macht, die das Papsttum erlangte, sicherte Rom seine Bedeutung als Hauptstadt der Christenheit und „Ewige Stadt". Die Christen im oströmischen Reich (vgl. S. 116) sahen ihr Oberhaupt allerdings bald mehr im Patriarchen von Konstantinopel. So entstand nach und nach eine eigene „byzantinische" Kirche, die sich auch „griechisch-orthodox" nannte.

*Griechisch-orthodoxe Kirche*

(5) Du kannst an einem Schema darstellen, wie die christliche Kirche aufgebaut war; denke an die folgenden „Ämter": Papst, Patriarchen, Bischöfe, Priester, Diakone und Diakonissen, Laien.

**Fromme Einsiedler.** Die Christen, die als Märtyrer für ihren Glauben gestorben waren, hatten nach der Lehre der Kirche das Ziel des menschlichen Lebens erreicht: sie waren Heilige. Auch nach dem Ende der Verfolgungen gab es Christen, die bereit waren, ihr Leben vollkommen Gott zu weihen. Einen Weg dazu sahen manche in der Flucht aus der Welt. Einer der ersten, der diesen Weg ging, war Antonius, der Einsiedler. Mit 20 Jahren verschenkte er sein reiches Erbe, zog sich in die Einsamkeit zurück und lebte jahrzehntelang in einem verlassenen Gemäuer am Nil, ernährte sich nur von Kräutern und Wurzeln, trug ein rauhes Hemd und einen Fellumhang, zwang sich zu langen Nachtwachen und Fasten und ertrug alles Unangenehme ohne Widerspruch aus Hingabe an Gott. Später folgten Tausende seinem Beispiel. Sie wollten alles Weltliche verlassen, den Körper durch Verzicht auf jede Annehmlichkeit abtöten, „Askese" üben, um so Gott näher zu kommen. Es fehlte nicht an Schwärmern unter diesen Einsiedlern, und manche kamen auf die seltsamsten Gedanken; einer verbrachte sein ganzes Leben stehend auf einer 18 Meter hohen Säule.

*Antonius, der Einsiedler*

**Der Orden des heiligen Benedikt.** Ein Römer, Benedikt von Nursia, der sich auch für ein Leben in Einsamkeit entschieden hatte, erkannte die Gefahren der Übertreibung des Einsiedlerdaseins. Deshalb sammelte er Gleichgesinnte in einem von Mauern umgebenen Gebäude, einem Kloster, um mit ihnen – zwar getrennt von der Allgemeinheit, aber nicht von der ganzen Welt abgeschlossen – ein gemeinsames Leben

*Kloster – Mönch – Gelübde*

529 n. Chr.

zu führen, für das er eine vernünftige, maßvolle Ordnung verfaßte (529). Nach dieser Regel hatte jeder Klosterangehörige (Mönch) nach einem Jahr der Prüfung („Noviziat") bei der endgültigen Aufnahme ins Kloster drei „Gelübde" abzulegen: er gelobte, ohne Eigentum, ehelos und gehorsam gegenüber dem Vorgesetzten, dem „Abt" (d.h. Vater) des Klosters zu leben und für immer in der Gemeinschaft dieses Klosters zu bleiben. Im Kloster hatte jeder zwei Aufgaben: zu beten und zu arbeiten. Die Mönche waren in der Landwirtschaft oder in einer Werkstätte beschäftigt, sollten Bücher lesen und dazwischen in regelmäßigem Abstand mehrmals am Tag zum gemeinsamen Gebet zusammenkommen. Ein Leben nach der Regel Benedikts wurde in der folgenden Zeit zum Ziel unzähliger Christen, die sich ganz Gott weihen wollten. So entstanden nach und nach Tausende von Benediktinerklöstern; und die Mönche haben durch Arbeit und Gebet nicht nur sich selbst geläutert, sondern große Leistungen auf allen Gebieten der Kultur und der Wissenschaft vollbracht.

*Beten und arbeiten*

(6) Welche Christen anerkennen bis heute den Papst als ihr Oberhaupt?
(7) Was konnte junge Menschen veranlassen, Mönch zu werden?
(8) Schildere den Tageslauf in einem Kloster, wie er nach der Regel Benedikts aussehen kann.

**Das Christentum - Erbe des Römerreichs.** Das Christentum ist im Römischen Reich entstanden und darin groß geworden. In der Zeit nach Konstantin teilten die römischen Kaiser das Reich in eine östliche und eine westliche Hälfte. Das oströmische Reich bestand noch bis 1453. Das weströmische Reich wurde schon bald von den Germanen erobert und zerfiel. Das Christentum aber lebte weiter und bewahrte vieles aus der Römerzeit und gab es anderen Völkern weiter:

*Bedeutung des Christentums*

Die lateinische Sprache lebte als Kirchensprache fort; in den Klöstern wurden die Werke griechischer und lateinischer Dichter und Denker aufbewahrt, abgeschrieben und übersetzt; die christliche Kunst entwickelte weiter, was die Künstler des Altertums geschaffen hatten. So wurde das Christentum zu einer Brücke zwischen dem Altertum und den nachfolgenden Zeiten.

**Zur Lernkontrolle**

1. Zeige, wie und weshalb sich das Christentum im Römerreich ausbreiten konnte.
2. Schildere, was dich am Verhalten der frühen Christen und am Leben der Mönche beeindruckt.
3. Erkläre folgende Ausdrücke: Bischof, Papst, Konzil, Märtyrer.
4. Man sagt, das Christentum bilde eine Brücke zwischen dem Römerreich und den folgenden Zeiten. Erkläre das an Beispielen.

# 7. Die Grundlagen Europas

**Lernziele**

- Du kannst einen Überblick darüber gewinnen, welche Völker nach dem Zerfall des Römerreiches die politischen Grundlagen Europas gebildet haben.
- Das Kapitel gibt dir die Möglichkeit, aus Geschichtsquellen (vor allem aus dem Buch von Tacitus über die Germanen) ein Bild vom Leben in früheren Zeiten zu rekonstruieren.
- Du kannst feststellen, wie die Völker sich gegenseitig beeinflussen und voneinander lernen.

## 7.1. Römisches Erbe

**„Altertum" und „Mittelalter".** Das Römische Reich umfaßte alle Völker vom Atlantik bis zum Persischen Golf und zum Schwarzen Meer, von Nordafrika bis zur Donau und an den Rhein. Als dieses Römerreich zerfiel, ging mit ihm ein Zeitalter zu Ende: Man nennt es „Altertum" oder „Antike". Griechen und Römer waren die beherrschenden Völker dieser Zeit gewesen. Ihrer Abstammung nach hatten Griechen und Römer wie auch andere Völker Europas – die Kelten, Germanen und Slawen – etwas Verwandtes: Sie gehörten alle ursprünglich – in der Zeit um 2000 v. Chr. – zu den „Indo-Europäern" (oder „Indo-Germanen"), deren Urheimat vielleicht im Donauraum lag. In ihrer Sprache zeigen diese Völker manche Gemeinsamkeiten. Aber erst die politischen Gemeinschaften, die auf den Trümmern des Römischen Reiches entstanden, kann man als „europäische Völker" bezeichnen. Sie schlossen sich nicht zu einem einheitlichen Reich zusammen, doch hatten sie viele Beziehungen untereinander und waren durch das gemeinsame Erbe der griechisch-römischen Kultur und durch die christliche Religion miteinander verbunden. Das Zeitalter, in dem Europa entstand und das auf das „Altertum" folgt, nennt man „Mittelalter". Das „Mittelalter" umfaßt etwa die Zeit zwischen 500 und 1500 n. Chr. (vgl. S. 3).

*Europäische Völker*

*„Mittelalter"*
**500–1500 n. Chr.**

**Romanische Völker.** Viele Völker im Römischen Reich hatten im Laufe der Zeit ihre Eigenart aufgegeben und sich ganz den Römern angeglichen. Man nennt sie deshalb wie auch die Nachfahren der Römer in Italien „Romanen". Die meisten Romanen außerhalb von Italien zählen nach ihrer Herkunft zu den Kelten. Da die Kelten keine Schrift besaßen, stammt alles, was wir über sie wissen, aus schriftlichen Berichten ihrer Bezwinger, der Römer, oder aber aus Ausgrabungen. Viele Gräber, Befestigungen und Siedlungen der Kelten sind gefunden worden. Sie zeigen, daß die Kelten mächtige Fürsten hatten und besonders geschickt waren, Eisen herzustellen und zu verarbeiten (vgl. S. 24). Auf ihren Wanderzügen kamen keltische Stämme bis vor Rom; sie ließen sich in Oberitalien, auf dem Balkan, in Spanien und auf den Britischen Inseln nieder. Keltisches Kernland waren jedoch Gallien, das heutige Frankreich, das Alpengebiet und Süddeutschland. Viele Berge, Flüsse und Seen tragen hier noch heute keltische Namen.

*Kelten*

*Keltische Wanderung*

**Die Kelten aus der Sicht eines Römers.** Am besten schildert Julius Caesar, der Gallien eroberte (vgl. S. 82), das Leben der Kelten. Er schreibt u. a.:

„Von den beiden mächtigen Ständen ist der eine der der Druiden, der andere der der Ritter. Die Druiden versehen den Gottesdienst, besorgen die öffentlichen und privaten Opfer und legen die religiösen Grundsätze aus. Bei ihnen finden sich junge Männer in großer Zahl zur Unterweisung ein, und die Druiden genießen beim ganzen Volk hohes Ansehen. Denn bei allen öffentlichen und privaten Streitigkeiten urteilen und entscheiden sie. Sie setzen Belohnung und Strafe fest, wenn ein Verbrechen begangen wurde, ein Mord geschah, entscheiden, wenn Erbschafts- oder Grenzstreitigkeiten ausbrechen. Fügt sich ein Privatmann oder ein ganzer Stamm ihrem Entscheid nicht, so schließen sie den Betroffenen vom Gottesdienst aus. Dies bedeutet bei ihnen die härteste Strafe . . . Der zweite Stand ist der der Ritter. Wenn ein Krieg ausgebrochen ist oder sonst eine Notwendigkeit besteht . . . , stehen diese alle im Einsatz und haben, je nach der Bedeutung, die einer durch seine Sippe oder durch sein Vermögen besitzt, möglichst viele Gefolgsleute oder Hörige um sich. Darin erkennen sie allein, wieviel Macht und Einfluß einer hat . . . Es gab vorher eine Zeit, da die Gallier die Germanen an Tapferkeit übertrafen, sogar angriffen und wegen Überbevölkerung über den Rhein Kolonisten schickten. Aber die Nähe zu den römischen Provinzen und die Kenntnis ausländischer Erzeugnisse führte die Gallier dazu, Wohlstand und Genuß allem vorzuziehen. Nach und nach gewöhnten sie sich daran, zu unterliegen und wurden in vielen Schlachten besiegt, jetzt messen sie sich nicht einmal mit den Germanen an Tapferkeit."

(Caesar, Der Gallische Krieg; dt. Übersetzung nach: H. Schreiber: Frankreich aus erster Hand. Arena Verlag, Würzburg 1970, S. 17 ff.)

*Goldfunde aus einem in Württemberg entdeckten keltischen Fürstengrab.*

(1) Stelle anhand des Berichts von Caesar fest, wie bei den Kelten die Macht verteilt war und wie sie ausgeübt wurde.

*Romanisierung der Kelten*

**Wie die Kelten Romanen wurden.** Die Römer brachten nicht nur ganz Gallien, sondern auch das Alpengebiet bis zur Donau und einen Teil von Britannien unter ihre Herrschaft. Nach und nach übernahm die einheimische Bevölkerung in diesen Provinzen alles, was die Römer mitbrachten: römische Waren, römische Lebensart, römische Verwaltung. Die Kelten wurden „romanisiert". Sie dienten im römischen Heer, wurden römische Staatsbeamte, zahlten römische Steuern mit römischem Geld und urteilten nach römischem Recht. An zahlreichen Orten Galliens und an Rhein und Donau entstanden Römerstädte mit einem Marktplatz und öffentlichen Gebäuden wie Tempel, Arena und Badeanlagen. Die Bevölkerung gebrauchte die lateinische Sprache und Schrift, verehrte die römischen Götter und übernahm schließlich – wie alle Bewohner im Römischen Reich – das Christentum.

(2) Schreib auf, was die Kelten von den Römern übernommen haben.
(3) Lies auf S. 91 nach und erläutere den Bericht des Tacitus an einem Beispiel aus Gallien.

*Abendland – Byzanz – Morgenland*

**Westrom und Ostrom.** Die römischen Kaiser hatten ihr Reich bereits um 400 n. Chr. in eine östliche und eine westliche Hälfte geteilt (vgl. S. 114). Hauptstadt des Ostreiches war Konstantinopel (Byzanz, vgl. S. 113), Hauptstadt des Westreiches blieb Rom. Auf dem Boden des weströmischen Reiches bildeten romanische, germanische und slawische Völker neue Staaten. Das oströmische Reich faßte vor allem Griechen und die Völker Syriens, Ägyptens und Nordafrikas zusammen. Der „Westen" – auch „Abendland" genannt – hatte zwar die gleiche christliche Religion wie der „byzantinische" Osten Europas, doch im übrigen gingen beide getrennte Wege.
Das oströmische Reich blieb einheitlich vom Kaiser regiert. Es bestand bis 1453, rund ein Jahrtausend länger als Westrom. Allerdings war Byzanz oft Angriffen fremder Völker ausgesetzt und verlor seine Gebiete im Süden und Osten des Mittelmeers. Es blieb aber für die ersten Jahrhunderte des Mittelalters unbestritten die bedeutendste Großmacht. Am Kaiserhof von Byzanz herrschte nicht nur ein Luxus ohnegleichen; hier liefen auch alle Fäden der Politik zusammen. Gelehrte Männer bewahrten die Überlieferung griechischer Philosophen und Dichter. Die Stadt Konstantinopel war reich an Kunstschätzen und bedeutenden Bauwerken wie z. B. die Hagia Sophia (vgl. S. 188). Fast der gesamte Handel mit dem Orient nahm seinen Weg über Byzanz, bis in der Zeit der Kreuzzüge (vgl. S. 183ff.) Venedig an seine Stelle trat.

(4) Nenne die Abschnitte der Geschichte des „Altertums", über die du dich in diesem Buch genauer informieren konntest.
(5) Zähle mindestens 10 Staaten auf, die heute zu Europa gehören.
(6) Erläutere, was die europäischen Völker miteinander verbindet.

## 7.2. Die Germanen

**Wie lebten unsere Ahnen?** Wie die Germanen vor mehr als zweitausend Jahren lebten, kann man z. T. aus den Funden ermitteln, die bei Ausgrabungen in Nordeuropa gemacht wurden. Ihre ursprüngliche Heimat lag in Skandinavien und im nördlichen Deutschland. Ihre Kultur war – verglichen mit der griechischen und römischen – sehr zurückgeblieben. Die Germanen kannten keine Städte und trieben wenig Handel. Caesar fand sie arm und anspruchslos; ihre Kleidung und Ernährungsweise habe sich, so meint er, seit den frühesten Zeiten nicht geändert. Als der Limes (vgl. S. 88) gebaut wurde – etwa 100 n. Chr. – schilderte der römische Geschichtsschreiber Tacitus die Germanen in einem Buch als Menschen, die im Vergleich mit den Südländern „blaue Augen, einen trotzigen Blick, rotblonde Haare und kräftige Körper" besaßen.

100 n. Chr.

*Zerstörung eines Germanendorfes. Das Relief befindet sich auf einer Säule, die Senat und römisches Volk zum Andenken an die Germanenkriege des Kaisers Marc Aurel (vgl. S. 101f.) errichtet haben. Im Vordergrund wird ein Germane von Frau und Kind getrennt, die von einem Legionär verfolgt werden. Im Hintergrund links setzen zwei Soldaten eine Hütte in Brand, in der Mitte fleht ein Germane mit erhobenen Händen zu den Göttern. Erzähle, was du noch erkennen kannst.*

Wenn Tacitus auch mit solchen Beschreibungen einseitig übertreibt, verdanken wir seinem Buch doch zahlreiche Kenntnisse über die Germanen in jener Zeit. Er schreibt:

*Siedlungsweise der Germanen*

„Durst und Hitze ertragen sie sehr schlecht; dagegen hat sie das rauhe Klima und der karge Boden ihrer Heimat an Hunger und Kälte gewöhnt ... Die Germanen lieben nicht einmal geschlossene Siedlungen. Städte kennen sie nicht. Sie wohnen lieber in Einzelhöfen und bauen dort, wo eine Quelle, ein Feld, ein Gehölz dazu einlädt. Ihre Dörfer bauen sie nicht nach unserer Art mit geschlossenen Häuserreihen. Um jedes Haus liegt ein freier Platz. Behauene Steine oder Ziegel benutzen sie nicht, sondern nur rohe Holzstämme. Auf Schönheit und gefälliges Aussehen legen sie dabei keinen Wert."

*Könige und Herzöge*

**Die politischen Verhältnisse bei den Germanen.** Die Germanen lebten zu keiner Zeit als einheitliches Volk in einem gemeinsamen Staat. Es gab vielmehr zahlreiche germanische Stämme und Gruppen. Manche hatten an der Spitze einen König, andere kannten nur Herzöge, die während eines Krieges den Stamm führten. „Die Könige wählen sie aus den Reihen der Adligen, zu Heerführern machen sie die Tapfersten", schreibt Tacitus. Aufgrund seiner Angaben glaubte man bis vor einigen Jahrzehnten, bei den Germanen hätten die freien Bauern – ähnlich den Bürgern Athens – das politische Leben weitgehend selbst bestimmt. Aber inzwischen ist festgestellt worden, daß die germanischen Stämme vom Adel beherrscht wurden, der auf seinen befestigten Höfen wohnte, sich mit eigenen Soldaten, den Gefolgschaften, umgab und auf seinem Grundbesitz über abhängige Bauern verfügte. Die Gefolgschaft machte die Adligen stark, so daß sie den Untergebenen Schutz zu gewähren vermochten. Von der Gefolgschaft berichtet Tacitus:

*Gefolgschaftswesen*

„Nichts verschafft mehr Ehre, nichts mehr Macht, als stets von einer zahlreichen Schar auserlesener junger Leute umgeben zu sein. Das verleiht im Frieden Ehre und ist im Kriege ein Schutz. Nicht nur im eigenen Stamm, sondern auch bei den Nachbarstaaten bringt ein starkes und durch seine Tapferkeit berühmtes Gefolge dem Gefolgsherrn Ansehen und Ruhm; Gesandtschaften suchen solche Gefolgsherren auf und überreichen ihnen Geschenke. Oft genügt schon ihr Ruf, um Kriege zu verhüten. Kommt es zur Schlacht, ist es für den Gefolgsherrn schimpflich, sich an Tapferkeit übertreffen zu lassen, für den Gefolgsmann, seinem Herrn an Tapferkeit nachzustehen. Eine Schande fürs ganze Leben, eine untilgbare Schmach aber ist es, ohne seinen Herrn aus der Schlacht heimzukehren. Denn es ist die heiligste Pflicht, den Herrn zu verteidigen, ihn zu schützen und die eigenen Heldentaten ihm zuzuschreiben. Die Gefolgsherren kämpfen für den Sieg, die Gefolgsleute für den Herrn."

**Volksversammlung und Rechtsprechung.** Die Versammlung der freien Männer eines germanischen Stammes nannte man „Thing". Darüber berichtet Tacitus:

*Das Thing*

„Über weniger wichtige Angelegenheiten entscheiden die Adligen, über wichtige die Gesamtheit der Freien, doch werden auch die Dinge, über die die Gesamtheit zu entscheiden hat, vorher von den Adligen durchgesprochen. Wenn nichts Unvorhergesehenes oder Unerwartetes geschieht, tritt der Stamm an bestimmten Tagen bei Neumond oder Vollmond zum Thing zusammen. . . . Sie kommen in Waffen und setzen sich, wenn es ihnen paßt. Ruhe gebieten die Priester; diese haben jetzt auch das Recht zu strafen. Dann hören die Versammelten den König oder auch irgendeinen Adligen an, den Alter, Ruhm und Redegewandtheit berufen erscheinen lassen, das Wort zu ergreifen. Ein gewichtiger Rat gilt bei ihnen mehr als die Befehlsgewalt eines Mächtigen. Mißfällt der Vorschlag, lehnen sie ihn durch Schreien und Murren ab; stimmen sie ihm zu, schlagen sie die Waffen aufeinander. . .

*Rechtswesen*

Im Thing darf man auch Klage erheben und Entscheidung über Leben und Tod anrufen. Die Strafen sind je nach der Art des Vergehens verschieden. Verräter und Überläufer hängen sie an dürren Bäumen auf; Feige, Drückeberger und solche, die widernatürliche Unzucht trieben, versenken sie im Morast oder im Sumpf und decken sie mit Sträuchern und Steinen zu. Die Verschiedenheit in der Bestrafung erklärt sich daraus, daß man Verbrechen öffentlich brandmarken, Laster aber stillschweigend vernichten will. Auch bei leichteren Fällen richtet sich die Strafe nach der Art des Vergehens. Der Schuldige muß eine bestimmte Anzahl von Pferden und Rindern abliefern. Die eine Hälfte der Buße bekommt der König oder der Stamm, die andere Hälfte der, dem Recht verschafft wurde, oder seine Familie . . ."

(Tacitus: Germania. Dt. Übersetzung von H. v. Hentig: Hellas und Rom, a.a.O., S. 357 ff.)

*„Freiheit" der Germanen*

(1) Tacitus war ein römischer Geschichtsschreiber, der sein Buch über die Germanen in der Zeit um 95 n. Chr. schrieb. Woher konnte er seine Kenntnisse haben, welche Stellung hatte er . . . ? Vielleicht hast du noch weitere Fragen zu seiner Person. Schreibe deine Fragen auf und besprich sie mit dem Lehrer.
(2) Tacitus überschätzte die „Freiheit" der Germanen, vermutlich weil er seinen Zeitgenossen in Rom ein leuchtendes Vorbild vor Augen zu stellen versuchte. In der Vergangenheit haben die Deutschen gern an den Bericht von Tacitus über die „freien Germanen" geglaubt, weil ihre Vorfahren dadurch in einem günstigen Licht erschienen. Das Beispiel zeigt, wovon die Auffassung von früheren Zuständen beeinflußt sein kann. Wie denkst du darüber?
(3) Erfinde einen Streitfall und schildere, wie er vor einem germanischen Thing verhandelt wurde.
(4) Besprecht, wie die soziale Ordnung der Germanen aussah. Du kannst sie mit Hilfe einer Schema-Zeichnung verdeutlichen.

*Das bei Neumagen gefundene Relief stellt eine Pachtzahlung dar. Einer der beiden Schreiber zeigt einem offensichtlich verlegenen Bauern ein herausgegriffenes Geldstück. Die genaue Prüfung der Echtheit der Münzen war nicht unberechtigt. In Trier wurden mehrere antike Falschmünzerwerkstätten nachgewiesen.*

**Friedliche Austauschbeziehungen.** Die Menschen im Römerreich und die germanischen Stämme lebten lange Zeit in friedlicher Nachbarschaft. Römische Kaufleute brachten ihre Waren ins Germanenland und verkauften sie: Schüsseln, Teller, Kannen, Vasen, Artikel aus Glas, kostbarer Silberschmuck, scharfe Messer und Lanzenspitzen, Gewürze, Salz. Die Germanen hatten Räucherschinken, Tierfelle, Pelze, Wachs und Honig, Daunenfedern, blondes Frauenhaar und goldfarbenen Bernstein im Tausch anzubieten.

*Handelsaustausch*

Junge Germanen traten auch in römische Dienste. Sie lernten römische Städte kennen und sahen, wie die Häuser gebaut wurden: Steinhäuser mit Keller, Innenhof und vielen Kammern, mit Ziegeldach und Mosaikfußböden, mit bemalten Wänden, schönen Möbeln und kostbarem Geschirr. Sie kamen über gepflasterte Straßen, an denen Meilensteine die Entfernung zum nächsten Lager oder zur nächsten Stadt angaben. Auch die Landwirtschaft der römischen Gutshöfe beeindruckte sie: Da standen Reben an den Hängen, in den Obstgärten gediehen Kirschen, Pfirsiche und Birnen. Die Villen der reichen Römer waren von Blumengärten und Parkanlagen umgeben. Da die Germanen keine eigenen Worte für die neuen Dinge besaßen, übernahmen sie die römischen Ausdrücke: Sie sind als Lehnwörter in unsere deutsche Sprache eingegangen. Besonders eng waren die römisch-germanischen Beziehungen in den Städten an Rhein, Mosel und Donau (vgl. S. 88).

*Das römische Vorbild*

*Lehnwörter*

(5) Erkundige dich, ob auch in deiner Heimat Spuren aus der Römerzeit vorhanden sind.
(6) Stelle fest, was im Sprachlehrbuch über „Lehnwörter" aus dem Lateinischen steht.
(7) Besorge dir Prospekte beim Reisebüro über Trier, Mainz, Köln, Augsburg. Lies nach, was darin über die römische Vergangenheit steht.

*Die große Wanderung der Germanen.*

## 7.3. Die europäische Völkerwanderung

**Germanen im Römerreich.** Ursprünglich wohnten die Germanen in Nordeuropa. Schon im 2. Jh. v. Chr. verließen manche von ihnen die Heimat; niemand kann genau sagen, weshalb. Seit dem 2. Jh. n. Chr. kam es zur Auswanderung ganzer Völker.

*Ursachen der Wanderung*

„Die Kenntnis von der Krise und der zunehmenden Schwäche des römischen Imperiums hatte sich fast überall im Umkreis der damals bewohnten oder dichter besiedelten Erdgebiete verbreitet und zahllose abenteuerlustige Gruppen von jüngeren Kriegern (Gefolgschaften) wie auch ganze Stammesaufgebote und Völkerschaften angelockt, auf römischem Boden Gewinn und Beute oder auch dauerhafte Sitze zu erringen . . . In manchen Legenden und Erzählungen mögen die Annehmlichkeiten des Lebens im Gebiet des Mittelmeeres so übertrieben hervorgehoben worden sein, daß sich die Augen der Barbaren immer neidvoller auf diese fruchtbaren Regionen richteten, vor allem dann, wenn die ohnehin kargen Ernten des Nordens wegen Wetter- oder Klimaverschlechterung für eine steigende Zahl von Stammesgenossen nicht ausreichten. Auch die schlechte Bodenqualität und die mangelnde Bearbeitung des Ackers hat mancherorts zur Abwanderung geführt. Man wich vor Hungersnöten und ähnlichen Krisenerscheinungen aus und suchte sich günstigere Sitze, wobei es oft zu langen Umwegen und Wanderungen kam, in die wie durch eine Kettenreaktion verschiedene benachbarte oder entferntere Stämme mit hineingerissen wurden."

(H.-J. Diesner, Die Völkerwanderung. Bertelsmann Lexikon Verlag, Gütersloh 1976, S. 70)

Die friedliche Nachbarschaft an der römischen Grenze war zu Ende. In harten Kämpfen mit den römischen Legionen schlossen sich Sippen und Stämme zusammen. So entstanden z. B. die großen Verbände der Franken, Alemannen und Goten. Die Franken überschritten den Rhein, die Alemannen durchbrachen den Limes, die Goten siedelten sich in Südrußland und auf dem Balkan an.

*Wanderung der Franken, Alemannen, Goten*

**Der Vorstoß der Hunnen.** Da näherte sich im Osten ein fremdes Reitervolk aus Innerasien, die Hunnen:

*Die Hunnen*

„Die mongolischen Hunnen hatten schon in vorchristlicher Zeit den Chinesen zu schaffen gemacht, und am Anfang des 4. Jh. konnte es sogar dazu kommen, daß ein Hunnenfürst in Nordchina ein hunnisches Kaisertum von freilich nur kurzem Bestand begründete. Ein westlicher Zweig der Hunnen, der um den Aralsee in halbnomadischer Lebensweise siedelte, mag durch klimatische Veränderungen just zur selben Zeit zum Weiterzug gezwungen worden sein. Um die Mitte des 4. Jh. unterwarfen oder vertrieben die Hunnen das iranische Volk der Alanen nördlich vom Kaukasus, und 375 wurde nach einer entscheidenden Schlacht das germanische Gotenreich an der Nordküste des Schwarzen Meeres ein Opfer des Hunnensturmes. Die Hunnen dehnten ihre Herrschaft im Westen bis an die pannonische Donau [das heutige Österreich] aus."

**375 n. Chr.**

(H. Zimmermann, Das Mittelalter. I. Teil, Westermann Verlag, Braunschweig 1975, S. 45, leicht gekürzt)

„Es wurde das Barbarenvolk der Hunnen so mächtig in Thrakien, daß sie mehr als hundert Städte verwüsteten und sogar Konstantinopel in Gefahr brachten. Die Mehrzahl der Einwohner ergriff bereits die Flucht. Ja, selbst die Mönche in Jerusalem wollten schon fliehen, da sie die Zerstörung Konstantinopels fürchteten. Morden und Blutvergießen waren so groß, daß die Zahl der Toten nicht einmal schätzungsweise errechnet werden konnte."

(Kallinikos, Leben des hl. Hypathius. Abgedr. in: Materialien für den Geschichtsunterricht. Diesterweg 7332, 1978, S. 22)

Die Germanenstämme flohen vor den heranziehenden Hunnen und gaben ihr eben erworbenes Siedlungsgebiet auf. Die Westgoten zogen über Italien nach Spanien; die Vandalen ließen sich nach einem Raubzug durch Italien für kurze Zeit in Südspanien nieder und gründeten dann ein Reich in Nordafrika; die Burgunder blieben im oberen Rhonetal, wo sie von den Hunnen besiegt wurden, die unter ihrem König Attila bis nach Gallien vorgedrungen waren. Dort wurden die Hunnen jedoch von einem römisch-germanischen Heer 451 n. Chr. in der Schlacht auf den Katalaunischen Feldern geschlagen. Nach dem Tod Attilas zerfiel das große Reich der Hunnen.

**Das Reich Theoderichs in Italien.** Die Ostgoten zogen, vom Balkan kommend, nach dem Zerfall des Hunnenreichs nach Italien, wo ein germanischer Heerführer namens Odoakar den letzten weströmischen

*Das Grabmal des Ostgotenkönigs Theoderich in Ravenna (vgl. S. 122). Eine riesige Flachkuppel (Durchmesser 11 m), die aus einem einzigen Felsblock gehauen und 8000 Zentner schwer ist, lastet wie der Deckstein eines Hünengrabes auf dem achteckigen Gebäude.*

*Germanische Reiche zur Zeit Theoderichs.*

**476 n. Chr.**
*Ostgotenreich Theoderichs*

Kaiser im Jahr 476 abgesetzt hatte. Theoderich beseitigte Odoakar heimtückisch und errichtete ein eigenes Reich mit der Hauptstadt Ravenna. Die Ostgoten – ein Volk von knapp 150 000 Menschen – bildeten die militärische Oberschicht in Italien, das damals eine Bevölkerung von rund 6 Millionen besaß. Die einheimischen Bewohner des Landes behielten ihre Rechte. In der Verwaltung und Rechtsprechung wirkten weiterhin römische Beamte, auch Gewerbe und Handel blieben in römischen Händen. Der Gotenkönig ernannte sogar vornehme Römer zu seinen Ministern. Den militärischen Schutz übernahmen die Gotenkrieger. Sie erhielten von den Römern ein Drittel der Landgüter mit Wohnung, Sklaven und Vieh. Dafür brauchten die römischen Bürger jetzt keine Kriegssteuer mehr zu bezahlen. Sie lebten unter dem Schutz der Ostgoten; ihre Wirtschaft gesundete. Ein Römer urteilte nach dem Tod Theoderichs über ihn: „Die Hand Theoderichs sorgte für Gerechtigkeit und war ein starker Schutz für Recht und Gesetz. Seine Weisheit und Tapferkeit waren gefürchtet und geehrt weit in der Runde."
Es gab aber auch Spannungen, vor allem wegen der Religion. Die Goten gehörten zu den „Arianern" (vgl. S. 112) und galten deshalb aus der Sicht der römischen Kirche als Irrgläubige. Der byzantinische Kaiser versuchte die Macht Theoderichs einzuschränken. Nach dessen Tod wurden die Ostgoten in einem langen und blutigen Krieg von Ostrom besiegt.

*Herkunft der Slawen*

**Slawische Wanderung.** Die Slawen stammen wie die Griechen und Römer, die Germanen und Kelten aus der großen Völkerfamilie der „Indo-Germanen" (vgl. S. 115).

Von ihren Anfängen wissen wir wenig. Ihre Urheimat lag zwischen den Karpaten und dem Don. Zur Zeit des Römischen Reiches besaßen die Slawen noch keinen eigenen Staat und waren als Volk so wenig geeint wie die Germanen. Die einzelnen Stämme lebten getrennt. Als die Ostgermanen nach dem Hunneneinfall ihr Land verließen, drängten die Slawen auf der Suche nach größerem Siedlungsraum in den Raum bis zur Elbe nach.

*Slawische Stämme*

„Die . . . Völkergruppe der Slawen verließ . . . ihre Heimat im Südosten Zentraleuropas und spaltete sich in drei Hauptstämme, aus denen später die heute lebenden slawischen Völker hervorgingen. Die Ostslawen (Russen, Ukrainer und Weißruthenen) ließen sich im Gebiet des Dnjepr nieder; die Westslawen (Tschechen, Slowaken, Polen, Elb- und Ostseeslawen) fanden eine neue Heimat an Weichsel und Oder; die Südslawen schließlich (Serben, Kroaten, Slowenen, Bulgaren) siedelten sich auf dem Balkan an. Von rund 600 bis 900 n. Chr. waren auch in Polen, Kroatien, Mähren und Bulgarien unabhängige slawische Reiche entstanden. Aber nur Rußland und Polen vermochten ihre Unabhängigkeit ständig zu bewahren . . ."

(Aus: D. T. Rice, Morgen des Abendlandes. Droemer Knaur Verlag, München 1965, S. 140)

(1) Wir sprechen über die Ursachen der Völkerwanderung. Man kann versuchen, sich im einzelnen vorzustellen, wie die Bevölkerung eines germanischen Dorfes die Heimat verließ. Das läßt sich auch in einem Rollenspiel darstellen.
(2) Worin liegt die Bedeutung der Hunnen für die europäische Geschichte?
(3) Zeige anhand eines Schemas, wie der Staat Theoderichs aufgebaut war.
(4) Zeige auf der Karte die Herkunftsgebiete und die neuen Siedlungsräume der Slawen.

## 7.4. Das Frankenreich und seine Christianisierung

**Wie ist das Frankenreich entstanden?** Das weströmische Reich war von den germanischen Völkern aufgelöst worden. Von allen Völkern, die auf seinem Boden (vgl. Karte S. 122) neue Staaten gründeten, sind die Franken für unsere Geschichte am wichtigsten. Das Frankenreich legte den Grund für die politische Ordnung Europas. Die vielen kleinen Stämme, aus denen das fränkische Volk entstand, wohnten damals am Niederrhein und an der Nordseeküste und waren zum Teil mit den Römern verbündet. Ein Gaufürst mit Namen Chlodwig (Ludwig) machte sich zum König der Franken (482–511), indem er die Fürsten der anderen Gaue durch Mord, Verrat und List beseitigte. Dann besiegte er den letzten römischen Statthalter in Gallien, und die romanische Bevölkerung mußte ihn als König anerkennen. Er gewann die führende Schicht des Landes, die Bischöfe in den Städten und die Äbte der Klöster, für seine Regierung. Um sich ihre Freundschaft und den Gehorsam der christlichen Einwohner Galliens zu sichern, ließ sich Chlodwig taufen. Seine Frau war bereits Christin, und er selbst hatte im Vertrauen auf die Hilfe des Christengottes eine entscheidende Schlacht gegen die Alemannen gewonnen.

*Chlodwig*
482-511

**Die Herrschaft des Frankenkönigs.** König Chlodwig baute seine Herrschaft auf zwei Fundamenten, einem germanischen und einem römischen, auf:

*Germanische Königsherrschaft*

Er stützte sich – nach germanischer Art – auf die Gefolgschaft seiner Getreuen, die den Kern seines Heeres bildeten und ihm auch im Frieden dienten. Im Kriegsfall war er oberster Heerführer. Die fränkische Volksversammlung ersetzte er durch einen Rat der Adligen und der hohen Geistlichkeit; er selbst führte den Vorsitz im Rat und wirkte als oberster Richter. Das Land, das er erobert hatte, wurde sein Eigentum. Nach germanischer Auffassung besaß der König besondere Kräfte: Die Untertanen vertrauten darauf, daß ihm Glück und Erfolg treu seien.

*Römische Verwaltung*

Zu den römischen Grundlagen seiner Macht gehörten vor allem die befestigten Römerstädte im Land und das Netz fester Straßen. Außerdem konnte Chlodwig die

Einrichtung der römischen Provinzverwaltung, vor allem das römische Steuerwesen, benutzen und sich auf den Rat und die Mitwirkung der Bischöfe, Äbte und Geistlichen verlassen, die ihn mit ihrer Erfahrung und Bildung unterstützten.
Das fränkische Volk und die romanische Bevölkerung hatten gleiche Rechte; die beiden Bevölkerungsteile vermischten sich, besonders seit die Franken das Christentum annahmen. Das Land zwischen Rhein und Atlantik, das die Franken beherrschten, hieß künftig Francia, Frankreich.

*Francia – Frankreich*

(1) Erkläre, warum die Bischöfe und Äbte zur führenden Schicht in Gallien zählten. Wiederhole S. 111f.
(2) Versuche, die Grundlagen der Macht von Chlodwig in einer Zeichnung darzustellen.
(3) Von „Gallia" zu „Frankreich": Nenne die Stufen dieser Entwicklung.

**Wurden die Franken wirklich Christen?** Die fränkischen Adligen, die Gefolgsleute des Königs und sein ganzes Volk mußten Chlodwig folgen und sich taufen lassen.

*Christentum und Heidentum*

„Das katholische Bekenntnis gab diesem fränkischen Reiche, das bald das einheitlichste und mächtigste unter allen Germanenreichen war, Festigkeit nach innen und Ansehen nach außen ... Das fränkische Volksrecht, das damals aufgezeichnet wurde, begann mit den Worten:
‚Es lebe Christus, der die Franken liebt! Möge er ihr Reich behüten, Ihr Lenker mit dem Lichte seiner Gnade erfüllen, ihr Heer beschützen, die Stützen des Glaubens gewähren, Friede, Freude und Glück verleihen, er, der Herr der Herrscher, Jesus Christus!' ...
Aber auch nachdem Chlodwig 496 die Taufe empfangen hatte und das Volk ihm auf diesem Wege gefolgt war, hielten sich heidnische Bräuche, Sitten und Vorstellungen noch zwei Jahrhunderte lang und bestimmten das Leben der Franken... Die Massentaufen bewirkten noch lange keine innere Umkehr..."

(Nach A. Franzen, Kleine Kirchengeschichte. Herder Taschenbuch 237/238, Freiburg, 2. Aufl. 1965, S. 116ff.)

Kein Wunder, wenn ein fränkischer Geschichtsschreiber aus jener Zeit berichtet, er habe aus einer Gegend gehört, daß die Leute allgemein der Auffassung waren, es schade nichts, wenn jemand, zwischen heidnischen Altären und einer christlichen Kirche hindurchgehend, beiderseits seine Verehrung bezeige.

**Die alten Götter und der neue Glaube.** Den Franken wurde das Verständnis des Christentums durch ihre romanischen Mitbürger, die längst Christen waren, erleichtert. Viel schwieriger war es, die anderen Stämme für den neuen Glauben zu gewinnen.

*Germanische Götter*

Sie hielten an ihren alten Göttern fest: an Wodan (auch Odin genannt), dem Sturmgeist; an Donar (auch Thor genannt), der die Blitze vom Himmel schleudert; an Freya, der Beschützerin von Haus und Herd, und an dem Kriegsgott Ziu.
Der Papst mußte den Missionaren empfehlen, bei der Verbreitung des Glaubens darauf Rücksicht zu nehmen:

*Ratschläge für Missionare*

„Die Göttertempel braucht man nicht zu zerstören, nur die Götzenbilder darin. Man besprenge die Tempel mit Weihwasser, dann errichte man in ihnen christliche Altäre und lege Gebeine von Heiligen in diese. Sieht nämlich das Volk, daß man seine heiligen Stätten nicht vernichtet, dann wird es um so leichter, den Irrtum aus seinem Herzen verbannen und zur Anbetung des wahren Gottes an den gewohnten Ort kommen. Das Fest der Heiligen mögen die Leute ruhig auch mit äußeren Festlichkeiten und einem Festmahl feiern. Man kann ja harten Herzen nicht alles auf einmal abschneiden, und wer auf den Gipfel eines hohen Berges steigen will, kommt nur langsam Schritt für Schritt, nicht mit Sprüngen hinauf."

(Anweisung Papst Gregors d. Gr. im Jahr 601. Abgedruckt in: Quellenbuch zur Kirchengeschichte, Band I/II, a.a.O., S. 51f.)

*Christianisierung im Germanenland.*

Immer wieder mußten die Glaubensboten auch Rückschläge hinnehmen.

*Mißerfolge bei der Mission*

„Als der heilige Wolfram den Friesen das Christentum predigte, brachte er endlich Radbot, ihren Herzog dazu, daß er sich taufen lassen wollte. Radbot hatte schon einen Fuß in das Taufbecken gestellt; da fiel ihm ein, vorher zu fragen, wohin denn seine Vorfahren gekommen wären, ob sie bei den Scharen der Seligen oder in der Hölle seien. Sankt Wolfram antwortete: ‚Sie waren Heiden, und ihre Seelen sind verloren.' Da zog Radbot schnell den Fuß zurück und sprach: ‚Ihre Gesellschaft mag ich nicht verlieren; lieber will ich elend bei ihnen in der Hölle wohnen als herrlich ohne sie im Himmelreich.'"

(Aus: Materialien für den Geschichtsunterricht, Das Mittelalter. Diesterweg 7332 [4]1972, S. 69)

(4) Zwischen Annahme des Christentums und wirklicher „Bekehrung" kann ein Unterschied bestehen. Inwiefern?
(5) Nimm Stellung zu den Methoden, die Papst Gregor den Missionen empfiehlt.
(6) Erkläre das Verhalten des Friesenherzogs Radbot.

*Bonifatius*

**Bonifatius ordnet die Kirche in Deutschland.** Die endgültige Christianisierung des Frankenreiches gelang erst unter Bonifatius.

*Bonifatius spendet die Taufe und erleidet den Märtyrertod. Buchmalerei in einem Fuldaer Sakramentenbuch (875). Beachte die Form, in der die Taufe vorgenommen wird. Bonifatius wurde zusammen mit 52 Gefährten auf einer Missionsreise in Friesland getötet.*

*Eingliederung in die römisch-katholische Kirche*

„Aus der angelsächsischen Kirche ging der ‚Apostel der Deutschen' hervor, Winfried, genannt Bonifatius. Der Sproß eines edlen Sachsengeschlechts wird ganz mönchisch erzogen. Aber die geliebte Wissenschaft kann ihn doch nicht im Kloster festhalten. Sein innerer Drang treibt ihn hinüber zur Mission bei den Friesen. Nach seiner Rückkehr hält er es wieder nicht lange aus. Aber diesmal geht die Reise zuerst nach Rom, und von da aus begibt er sich im päpstlichen Auftrage nach Thüringen. Auch bei den Friesen und Hessen missioniert er. 722 muß er in Rom über seine Arbeit berichten. Bei diesem zweiten Aufenthalt empfängt er die Bischofsweihe. Dabei verpflichtet er sich, seine Tätigkeit unbedingt den römischen Anweisungen zu unterstellen. Der Papst legt seine Hand auf das neue kirchliche Gebiet. Karl Martell, der . . . Herrscher des Frankenreiches, stellt dem neuen Bischof auf päpstliche Empfehlung hin einen Schutzbrief aus, der ihm ohne Zweifel bei der Fällung der Donareiche bei Geismar [einem heidnischen Nationalheiligtum der Hessen] zustatten kam. Immer mehr wird aus dem Missionar der Organisator, besonders als ihm 732 die Würde eines Erzbischofs vom Papst verliehen wird. Nun geht es an die Errichtung von Bistümern und Klöstern in Bayern, Hessen und Thüringen . . . Als Erzbischof von Mainz bringt er die letzten Lebensjahre zu, hauptsächlich besorgt um sein Lieblingskloster Fulda. Schließlich treibt es den Achtzigjährigen, der bereits mit dem Leben abgeschlossen hat, noch
754 einmal zu dem Plan seiner Jugend, zur Mission unter den Friesen. Am 5. Juni 754 wird er von einer heidnischen Schar erschlagen. In Fulda ist sein Grab."

(Aus: W. v. Loewenich, Die Geschichte der Kirche. Siebenstern Verlag, München und Hamburg 1966, S. 99)

(7) Was verdankt die Kirche in Deutschland Bonifatius?

## Zur Lernkontrolle

1. Zeige auf den Karten S. 120 und 122 die Ausdehnung der einzelnen Reiche in Europa und erläutere, wie sie entstanden sind.
2. Am Beispiel der Entwicklung von Gallien zum Frankenreich kannst du darstellen, wie das römische Erbe weitergegeben wurde.
3. Beschreibe die Schwierigkeiten, die sich beim Übergang vom Alten zum Neuen während der Christianisierung der Germanen ergaben.
4. Kannst du einzelne Besonderheiten der Verhältnisse bei Kelten, Germanen oder Slawen nennen?

# 8. Der Islam: Weltreligion und politische Großmacht

## Lernziele

- Mit dem Islam entstand eine neue Weltreligion, die mit dem Christentum konkurrierte. Viele Jahrhunderte lang wurde der Islam von Christen bekämpft, und seine Anhänger wurden als Ungläubige verachtet. Du sollst dich hier darüber informieren, was der Islam in Wirklichkeit lehrt und bedeutet.
- Das soll dich dazu anregen, dich mit Glaubensvorurteilen auseinanderzusetzen und Toleranz und Verständnis für einen fremden Glauben zu entwickeln.

## 8.1. Der Glaube der Muslime

**Unkenntnis und Vorurteile der Christen.** Noch war ein Teil der Bevölkerung im Abendland heidnisch, da breitete sich von der arabischen Halbinsel her eine andere Weltreligion wie ein Sturmwind aus: der Islam. Er war von dem Propheten Mohammed begründet worden, der um 630 die arabischen Stämme religiös und politisch einigte. Die ganze Christenheit geriet in Schrecken, als sich die Herrschaft der Muslime – so nennen sich die Anhänger des Islams – im Nahen Osten, in Nordafrika und Spanien ausbreitete. Diese christlichen Gebiete waren in kurzer Zeit an den Islam verloren. Als der Vormarsch um 732 zum Stehen kam, hielt man im Abendland den Islam weiterhin für die gefährlichste Bedrohung.

*Zerrbilder vom Islam*

Die Fronten verhärteten sich. Christen und Muslime standen sich als feindliche Blöcke gegenüber. Im Abendland wollte man nicht anerkennen, wie ernst der Glaube der Muslime war. Der Islam sei bloß eine Irrlehre, hieß es zunächst. Dann stempelte man die Muslime zu Ungläubigen, predigte Haß und Krieg gegen sie. Und bis in unsere Zeit

*Mohammed nach der Eroberung einer befestigten Stadt. Achte darauf, wie man ihn begrüßt. Über dem Propheten schwebt der Engel Gabriel. Die Lehre von den Engeln hat Mohammed aus der jüdisch-christlichen Religion übernommen (Buchmalerei aus einer persischen Handschrift).*

hielt sich das Vorurteil, der Islam sei rückständig oder sittlich verwerflich, er dulde Vielweiberei und zwinge die Frauen in den Harem.

(1) Du kennst gewiß auch Vorurteile gegen andere Gruppen (z. B. Neger). Wie lauten sie?
(2) Versuche darzustellen, wie nach deiner Meinung die Vorurteile gegen die Muslime entstanden sind.

**Was glauben die Muslime wirklich?** Das Glaubensbekenntnis eines Muslim ist kurz und klar. Es lautet: Ich bezeuge, es ist kein Gott – außer Gott, und Mohammed ist der Gesandte Gottes.

*Mohammed*

Mohammed war ein Kaufmann in Mekka, einer alten arabischen Handelsstadt, ein nachdenklicher und welterfahrener Mann. Ihn ärgerte, daß seine Landsleute eine Menge Götter verehrten und dabei nur einen oberflächlichen Glauben besaßen. Er selbst hatte den Glauben der Juden und Christen an einen einzigen Gott kennengelernt. Eines Tages überkam ihn eine Erscheinung: Er fühlte sich der Erde entrückt, ein Engel befahl ihm aufzuschreiben, was Gott durch den Engel sagte. Diese Visionen wiederholten sich. Mohammed schrieb auf, was ihm auf diese Weise offenbar wurde.

*Der Glaube an Allah*

Das Buch, in dem seine Sätze stehen, heißt Koran, die „Bibel" der Muslime.

„Im Jahre 613 begann Mohammed in Mekka öffentlich zu predigen. Allah, so lehrte er, sei nicht nur ein Gott unter vielen anderen, sondern der einzige und ewige Herrscher des Weltalls; ihm verdankten die Menschen ihr Dasein, und nur ihn dürften sie verehren. Er predigte, daß alle Gläubigen vor Gott gleich seien und daß die Reichen ihr Vermögen mit den Armen teilen müßten. Und zugleich wies er darauf hin, daß das Schicksal des Menschen in Gottes Hand liege: Einst werde der Tag des Gerichts kommen über alle Menschen."

(D. Stewart, Islam. Die mohammedanische Staatenwelt. Reinbek b. Hamburg 1972, S. 18f.)

*Mekka und Medina*
**622**

Weil Mohammed seine Landsleute als Götzendiener anprangerte, verfolgten sie ihn. Er verließ im Jahr 622 seine Heimatstadt und gründete in Medina eine Gemeinde treuer Anhänger. Das war der Beginn der islamischen Herrschaft, und deshalb beginnt mit diesem Jahr die Zeitrechnung der Muslime. Mohammed wurde für seine Leute nicht nur der religiöse, sondern zugleich der politische Führer, auf arabisch „Imam". Es gelang ihm, Mekka zu bezwingen und dort als Sieger einzuziehen.

*Einigung der Araber*

Dann einigte er in wenigen Jahren alle arabischen Stämme, die bis dahin völlig zersplittert waren. Alle Araber hatten nun Allah als einzigen Gott und Mohammed, seinen Propheten, als alleinigen Herrscher. Mohammed starb 632 in Mekka.

**Die fünf Grundpfeiler des Islams.** Die Grundlagen der islamischen Religion haben sich bis heute erhalten.

„Mohammed hat weder eine organisierte Priesterschaft eingesetzt noch Sakramente. Er hatte aber eine Anzahl unbedingt einzuhaltender Satzungen vorgeschrieben, die als die ‚Fünf Pfeiler des Islams' bekannt sind: Es sind dies folgende:

*Glaube*

Erstens: Verkündigung des Einen Gottes. Ihren Ausdruck findet sie in dem Glaubensbekenntnis: Es gibt keinen anderen Gott außer Allah; Mohammed ist sein Prophet!

*Gebet*

Zum zweiten muß der gläubige Moslem fünfmal täglich ein Gebet mit dem Gesicht nach Mekka sprechen, wo immer er sich befindet, freitags aber in der Moschee.

*Almosen*

Die dritte der Pflichten verlangt Almosengeben als Opfer für Allah und als Akt der Frömmigkeit.
Der vierte der fünf Pfeiler des Islams ist die Einhaltung des Ramadan-Fastens. Nach dem Koran empfing der Prophet die erste seiner Offenbarungen im Ramadan, im neunten Monat des musel-

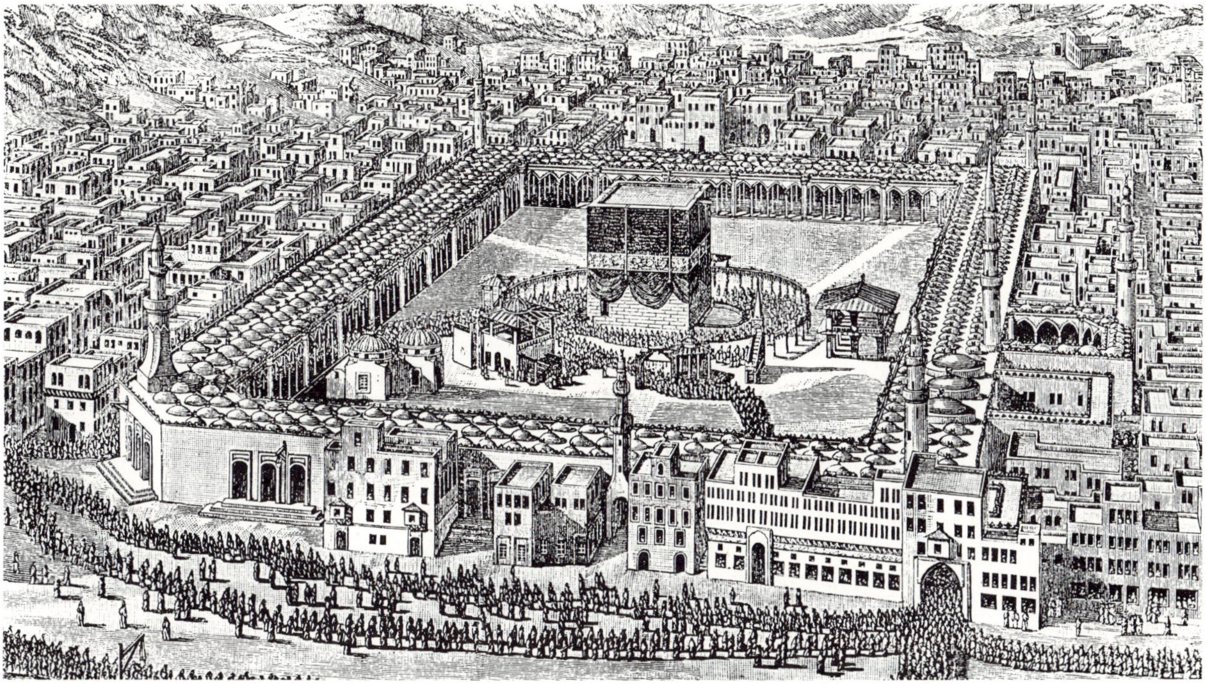

*Mekka mit dem Heiligtum der Kaaba, einem würfelförmigen Bau, in dem ein schwarzer Meteorit liegt (Stich aus dem 18. Jahrhundert).*

manischen Jahres ... Später erklärte Mohammed den ganzen Ramadan – der nach dem westlichen Kalender jedes Jahr auf eine andere Zeit fällt – zum Fastenmonat. . .

*Fasten*

Der fünfte „Pfeiler" ist die Wallfahrt nach Mekka.

*Wallfahrt nach Mekka*

Außer diesen Hauptregeln für das religiöse Verhalten enthält der Koran auch eine Vielzahl moralischer und rechtlicher Anweisungen. Er untersagt dem Gläubigen den Genuß von Schweinefleisch, den Wucher und Glücksspiele jeder Art; er regelt Eheschließung und Scheidung und setzt Strafen für Verbrecher fest. . ."

(Aus: Die großen Religionen der Welt. Knaur Taschenbuch. München 1968, S. 99f., leicht gekürzt)

(3) Vergleiche die fünf Grundpfeiler des Islams mit den „Zehn Geboten" des Christentums.
(4) Einem gläubigen Muslim, der heute z. B. als Gastarbeiter in der Bundesrepublik lebt, kann es schwerfallen, religiöse Pflichten seines Glaubens zu erfüllen. Nenne Beispiele und begründe die Schwierigkeiten.

**Religion und Staat.** Man sieht, die Religion des Islams hat vieles mit Judentum und Christentum gemeinsam. Aber der Islam bildet keine „Kirche" innerhalb weltlicher Staaten. Der Koran bestimmt das religiöse Verhalten der Gläubigen ebenso wie die Gesetze und Pflichten der Bürger, der Beamten und Herrscher. Staat und Kirche sind hier ein und dasselbe. Das Volk der Gläubigen bildet eine enge Gemeinschaft. Am Freitag kommen alle zur Mittagszeit in das Bethaus, die Moschee. Jede Moschee besitzt eine Halle und einen großen Vorhof, in dem ein Wasserbecken oder ein Brunnen steht. Hier müssen sich die Gläubigen vor jedem Gottesdienst waschen, denn „Reinheit ist der halbe Glaube", lehrt Mohammed. Zum Gebet kauern die Muslime nieder und verbeugen sich, wo immer sie sich befinden, in der Richtung, in der Mekka liegt. Der Koran verpflichtet sie, Gutes zu tun und sich nicht über die von Gott

*Die Moschee*

erlassenen Gebote hinwegzusetzen. Wer dies dennoch tut, begeht ein Unrecht und kommt vor den Richter, den Mufti oder den Kadi, der in Streitfällen das Urteil spricht und vollstreckt. Mufti und Kadi gehören zu den höchsten Beamten im muslimischen Gemeinwesen; sie sprechen Recht, indem sie den Koran anwenden. So sind sie für den religiösen wie für den weltlichen Bereich zuständig.

*Der islamische Gottesstaat*
632

Das gleiche gilt für den obersten Herrscher, der an der Spitze des muslimischen „Gottesstaates" steht. Nach dem Tode Mohammeds (632) übernimmt diese Herrschaft der „Kalif", d.h. Stellvertreter des Propheten. Er ist religiöses Vorbild, dem die Gläubigen folgen, und zugleich Staatsoberhaupt, das alle Macht in seinen Händen hat. Als Statthalter Allahs ist der Kalif dafür verantwortlich, daß dem, was im Koran steht, Geltung verschafft werde.

*Verpflichtung für die Gemeinschaft*

**Die sozialen Beziehungen.** Jeder Muslim ist zu regelmäßigen Almosen verpflichtet; diese Almosen bilden die Steuern, die für das Gemeinwesen notwendig sind. Ihre Höhe richtet sich nach dem Besitz und Einkommen des einzelnen Muslim. Durch die Religion wird somit jeder auch zu einem finanziellen Beitrag für die Gemeinschaft verpflichtet. In der Familie bildet der Vater das Oberhaupt. Der Koran erlaubt dem Muslim, vier Frauen zu haben, vorausgesetzt, daß er keine von ihnen benachteiligt. Er kann eine Frau jederzeit wieder verstoßen.

*Rolle der Frau*

Weil der Koran empfiehlt, Frauen sollten aus Ehrfurcht einen Schleier tragen, wagten sie sich nur tief verschleiert an die Öffentlichkeit und lebten zurückgezogen im Harem. In der modernen Zeit hat sich die Stellung der Frau in den meisten islamischen Ländern verbessert. Viele Muslime haben heute nur eine Ehefrau. In den Städten haben die meisten muslimischen Frauen den Schleier abgelegt. Die Ehescheidung ist offiziell nur noch auf gerichtlichem Weg möglich, und zwar in ähnlicher Weise wie in anderen modernen Staaten. Dennoch sind die muslimischen Frauen ihren Männern noch keineswegs gleichberechtigt.

(5) Staat und Kirche sind für den Muslim ein und dasselbe. Erkläre diesen Satz an Beispielen.
(6) Beurteile die Stellung der Frau im Islam. Inwieweit trifft das europäische Vorurteil (vgl. S. 128) noch zu?

## 8.2. Die Ausbreitung des Islams

**Siegeszug der Araber.** Religion und Herrschaft der Araber breiteten sich nach allen Richtungen aus.

„Ein Jahr nach Mohammeds Tod brachen die Reiterscharen des Islams über die Grenzen Arabiens in die völlig überraschten Nachbarländer ein. Die drei ersten Kalifen, Abu Bekr, Omar und Osman, brauchten weniger als zwei Jahrzehnte, um die reichsten Fürstentümer des Nahen Ostens zu erobern: Syrien (635), Irak (637), Palästina (640), Ägypten (642) und das große Persische Reich (650).

*Eroberungszüge*

Die siegreichen Heere drangen so stürmisch vor, daß sie zunächst gar keine Zeit fanden, die Bewohner der eroberten Gebiete zu bekehren und eine wirksame Regierung auszuüben. Sie begnügten sich damit, die Unterworfenen tributpflichtig zu machen. Zahlten sie, so ließ man sie in Ruhe. Bald nahmen immer mehr Untertanen den Glauben der Eroberer an. Die Araber erreichten Indien im Osten und den Atlantik im Westen. Sie drangen über die Straße von Gibraltar nach Spanien und Portugal und über die Pyrenäen bis nach Frankreich vor. Hier, bei Tours und Poitiers, siegte der Frankenherrscher Karl Martell [vgl. S. 126] über ein arabisches Heer und stoppte ihren
732 Vormarsch im Jahr 732.

Aber die Bedrohung des Abendlandes bestand weiterhin. Der Balkan fiel in die Hand des Islams, und seit 1453 war Konstantinopel, die Hauptstadt des oströmischen Reiches, mohammedanisch [vgl. S. 116]. Erst [durch die Niederlage der Türken] in der Seeschlacht von Lepanto 1571 und vor Wien 1683 wurde die ‚Türkengefahr' endgültig gebannt."

(Nach: Die großen Religionen der Welt, a.a.O., S. 104)

*Die Ausbreitung des Islams.*

(1) Stelle auf der Karte fest: Wo verlaufen die Grenzen zwischen dem Gebiet des Islams und des Christentums?
(2) Auch in diesem Abschnitt wird der Islam als „Bedrohung des Abendlandes" bezeichnet. Was war im Abendland durch den Islam bedroht?
(3) Die Türken lösten die Araber als führendes Volk im Islam ab. Wenn du dich mehr dafür interessierst, lies S. 192f. in diesem Buch.

*Für und wider den Heiligen Krieg*

**Missionierung mit Gewalt?** Die Kalifen feuerten die Muslime zum „Heiligen Krieg" an, wie der Koran es befahl: „Kämpfet, bis keine Bedrohung mehr ist und alle Anbetung Allah allein zukommt ... Streitet wider die, die weder an Gott noch an den Tag des Gerichts glauben! Streitet auch wider die Christen und Juden, bis sie bereit sind, Tribut zu zahlen und sich zu unterwerfen!" Doch nur Verteidigung sei erlaubt: „Kämpfet gegen diejenigen, die euch bekämpfen, aber greifet niemals selber an: denn fürwahr, Gott liebt nicht die Angreifer." Das Volk der Gläubigen sollte Allahs Willen auf Erden durchsetzen, und zwar mit dem Schwert, wo sich Widerstand erhob.

*Rücksicht auf die Christen*

Aber der Koran fordert nicht nur zum Glaubenskrieg auf, er legt auch eindeutig fest: „Es darf keinen Zwang in Glaubensdingen geben." Das galt aber nur für Christen und Juden, die anderen „Buchgläubigen", die auch eine Offenbarung in Form einer „Heiligen Schrift" und auch den Glauben an den einen Gott besaßen. Sie durften ihren Glauben behalten. In einem Vertrag garantierte der siegreiche Kalif Omar den Christen in Jerusalem:

„Im Namen Allahs, des Allerbarmers, des Allbarmherzigen! Dieser Vertrag gilt für alle christlichen Untertanen, Priester, Mönche und Nonnen. Er garantiert ihnen Schutz, wo immer sie sich befinden. Wir sind als Kalif durch unsere Pflicht gebunden, uns selbst und unseren Anhängern und allen christlichen Untertanen, die ihren Verpflichtungen nachkommen, Schutz zuzusichern. Derselbe Schutz wird den christlichen Kirchen, Häusern und Pilgerstätten gewährt, ebenso denen, die diese Stätten aufsuchen, und allen, die den Propheten Jesus anerkennen."

*Kampf den Ungläubigen*

Wer nicht wie Juden und Christen an den einen Gott glaubte, mußte den Islam anerkennen. Der Islam erlaubt zwar nicht die Ausrottung der Ungläubigen, verspricht aber dem Krieger, der im Kampf für die Ausbreitung der Rechte Gottes sein Leben verliert, das Paradies und die Vergebung sämtlicher Sünden.

**Gründe des Erfolgs.** Der beispiellose Erfolg des Islams hatte verschiedene Gründe. Die wichtigsten sind:

*Militärische Überlegenheit und politisches Geschick*

Die beiden größten Reiche, auf die die Araber zuerst stießen (das persische und das oströmische Reich), waren zu jener Zeit politisch und militärisch schwach.

Die Araber kämpften als geschlossene Einheit, von Kalifen geführt, die alle politische, militärische und religiöse Gewalt besaßen.

Viele Christen im Orient und in Nordafrika hatten sich unter der Herrschaft des Kaisers von der in der oströmischen Kirche gültigen Lehrmeinung getrennt (vgl. S. 113); sie waren deswegen von kaiserlichen Beamten bedroht und verfolgt worden; so begrüßten sie die Araber als Befreier.

Die unterworfenen Christen wurden nicht gezwungen, zum Islam überzutreten; sie mußten jedoch eine besondere Steuer zahlen, sie durften keine Waffen tragen und keinen Fernhandel treiben; sie waren Bürger zweiter Klasse. Das ertrugen die meisten nicht lange, sie wechselten den Glauben und wurden Muslime.

Die unterworfenen Völker durften ihre Eigenart und – falls sie Christen waren – sogar ihren Glauben behalten. Die bestehenden Einrichtungen – Städte, Beamtentum, Steuerwesen – behielten die Araber bei.

Das muslimische „Volk der Gläubigen" war felsenfest überzeugt, im Besitz der einzig wahren Religion zu sein; denn Mohammed, so sagte ihr Glaube, war der letzte, der endgültige Prophet des einzigen Gottes.

(4) Untersuche die Lehren des Islams in bezug auf den Krieg: Sind sie einheitlich, unmißverständlich, widerspruchsfrei?

(5) Mach an einem Beispiel deutlich, weshalb Christen in einem von Muslimen eroberten Land „Bürger zweiter Klasse" wurden.

(6) Ordne die für den Sieg des Islams angegebenen Gründe in zwei Gruppen a) Überlegenheit der Araber; b) Schwächen der Christen. Welchen der angeführten Gründe hältst du für ausschlaggebend? Warum?

*Der Islam heute*

**Die islamische Weltreligion heute.** Die erfolgreiche Ausbreitung des Islams ist auch heute nicht zum Stillstand gekommen. Abgesehen von den arabischen Ländern herrscht der Islam im Iran, in Pakistan, in Indonesien und in weiten Teilen Afrikas. Auch in Indien, in China, in der Sowjetunion und in den USA (Black Moslems) leben viele Millionen Muslime. Insgesamt zählen zum Islam rund 600 Millionen Gläubige, das ist rund ein Siebtel der Weltbevölkerung. In den ersten Jahrhunderten mußte der Islam kaum Verluste hinnehmen, zumal der Abfall von Allah mit schärfsten Strafen bedroht wird. Da jeder Muslim zugleich ein Verkünder des Glaubens ist, braucht der Islam keine Missionare und keine organisierte Kirche. Neue Anhänger lassen sich leicht gewinnen, denn die Grundwahrheiten des Korans sind einfach und klar. Nach einer Stunde der Einführung kann einer bereits sich als Muslim bekennen. So kommt es, daß der Islam heute dabei ist,

„sich erneut auszubreiten und nun sogar in Gebiete vorzudringen, die bisher noch nie islamisiert worden sind. Muslim-Gemeinden gibt es heute in Europa und in Amerika. In verschiedenen Regionen Afrikas haben sich die Muslimen in den letzten Jahrzehnten verdoppelt. Es ist aus-

*Inneres der Moschee in Cordoba (Spanien). Diese Moschee (begonnen 780, fortgeführt im 9. und 10. Jahrhundert) war die größte nach Mekka. Ihr Inneres bildet einen „Wald" von 860 Säulen.*

gerechnet worden, daß, wenn zehn Afrikaner die traditionellen Naturreligionen aufgeben, nur drei von diesen zehn Christen werden, aber sieben Muslimen. Auch in Asien, das den Islam schon seit Jahrhunderten kennt, faßt der Islam immer mehr Fuß. Seit der Entkolonisierung haben einige Länder den Islam zur Staatsreligion erhoben . . ."

(Aus: R. Italiaander, Die Herausforderung des Islam. Musterschmidt Verlag, Göttingen 1965, S. 8)

## 8.3. Islamische Kultur

**Die Stadt des Kalifen.** Das Oberhaupt des islamischen Reiches war der Kalif. Er residierte zuerst in Damaskus, wo sich mehr als 100 000 Muslime ansiedelten, danach im neuerbauten Bagdad am Tigris.

*Das märchenhafte Bagdad*

„Die Kalifen erhoben Bagdad nicht nur zum Zentrum der neuen Weltreligion, sondern auch zu einer Hochburg der Wissenschaft, wie es keine zweite gab (außer allenfalls Byzanz), und zu einem der größten Handelsplätze der Erde. Der Tigris ist bis Bagdad schiffbar. Die Stadt lag im Treffpunkt der Karawanenstraßen aus Persien, Kleinasien, Ägypten und der arabischen Halbinsel. Der Kalif Harun al-Raschid (786–809) baute eine Brücke über den Tigris und dehnte das Stadtgebiet auf das Ostufer des Flusses aus; es wurde dadurch viermal so groß wie das von Rom. Er zog Künstler und Wissenschaftler an seinen Hof und unterhielt Beziehungen zu Karl dem Großen [vgl. S. 138]. In den Märchen aus Tausendundeiner Nacht wird seine Gerechtigkeit gerühmt, und mehrfach wird erzählt, wie er sich, begleitet von seinem Wesir, verkleidet unters Volk mischte, um von den Sorgen und Nöten des kleinen Mannes zu erfahren . . .

*In der Bibliothek einer Moschee. Persische Buchmalerei.*

Der Kalif Mamun, Sohn Harun al-Raschids, gründete das ‚Haus der Weisheit', zu dessen Aufgaben es gehörte, wissenschaftliche Bücher aus dem Griechischen ins Arabische zu übersetzen. ... Nicht weniger als 100000 Moscheen, Kapellen und Bethäuser soll Bagdad während seiner beiden Blütezeiten im 9. und 11. Jahrhundert gehabt haben, dazu 60000 öffentliche Bäder und 12000 Karawansereien. Selbst wenn man zwei Drittel davon orientalischer Fabulierfreude zuschreibt, muß Bagdad wahrhaft eine Weltstadt von märchenhafter Buntheit gewesen sein. Der arabischen Überlieferung nach hatte es 2 Millionen Einwohner; europäische Schätzungen begnügen sich mit einer halben bis 1 Million."

(Aus: W. Schneider, Überall ist Babylon. Die Stadt als Schicksal des Menschen von Ur bis Utopia. Knaur Taschenbuch. München 1965, S. 174f.)

**Überlegenheit des Morgenlandes.** Im Orient, wo die Kulturen der Griechen, Perser und Inder zusammentrafen, konnten die Araber in kurzer Zeit eine eigene Kultur entwickeln. Sie ließen persische und griechische Gelehrte für sich arbeiten, die besonders viel auf dem Gebiet der Naturwissenschaften leisteten. Die Werke der griechischen, persischen und indischen Dichtung und Wissenschaft wurden ins Arabische übersetzt. Der Kalif ließ kostbare Handschriften sammeln und scheute keine Kosten dafür. Viele Menschen konnten lesen und schreiben, und die Buchhandlungen machten gute Geschäfte. In Bagdad gab es über hundert Buchläden, in Spanien etwa siebzig. Die Bücher wurden häufig mit kostbaren Malereien versehen. Die Araber lernten diese Kunst von den Persern.

*Mathematik und Naturwissenschaft*

Von den Indern übernahmen sie die Schreibweise der Zahlen, die „arabischen Ziffern", und das „Zehnersystem", mit dem auch wir heute rechnen. Sie erfanden den Kompaß (vielleicht lernten sie ihn auch bei den Chinesen kennen), und ihre Schiffe beherrschten das Mittelmeer, befuhren aber auch den Indischen Ozean. Die Bahn der Sonne, des Mondes und der Planeten wurde mit großer Genauigkeit berechnet. Arabische Chemiker entdeckten wichtige Grundstoffe, z.B. Schwefelsäure, Salpetersäure, Alkali, Ammoniak. Sie entwickelten ein Verfahren zum Destillieren und Kristallisieren. Auch in der Medizin haben die Araber hervorragende Verdienste. Sie führten schwierige Operationen durch und erprobten zahlreiche Medikamente, die sie aus Pflanzen herstellten. In den Städten errichteten sie die ersten Krankenhäuser, sogar mit besonderen Stationen für Geisteskranke.

**Was wir den Arabern verdanken.** Wir Europäer haben lange Zeit von den arabischen Chemikern, Ärzten, Mathematikern und Geographen gelernt. Auch in der Landwirtschaft und im Gewerbe haben wir manches von den islamischen Ländern übernommen. Der Anbau von Baumwolle, Spargel, Melonen und Aprikosen kam aus dem

*Islamischer Kultureinfluß auf Europa*

Orient. Wir lernten von den Arabern, wie man Papier herstellt. In der Kunst der feinen Metallverarbeitung, des Teppichknüpfens und der Elfenbeinschnitzerei blieben die

Araber uns stets überlegen. Noch heute erinnern viele Worte in unserer Sprache an den Einfluß des Orients, z. B. Zucker, Rhabarber, Alkohol, Reis, Admiral, Ziffer, Tarif, Algebra, Gitarre. Diese Worte stammen aus dem Arabischen und zeigen, daß diese Dinge von dort zu uns gekommen sind. Welchen Einfluß die arabische Literatur auf die Christen ausübte, zeigt die Klage eines Bischofs aus dem 10. Jh.:

*Lehnwörter*

„Meine Mitchristen genießen die Gedichte und Romanzen der Araber; sie studieren die Werke mohammedanischer Theologen und Philosophen, nicht um sie zu widerlegen, sondern um sich einen korrekten und eleganten arabischen Stil anzueignen. Wo gibt es heutzutage einen Laien, der die lateinischen Kommentare zur Heiligen Schrift lesen kann? Ach! die jungen Christen . . . kennen keine andere Literatur als die arabische; sie lesen und studieren arabische Bücher; sie häufen unter ungeheuren Kosten ganze Bibliotheken an und singen überall das Loblied arabischen Brauchtums."

(Bischof Alvaro, abgedruckt in: D. Stewart, Islam, a.a.O., S. 151)

(1) Vergleiche die Lehnwörter der deutschen Sprache aus dem Lateinischen mit denjenigen aus dem Arabischen. Der Vergleich sagt dir, auf welche Gebiete sich der Einfluß der Römer und der Araber erstreckte (weitere Lehnwörter aus dem Arabischen sind: Sirup, Artischocke, Aprikose, Safran, Azur, Alaun, Alkali, Zenit, Scheck, Musselin, Tamburin).

**Anpassung an die moderne Zeit.** Das „goldene Zeitalter" des Islams lag in der Zeit zwischen 800 und 1100. Danach begann die islamische Kultur zu erstarren. Der Koran, an dem kein Buchstabe geändert werden durfte, blieb Grundlage und Richtschnur für das Leben der Muslime bis heute. Die islamischen Länder verloren den Anschluß an den technischen und wissenschaftlichen Fortschritt. Heute zählen die Staaten mit islamischer Kultur zu den Entwicklungsländern. Aber viele sind entschlossen, sich an die moderne Zeit anzupassen, wobei sie Kraft und Selbstbewußtsein aus der eigenen Geschichte ziehen.

*Erstarrung des Islams*

**Zur Lernkontrolle**

1. Berichte über Mohammed und seine Lehre.
2. Setze dich mit folgenden Vorurteilen auseinander:
„Muslime sind Ungläubige".
„Im Islam gelten Frauen nichts".
3. Zeige auf der Karte S. 131, in welchen Gebieten der Islam sich ausgebreitet hat.
4. Nenne einzelne Leistungen der islamischen Kultur.

# 9. Das Kaisertum der Karolinger

**Lernziele**

- Informiere dich bitte in diesem Kapitel darüber, wie die Karolinger ihr Reich ausdehnten, wie Karl der Große alle germanischen Volksstämme in Mitteleuropa in seinem Reich vereinigte, wie dieses Reich verwaltet wurde und die Enkel Karls des Großen das Reich wieder aufgeteilt haben.
- Du solltest Bescheid darüber wissen, warum im Mittelalter wieder ein Kaisertum entstand und welche Rolle dabei Rom und Byzanz spielten.
- Indem du ein Bild davon gewinnst, wie Menschen vor mehr als tausend Jahren im Karolingerreich gelebt, gearbeitet und verdient haben, kannst du dich darin üben, fremde Lebensformen besser zu begreifen.

## 9.1. Ausbau der Frankenherrschaft

**Die Karolinger werden Könige der Franken.** Die letzten Frankenkönige, die noch von Chlodwig (vgl. S. 123 f.) abstammten, waren so schwache Herrscher, daß an ihrer Stelle praktisch der höchste Beamte im Reich, der Hausmeier, regierte. Sein Amt war erblich geworden und befand sich in den Händen des Geschlechts der „Karolinger". Einer von ihnen, der Hausmeier Karl, besiegte im Jahre 732 bei Tours und Poitiers die Araber, die im Zeichen des Islams ins Abendland vordrangen (vgl. S. 130). Der Sieg steigerte sein Ansehen, und er erhielt den Beinamen „Martell", d.h. „Hammer".

Der Sieg zeigte auch: Die fränkischen Könige waren schwach, und sie wurden noch schwächer, als Pippin, der Sohn Karl Martells, Hausmeier war. Man fragte sich, wie lange er noch den Schatten des merowingischen Königtums über sich dulden würde.

*„Königsheil"*

Doch dem Schritt, sich selbst zum König zu krönen, stand die germanische Auffassung entgegen, daß nur die Königssippe das „Königsheil" besaß. Dieses Heil (Charisma) war für das Volk der sichtbare Garant für Fruchtbarkeit der Felder, für Kriegsglück und Frieden. Blieb der sichtbare Erfolg aus, bedeutete dies, daß das Königsheil von der Königssippe gewichen war. Widerstand gegen den König galt unter diesen Umständen als rechtmäßig. Darauf konnte sich Pippin beim Griff nach dem Königtum berufen. Überdies nutzte er die durch Bonifatius (vgl. S. 126) wiederbegründete Autorität der Kirche dazu, die heidnische Auffassung vom Königsheil durch die christliche vom Gottesgnadentum zu überhöhen. Er erbat vom Papst in Rom ein Gutachten über die Frage, ob es gut sei, daß der Frankenkönig keine Macht mehr habe. Die Antwort lautete, es sei besser, daß derjenige König sein solle, der die tatsächliche Macht ausübe. Jetzt wurde der letzte Merowingerkönig ins Kloster geschickt; man schnitt ihm die langen Locken, Zeichen seiner Königswürde, ab.

*Pippin wird König*
**751**
*Königssalbung*

Altem Herkommen gemäß ließ sich Pippin von den fränkischen Großen 751 zum König ausrufen; das bedeutete so viel wie eine Königswahl. Bonifatius salbte Pippin mit geweihtem Öl. Mit Zustimmung der Kirche war damit das Königtum von den Merowingern auf die Karolinger übergegangen.

Dafür half Pippin dem Papst gegen den germanischen Stamm der Langobarden in Oberitalien und schenkte ihm einen Landstreifen von Ravenna bis Rom: den Grundstock des späteren Kirchenstaates. Der Papst verlieh dem Frankenkönig und seinen Söhnen den Ehrentitel „Schutzherr der Römer" (Patricius Romanorum) und übertrug ihm damit die Verantwortung für Rom, seine Bürger und seine Kirche.

*Karl der Große*
**768–814**

**Krieg und Christentum.** Als Pippin 768 starb, umfaßte das Frankenreich das heutige Frankreich, Belgien, Holland, das Rheinland, Thüringen, die fränkischen Kernlande an Mosel, Mittelrhein und Main sowie das heutige Württemberg und Schwaben (bis zum Lech); außerhalb lag Sachsen, während sich Bayern nur in lockerer Abhängigkeit befand. Pippins Sohn Karl, der später den Beinamen der Große erhielt, unterwarf auch sie. Eine zeitgenössische Quelle berichtet über die Unruhen an der fränkisch-sächsischen Grenze:

*Kampf gegen die Sachsen*

„Die Grenze zwischen uns und den Sachsen verlief fast überall in der Ebene, mit Ausnahme weniger Stellen, wo größere Waldungen oder Bergrücken das beiderseitige Gebiet klar trennten; hier nahm denn Totschlag, Raub und Brandstiftung auf beiden Seiten kein Ende. Das erbitterte die Franken so, daß sie nicht mehr bloß Gleiches mit Gleichem heimgaben, sondern offen Krieg mit ihnen führen wollten."

(Einhard, Leben Karls des Großen, Kap. 7. Lateinisch-deutsche Ausgabe, in: Freiherr-vom-Stein-Gedächtnisausgabe, Mittelalterliche Reihe Band V, Wissenschaftliche Buchgesellschaft, Darmstadt 1955, S. 175)

Um die fränkischen Grenzen zu sichern, zog Karl beinahe Jahr für Jahr ins Sachsenland. Über dreißig Jahre dauerte der Krieg. Er wurde grausam geführt. Die heidnischen Sachsen sollten auch zur Annahme des Christentums gezwungen werden. Der sächsische Adel zeigte sich eher bereit, das Christentum anzunehmen, als das Volk; er war deshalb frankenfreundlicher. Über das Volk wurde ein hartes Reichsgesetz verhängt:

*Harte Gesetze*

2. Wenn einer seine Zuflucht in einer Kirche genommen hat, so habe er Frieden, bis er vors Gericht gebracht wird.

4. Wenn einer das heilige 40tägige Fasten aus Mißachtung des Christentums nicht hält und Fleisch ißt, so soll er sterben.
5. Wer einen Bischof oder Priester tötet, soll mit dem Tod bestraft werden.
7. Wenn einer den Leib eines verstorbenen Menschen nach heidnischem Brauch durchs Feuer verzehren läßt, so soll er mit dem Tod bestraft werden.
8. Wenn einer hinfort im Volk der Sachsen ungetauft sich verstecken und sich unter ihnen verbergen will, der soll des Todes sterben.
9. Wenn einer einen Menschen dem Teufel opfert und ihn nach heidnischer Sitte den bösen Geistern als Opfer darbringt, der soll des Todes sterben.
10. Wenn einer mit Heiden einen Anschlag gegen Christen macht, der soll sterben.
11. Wenn einer dem Herrn König die Treue bricht, der werde mit dem Tode bestraft.
12. Wenn einer die Tochter seines Herrn raubt, der soll des Todes sterben.
14. Wenn aber einer wegen solcher todeswürdiger Verbrechen aus eigenem Antrieb zum Priester flieht, seine Schuld bekennt und Buße tun will, so soll ihm das Leben geschenkt werden.
17. Ebenso bestimmen wir, daß alle den Zehnten ihres Eigentums und der Arbeit ihren Kirchen und Priestern geben.

(Aus dem Kapitulare gegen die Sachsen von 785. In Übersetzung abgedruckt in: Geschichtliche Quellenhefte mit Überblick Heft 3, Von der germanischen Völkerwanderung bis zur Eroberung Konstantinopels durch die Türken, Diesterweg 7943, [7]1972, S. 44)

*Sieg über die Sachsen*

*Eingliederung der Sachsen*

Die Strenge des Gesetzes erinnerte zwar an alte sächsische Stammesgesetze, rief aber den Widerstand selbst derjenigen hervor, die sich hatten taufen lassen. Es kam zu einem furchtbaren Blutbad in Verden an der Aller, wo die Truppen Karls des Großen (angeblich) 4500 Sachsen umbrachten. Widerstrebende Sippen wurden zwangsweise ins Frankenland umgesiedelt. Viele Adlige, unter ihnen Widukind, der Anführer der Sachsen, nahmen nach aussichtslosen Kämpfen das Christentum an. Aber es war keine wirkliche Bekehrung; im Innern hielt das sächsische Volk an seinem germanisch-heidnischen Glauben fest. Für eine fruchtbare Missionierung fehlte es auch an Missionaren zur Vorbereitung der Menschen auf ihre Taufe. Der Angelsachse Alkuin, einer der einflußreichsten Männer am Hofe Karls des Großen (vgl. S. 143), erkannte diese Mängel. Von ihm sind eine Reihe von Briefen an den Bischof von Salzburg und auch an Karl den Großen erhalten. In ihnen beklagt er z. B. die Härte, mit der man von den Sachsen Geld eingetrieben habe: hätte man stattdessen mit der gleichen Beharrlichkeit das sanfte Joch Christi gepredigt, dann hätte sich das starre Sachsenvolk gerne taufen lassen! Nicht sofort hatte Alkuin Erfolg mit seiner Kritik. Aber seine Einsicht, daß man fremde Stämme und Völker nicht durch Gewalt bekehren oder zu Freunden machen kann, setzte sich allmählich sowohl bei Karl dem Großen wie bei seinen Nachfolgern fest. Für die Zukunft wurden sächsische Rechtskundige bei der Erarbeitung neuer Gesetze herangezogen. So erhielten die Sachsen auch ein neues Rechtsbuch (802), in dem altes sächsisches Volksrecht mit fränkischem Reichsrecht verschmolz. Der Aufbau einer kirchlichen Organisation – die Einrichtung von Pfarreien, Bistümern und Klöstern – erleichterte die Einschmelzung Sachsens in das fränkische Reich. Das Bistum Verden und das Kloster Corvey wurden für viele Jahrhunderte

*Kelch des Bayernherzogs Tassilo. Die Inschrift am Fuß lautet zu deutsch: „Der tapfere Herzog Tassilo; das königliche Reis Liutpirg." Dieser kupferne, außen vergoldete Kelch (25 cm hoch) entstand um 770 unter irisch-englischem Einfluß und wurde vielleicht bei der Hochzeit des Herzogs mit der langobardischen Königstochter benutzt. Später kam er an das von Tassilo gegründete Kloster Kremsmünster (Oberösterreich). Von reichem Ornamentschmuck eingerahmt, zeigt er acht Heilige und Christus als Herrscher der Welt.*

Mittelpunkte des geistigen Lebens. Sächsische Adlige übernahmen politische oder geistliche Ämter im Frankenreich. Hundert Jahre nach ihrer Unterwerfung stellten die Sachsen nach dem Aussterben der Karolinger den neuen König.

**Erweiterung und Sicherung des Reiches.** Auf den Hilferuf des Papstes griff auch Karl der Große in Oberitalien ein. Der Langobardenkönig Desiderius hatte Rom angegriffen. Ein starkes Langobardenreich in Oberitalien hätte bald auch das Frankenreich im Norden bedrohen können, zumal sich damals noch der Bayernherzog einer Eingliederung in dieses Reich widersetzte. So zog Karl mit einem starken Heer über die Alpen, belagerte und eroberte die langobardische Hauptstadt Pavia. Der Frankenkönig krönte sich selbst mit der „Eisernen Krone" der Langobarden (774). Seitdem waren die beiden Reiche der Franken und Langobarden vereinigt.

*König der Langobarden*
774

Auch Bayern verlor seine Selbständigkeit. Nicht durch Waffengewalt fiel dieses alte Stammesherzogtum als Reichsgebiet an den König, sondern durch einen Prozeß. Denn Karl der Große bezichtigte den Bayernherzog Tassilo, der sich angeblich mit den Awaren verbunden haben soll, des Treuebruchs und Landesverrats. Eine Reichsversammlung zu Ingelheim am Rhein setzte ihn 788 ab.
Noch waren die Grenzen ungesichert. In zahlreichen Feldzügen eroberte Karl Grenzgebiete, die er als sogenannte „Marken" militärisch sicherte.

*„Marken"*

„So errichtete Karl der Große eine dänische . . ., sorbische, awarische, spanische, bretonische Mark . . . und die Mark Friaul. In die Marken wurde das Schwergewicht der Heeresorganisation verlagert; das Binnenreich konnte als befriedet gelten. Die Marken waren Bollwerke für die Reichsverteidigung und Aufmarschräume für Angriffskriege. Sie standen unter dem Befehl eines Markgrafen, der mit Sondervollmachten ausgestattet war; die Marken standen außerhalb der Reichsverfassung. In ihnen wurde eine wehrhafte Bauernbevölkerung angesiedelt und zum Burgenbau verpflichtet."

(H. Mitteis, Deutsche Rechtsgeschichte, C. H. Beck'sche Verlagsbuchhandlung, München und Berlin, 10. Aufl. 1966, S. 77)

(1) Karl der Große legte die spanische Mark an, die bis Barcelona reichte. Welche Gründe hat er wohl für die Errichtung eines so weit abgelegenen Außenpostens gehabt?
(2) Das Reichsgesetz gegen die Sachsen war hart und grausam. Es zwang die unterworfenen Sachsen zur Annahme des Christentums.
a) Wie ist das Vorgehen der Franken zu beurteilen, wenn man an das christliche Gebot der Nächstenliebe denkt?
b) Wie begegnen wir heute dem Glauben, zu dem sich der einzelne Mensch bekennt?
(3) Auf der Karte S. 145 kannst du ablesen
a) die Ausdehnung des Frankenreiches im Jahr 768 (Regierungsantritt Karls des Großen),
b) die Erweiterung des Reiches durch Karl den Großen,
c) die Anlage der Marken außerhalb der Reichsgrenzen.

## 9.2. Erneuerung des Kaiserreichs

**König oder Kaiser?** Der Frankenkönig Karl besaß große Macht und hohes Ansehen in der damals bekannten Welt. Er stand in Verbindung mit dem oströmischen Kaiser in Byzanz und mit dem Kalifen von Bagdad. Das Frankenreich nahm die Stelle des aufgelösten weströmischen Kaiserreiches ein. Der Papst ließ den oströmischen Herrscher nicht mehr in den Gebeten der Kirche erwähnen, sein Name verschwand aus Urkunden und von den Münzen (vgl. S. 113); an seine Stelle trat Karl. Er galt als der „Vater Europas". Einhard, der am Hofe Karls des Großen lebte, beschrieb den König so:

*Aussehen und Auftreten Karls des Großen*

„Karl war von breitem und kräftigem Körperbau, hervorragender Größe, die jedoch das richtige Maß nicht überschritt . . . Der obere Teil seines Kopfes war rund, seine Augen blickten sehr groß und lebhaft; die Nase ging etwas über das Mittelmaß, er hatte schöne graue Haare und ein freundliches, heiteres Gesicht. So bot seine Gestalt, mochte er sitzen oder stehen, eine höchst würdige und stattliche Erscheinung... Er hatte einen festen Gang, eine durchaus männliche Haltung des Körpers und eine helle Stimme, die jedoch zu der ganzen Gestalt nicht recht passen wollte... Beständig übte er sich im Reiten und Jagen, wie es die Sitte seines Volkes war; denn man wird nicht leicht auf Erden ein Volk finden, das sich in dieser Kunst mit den Franken messen könnte... Er kleidete sich nach seiner Väter, nämlich fränkischer Weise. Auf dem Leib trug er ein leinenes Hemd und leinene Unterhosen, darüber ein Wams, das mit seidenen Streifen verbrämt war, und Hosen; sodann bedeckte er die Beine mit Binden und die Füße mit Schuhen und schützte mit einem aus Fischotter- und Zobelpelz verfertigten Rock im Winter Schultern und Brust; endlich trug er einen blauen Mantel und beständig das Schwert an der Seite... Bei festlichen Gelegenheiten schritt er einher in einem mit Gold durchwirkten Kleide und in mit Edelsteinen besetzten Schuhen, den Mantel durch eine goldene Spange zusammengehalten, auf dem Haupt ein aus Gold und Edelstein verfertigtes Diadem; an anderen Tagen unterschied sich seine Kleidung wenig von der gemeinen Tracht des Volkes."

(Einhard, Leben Karls des Großen, Kapitel 22–24, a.a.O., S. 193 ff.)

*Politische Pläne*

Auch am Hof Karls des Großen machte man sich Gedanken: Sollte man die machtvolle Stellung des Frankenkönigs nicht mit dem Kaisertitel auszeichnen? Aber welches Kaiserreich sollte damit gemeint sein? Das ehemalige heidnische Römische Reich? Und was würde der Kaiser in Ostrom, in Byzanz sagen, der sich als Nachfolger der Kaiser im alten Rom betrachtete? Die Ereignisse überstürzten sich.

800

*Kaiserkrönung durch den Papst*

**Kaiserkrönung Weihnachten 800.** Als Papst Leo III. in Streit mit dem römischen Adel geriet, kam er hilfesuchend nach Paderborn. Der Frankenkönig half: Er schickte den Papst mit fränkischen Truppen nach Rom zurück und kam im Jahr danach (800) selbst in die Stadt, um über die streitenden Parteien zu richten. Am Weihnachtstag des Jahres 800, als Karl in der Kirche von St. Peter niederkniete, setzte ihm Papst Leo eine Krone aufs Haupt und beugte huldigend das Knie, wie das in Ostrom üblich war. Er rief: „Karl dem Erhabenen (Augustus), dem von Gott gekrönten, großen und Friede schaffenden Kaiser der Römer, Leben und Sieg!" Das Volk und die Geistlichen huldigten dem neuen Kaiser. Einhard berichtet:

„Der König kam nach Rom und verweilte daselbst den ganzen Winter, um die Kirche aus der überaus großen Zerrüttung, in die sie verfallen war, zu reißen. Damals war es, daß er den Namen Kaiser und Augustus empfing, der ihm anfangs so zuwider war, daß er versicherte, er würde an jenem Tage, obgleich es ein hohes Fest war, die Kirche nicht betreten haben, wenn er des Papstes Absicht hätte vorherwissen können. Die oströmischen Kaiser nahmen es äußerst übel auf, daß er den Kaisertitel angenommen; er trug aber ihren Haß mit großer Gelassenheit und wußte mit hohem Sinn ihren Trotz zu besiegen, indem er häufig durch Gesandtschaften mit ihnen verkehrte und sie in seinen Briefen als Brüder anredete."

(Einhard a.a.O., Kapitel 28)

**Byzanz – Rom – Aachen.** Der oströmische Kaiser fürchtete, daß Karl als Kaiser auch Byzanz seiner Herrschaft unterwerfen würde. Aber Karl wollte das nicht. Die beiden christlichen Kaiserreiche sollten gleichberechtigt nebeneinanderstehen. Karl

*Reiterstatuette Karls des Großen aus dem Schatz der Kathedrale von Metz (Bronze, 9. Jahrhundert).*

*Der Apostel Petrus verleiht Papst Leo III. das Pallium als Zeichen der bischöflichen Würde und Karl dem Großen das Banner der Stadt Rom zum Zeichen der Übertragung der Schutzherrschaft (Mosaik aus dem Speisesaal des alten Lateranpalastes). Das Mosaik entstand noch vor der Kaiserkrönung Karls und zeigt die Auffassung der Kirche, nach der König und Papst als gleichrangige Gewalten ihren Auftrag vom Apostelfürsten erhalten. Die Übersetzung der Unterschrift lautet: „Hochseliger Petrus, Du schenkst Leben dem Papst Leo und Sieg dem König Karl." Das Mosaik wurde im 16. Jahrhundert schwer beschädigt und im 18. Jahrhundert rekonstruiert.*

*Erneuerung des römischen Reiches*

hat dieses Ziel nach schwierigen Verhandlungen erreicht. Der oströmische Kaiser anerkannte das neue Kaisertum, wenngleich noch Jahrzehnte danach immer wieder Streit um die Kaiserwürde der Frankenkönige ausbrach. Karl der Große wollte nicht nur Kaiser der Bürger von Rom sein, sondern das verfallene Römerreich erneuern. Er siegelte seine Urkunden nach römischer Art mit Gemmen, die sein lorbeergeschmücktes Bild zeigten und die Inschrift „Erneuerung des Römischen Imperiums". Auf den gleichen Urkunden las man: „Karl der Erhabene und von Gott gekrönte Augustus, der große friedenstiftende Kaiser, der das römische Reich regiert, von Gottes Gnaden König der Franken und Langobarden." Aber nicht Rom wählte der Kaiser zu seiner Residenz, sondern Aachen, wo er sich am liebsten aufhielt. Die Pfalzkapelle, die er dort baute, schmückte er mit Säulen, die in Rom und Ravenna gestanden hatten, und mit Mosaiken, die man ebenso aus Italien holte wie das Reiterstandbild des Gotenkönigs Theoderich. In Aachen starb Karl im Jahre 814. Er liegt dort in der Pfalzkapelle, dem Kern des heutigen Münsters, begraben.

*Aachen als Residenz*

814

(1) Von Einhard besitzen wir eine genaue Lebensbeschreibung Karls des Großen.
a) Beschreibe die fränkische Kleidung, die Karl trug.
b) Einhard beschreibt nicht nur Äußerlichkeiten. Versuche aus dem Text der hier abgedruckten Quellen etwas über den Charakter des Kaisers zu sagen.
(2) Lies noch einmal genau den Bericht über die Kaiserkrönung an Weihnachten des Jahres 800.
a) Was tat der Papst?
b) Wie verhielten sich das anwesende Volk von Rom und die Geistlichen?
(3) Karl führte in den Kaiserurkunden einen langen Titel. Er umfaßte viele Rechte und war Regierungsprogramm zugleich. Schreibt die Titel untereinander und sprecht darüber.

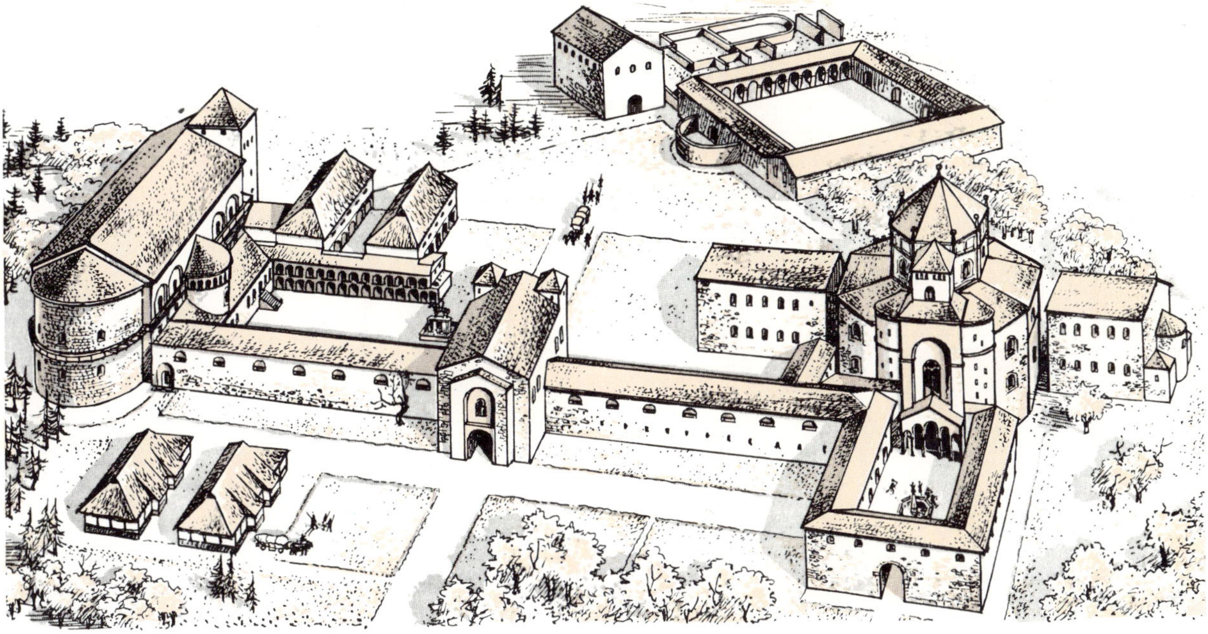

*Rekonstruktion der Kaiserpfalz in Aachen. Das heutige Rathaus ruht auf dem Fundament der Königshalle (links) und besteht zum Teil noch aus dem alten karolingischen Mauerwerk. Rechts die Pfalzkapelle; sie bildet den Kern des heutigen Doms.*

**Wie wurde das Reich verwaltet?** Die fränkischen Könige und ihre Nachfolger hatten keine Hauptstadt. Die königliche „Residenz" war da, wo sich der König gerade aufhielt. Bischöfe, Äbte und Grafen waren verpflichtet, den König auf seinen Reisen zu beherbergen, und zwar als Gegenleistung für das erhaltene Reichsgut. Er besaß aber auch zahlreiche eigene Stützpunkte, die sogenannten Pfalzen (von lat. palatium, Palast). Oft blieb der König nur wenige Tage, manchmal auch viele Monate an einem Ort. Hier hielt er „Hof": Er empfing Diplomaten und Bittsteller, er zog Adlige, Bischöfe und Äbte zur Rechenschaft – denn das Kaisertum hatte ihm weltliche und geistliche Aufgaben übertragen. Überall wohin er kam, konnte er in schwebende Gerichtsprozesse eingreifen und das Amt des Richters übernehmen.

*Königspfalzen*

Aber das Reich war groß. Schon Karl der Große beauftragte deshalb Adlige, die in seinem Namen das Reich verwalteten. In den Markgrafschaften jenseits der Reichsgrenzen waren es Markgrafen (vgl. S. 138). Im Reich selbst, das der Kaiser in Gaue oder Grafschaften teilte, waren es Grafen, die häufig dem ansässigen Adel entstammten. Sie übten das Richteramt aus, verwalteten die Strafgelder, die Einkünfte aus Zöllen und aus den königlichen Gütern. Sie selbst bezogen kein festes Gehalt, sondern lebten von eigenen Gütern oder von dem Amtsgut, das ihnen der König zur Nutzung überlassen hatte. Die Grafen stellten im Kriegsfalle auch das Heer zusammen und befehligten es. Karl der Große hatte genaue Vorschriften über die Heeresordnung erlassen.

*Das Grafenamt*

„Die Franken mußten bereit sein, sich an königlichen Heereszügen zu beteiligen und – auf Befehl – vor Gericht zu erscheinen. Zum Heereszug waren alle königlichen Vasallen [vgl. S. 171 f.] aufgeboten und alle begüterten Freien. Wer nicht genug Besitz hatte, um sich selbst auszurüsten,

*Wehrpflicht*

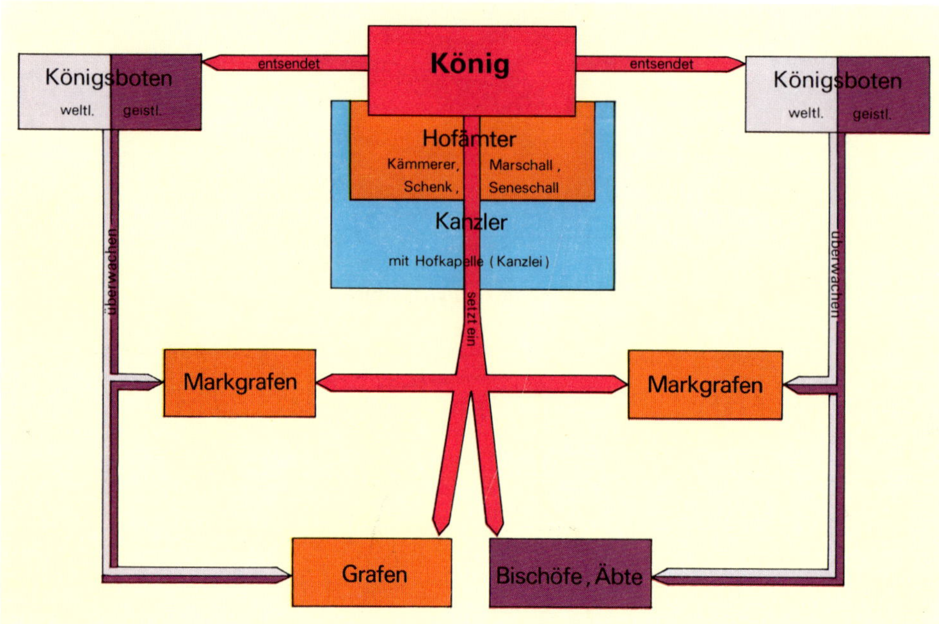


*Die Verwaltung des karolingischen Reiches.*

mußte sich mit anderen minderbemittelten Freien zusammentun; gemeinsam hatten sie einen Soldaten zu stellen. Wer sich weigerte, hatte eine entsprechende Strafe zu zahlen. Während des Heereszuges mußte ein Krieger für sich und seine Leute Verpflegung mitnehmen. Diese Verpflegung sollte drei Monate von der jeweiligen Grenze an ausreichen, bis zur Grenze durfte er auch nur Wasser und Gras für seine Tiere und Holz zum Feuermachen fordern. Selbstverständlich waren die ins Feld ziehenden Krieger verpflichtet, für eigene Waffen und die ihrer Mannen Sorge zu tragen, und zwar für ein halbes Jahr ohne Ersatz, mit anderen Worten für die Dauer eines Feldzuges. Wer als Vasall dem König diente, mußte wie die Grafen mit allen seinen Leuten erscheinen."

(A. Nitschke, Frühe christliche Reiche, in: Propyläen-Weltgeschichte, Propyläen-Verlag, Berlin, Frankfurt, Wien, Bd. 5, 1963, S. 298 f.)

Karl der Große setzte zur Kontrolle der Grafschaften Königs- oder Sendboten (Missi) ein.

*Königsboten*

„Sie kontrollierten die Gerichte, außerdem beschäftigten sie sich natürlich mit allem, was den König unmittelbar berührte, mit dem er sich in seinen ‚Ermahnungen' befaßte. Sie achteten auf Instandsetzung der Kirchen, auf christliche Lebensführung der Geistlichen, auf Ordnung in den Klöstern. Sie kümmerten sich um Witwen und Waisen und sorgten für die Bettler. Auch die Zuständigkeit der einzelnen Herren beim Heeresaufgebot wurde von ihnen geklärt. Ihre Tätigkeit galt meist einem bestimmten Landstrich und blieb auf kürzere Zeiträume befristet... Da Karl sich gleichermaßen für weltliche wie für geistliche Fragen verantwortlich fühlte – er hatte ja ermahnend seine Liebe zu zeigen –, nahm er seine Missi einmal aus Kreisen der Geistlichkeit, ein andermal aus den Kreisen weltlicher Fürsten."

(A. Nitschke, a.a.O., S. 299 f.)

*Recht*

Obwohl die Tätigkeit der Königsboten für eine gleichmäßige Rechtsprechung sorgte, galt in den Grafschaften das überlieferte Stammesrecht. Daneben traten Urteile der Königsgerichte, die als Edikte (Kapitularien) im Frankenreich verbindlich wurden. So ergänzten sich Reichsrecht und Stammesrecht.

(4) Könige und Kaiser hatten im Mittelalter noch keine ständigen Residenzen.
a) Stelle auf der Karte S. 145 die wichtigsten Kaiserpfalzen fest.
b) Berechne ihre Entfernung voneinander. Wie lange benötigte der königliche Hof z.B. von Ingelheim nach Aachen? (Tagesdurchschnitt etwa 20 km). Denke an die Schiffahrt.
(5) Versetze dich in die Rolle eines Grafen oder Königsboten. Was hast du zu tun? Welche Rechte hast du?
(6) Wer vier Hufen Land besaß, mußte mit einem voll ausgerüsteten Pferd Heeresdienste leisten. Was mußte derjenige tun, der weniger besaß? Lies den Text darüber noch einmal genau nach.

**Die kaiserliche Hofkapelle.** Karl der Große umgab sich mit einer Schar begabter und geistig aufgeschlossener Männer. Er hatte sie meist auf seinen ausgedehnten Heereszügen kennengelernt. Sie traten an seinem Hof neben die fränkischen Adligen.

*Gelehrte am Hof*

„Dagegen kamen die neuen Männer, wie Alcuin, aus Gegenden außerhalb der alten fränkischen Reichsgrenzen; sie waren ausnahmslos Gelehrte, Schulmeister oder Theologen, und sie hatten neue Aufgaben zu übernehmen – Aufgaben, für deren Erfüllung der König offenbar unter seinen Franken noch keine geeigneten Helfer finden konnte... Die Berührung mit den Iren, Angelsachsen und Langobarden und die Erkenntnis ihres höheren Bildungsstandes hatten offenbar in Karl den Wunsch geweckt, sich ihre Gaben zunutze zu machen, um mit ihrer Hilfe den Bildungsrückstand seines Reiches zu überwinden. Um diese große Aufgabe zu bewältigen, ging er mit der ihm eigenen Zielstrebigkeit daran, durch die Berufung der größten Gelehrten seiner Zeit an seinem Hof ein neues Bildungszentrum zu schaffen. Deshalb kam zunächst der Hofschule die größte Bedeutung zu... Karl selbst wurde ihr vornehmster Schüler, der freilich auch als Lernender nicht vergessen ließ, daß er der Herrscher war."

(J. Fleckenstein, Karl der Große und sein Hof, in: Karl d. Gr. Lebenswerk und Nachleben, Band 1, 1965, S. 36f.)

*Geistige Erneuerung*

Paulus Diaconus, der Verfasser einer Langobardengeschichte, der als Dichter, Theologe und Politiker bekannte Theodulf aus Spanien und als bedeutendster Lehrer der Angelsachse Alcuin ragen neben dem Biographen Einhard (vgl. S. 138) aus der Umgebung Karls des Großen besonders heraus. Weil man in der Hofschule nicht nur lesen, schreiben, Kirchengesang und die Auslegung der christlichen Schriften lernte, sondern sich auch mit den Schriften aus dem alten Rom befaßte, sprach man schon damals von einer Wiedergeburt der Antike, von der karolingischen Renaissance.

*Stellung der Frau*

„Sehr bemerkenswert ist, daß auch die Frauen, die politisch noch ganz im Hintergrund blieben, gesellschaftlich bereits eine bedeutende Rolle spielten. Sie waren überall dabei; ihre Kleidung und ihr Schmuck wurden beachtet und besungen; ihrer Schönheit wurden Huldigungen dargebracht. Sie nahmen an den gelehrten Unterhaltungen teil; man sandte ihnen selbst theologische Werke zu, und eine Vielfalt von Briefen bezeugt, daß sie vertraute Mitglieder des Freundeskreises waren."

(Josef Fleckenstein, a.a.O., S. 46)

**Das Reich wird geteilt.** Karl der Große hatte das Reich geeint und zusammengehalten. Es umfaßte das heutige Frankreich, die Beneluxstaaten, den größten Teil Deutschlands, Österreich sowie Ober- und Mittelitalien. Das Kaisertum brachte den Franken keine neue Macht, aber erhöhtes Ansehen; es stärkte – neben der gleichmäßigen Verwaltung und Rechtsprechung – im Reich das Bewußtsein der Einheit.
Der Nachfolger Karls, sein Sohn Ludwig der Fromme, konnte die Einheit des Reiches erhalten. Er stützte sich auf die Kirche, auf Bischöfe und Mönche. Sein Ziel war: eine Kirche und ein Reich. Die Söhne Ludwigs stritten um das Erbe. Mehrmals wurde das Reich geteilt. Den Namen „Frankenreich" behielten nur die Westfranken. Die Grenze, die im 9. Jahrhundert von der Nordsee bis zum Oberrhein zwischen Frankreich und Deutschland festgelegt wurde, blieb für 800 Jahre fast unverändert (vgl. Karte S. 215).

*Frankreich und Deutschland*

842

Die beiden Reiche trennte auch eine – freilich unsichtbare – Sprachgrenze. Als sich Ludwig der Deutsche und Karl der Kahle – zwei Söhne Ludwigs des Frommen – nach langem Bruderzwist versöhnten, schworen sie im „Straßburger Eid" (842) in französischer und deutscher Sprache (jeweils in der Sprache des Partners), damit beide Heere sie verstehen konnten:

*„Straßburger Eid"*

„Si Lodhuwigs sagrament, quae son fradre Karlo jurat, conservat, et Karlus meos sendra de sua part non lo stanit, si io returnar non l'intpois, ne io ne neuls, cui eo returnar intpois, in nulla aiudha contra Lodhuwig nun liver."

„Oba Karl then eid, then er sinemo bruod her Ludhuwigs gesvor, geleistit, indi Ludhuwig min herro, then er imo gesuor, forbrihchit, ob ih inan es irwenden ne mag, noh ih noh thero nohhein, then ih es irwenden mag, widher Karle imo ce follust i ne wirdhit."

*Übersetzung:* „Wenn Karl den Eid, den er seinem Bruder Ludwig schwur, hält, und Ludwig, mein Herr, was er geschworen hat, bricht, so will ich, wenn ich ihn nicht davon abzubringen vermag, weder selbst noch wen ich sonst daran hindern kann, wider Karl ihm Hilfe leisten."

(Nithart, Vier Bücher Geschichten, Buch III Kap. 5. Lateinisch-deutsche Ausgabe, in: Freiherr-vom-Stein-Gedächtnisausgabe, Mittelalterliche Reihe, Band V. Wissenschaftliche Buchgesellschaft, Darmstadt 1955, S. 441)

(7) Wo verläuft heute die Sprachgrenze zwischen Deutschland und Frankreich? Warum fällt sie nicht mit den politischen Grenzen zusammen?
(8) In welchen Sprachen werden heute internationale Verträge abgefaßt? Nenne die Gründe.

## 9.3. Landwirtschaft, Handwerk und Handel im Karolingerreich

**Die Versorgung des königlichen Hofes.** Die Versorgung der königlichen Familie und ihres Gefolges – oft über tausend Leute – war nicht leicht. In den Königspfalzen mußte die königliche Verwaltung mit den Aufgaben fertig werden. Die Inhaber der vier Hofämter überwachten sie und waren dafür verantwortlich: der Kämmerer als Vorsteher der Pfalz und Verwalter der königlichen Einkünfte und des Königsschatzes, der Seneschall als Leiter des Haushalts, der Schenk als Betreuer des Weines und der Marschall als Aufseher über die Pferde. Diese vier Würdenträger waren zugleich Ratgeber, Beamte und Heerführer. Zu den Pfalzen gehörten große Wirtschaftsgebäude und Landgüter. In einem Edikt Karls des Großen heißt es:

*Landwirtschaftliche Produktion*

1. Wir befehlen: Unsere Krongüter, die wir eingerichtet haben, unsern Hofhalt zu beliefern, sollen allein unserm Bedarf dienen und niemandem sonst.
8. Unsere Amtmänner sollen die Weinberge in ihrem Amtsbezirk übernehmen und sie gut bearbeiten; den Wein haben sie in feste Behälter zu füllen und sorgsam darauf zu achten, daß er auf keine Weise vergeudet wird. Ferner sollen sie noch Landwein kaufen lassen, um damit unsere Gutshöfe versorgen zu können.
19. Bei den Scheunen auf unseren Haupthöfen halte man mindestens 100 Hühner und 30 Gänse, auf den Vorwerken mindestens 50 Hühner und 12 Gänse.
20. Jeder Amtmann lasse während des ganzen Jahres reichlich Gutserzeugnisse zum Fronhof [Herrenhof] kommen und besichtige sie außerdem drei- bis viermal im Jahr oder noch öfters.
24. Den Abgaben für unsere Tafel wende jeder Amtmann seine besondere Sorgfalt zu, damit die Lieferungen von guter, ja bester Qualität sowie sorgfältig und sauber zugerichtet sind.
34. Mit ganz besonderer Sorgfalt ist darauf zu achten, daß alles, was mit den Händen verarbeitet und zubereitet wird – wie Speck, Rauchfleisch, Sülze, Pökelfleisch, Wein, Essig, Brombeerwein, Würzwein, Most, Senf, Käse, Butter, Malz, Malzbier, Met, Honig, Wachs, Mehl –, daß dies alles mit der größten Sauberkeit hergestellt wird.

(Aus dem Capitulare de villis, um 795. Lateinisch-deutscher Text in: Quellen zur Geschichte des deutschen Bauernstandes im Mittelalter, hrsg. von Günther Franz, Wissenschaftliche Buchgesellschaft, Darmstadt 1967, Nr. 22)

*Rechts: Das Frankenreich zur Zeit Karls des Großen.*

Frankenreich um 768
Erwerbungen Karls d. Gr.
Grenzmarken
Serben – Slawische Stämme
Oström. Reich (Gebietsreste)
Mohammedan. Staaten
● Wichtige Kaiserpfalzen
Reichsgrenze
)( Alpenpässe

(1) Aus diesem Edikt kann man erfahren, was es am Hofe des Kaisers zu essen und zu trinken gab.
(2) Man könnte die Hofämter mit den heutigen Ministerien vergleichen. Zeige die Unterschiede.

*Berufe und Stellung der Handwerker*

**Das Handwerk.** Die meisten Menschen waren Bauern. Nebenbei verrichteten sie auch handwerkliche Tätigkeiten, vor allem um sich gegenseitig auszuhelfen. Im Laufe der Zeit wechselten manche den Hauptberuf: Sie wurden Handwerker und blieben Bauern im Nebenberuf. Die wenigsten arbeiteten als Weber, Zimmerer, Stellmacher, Töpfer oder Schmied in eigenen Werkstätten; meist gingen sie ins Haus des Auftraggebers. Neben dem selbständigen Handwerker gab es die „unfreien" Handwerker, die in den Pfalzen und auf den Fronhöfen ihrer weltlichen oder geistlichen Herren arbeiteten. Sie waren schon Spezialhandwerker: Waffen-, Kupfer-, Gold- und Silberschmiede, Baumeister, Steinmetzen, Drechsler, Böttcher, Schuster, Sattler oder Buchbinder.
Es gab also schon eine Arbeitsteilung, vor allem auch in den Städten wie Köln, Worms, Mainz und Trier, wo das Handwerk auf römische Überlieferung zurückging (vgl. S. 119). Hier treffen wir sogar schon eine Preiskalkulation an, z. B. setzten sich die Verkaufspreise aus Arbeitslohn, Abnutzung der Werkzeuge und Rohstoffkosten zusammen.

*Handelsleute und Handelswege*

**Der Handel.** Fernhändler und Kaufleute benutzten zur Karolingerzeit mit Vorliebe den Weg zu Wasser (Seen und Flüsse). Der Rhein z. B. begünstigte den Nord-Süd-Handel von Italien bis England und Skandinavien. Karl der Große versuchte sogar den Bau eines Kanals zur Verbindung von Rhein und Donau, um den Ost-West-Handel, der weitgehend auf Straßen, z. B. dem Hellweg (Duisburg – Soest – Paderborn) abgewickelt wurde, mit dem Nord-Süd-Handel zu verbinden. Die technischen Schwierigkeiten waren jedoch unüberwindbar.

(3) Auch heute gibt es selbständige Handwerker und solche, die gegen Lohn arbeiten. Erkundige dich nach den Unterschieden.
(4) Zwischen Main und Donau wird seit vielen Jahren am Main-Donau-Kanal gebaut.
a) Stelle fest, welchen Verlauf er nimmt. Bis wohin ist er schon schiffbar?
b) Gibt es den Kanal aus der Karolingerzeit noch? Benutzt der neue Kanal sein Bett?

**Staatlicher Preisstop.** Seit den unruhigen Zeiten der Völkerwanderung zahlte man nicht mehr mit Geld; man tauschte Naturalien. Einige Generationen vor Karl dem Großen begannen jedoch einige Städte zwischen Maas und Rhein wieder Gold-, Silber- und Kupfermünzen zu prägen. Karl schuf eine einheitliche Währung; sie blieb Jahrhunderte stabil. Aus 1 Pfund Silber (damals = 327 Gramm) wurden 240 Denare (Pfennige) geprägt; 12 Pfennige machten 1 Solidus (Schilling) aus.

*Einheitliche Währung*

„Eines der Zentralprobleme der Wirtschaft, und damit auch der Sozial- und Wirtschaftsgeschichte, ist der Preis. Noch fernab aller theoretischen Erwägungen betrieb bereits Karl der Große eine Preispolitik . . . Er knüpfte an römische Vorbilder an: Auf der Frankfurter Synode von 794 erließ er für den Fern- und Regionalhandel eine sogenannte Getreidepreissatzung. In den kaiserlichen Kapitularien von 806 und 813 verbot er den Ankauf von Getreide und Wein nach Mißernten mit dem Ziel eines Weiterverkaufs zu erhöhten Preisen."

(Franz F. Wurm, Vom Hakenpflug zur Fabrik, Diesterweg 7566, 1966, S. 31)

## Zur Lernkontrolle

1. Erinnere dich: 751 Übergang des Königtums von den Merowingern auf die Karolinger; 800 tritt neben den oströmischen ein weströmischer Kaiser. Warum gerieten die Frankenkönige beide Male in Konflikt mit älteren Rechtsvorstellungen?
2. Überprüfe, ob Karl der Große zu Recht den Ehrentitel „Vater Europas" trägt.
3. Erkläre: Pfalz – Königsbote – Graf – Markgraf.
4. Nenne Unterschiede zwischen der Natural- und Geldwirtschaft.

# 10. Die Gesellschaft im Mittelalter

**Lernziele**

- In diesem Kapitel kannst du lernen, die sozialen Unterschiede in der mittelalterlichen Gesellschaft zu erkennen, indem du die verschiedenen Gruppen und Stände der Bauern, des Adels und der Geistlichkeit untersuchst: Woher kommen die Unterschiede? Gibt es Gruppen, die höher aufsteigen oder tiefer absinken, und aus welchen Gründen geschieht das? Wie wirken sich die Unterschiede der Stellung auf die Lebensbedingungen aus?
- Am Beispiel der Gesellschaft im Mittelalter kannst du Grundfragen der damaligen Gesellschaftsordnung untersuchen: In welchem Verhältnis standen Freie und Abhängige, Herrschende und Schutzbedürftige, (grund)besitzende Adlige und arbeitende Bauern zueinander?
- Im letzten Teil des Kapitels geht es um die überragende Bedeutung der Kirche in der damaligen Gesellschaft. Stelle fest, worauf sie beruhte und wie sich das kirchliche Leben entwickelte.

## 10.1. Entwicklung und Gliederung der Bevölkerung

**Wie groß war die Bevölkerung damals?** Man schätzt, daß um 500 in ganz Europa 27,5 Millionen Menschen lebten; die Zahl stieg um das Jahr 1000 auf fast 40 Millionen und wuchs auf nahezu 75 Millionen gegen Mitte des 14. Jahrhunderts, um dann innerhalb eines Jahrhunderts steil abzufallen auf rund 50 Millionen. Stellt man grafisch dar, wie die Bevölkerung im Mittelalter zu- oder abnahm, so zeigt die Kurve zwei tiefe Einschnitte. Zweimal im Laufe des Mittelalters, zu Beginn und gegen Ende dieses Zeitalters, verlor Europa jeweils mehr als ein Drittel seiner Bevölkerung. Der Grund liegt in den verheerenden Seuchen, die damals die Menschen heimsuchten. Am schlimmsten wütete die Pest in der Zeit um und nach 1350. Viele Millionen fielen ihr damals zum Opfer.

**Geschätzte Bevölkerung – in Millionen – zu verschiedenen Zeitpunkten zwischen 500 und 1450.**

| Gebiet | 500 | 650 | 1000 | 1340 | 1450 |
|---|---|---|---|---|---|
| Griechenland und Balkan | 5 | 3 | 5 | 6 | 4,5 |
| Italien | 4 | 2,5 | 5 | 10 | 7,5 |
| Iberische Halbinsel | 4 | 3,5 | 7 | 9 | 7 |
| Süden insgesamt | 13 | 9 | 17 | 25 | 19 |
| Frankreich – Niederlande | 5 | 3 | 6 | 19 | 12 |
| Britische Inseln | 0,5 | 0,5 | 2 | 5 | 3 |
| Deutschland – Skandinavien | 3,5 | 2 | 4 | 11,5 | 7,5 |
| West- und Mitteleuropa insgesamt | 9 | 5,5 | 12 | 35,5 | 22,5 |
| Slawischer Raum | 5 | 3 | | | |
| Rußland | | | 6 | 8 | 6 |
| Polen – Litauen | | | 2 | 3 | 2 |
| Ungarn | 0,5 | 0,5 | 1,5 | 2 | 1,5 |
| Osten insgesamt | 5,5 | 3,5 | 9,5 | 13 | 9,5 |
| Europa insgesamt | 27,5 | 18 | 38,5 | 73,5 | 51 |

(Aus: C. M. Cipolla / K. Borchardt (Hrsg.), Bevölkerungsgeschichte Europas. Piper Verlag, München 1971, S. 21)

*Bevölkerungsdichte*

Zu Beginn des Mittelalters waren der Süden und Westen Europas am stärksten besiedelt. Hier wohnten die romanischen Völker. Im Vergleich zu ihnen waren Germanen und Slawen zahlenmäßig viel schwächer. Um das Jahr 1000 war das Verhältnis ausgeglichener, und auf dem Höhepunkt der Entwicklung – vor der großen Pestkatastrophe – waren West- und Mitteleuropa allen anderen Regionen an Menschenzahl weit überlegen. Schon um das Jahr 1000 war Europa dichter besiedelt als im Altertum. Die Dörfer wuchsen; man schätzt, daß sie etwa 150–300 Menschen umfaßten. Jetzt ergriffen immer mehr Bauernsöhne Handwerksberufe; die Zahl der städtischen Siedlungen nahm zu; die durchschnittliche Einwohnerzahl der Städte wuchs auf 2000 bis 10000 Menschen.

*Ursachen der Sterblichkeit*

**Bevölkerungswachstum.** Im Vergleich mit der Bevölkerungsexplosion der modernen Menschheit blieb das Wachstum der mittelalterlichen Bevölkerung selbst in den besten Zeiten gering. Die Zahl der Geburten überstieg nur wenig die der Todesfälle pro Jahr. Man schätzt, daß kaum mehr als ein Drittel der Erwachsenen heiraten konnten, dafür brachten die Ehefrauen mehr Kinder zur Welt, als das heute bei uns üblich ist. Rund ein Viertel der Kinder starb jedoch im ersten Lebensjahr, und ein weiteres Drittel erreichte höchstens das zweite Jahrzehnt seines Lebens. Von den Frauen starben besonders viele im Alter zwischen 20 und 40 Jahren, weil die häufigen Geburten und die schwere Feldarbeit sie offenbar für Krankheiten anfälliger machten als die gleichaltrigen Männer. Man war im allgemeinen gegen Krankheit und Unfälle hilflos. Nichts schützte gegen die Seuchen wie Malaria, Ruhr oder Tuberkulose. Schmerzen mußten ertragen werden, lindernde Mittel und Operationen kannte man kaum. Krieger wurden im Kampf oft furchtbar verstümmelt. Manche Gebrechen waren auch Folgen von Strafen: Dieben wurde die Hand abgehauen, Aufrührern

*Hoffnung auf das Jenseits*

stach man die Augen aus, falls man sie nicht gleich erhängte. Kein Wunder, daß viele Menschen damals im Leben nur eine leidvolle Pilgerfahrt sahen und alle Hoffnung

*Geburt der Maria gemalt vom „Meister des Marienlebens" (1470/80). Die biblische Szene ist in ein vornehmes Bürgerhaus des späten Mittelalters verlegt. Nach der Geburt des Kindes sind die Frauen mit verschiedenen Handreichungen beschäftigt. Was kannst du erkennen?*

*Pesttote werden 1349 in Tournai in einem Massengrab beigesetzt. Flämische Buchmalerei (1352). Der Beulenpest, die man als „Schwarzen Tod" bezeichnete, fiel damals in sieben Jahren etwa ein Viertel der Bevölkerung Europas zum Opfer.*

auf das Jenseits richteten. Kein Wunder, daß Religion und Frömmigkeit das Leben beherrschten und daß die Menschen sich an ihre Kirche klammerten.

**Lebensbedingungen.** Es wurde früh geheiratet, Ehen von 13-jährigen Mädchen waren nicht selten. Doch nur wer einen Hof, eine Werkstatt oder wenigstens ein Häuschen besaß, konnte eine Familie ernähren. Knechte und Mägde, unverheiratete Tanten, meist auch die Großeltern wohnten mit den engsten Familienmitgliedern unter demselben Dach. Die Häuser der Armen waren eng und hatten in der Regel nicht mehr als zwei Räume. Meist mußten zwei Leute in einem Bett schlafen. Es kam nur allzu häufig vor, daß kleine Kinder im Bett ihrer Eltern erstickten. Wenn die Familie wohlhabend war, ließ sie die Kleinkinder von einer Amme ernähren und aufziehen. Waren die Kinder kräftig genug geworden, meist schon mit 7 Jahren, wurden sie fast wie Erwachsene behandelt.

*Erziehung der Kinder*

„[Das Kind] lebte mit den Erwachsenen in einem natürlichen ‚Lehrlingsverhältnis'. Kinder trugen die gleichen Kleider, spielten die gleichen Spiele, verrichteten die gleichen Arbeiten, sahen und hörten die gleichen Dinge wie die Erwachsenen und hatten keine von ihnen getrennten Lebensbereiche ... Man behielt seine Kinder nicht bei sich, man schickte sie mit oder ohne Vertrag in eine andere Familie, damit sie dort wohnten und ihr Leben, das Leben eines Erwachsenen begannen oder die Manieren eines Ritters oder auch einen Beruf erlernten. Für die Schule war innerhalb solcher Wissensvermittlung von einer Generation zur nächsten kein Platz."

(Ph. Ariès, Geschichte der Kindheit. Mit einem Vorwort von H. v. Hentig. Hanser Verlag, München 1975, S. 10 und S. 506f., gekürzt)

*Soziale Beziehungen*

Zwischen Beruf und Privatleben gab es keine Trennung. Man kannte keine Freizeit im eigentlichen Sinne des Wortes, keinen Urlaub. Statt dessen wurden zahlreiche Feste gefeiert. Zu solchen Festtagen wurde geschlachtet, und es gab reichliche Mahlzeiten. Im allgemeinen aber war die Ernährung eintönig und ärmlich. Die Beziehungen der Menschen untereinander waren trotz der Standesgrenzen noch kaum behindert. Zwar bestanden Heiratsschranken, die einem Adligen streng verboten, ein Mädchen zu heiraten, das nicht adliger Herkunft war. Doch im übrigen gingen Herren und Diener, Nachbarn und Freunde, Kinder und Greise im Alltag sehr ungezwungen miteinander um.

**Sind die Stände gottgewollt?** Die Menschen gehörten im Mittelalter verschiedenen Ständen an; zu welchem Stand man gehörte, entschied die Geburt: Unfreie stammten von Unfreien, Freie von Freien, Adlige von Adligen. Unfrei war die Mehrzahl der Bauern, frei waren die Bürger und Adligen. Aber auch Bürger und Adlige waren deshalb nicht gleichgestellt. Im Jahre 1016 schrieb der Bischof von Laon:

*Drei Stände*

„Das Haus Gottes ist dreigeteilt: die einen beten, die andern kämpfen, die dritten endlich arbeiten . . . Diese drei miteinander lebenden Schichten können nicht getrennt werden. Die Dienste des einen sind die Bedingung für die Werke der beiden andern. Jeder trachtet danach, das Ganze zu unterstützen."

Der Bischof von Laon hatte in diesem an den französischen König Robert den Frommen gerichteten Brief ein Weltgebäude, ein „Haus Gottes" gezeichnet, wie es nach den Idealvorstellungen der mittelalterlichen Gesellschaft hätte sein sollen: friedlich geordnet, ohne Unrecht, ohne Unterdrückung, ohne Not. Aber der Bischof erkannte auch den Widerspruch zwischen Idee und Wirklichkeit, wenn er fortfuhr:

*Leibeigene*

„Die dritte Schicht [gemeint sind die ‚Arbeiter'] sind die der Unfreien; diese unglücklichen Leute besitzen nur, was sie sich mühselig erarbeitet haben. Wer könnte, das Rechenbrett in Händen, die Sorgen zählen, die die Leibeigenen während ihrer langen Wege und ihrer harten Arbeit bedrücken? Geld, Kleidung, Nahrung: die Leibeigenen liefern alles an jedermann; nicht ein Freier könnte ohne sie bestehen. Gilt es eine Arbeit zu verrichten, will man etwas bieten: wir sehen Könige und Prälaten [hohe Geistliche] sich zu Sklaven ihrer Leibeigenen machen. Der Herr, der vorgibt, den Leibeigenen zu ernähren, wird in Wahrheit von ihm ernährt."

(Zitiert nach J. Le Goff, Das Hochmittelalter, Fischer Weltgeschichte Bd. 11, 1965, S. 27)

**Frei und unfrei** – das waren damals wie heute sehr unscharfe, fließende Begriffe. Persönlich frei sein z. B. konnte jemand nach mittelalterlichen Rechtsvorstellungen gegenüber seinem unmittelbaren Herrn, unfrei dagegen gegenüber dem Landrichter, der über Hab und Gut, über Leben und Tod zu urteilen hatte. Freie konnten auf ihre Freiheit verzichten; das taten viele Bauern (vgl. S. 151 f.). Unfreie dagegen rückten im Dienste ihres Herrn oft in politisch einflußreiche Stellungen auf und erlangten Freiheit, sogar den Adelsstand (vgl. S. 155). Unfreiheit bestand nach der Meinung des Bischofs von Laon aber auch in der gegenseitigen Abhängigkeit aller in der Gesellschaft, der Freien von den Unfreien, der Reichen von den Armen.

*„Freie Eigenleute"*

Als „Freie" galten z. B. im Karolingerreich die Bauern, die auf einem Gut arbeiteten, das dem König gehörte, also „Eigenleute des Königs". Weil sie keinen anderen Herrn hatten, sondern dem König selbst dienten, hießen sie „frei"; und doch waren sie so „unfrei", daß der König sie jederzeit – und er hat das häufig getan – verschenken konnte, z. B. an eine Kirche, an ein Kloster oder an eine Adelsfamilie, die er für bestimmte Dienste belohnen wollte.

(1) Der Bischof von Laon teilte die Gesellschaft in Stände auf:
a) Nenne sie und die ihnen zugedachten Aufgaben.
b) Ist die Aufzählung erschöpfend, oder fehlen deiner Meinung nach wichtige Gruppen?
(2) Diskutiert, was im Mittelalter die Begriffe „frei" und „unfrei" bedeuten können.
(3) Nach Gesetz und Verfassung sind wir alle frei. Stimmt das? Wo werden Grenzen deiner Freiheit sichtbar?

## 10.2. Die bäuerliche Lebenswelt

**Soziale Unterschiede.** In alter Zeit gab es bei den Germanen sowohl Adlige wie freie Bauern mit eigenem Grundbesitz, daneben Halbfreie und Sklaven. Unter den Franken wurden die Halbfreien und Sklaven zu „Hörigen".

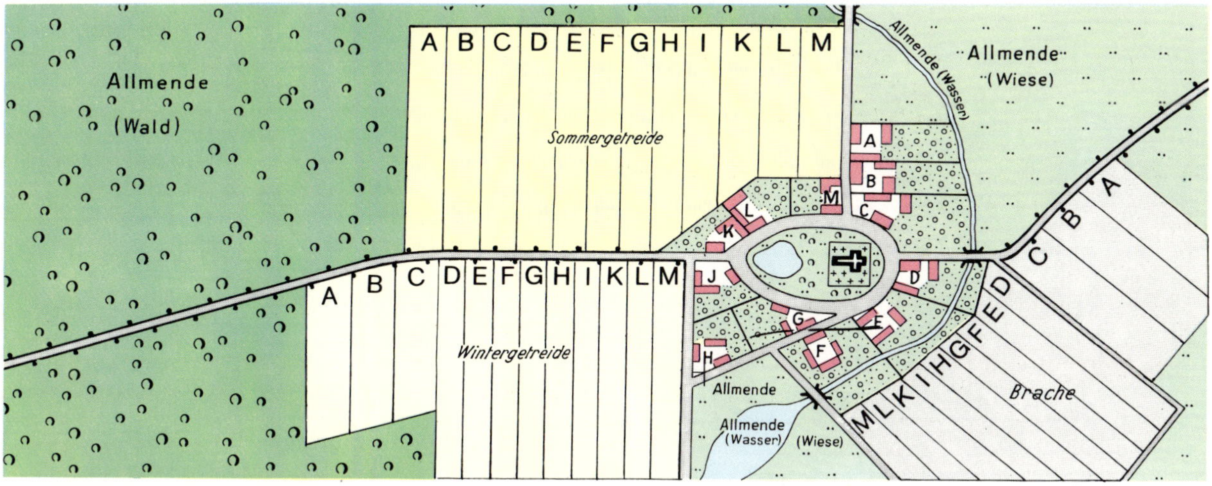


*Die Dreifelderwirtschaft: Die Felder einer Dorf-Gemarkung waren in Gewanne aufgeteilt. Jeder Bauer erhielt in jedem Gewann seinen Streifen Land. Ein Gewann trug Sommergetreide, das andere Wintergetreide, das dritte blieb brach liegen. Zur besseren Nutzung des Bodens wechselte die Bebauung regelmäßig (Dreifelderwirtschaft). Über Wald, Weide und Wasser verfügte die Dorfgemeinde zusammen: Jeder hatte das Recht, dieses gemeinsame Eigentum („Allmende") zu nutzen.*

*Hörige Bauern*

„Der Hörige konnte nicht mehr von seinem Hofe getrennt und in die Fremde verkauft, seine Familie konnte nicht mehr auseinandergerissen werden, da die Kirche die Lebensgemeinschaften der servi [Hörigen] als christliche Ehen anerkannt hatte. Gegen Gebühren konnte der Hörige von seinem Herrn allerlei Vorteile erlangen . . . einzelne stiegen im Dienste ihres Herrn über die einfachen Bauern empor."

(R. Elze/K. Repgen [Hrsg.]: Studienbuch Geschichte. Klett Verlag, Stuttgart 1974, S. 268)

Freie und hörige Bauern eines Dorfes bildeten zusammen eine Genossenschaft. Sie regelten den Anbau der Felder gemeinsam in der Dreifelderwirtschaft.

**Freiheit und Heerespflicht.** Jeder freie Bauer war wehrpflichtig (vgl. S. 141 f.). Er hatte das Recht, Waffen zu tragen, und die Pflicht, am Krieg teilzunehmen.

*Wehrpflicht der Bauern*

„Jeder freie Mann, der vier bebaute Hufen zu eigen oder als Lehen eines anderen hat, rüste sich selbst aus und ziehe in eigener Person gegen den Feind, sei es mit seinem Gefolgsherrn, wenn dieser auszieht, sei es mit seinem Grafen. Wer aber nur drei Hufen zu eigen besitzt, dem werde einer beigegeben, der eine Hufe hat, und dieser gebe ihm eine Beihilfe, damit jener für beide ausziehen kann. . . Wer aber nur eine Hufe als Eigentum hat, dem sollen drei beigegeben werden, die das gleiche haben, und sie sollen ihm Beistand gewähren, und er allein ziehe ins Feld. Die drei aber, die ihm Beihilfe geben, mögen zu Hause bleiben."

(Aus den Kapitularien Karls des Großen, abgedruckt in: Geschichtliche Quellenhefte mit Überblick, Heft 3, a.a.O., S. 46)

(1) Eine „Hufe" – so bezeichnet man eine bäuerliche Hofstätte mit ihrem zugehörigen Land – umfaßte im Durchschnitt 30 bis 60 Morgen, d.h. ca. 10–20 ha. Wie viele Hufen mußte man haben, um wehrpflichtig zu sein?

*Unterwerfung unter Schutz und Herrschaft*

Um der Kriegspflicht zu entgehen, unterstellten sich viele Bauern einem Adligen oder einer Kirche. Sie übernahmen die Heerpflicht und den Schutz der Bauern – nicht umsonst: Die Bauern mußten ihren freien Besitz hingeben, den sie gegen Dienstleistungen und Abgaben zur Bewirtschaftung zurückerhielten.

*Bauern bei der Ablieferung ihrer Abgaben. Holzschnitt aus Rodericus Zamorensis „Spiegel des menschlichen Lebens", Augsburg 1479. Ein Hof von mittlerer Größe erbrachte von ca. 16 ha Land in einem normalen Jahr ca. 27 dz Roggen und ca. 20 dz Hafer und Gerste. Ein Drittel der Ernte wurde als Saatgut benötigt. Rund 8 dz Hafer dienten als Futtergetreide. Gut 12 dz hatte der Bauer als Kirchenzehnt und Grundzins abzugeben. Wieviel blieb für den Eigenbedarf übrig?*

Befreiung von der Wehrpflicht war nicht der einzige Grund, auf freien Besitz zu verzichten; wirtschaftliche Gründe sprachen auch dafür. Viele Bauern konnten mit den meist größeren und daher ertragreicheren Höfen der Großen nicht Schritt halten (vgl. S. 153f.). Auch deshalb war es für solche Bauern besser, sich in den Schutz des Mächtigeren zu begeben, bei dem sie ein sorgenfreieres Leben erhofften. So hieß es z.B. im Schenkungsbuch der Freisinger Domkirche zum Jahre 818:

*Schenkungen*

„Pernhart kam selbst nach Freising und übergab sich mit allem, was ihm an diesem Tage gehörte, in den Dienst der heiligen, immer jungfräulichen Maria und des heiligen Bekenners Christi Corbinian. Was er an diesem Tag an eigenen ererbten Gütern besaß, übergab er ganz ohne Einschränkung und schenkte es fest dem Domstift Sankt Mariae, nämlich den halben Hof und das halbe Wohnhaus mit der Hälfte der anderen Gebäude, mit Großvieh, Schafen und Schweinen, einem Leibeigenen, 12 Joch Ackerland und Wiesen, die 30 Fuder Heu tragen. Ich, Pernhart, habe dies alles getan, damit ich im Domstift Lebensunterhalt und Kleidung erhalte. Und wenn ich weniger bekomme, als ich brauche, dann soll mir erlaubt sein, dies von meinem Eigentum, solange ich lebe, zu erwerben."

(Abgedruckt bei Günther Franz, Quellen zur Geschichte des deutschen Bauernstandes im Mittelalter, Darmstadt 1967, Nr. 34)

**Schutz und Abhängigkeit.** Ein Bauer, der sein Haus, Vieh und Feld einem Herrn übergab, erhielt zwar den Schutz des Herrn, verlor aber nicht nur sein Eigentum, sondern auch seine Freiheit. Der Herr – ein Adliger oder eine Kirche – war zum Grundherrn des Bauern geworden, und der Bauer zählte zu den Hörigen (vgl. S. 150). Der Grundherr war für seine Hörigen Schutz-Herr und Richter. Er hatte ihnen zu ihrem Recht zu verhelfen, da sie selbst nicht mehr am Gericht der Freien teilnehmen durften. Die Hörigen waren jedoch auch von ihrem Herrn abhängig, und es kam ganz darauf an, wie dieser seine Schutzpflichten gegenüber den Hörigen ausübte. Wie drückend die Abhängigkeit sein konnte, zeigt ein Gespräch mit einem Bauern, das ein mittelalterlicher Schriftsteller aufzeichnete:

*Grundherr und Höriger*

„Nun, Bauer, wie ist die Arbeit?" – „Ach, Herr, sie ist hart. Frühmorgens treibe ich die Ochsen aufs Feld und spanne sie ins Joch. Und wenn der Winter noch so streng ist, ich kann nicht im Haus bleiben, weil ich den Herrn fürchten muß. Nein, jeden Tag muß ich einen Acker pflügen oder mehr." – „Hast du denn keinen Gehilfen?" – „Ich habe wohl einen Sohn, der die Ochsen mit dem Stock antreibt. Doch der ist heiser von der Kälte und dem vielen Rufen." – „Nun, dann ist es wohl eine sehr schwere Arbeit?" – „Ja, wahrlich, es ist eine sehr schwere Arbeit!"

(Abgedruckt in: A. Fremantle: Kaiser, Ritter und Scholaren. Hohes und spätes Mittelalter. Rowohlt. Life 34, Hamburg 1973, S. 16)

| Abgaben und Frondienste | Jährliche Abgaben | Hand- und Spanndienste (Frondienste) | Unregelmäßige Abgaben |
|---|---|---|---|
| a) an den Grund- und Leibherrn | Leibzins (in Form eines Anerkennungszinses, z. B. jährlich 1 Huhn).<br>Naturalabgaben (Getreide, Vieh, Milchprodukte).<br>Bodenzins (je nach Größe des Landes). | Ursprünglich ungemessene Dienste.<br>Arbeit auf dem Fron- = Herrenhof.<br>Mitarbeit bei Aussaat und Ernte. | „Heiratsbuße" (Abgabe für die Heiratserlaubnis).<br>„Todfall" (bei Gutswechsel durch Tod oder Gutsverkauf): „Besthaupt" = das beste Stück Vieh, „Bestgewand" = das beste Kleidungsstück. |
| b) an den Gerichtsherrn | Vogt- oder Gerichtssteuer | Brücken- und Wegebau. | Strafbußen. |
| c) an den Landesherrn | | | Kriegssteuern. |

*Leibeigene*

Noch unfreier als der Grundhörige (oder „Grundholde") lebte der Leibeigene. Nach germanischer und römischer Überlieferung galt er nicht als Person, sondern als Sache, d. h. er war völlig rechtlos (vgl. S. 106). Menschen als bloße Sache zu behandeln, widersprach allerdings der christlichen Lehre so sehr, daß der Leibeigene im Laufe der Zeit als Person gewertet und seine rechtliche Stellung derjenigen der Hörigen angeglichen wurde.

(2) Die Bauern im Mittelalter lebten in Dorfgenossenschaften. Was regelten die Dorfgenossen untereinander?
(3) Welche Genossenschaften gibt es heute?
(4) Quellen und Texte sagen dir, auf welche Weise und warum sich freie Bauern in die Abhängigkeit eines Herrn begaben. Berichte.
(5) Der Leibeigene galt nicht als Person, sondern als Sache. Was bedeutet das?
a) Der Herr kann ... b) Der Leibeigene muß ...

*Großgrundbesitz*

**Die Grundherrschaft.** Die Grundherrschaft schützte den Grundhörigen, aber sie verlieh dem Grundherrn auch Herrschaftsrechte über Grund und Boden und über alle Menschen, die darauf wohnten. Durch königliche Schenkungen oder durch Rodung herrenloser Wälder vergrößerten weltliche und geistliche Grundherren ihren Besitz, den sie allerdings nur selten direkt bewirtschaften konnten. Die Höfe lagen oft Hunderte von Kilometern verstreut. In der Regel erhielten unfreie Leibeigene, die bei der Rodung mithalfen, die Möglichkeit, zu Grundhörigen aufzusteigen.

Die Grundherrschaft drückte nicht sehr, solange sich der Grundherr an die übernommene Verpflichtung, „Schutz und Schirm" zu gewähren, hielt. Allerdings wurden jährliche Abgaben an Getreide, Vieh oder Milchprodukten als Entgelt für Grund und Boden sowie die Mithilfe bei Aussaat und Ernte, beim Bau von Wegen, Brücken und Burgen verlangt. Die Hörigen sahen in diesen Pflichten die Gegenleistung dafür, daß sie das Recht hatten, den Boden zu nutzen und in der Regel auch zu vererben. Grundherren und Hörige waren durch das gemeinsame Eigentum am Boden eng aneinander gebunden.

*Fronarbeit. Holzschnitt aus Rodericus Zamorensis „Spiegel des menschlichen Lebens", Augsburg 1479.*

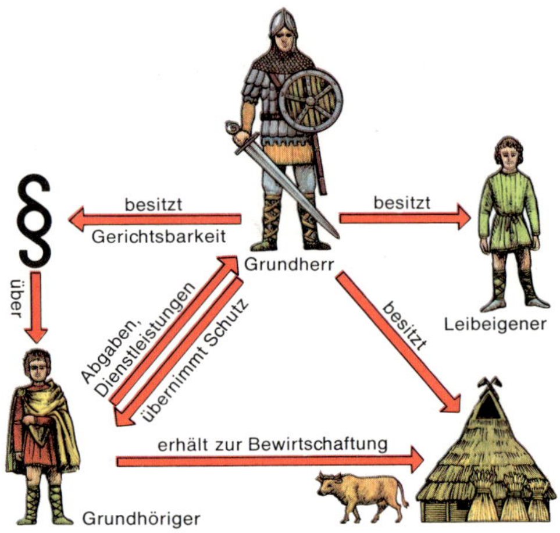


*Die Grundherrschaft.*

Das Kloster Prüm in der Eifel besaß am Ende des 9. Jahrhunderts etwa 2000 Hufen. Die hier ansässigen zinspflichtigen Bauern hatten jährlich 2000 dz Getreide, 1800 Schweine und Ferkel, 4000 Hühner, 20000 Eier, etwa 250 kg Lein, 4 Seidel Honig und 4000 Eimer Wein abzuliefern. Außerdem mußten sie 1500 Schillinge in bar zahlen und 70000 Frontage und über 4000 Fronfuhren – je Hufe also im Durchschnitt 35 Frontage und 2 Fronfuhren pro Jahr – leisten.
Seit der Zeit der Karolinger war der Herrenhof, auch Fronhof genannt (vgl. S. 144), zum wirtschaftlichen Mittelpunkt einer Grundherrschaft geworden. Die Grundholden brachten ihre Abgaben dorthin. Wenn der grundherrliche Besitz weit ausgedehnt war, legte der Grundherr eine Kette von Meierhöfen an, die jeweils ein Meier verwaltete. Er sammelte die Abgaben der Grundholden und leitete sie (oft in veredelter Form, z. B. Mehl statt Getreide, Käse statt Milch) an den Grundherrn weiter. Weil die Fron- und Meierhöfe leistungsstärker waren, sind sie nicht selten Ausgangspunkte für neue Rodungen und zum Vorbild für kleinere Bauernhöfe geworden.

(6) Dieser Abschnitt enthält sowohl Tatsachendarstellungen wie auch Beurteilungen. Lies ihn noch einmal sorgfältig durch und versuche, beides zu unterscheiden.
(7) Ein mittelalterlicher Rechtssatz lautet: „Rodung macht frei". Erläutere ihn.
(8) Grundherrschaft ist nicht nur Herrschaft über Grund und Boden, sondern auch über Menschen. Lies in diesem und im vorigen Abschnitt nochmals nach, welche Rechte der Grundherr ausübt.
(9) Erkläre: Fronhof – Meierhof.

**Technischer Fortschritt in der Landwirtschaft.** Vor allem die Mönche entwickelten viele Neuerungen in der Landwirtschaft. Am wichtigsten wurde aber der Einsatz des Pferdes.

*Verwendung des Pferdes*

„Das christliche Mittelalter kam seit dem 9./10. Jahrhundert zu einer Verbesserung des Pferdegeschirrs, die es ermöglichte, gegenüber der Antike die Zugleistungen des Pferdes auf das Drei- bis Vierfache zu vergrößern ... War die Antike genötigt gewesen, wegen des unbrauchbaren Pferdegeschirrs schwere Lasten durch Sklaven oder durch den langsamen Ochsen zu befördern, so konnten solche Transportarbeiten jetzt durch Pferde geleistet werden. In China war das Kummetgeschirr wohl schon im 5. Jahrhundert n. Chr. bekannt. Es mag vielleicht von da durch die Steppenvölker über die Ebenen Nordeurasiens ins Abendland gekommen sein. Im 9./10. Jahrhundert kamen im Abendland auch der moderne Sattel, der Steigbügel und das durch Nägel befestigte Hufeisen auf. Der Steigbügel, der vielleicht von China über Byzanz ins Abendland kam, veränderte die Kriegstaktik des Reiters. Dieser gewann durch den Steigbügel einen festeren Sitz und wurde zu wirksameren Angriffshandlungen befähigt. Das Hufeisen aber ermöglichte es, das Pferd viel besser in Anspruch zu nehmen, als es die Antike vermocht hatte ..."

(Aus: F. Klemm, Kurze Geschichte der Technik. Herder Taschenbuch 106. Freiburg 1961, S. 45)

Den Nutzen aus den neuen Möglichkeiten, das Pferd einzusetzen, hatten Bauern und Grundherren, Klöster und Adlige. Mit dem „Kummet" ließ sich die Zugkraft der Pferdegespanne beim Pflügen und Eggen viel besser nutzen. Man konnte schwerere Pflüge verwenden, den Urwald roden, größere Lasten bewegen. Weite Reisen zu Pferd wurden möglich, und in den Kriegen beherrschten die Ritter („Reiter") das Feld. Die Dreifelderwirtschaft setzte sich allgemein durch (vgl. Schaubild S. 151). Die Erträge stiegen. Man konnte mehr Menschen ernähren. Die Bevölkerung wuchs.

## 10.3. Adel und Rittertum

**Wer zählte zum Adel?** Wenn wir von Adligen und Rittern im Mittelalter hören, denken wir an Burgen und Schlösser, Edelfräulein, buntgeschmückte Reiter, ausgedehnte Landgüter, an Reichtum und Einfluß in Politik, Wirtschaft und Gesellschaft. Viele denken an mächtige Herren, die am Hof des Königs dienten. Manche meinen, daß Adlige von besonderer Abstammung seien und deshalb über den einfachen Menschen stehen. Wir fragen, wie der Adel entstand.

*Herkunft des Adels*

Bei den Germanen hatten diejenigen eine besondere Stellung, die sich im Kampf durch hervorragende Tapferkeit auszeichneten (vgl. S. 118). Römische Schriftsteller nannten diese Gruppe „nobiles", d. h. Adlige, oder „principes", d. h. Fürsten. Die Germanen der Völkerwanderung wurden von wenigen adligen Großfamilien (Sippen) beherrscht; sie wählten aus ihren Reihen den Heerführer oder König. Adlig zu sein bedeutete, daß man Eigentümer von großen Ländereien war, die sich innerhalb der Familie weiter vererbten. Schon früh wurde beim Adel eines der Kinder – meist der älteste Sohn – bevorzugt. Während man für die übrigen eine Stelle im Kloster oder eine passende Heirat erstrebte, erhielt der eine Erbe das Haus und den Besitz.

*Adlige Oberschicht*

Im Frankenreich und unter Karl dem Großen wurden adlige Herren mit wichtigen Ämtern betraut, erhielten Grafschaften und Bischofssitze oder wurden als Königsboten bestellt. Andere, die der König aus einfachen Verhältnissen in solche Ämter berief, erlangten dadurch den Rang der Adelszugehörigkeit. Der Adel unterstützte den König mit Rat und Hilfe und nahm an der Königswahl teil. Wer dem König nahe stand, erhielt dadurch Ansehen und Macht. Im Laufe der Zeit sorgten die adligen Familien dafür, daß ihnen Besitz und Machtstellung nicht mehr verloren ging. Sie bauten sich Burgen (vgl. S. 160) als feste Wohnsitze; die Burg gab dem Geschlecht den Namen.

**Dienstmannen des Königs.** Seit dem 11. Jh. versuchten die Könige, den Einfluß der großen Adelsfamilien einzuschränken. Sie übertrugen nicht mehr alle politischen Ämter an alteingesessene Adlige, sondern zogen eigene Leute für die Verwaltung der Güter und Burgen, der Münz- und Gerichtsstätten heran. Am besten eigneten sich für solche Dienste Söhne aus Bauernfamilien, die sich als „Eigenleute des Königs" (vgl. S. 150) bewährt hatten. Man nannte diese Dienstmannen des Königs „Ministerialen". Manche von ihnen erhielten wichtige Stellungen. Als Burgmänner, Verwaltungs- und Hofbeamte übten sie großen Einfluß auf die Politik aus. Ihren Lohn erhielten sie in der Form eines Landgutes, das sie selbst bewirtschaften oder an eigene Hörige ausleihen bzw. verpachten konnten. So hob der bevorzugte Verwaltungs- und Herrendienst diese Ministerialen aus der Menge der übrigen Hörigen heraus, zumal die Herren sie auch als Krieger einsetzten.

*Ministerialen*

Die Dienstmannen stehen am Anfang des modernen Beamtentums. Im Unterschied zu den Adligen waren sie ganz davon abhängig, welche Aufträge und Weisungen sie von oben erhielten. Sie waren dem Herrn unmittelbar unterstellt. Aber schon in wenigen Generationen stiegen die unfreien Ministerialen in den niederen Adel auf, behielten ihr Dienstgut als „Lehen" (vgl. S. 170ff.) und konnten selbst über hörige Bauern gebieten.

*Niederer Adel*

**Der Stand der Ritter.** Ein Vorrecht und eine Pflicht der Adligen bestand im Militärdienst. In schwerer Rüstung kämpften sie zu Pferd an der Seite des Königs oder Herzogs. Aber in den großen Kriegen mußten nicht nur Adlige und freie Bauern zu Pferd kämpfen, sondern auch Unfreie, z. B. die Königsdienstmannen. Der Dienst zu Pferd wurde das Merkmal eines neuen Standes, des Ritterstandes (vgl. S. 154). Nicht allein die Geburt entschied, ob man dazu gehörte, sondern der Beruf des Kriegers. Alle, die ritterlich lebten, gehörten dazu, die hohen Adligen ebenso wie die ehemals unfreien Ministerialen. Im Laufe der Zeit kapselte sich auch dieser Stand ab: Ritter mußten von Rittern abstammen, d. h. eine adlige Ahnenreihe nachweisen.

*Reiterdienst und Ahnenreihe*

Der Ritterstand entwickelte seine eigenen Lebensformen mit bestimmten Pflichten: Schwertleite, Ritterschlag, Turnier. Die mittelalterliche Dichtung, die von Rittern handelt, bewahrt jene Welt, die schließlich auch das höfische Leben auf den Burgen des Adels bestimmte.

**Was ein Ritter können mußte.** Im „Ritterspiegel" des Johannes Rothe (um 1415 geschrieben) heißt es:

*Geschicklichkeit und Tüchtigkeit*

„Zu einem vollkommenen Manne gehört, daß er gut reiten, schnell auf- und absitzen, gut traben, rennen und wenden kann und mit Verstand von der Erde etwas aufnehmen. Zum zweiten muß er schwimmen, im Wasser tauchen und sich vom Rücken auf den Bauch und vom Bauch auf den Rücken drehen können. Zum dritten muß er mit Armbrust, Büchse und Bogen schießen können: davon hat er bei Fürsten und Herzögen wohl Nutzen. Zum vierten muß er auf Leitern klettern können, wenn es nötig ist, wie etwa im Kriege, auch an Stangen und Seilen. Zum fünften muß er wohl turnieren können, streiten und stechen und recht und redlich tjostieren. Zum sechsten muß er zu Abwehr und Angriff ringen können, auch weit springen und mit der Linken ebenso gut fechten wie mit der Rechten. Zum siebenten muß er bei Tische aufwarten können, tanzen und hofieren, auch Schach zu spielen verstehen und alles, was ihm zur Zierde gereicht."

(Aus: J. Bühler, Fürsten und Ritter, 1928; abgedruckt in: Materialien für den Geschichtsunterricht, Das Mittelalter, Diesterweg 7332, $^{4}$1972, S. 154 f.)

*Page – Knappe – Ritter*

Um Ritter zu werden, mußte der junge Page an fremdem Adelshof in die „Lehre" gehen; mit vierzehn Jahren wurde er zum Knappen gemacht. Er lernte, die Pferde zu striegeln und aufzuzäumen, in voller Rüstung zu reiten und mit Schwert und Lanze zu kämpfen, in Krieg oder Fehde (Kleinkrieg zwischen Adligen) die Lanze seines Herrn zu tragen und dessen Kriegsschild und Panzer in einem gesonderten Sack mitzuschleppen. Er wurde in die dem Adel vorbehaltene Jagd eingewiesen und lernte den Herrn und dessen Gäste in höfischen Formen zu bedienen und zu betreuen.
Mit 21 Jahren wurde der Knappe durch Schwertleite und Ritterschlag zum Ritter erhoben. Dies geschah nach einem bestimmten Zeremoniell. Es sollte dem jungen Edelmann sinnbildlich vor Augen führen, daß Rittertum nicht nur Rechte, sondern auch Pflichten in der Gemeinschaft der Besten und Auserwählten aufgibt: Der wahre Ritter streitet zum Schutz des Glaubens und der Gerechtigkeit, er hilft den Schwachen und Unterdrückten. Die Farben Weiß, Rot und Schwarz seines Gewandes, in dem er vor dem Altar den Rittereid leisten wird, sollen ihn an die Reinheit seines Lebens, an die Rittertugenden „mâze" (maßvolle Selbstbeherrschung), Zucht und Treue, an das Blutvergießen Christi um der Liebe zu den Menschen willen und an den Tod erinnern.
In der Geschichte der Grafen von Holland lesen wir:

*Der Minnesänger Walther von Klingen stößt seinen Turniergegner vom Pferd. Die zuschauende Frau in der Mitte ist vermutlich die „Herrin", der Turnier und Lieder gelten. Das Bild ist eine Buchmalerei aus der Manessischen Liederhandschrift, benannt nach dem Züricher Ratsherrn Rüdiger Manesse (gest. 1304), der ein eifriger Sammler alter Lieder war. Das Buch enthält Minnelieder von 140 Dichtern und ist mit 137 ganzseitigen farbigen Bildern geschmückt.*

*Höfisches Mahl. Buchmalerei im „Parzival" (vgl. S. 158). Die Abbildung befindet sich in einer Handschrift, die zwischen 1228 und 1236 vermutlich in Straßburg entstanden ist. Beachte die vornehmen Gesten der Tischgesellschaft.*

*Rittereid*

„Jeder, der Ritter sein will, muß hochgemut, edelsinnig, freigebig, tadellos und ehrenfest sein", sprach der Kardinal zum Knappen Wilhelm. Darauf legte er dessen Hände in ein Meßbuch und ließ ihn den Rittereid schwören: „Ich, Wilhelm, Fürst der holländischen Ritterschaft und des heiligen Reiches freier Lehnsmann, gelobe der Ritterregel zu gehorchen." Der König von Böhmen gab dem Knappen einen kräftigen Schlag auf den Hals und sprach: „Zur Ehre des allmächtigen Gottes schlage ich dich zum Ritter und nehme dich mit Freuden in unsere Gemeinschaft auf."

**Das Turnierspiel.** Wir kennen Turniere seit dem 11. Jahrhundert; in Frankreich wurden sie erstmals ausgetragen und bald an vielen europäischen Adelshöfen nachgeahmt.

*Kampf und Spiel*

„Nach den ursprünglichen Regeln war der einzige Unterschied zwischen einem Turnier und einer Schlacht der, daß beim Turnier das Ziel darin bestand, den Gegner gefangenzunehmen, nicht aber ihn zu töten. Es handelte sich keineswegs um einen Zweikampf, aber es wurde nicht mit stumpfen Waffen gekämpft, und eine Anzahl bedeutender Leute fand dabei den Tod. Der gefangengenommene Teilnehmer verlor sein Pferd und seine Rüstung an den, der ihn besiegte, und wenn man wußte, daß er Geld besaß, mußte er auch noch ein Lösegeld bezahlen . . . Das Turnier war das ritterliche Kampfspiel des Mittelalters. Die Teilnahme an den Turnieren war nur Rittern vorbehalten, die eine bestimmte Anzahl von Ahnen vorweisen konnten. Die Turnierfähigkeit wurde von einem Herold, der im Wappenwesen erfahren war, geprüft. Als Turnierfeld diente ein offener, von Schranken begrenzter Platz. Man unterschied mehrere Kampfarten: Beim Buhurt rannten die Ritter in Scharen ohne Schwert und Panzer Mann gegen Mann geradlinig gegeneinander an. Bei der Tjoste standen sich zwei Ritter gegenüber, die im schärfsten Galopp aufeinander zu ritten, um beim Aufeinanderprall den Gegner aus dem Sattel zu heben. Beim Turnier im engeren Sinn, einer Verbindung aus Buhurt und Tjoste, waren die Teilnehmer in zwei möglichst gleichgroße Scharen geschieden. Kampfziel war der Durchbruch durch den gegnerischen Haufen."

*Turniere*

(Christoph Hohler in: Blüte des Mittelalters. Droemer Knaur, München 1966, S. 159 u. 146)

(1) Rittertum und Adel sind keine Gegensätze. Erkläre.
(2) Ein „Jungherrlein" wird mit 7 Jahren Page, mit 14 Jahren . . . Erzähle weiter.
(3) Welche Fähigkeiten trainierten die Ritter im Turnier? Zu welchem Zweck?

*„Gottesfrieden"*

**„Christliche" Ritter.** Jagen, reiten und Turniere austragen, das waren auch Vorübungen für einen Krieger. Die Ritter erstrebten jedoch ein höheres Ideal. In Südfrankreich hatte sich im 10. Jh. der Gedanke verbreitet, daß man wenigstens an den Leidenstagen Christi darauf verzichten sollte, in einer „Fehde" sein Recht mit der Waffe zu erkämpfen oder Krieg gegen einen Gegner zu führen. Der deutsche Kaiser Heinrich III. (1039–1056) unterstützte diese Bewegung und verkündete einen „Gottesfrieden": Fehde und Krieg waren jede Woche von Mittwochabend bis Montagfrüh untersagt. Viele Ritter unterwarfen sich diesem Gebot. Das kam vor allem denjenigen zugute, die meist unverschuldet die Folgen von Kriegszügen und adligen Fehden zu ertragen hatten: Arme, Bauern, Kaufleute. Aus dem „Gottesfrieden" wurde bald der Gedanke des „heiligen Krieges" abgeleitet. Man wollte nur noch für eine gute Sache, z. B. für Bedrohte und Schwache kämpfen. Mit dieser Gesinnung zogen viele Ritter während der Kreuzzüge ins Heilige Land (vgl. S. 183).

**„Ritterlichkeit" und feine Sitten.** Zwar blieb die Wirklichkeit weit hinter dem Ideal der Ritter zurück. Doch galt es als Ziel ritterlichen Verhaltens, den Gegner nicht blindwütig zu vernichten und sich für Schwache, Kranke und Bedürftige einzusetzen. Zur echten Ritterlichkeit gehörte auch ein gutes Benehmen. Als Page mußte man lernen, bei Tisch höflich Gäste zu bedienen und sich selbst an strenge Regeln zu halten, z. B. an folgende:

*Tischsitten*

1. Kein Edelmann soll mit einem andern zusammen von einem Löffel essen.
2. Beim Essen rülpst man nicht und schneuzt auch nicht in das Tischtuch.
3. Wer mit dem Löffel seine Speisen nicht aufnehmen kann, der schiebe sie nicht mit den Fingern darauf.
4. Auch ziemt es nicht, sich während des Essens über die Schüssel zu legen und dabei wie ein Schwein zu schnaufen und zu schmatzen.
5. Beim Essen kratzt man nicht mit bloßer Hand, wenn es etwa an der Kehle juckt. Kann man es aber nicht vermeiden, so kratzt man besser mit seinem Gewand.
6. Es ist bäuerliche Sitte, mit angebissenem Brot wieder in die Schüssel einzutunken.
7. Auch den Knochen, den man abgenagt hat, legt man nicht in die Schüssel zurück.
8. Wer gerade Essen im Mund hat, der trinke nicht wie ein Vieh.
9. Man stochere nicht mit dem Messer in den Zähnen herum.
10. Man soll auch nicht gleichzeitig reden und essen wollen.

(Aus einer „Tischzucht" des 13. Jahrhunderts; zitiert nach „Die Reise in die Vergangenheit", Bd. 2, Georg Westermann Verlag, Braunschweig 1971, S. 46)

(4) Man sagt, die Ritter pflegten eine hohe Kultur. Du kannst aufzählen, was man unter ritterlicher Kultur versteht.
(5) Welche damaligen Tischsitten gelten heute noch? Kannst du weitere aufzählen?

*Dichtung in der Volkssprache*

**Die höfisch-ritterliche Dichtung.** Der Glanz des Rittertums fällt in die Zeit der staufischen Kaiser Friedrich I. Barbarossa (vgl. S. 178 ff.) und seines Enkels Friedrich II. (vgl. S. 180 ff.). Damals entstanden große Werke der Weltliteratur in Erzähl- und Versform. Das „Nibelungenlied", der „Parzival" des Wolfram von Eschenbach, der „Tristan" Gottfrieds von Straßburg oder schon früher in Frankreich die „Chansons de geste", das Rolandslied und die Artus-Epen.
Bis dahin waren im Mittelalter fast ausnahmslos nur Geistliche als Dichter hervorgetreten; sie schrieben in der Sprache der Kirche, in Latein. Nun aber schrieben Laien, nämlich Ritter, Fürsten und Ministeriale; und erstmals schrieben sie in ihren Volkssprachen (Deutsch und Französisch bzw. in einem der zahlreichen Dialekte).

*Minnesang*

**Die Frau im Minnesang.** Erzählungen und Gedichte handeln nicht wie früher von den Freuden einer Welt nach dem Tod. Die ritterlichen Dichter freuen sich an der irdischen Welt. Sie berichten von Kämpfen und Abenteuern ihrer Vorfahren und besingen vor allem die Tugenden der Ritter. Als schönste Tugend galt der Minnedienst, der Dienst für die Herrin. Im Minnesang rühmen die Ritter die Frau; ihr Lied, das sie als Troubadours (vom französischen Wort „trouver", d.h. erfinden) zur Laute vortragen, gilt der verheirateten Herrin, die sie in tiefer Liebe verehren. So singt Walther von der Vogelweide:

Ich will tiuschen frouwen sagen
solhiu maere, daz si deste baz
al der werlte suln behagen:
âne grôze miete tuon ich daz.
waz wold ich ze lône?
si sint mir ze hêr:
so bin ich gefüege und bite si nihtes mer,
wan daz sie mich grüezen schone.

*Übersetzung:*
Ich verkünde deutschen Fraun
solche Dinge, daß die ganze Welt
sie noch mehr begehrt zu schaun,
dafür nehm ich weder Gut noch Geld.
Was wollt zum Lohne ich?
Sie sind mir zu hehr.
Drum bescheid ich mich und bitte sie nichts mehr,
als daß sie freundlich grüßen mich.

*Walther von der Vogelweide. Buchmalerei in der Manessischen Liederhandschrift (vgl. S. 156).*

*Verehrung der Frau*

Die Minnesänger erwiesen der adligen Dame die höchsten Ehren, doch konnten sie ihre Liebe nur in Worten bezeugen.

„Mit den Minneliedern, die der Troubadour an die Burgherrin richtet, versucht er, ihre Gunst zu gewinnen und in den Hofdienst aufgenommen zu werden. Viele Troubadours hatten an den Höfen eine feste Anstellung mit Jahresgehalt . . . Sie waren für die Damen Berater in Dingen der Bildung."

(A. Latour, Kulturgeschichte der Dame. Fischer Tb 688, Frankfurt 1965, S. 21)

**Herrin und Dame.** Der Troubadour sang und spielte nach festgefügten gesellschaftlichen Regeln. Sie beruhten auf dem Lehnswesen, in dem strenge Formen der Über- und Unterordnung bestanden (vgl. S. 170ff.). Die „Herrin" übernahm im Minnesang und im höfischen Spiel die Rolle des Lehnsherrn. Im Alltag blieb sie jedoch dem Mann untertan. Ihre Liebe zu einem Sänger durfte sie nur in Blicken und Gesten zeigen; das Ehe- und Familienleben blieb davon unberührt. Die im Minnesang ausgedrückte Hochachtung der Frau führte auch nicht dazu, daß man wenigstens adligen Damen mehr Rechte in der Öffentlichkeit zugestand. Hier regierte allein der Mann. In völliger Abhängigkeit standen die Frauen der niederen Schichten von ihren Männern.

*Abhängigkeit der Frau*

Im späten Mittelalter begannen die Bürger der Städte, die Ritter nachzuahmen. Auch sie wollten „höflich" sein, und sie übernahmen sogar die Bezeichnungen aus der Welt des Adels für den „Herrn" und die „Dame". Die Frau nahm in der bürgerlichen Gesellschaft einen neuen Platz ein, ohne jedoch dadurch neue Rechte zu gewinnen.

(6) Die Frau spielte in der politischen Ordnung des Mittelalters keine Rolle. Nennt Beispiele für die heutige Stellung der Frau in Politik und Gesellschaft.

**Burg, Schloß, Residenz.** Das Leben der Ritter, der Minnesänger, der adligen Frauen spielte sich in der Burg ab. Man hatte seit dem 9./10. Jh. solche Burgen gebaut, und zwar zum Schutz vor Feinden. Das Recht zum Burgenbau war ein Vorrecht des Königs, der es jedoch an seine Getreuen weiterverlieh. So bauten auch Fürsten und Grafen, Bischöfe und Äbte eigene Burgen. Seit dem 11. Jh. entstanden Tausende solcher Burgen in ganz Europa. In der Ritterzeit ließen Burgherren ihre „Wehrbauten" künstlerisch ausgestalten, so daß manche Burgen architektonische Kunstwerke darstellen.

*Burganlagen*

Die Burgen waren zugleich Herrschafts- und Wohnsitz der Adligen, die dort mit ihrer Familie, ihren Dienstmannen und ihrem Gesinde lebten. Da der Herr gewöhnlich über ausgedehnte Besitzungen verfügte, waren die Burgen zugleich Mittelpunkt der Verwaltung. Lage und Anlage der Burgen hingen von der Landschaft ab. Wir kennen die Wasserburg, die Felsenburg, die mit Wall und Graben umgebene Burg. Als Jagdsitz baute sich Kaiser Friedrich II. Castel del Monte in Apulien; der Tower in London, zunächst eine Normannenburg, wurde zur Stadtresidenz der englischen Könige umgebaut; vereinzelt waren Burganlagen so weitläufig, daß sie die umliegenden Dörfer mit einschlossen; die Stadtmauern erfüllten eine vergleichbare Aufgabe.

*Wenig Komfort*

Das Leben auf der Burg war eigentlich nur in der wärmeren Jahreszeit erträglich. Es gab noch keine Glasfenster und Öfen; die Böden aus Lehm oder Ziegelstein waren kalt. Nur im großen Saal und im Frauengemach (Kemenate von caminata = heizbares Zimmer) brannte das Feuer. Die Betten verhängte man mit dicken Vorhängen, um sich vor kalter Zugluft zu schützen. Das Burggesinde hauste auf Stroh in Ställen oder in den Werkstuben.

*Burgen des reichen Adels*

Nur der reiche Adel konnte sich prächtig ausgestattete Burgen leisten. Da sie ohnehin immer weniger der Verteidigung dienten, bauten sich diese Adligen oft zusätzlich Schloß oder Residenz im Tal oder in der Stadt. Hier feierte man fröhliche Feste, empfing Gäste, hielt Turniere ab oder ließ Minnesänger im Sängerwettstreit auftreten. Hier zeigte sich die mittelalterliche Gesellschaft des Adels und der Ritter in farbenprächtigen Gewändern. Es sollte noch lange dauern, bis man die Oberschicht der städtischen Bürger mitfeiern ließ.

(7) Auf dem Bild rechts siehst du eine Burg. Beschreibe, aus welchen Teilen sie besteht: Mauer, Tor . . .
(8) Burg – Schloß – Residenz: Versuche die Unterschiede in diesen drei Begriffen herauszuarbeiten.
(9) Gibt es in deiner Nähe eine Burg oder ein Schloß, das auf das Mittelalter zurückgeht? Berichte über seine Geschichte und beschreibe seine Anlage.
(10) Zahlreiche Ortsnamen endigen auf „-burg". Stelle einige zusammen und erkundige dich über ihre Entstehung.

**Reicher und armer Adel.** Es gab immer wieder Zeiten, in denen ein Teil des Adels ohne sinnvolle Beschäftigung lebte und wie ein Krebsgeschwür dem Volke schadete. Eine solche Zeit herrschte vor allem gegen Ende des Mittelalters, wo Raubritter über Bürger und Bauern herfielen und sie ausplünderten. Man darf sich den Adel überhaupt nicht als eine einheitliche Schicht vorstellen.

*Rekonstruktion der den Staufern gehörenden Reichsburg Trifels (Rheinpfalz). Die Burg liegt auf einem 150 m langen Berggrat. Den Mittelpunkt der mächtigen Burg bildet der starke Bergfried, in dessen Erdgeschoß sich die Torhalle zu dem rechts angebauten Palas (Festsaal und Wohnräume des Burgherrn) befindet. Im Bergfried ist auch die Kapelle eingebaut, deren Altarnische in der Zeichnung sichtbar ist. Hier wurden in der Stauferzeit die Reichskleinodien aufbewahrt.*

*Großgrundbesitzer und Raubritter*

„Während einzelne Geschlechter der kaiserlichen Ministerialen zu hohen Ämtern aufstiegen, verarmte mancher Zweig des Hochadels. Die Vermögensunterschiede wurden außerordentlich groß. Die Herzöge und einige Grafen in Deutschland, die Grandseigneurs in Frankreich, die Barone in England besaßen Tausende von Morgen bebauten Landes und riesige Forste, während manch kleiner Lehnsritter seinen Acker mit dem eigenen Roß pflügte. Dabei blickte er wohl mit Neid auf den reicheren Meier seines Burgnachbarn. Die Fürsten und die städtischen Kaufherren, die ‚Geschlechter' gingen in kostbaren Gewändern, auf ihren Tischen glänzten Gold- und Silbergefäße, während der arme Landjunker zufrieden war, wenn er sich aus seinen hölzernen Schüsseln sattessen konnte. Noch heute erinnert eine kärgliche Speise, Brot in Milch getaucht und geröstet, die man ‚arme Ritter' nennt, an die Hänselei, die reiche Bürger gegen solche Habenichtse von Rittern wegen ihrer schmalen Kost übten. In einer späteren Zeit wurden aus diesen Habenichtsen die Strauch-, Hecken- oder Raubritter, die der Schrecken ganzer Landstriche waren."

(Bilder aus der Weltgeschichte, hrsg. von Rudolf Stielow, Heft 4, Das Hochmittelalter, Diesterweg 7204 [4]1972, S. 6)

## 10.4. Kirchen und Klöster

**Wie lebten die Mönche?** Kirchen und Klöster, Bischöfe und Äbte, Mönche, Nonnen und Weltgeistliche sind aus den europäischen Ländern des Mittelalters gar nicht wegzudenken. Neben den Adligen, Bürgern und Bauern haben sie die Gesellschaft bis in die jüngste Vergangenheit nachhaltig geprägt. Gestützt auf die geistige Macht des Christentums war ihr Einfluß ungleich stärker als ihr Anteil an der Gesamtbevölkerung.

*Klosteranlage*

Der Klosterplan von Sankt Gallen erzählt von den Aufgaben, die den unter dem Wahlspruch „Bete und arbeite" stehenden Benediktinermönchen (vgl. S. 113) aufgegeben waren. Sie lebten hier wie in einer kleinen Stadt für sich: Um den Mittelpunkt von Kirche und Kreuzgang liegen Speisesaal und Schlafsaal für die Mönche, Vorratsräume für Lebensmittel, Wein und Bier, die Küche und die Badestuben. Auch an die Gärtner, Schaf-, Schweine-, Gänse-, Ziegen- und Kuhhirten sowie die Knechte für Pferdestall und Feldarbeit ist gedacht.

*Landwirtschaftliche Musterbetriebe*

Handwerk und Landwirtschaft überließen die Mönche nicht ihrem Gesinde; sie packten selbst zu. In ihren Obstgärten sah man die schönsten Obstsorten und in den Ställen gesundes Vieh; sie bauten den besten Wein an. So mancher Bauer schickte seine Söhne ins Kloster, damit sie bei den Mönchen die Pflege des Viehs oder den günstigsten Wechsel von Aussaat und Brache erlernten. Wenn sie nicht selten als Mönche dort blieben, dann häufig deshalb, weil das Pachtland daheim zu klein für alle Geschwister war.
Andererseits waren die geistlichen Grundherren – ähnlich den weltlichen – selbst an landwirtschaftlich ausgebildeten und tüchtigen Bauernburschen interessiert. Wie anders hätte z. B. die Abtei Saint Germain des Près (bei Paris) ihre Hofgüter mit 1167 ha (davon 650 ha Ackerland) bewirtschaften sollen? Da es damals noch keine Maschinen gab, hat man den zur Bewirtschaftung notwendigen Aufwand so berechnet: 250 ha Ackerland erfordern rd. 30 Pferde oder 45 Ochsen, 120 Stück Großvieh, 50 Dienstboten und Feldarbeiter.

*Handschriften und Buchmalerei*

**Bibliotheken und Schulen.** Häufig waren die besten Handwerker unter den Mönchen gleichzeitig Künstler ihres Faches: Bildhauer, Goldschmiede, Seidenweber, Teppichwirker, Emailbrenner und vor allem Buchmaler. Schon damals waren die Bibliotheken von Klöstern und Bischofskirchen berühmt wegen ihrer Schönheit und ihres Reichtums. Die hier aufgestellten dicken Folianten konnte man nicht kaufen; die benachbarten Klöster tauschten sie untereinander aus. Mönche schrieben sie ab und malten sie in den leuchtendsten Farben kunstvoll aus. Schon Karl der Große hatte befohlen, daß in jeder Bischofsstadt und in jedem Kloster eine Schule errichtet werden solle. Dort hatten auch die künftigen Mönche lesen und schreiben gelernt.

*Klosterschulen*

*Rekonstruktion einer Klosteranlage nach dem im Besitz der Stiftsbibliothek von St. Gallen (vgl. S. 163) befindlichen Klosterplan.*

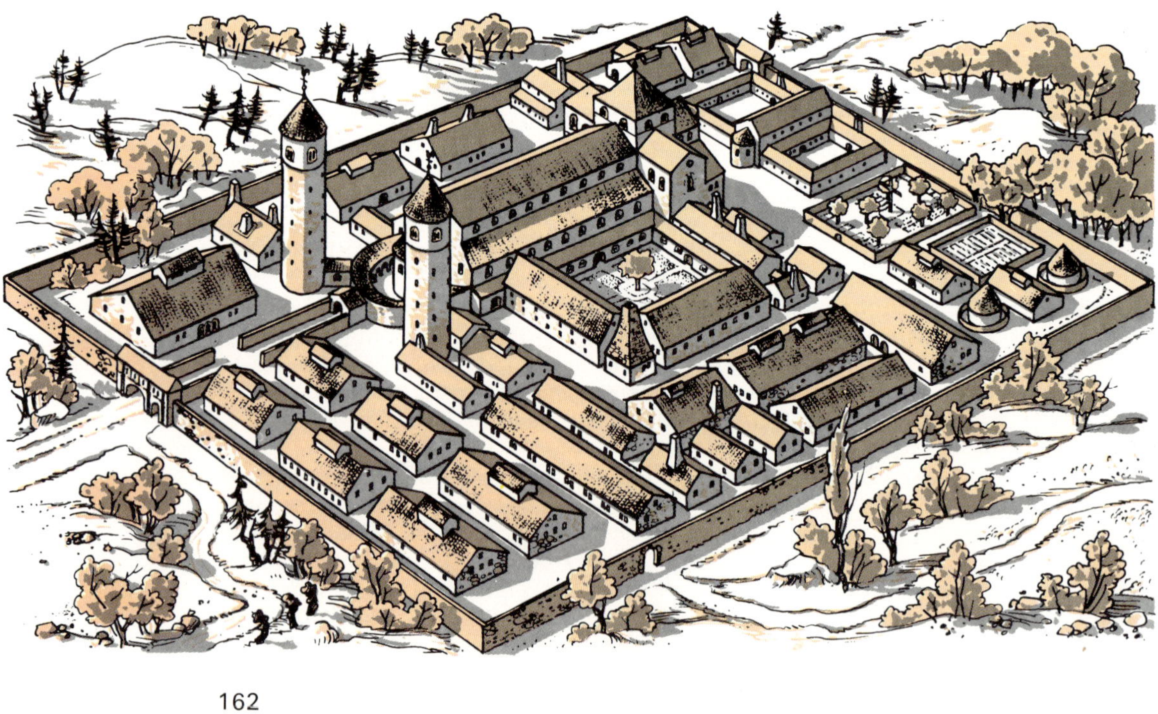

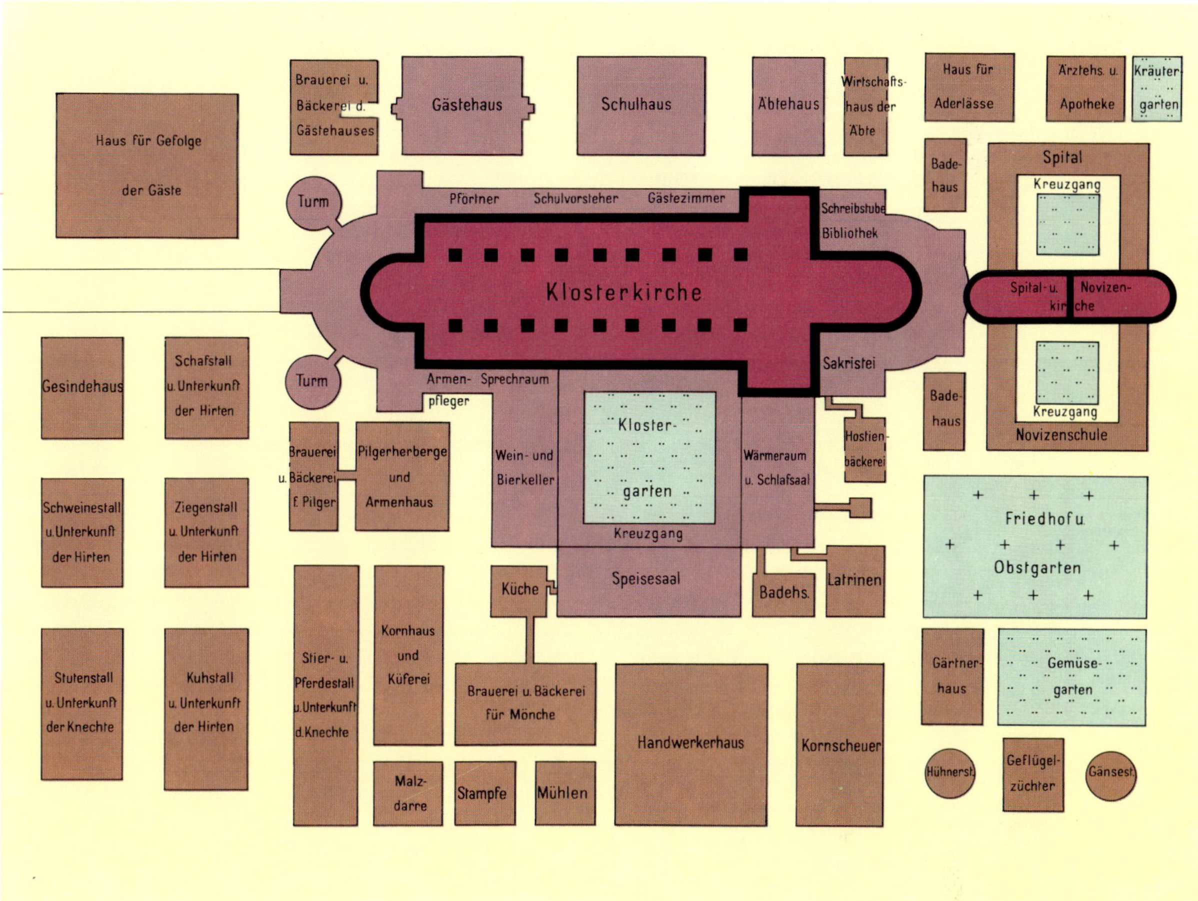


*Der Klosterplan von St. Gallen.*

Die Bücher in den Klosterbibliotheken enthielten nicht nur Texte der Bibel, Predigten der Kirchenväter oder die beim täglichen Gottesdienst gesprochenen und gesungenen Gebete, sondern auch die Literatur des Altertums. Hätten die Mönche nicht so emsig geschrieben, besäßen wir viele Texte überhaupt nicht mehr.

*Literatur*

(1) Ist es auch heute noch so, daß verhältnismäßig kleine Gruppen das Schicksal der Gesellschaft bestimmen?
(2) Berechne, wieviel Vieh und wieviel Arbeitskräfte die Abtei Saint Germain des Près zur Bewirtschaftung ihrer Hofgüter benötigte. Überlege, wie groß die Gebäude zur Unterbringung von Vieh und Menschen insgesamt waren.
(3) Du kannst erklären, in welcher Weise die Klöster wirtschaftliche Mittelpunkte waren. Was konnten Bauern und Handwerker von ihnen lernen?
(4) Plane mit Hilfe des Klosterplanes von St. Gallen eine „Führung" durch das Kloster: Womit würdest du beginnen, welche Gebäude gründlich besichtigen, welche übergehen?

**Die allzu weltlichen Interessen der Mönche.** Die Klöster und Bischofskirchen, aber auch zahlreiche Pfarreien waren reich geworden. In der Sorge um das eigene

*Schenkungen an Klöster*

Seelenheil schenkten viele Gläubigen seit dem 8. Jahrhundert der Kirche große Besitzungen.

„Wir, Berwein und meine Frau Williswind, schenken dem Kloster Lorsch, in dem der Leib des heiligen Nazarius begraben liegt, zum Heile unserer Seelen 15 Tagewerk Ackerland in Mannheim und eine Wiese mit einem Ertrag von vier Fuhren Heu."

(Aus dem Schenkungsbuch des Klosters Lorsch bei Worms)

„Ich Ramuolf habe von Krankheit befallen die Hoffnung auf ein ferneres Leben aufgegeben. Für die Sünden, die ich auf Einflüsterung des Teufels in gesunden Tagen begangen habe, habe ich meinen freieigenen Besitz, den mir mein Vater Heripald als Erbe hinterlassen hat und den ich als meinen Anteil gegen meinen Bruder erlost habe, den Stätten der Heiligen geschenkt, um dafür entsprechend beim gnädigen Gott Vergebung der Sünden zu erlangen. Ich habe zunächst an die bischöfliche Kurie . . . in der Burg Freising . . . geschenkt den Ort Viecht mit Knechten und Leibeigenen, mit Hörigen und Grundstücken, mit Wiesen und Weiden, mit Wäldern und waldigen Triften und die obere Mühle in Moosmühle . . . sowie den Weinberg in Abensberg."

(Aus dem Schenkungsbuch des Hochstifts Freising zum Jahre 772. Übersetzung bei Günther Franz, Quellen zur Geschichte des deutschen Bauernstandes im Mittelalter, a.a.O., Nr. 19)

*Verweltlichung*

Die Weltgeistlichen und die Mönche hielten vielerorts der Versuchung des Reichtums nicht stand. Sie vernachlässigten ihre Aufgaben als Seelsorger oder als Mönche, obwohl sie nach der Regel Benedikts lebenslang zu Armut, Gehorsam, Ehelosigkeit, Gebet und Arbeit verpflichtet waren. Bestenfalls verwalteten sie die ausgedehnten Besitzungen, von denen sich manche im Überfluß ernährten. Dagegen empfanden sie Gottesdienst, Chorgebet und Predigt als Last. „Ein Bistum oder eine Abtei zu haben, wäre eine schöne Sache, wenn man nur nicht die Messe lesen müßte", klagte der Erzbischof von Reims.

*Reform von Cluny*

**Die große Reformbewegung.** Es gab aber auch Klöster, die sich dieser Entwicklung widersetzten. So verbreiteten sich im 10. Jahrhundert Reformen von den Klöstern Cluny in Frankreich, Gorze und Brogne in Lothringen und Hirsau im Schwarzwald. Die Reformer drangen auf eine strenge Einhaltung der benediktinischen Ordensregel, vor allem auf die klare Trennung zwischen Kloster und „Welt". Gegen heftige Widerstände setzten sie die freie Wahl der Äbte durch, während bis dahin durch Gewohnheitsrecht der König oder Herzog, Graf oder Bischof starken Einfluß ausgeübt hatte. Sie forderten „Freiheit der Kirche" und verhinderten, daß unter dem Druck weltlicher Herren sogar Laien zu Äbten gewählt wurden.

Die weiteste Verbreitung fanden die Reformen von Cluny: in ganz Frankreich mit Ausstrahlungen nach England, Spanien, Italien und Deutschland. In weniger als 200 Jahren entstand ein Klosterverband von nahezu 1000 Abteien. Anders als die früheren Mönchsklöster, die jeweils unabhängig voneinander und selbständig geblieben waren, bildeten die cluniazensischen Klöster eine große Einheit: Cluny selbst galt als Mutterkloster, zu dem die Neugründungen im Verhältnis von Mutter und Tochter standen; die Äbte der Tochterklöster blieben dem „Abt der Äbte", d.h. dem Abt von Cluny durch ein besonderes Gelöbnis auf immer verbun-

*Mönch und Laie in der Schreibstube. Malerei in einem Buch Heinrichs III. (Echternacher Handschrift, 1039–1043).*

den; neben der Regel des Ordensvaters Benedikt wurden noch die besonderen „Gewohnheiten" von Cluny beachtet, wodurch die Mönche tagtäglich das Gefühl der Zusammengehörigkeit erleben konnten. Nach dem Vorbild von Cluny haben sich auch die jüngeren Orden der Zisterzienser und Prämonstratenser organisiert. Die länderübergreifende Klosterfamilie von Cluny unterstellte ihre Klöster allein dem unmittelbaren Schutz des Papstes in Rom. Sie wurde seine wichtigste Helferin in der Auseinandersetzung mit dem Kaiser (vgl. S. 176).

*Reformorden*

**Neue Orden entstehen.** Im 12. Jahrhundert entstanden – den Reformorden des 10. Jahrhunderts ähnlich – neue Orden. Der Zisterzienserorden lehnte sich eng an die Benediktinerregel an, sein bedeutendster Abt war Bernhard von Clairvaux (vgl. S. 185). Der Prämonstratenserorden, von dem deutschen Grafensohn Norbert von Xanten im Waldtal von Prémontré bei Laon gegründet, wandte sich nicht an die Mönche, sondern an die Weltpriester der größeren Kirchen. Sie sollten ihren eigenen Hausstand aufgeben und auf Eigentum verzichten. Norbert führte sie zu einem klosterähnlichen gemeinsamen Leben zusammen. Als deutsche Siedler in Polen, Böhmen und Ungarn Wälder rodeten und Land urbar machten (vgl. S. 229), verlegten beide Orden ihre Schwerpunkte aus dem Westen nach Osten und wirkten dort am Landesausbau mit.

Die wachsenden Städte erforderten eine wirkungsvollere Seelsorge. Die Weltgeistlichen an den zahlreichen Pfarr- und Stiftskirchen versagten häufig, und die Klöster auf dem Lande konnten das Problem nicht lösen. Antwort auf das Verlangen der Stadtbevölkerung wußten die Gründer von zwei Orden, die ihre Klöster in den Städten errichteten. Es waren Franz von Assisi († 1226) als Gründer des Franziskanerordens und Dominikus († 1221) als Gründer des Dominikanerordens. Beide Orden widmeten sich eingehend der Seelsorge, der Predigt und der Ausbildung der Jugend an Schulen und Universitäten.

*Bettelorden*

Um solche Ziele erreichen zu können, mußten diese Orden Voraussetzungen für Anpassungsfähigkeit und Beweglichkeit schaffen. Sie verzichteten auf jeglichen persönlichen und gemeinsamen Besitz, verpflichteten sich statt dessen zu eigener Hände Arbeit und, wenn dies zum Lebensunterhalt nicht ausreichte, zum Betteln. Die „Bettelorden" übten eine starke Anziehungskraft auf Zehntausende junger Menschen in ganz Europa aus. Zentral von einem „Generalminister" regiert, konnten sie entsprechend ihren jeweiligen Fähigkeiten stets da eingesetzt werden, wo sie am dringendsten gebraucht wurden. So war es kein Wunder, daß ihre eingehende Seelsorgetätigkeit und vor allem ihre offensichtlich beeindruckenden Predigten die Klosterkirchen füllten, während gleichzeitig die Stadtpfarrkirchen sich leerten. Dies führte allenthalben zu Konflikten mit den Pfarrern, die sich nicht so sehr um ihre Pfarrkinder als um deren Spendenfreudigkeit zugunsten der bettelnden Mönche sorgten. Durch ihr tätiges Vorbild haben die Bettelmönche dazu beigetragen, die gerade in den Städten fühlbaren Spannungen zwischen Armen und Reichen zu mildern. Neu war auch, daß in viel stärkerem Maß als in früheren Jahrhunderten auch zahlreiche junge Frauen sich den Idealen des Franziskus und Dominikus verschrieben und viele Frauenklöster gründeten.

*Seelsorge und Predigt*

(5) Das Schenkungsbuch des Klosters Lorsch (gegründet 765) enthält weit über 3000 Schenkungsurkunden, durch die vielfach ganze Bauernhöfe oder sogar mehrere Dörfer geschenkt wurden. Wiederhole, welche Gefahren für die Kirche übermäßiger Reichtum mit sich brachte.

(6) Jede Ordensgründung war eine Antwort auf Probleme der Zeit. Gemeinsam war allen Mönchen das Zusammenleben im Kloster, der Verzicht auf Eigentum und Familie. Aber jeder Orden versuchte, neue Fragen auf seine Weise zu lösen. Vergleiche die Ziele Benedikts von Nursia (S. 113), der Cluniazenser, Zisterzienser, Franziskaner.

**Zur Lernkontrolle**

1. Die mittelalterliche Gesellschaft ist eine ständisch gegliederte Gesellschaft. Das bedeutet: Menschen haben – je nach Stand – verschiedene Rechte, unterschiedliche Pflichten, ungleiche Lebenschancen. Zeige das am Beispiel der Bauern und der Ritter.
2. Welche Rolle spielt die adlige Dame in der mittelalterlichen Gesellschaft?
3. Es gab mehrere Stufen von Unfreiheit und Freiheit, ebenso verschiedene Arten von Herrschaft. Erläutere sie und setze sie zueinander in Beziehung.
4. Grundlage einer gehobenen Stellung war im Mittelalter der Grundbesitz. Welche Art von Besitz ist heute ausschlaggebend?
5. Kirchen und Klöster sind aus dem Mittelalter nicht wegzudenken. Sie bestimmten auch das Bild der Städte und Dörfer. Vergleiche mit unserer Gegenwart.

# 11. Politische Kräfte und Gegensätze

**Lernziele**

- Vor mehr als 1000 Jahren ist das erste deutsche Reich entstanden. Informiere dich, wie es regiert wurde.
- Einen „Staat", wie wir ihn heute haben, gab es im Mittelalter nicht. Die Grundlage der politischen Ordnung war das Lehnswesen. Im folgenden Kapitel wird dir deutlich werden, was es damit auf sich hat.
- Im 3. Teil des Kapitels geht es darum, das Verhältnis zwischen Staat und Kirche, zwischen Kaiser und Papst im Mittelalter zu untersuchen, um zu erkennen, auf welchen Grundlagen ihre Macht beruhte und wie beide miteinander um die oberste Gewalt gekämpft haben.
- Im 4. Teil des Kapitels kannst du herausarbeiten, welche Politik die Stauferkaiser machten und welche Bedeutung sie in Europa hatten.

## 11.1. Das deutsche Reich vor tausend Jahren

**Das erste deutsche Reich.** Das Reich der Karolinger war 100 Jahre nach der Kaiserkrönung Karls des Großen auseinandergefallen. Die Schwäche der letzten Karolingerherrscher stärkte die Macht des Adels und der Stämme. Im ostfränkischen (deutschsprachigen) Gebiet (vgl. S. 143f.) gab es wieder vier Stammesherzogtümer: Bayern, Schwaben (Alemannien), Franken und Sachsen. Die Herzöge regierten als mächtigste unter den Adligen ihres Stammes selbständig; denn der König konnte nicht für Friede und Ordnung sorgen: Das mußte der Adel selbst tun. Als 911 der letzte Karolinger starb, wählten die mächtigen Adligen von Franken, Sachsen, Bayern und Schwaben den Frankenherzog Konrad zum König. Auch er konnte sich nicht gegen die Herzöge durchsetzen; er fühlte, wie Widukind von Corvey berichtet, daß das Königsheil (vgl. S. 136) auf die Sachsen übergegangen sei. Deshalb rief er kurz vor seinem Tode seine Brüder und Vettern und die Großen des Frankenreiches zu sich.

*Der Sachsenherzog wird König*

„Er beschwor sie mit väterlichen Ermahnungen, es über die Wahl seines Nachfolgers nicht zu einer Spaltung im Reiche kommen zu lassen. Sie sollten den Sachsenherzog Heinrich, Ottos Sohn, erküren. Der sei ein tüchtiger und tatkräftiger Mann, der sich mit allem Eifer für den Frieden einsetze. Zum Zeichen, daß sie für dies hohe Amt keinen Würdigeren finden könnten, ließ er durch sie Zepter und Krone und die sonstigen königlichen Insignien [Abzeichen] ihm übergeben, auf daß er das Recht schirme und erhalte."

(Fortsetzung des Regino von Prüm. Zitiert nach: Materialien für den Geschichtsunterricht, Band 2: Das Mittelalter. Diesterweg 7332, S. 106)

*Heinrich I.*

Die Franken und Sachsen wählten Heinrich zum König (919–936). Der schwäbische und der bayerische Stamm blieben der Wahl fern. Die Bayern erhoben den eigenen Herzog zum König und stellten somit den ersten Gegenkönig der deutschen Geschichte. Es glückte jedoch Heinrich I., die widerstrebenden Herzöge (auch den Bayern) in Verhandlungen an sich zu binden. Der König führte Krieg gegen Lothringen, das sich dem westfränkischen Reich anschließen wollte, und erzwang seinen Anschluß an das „Reich der Deutschen" (925), wie man das Ostfrankenreich nun nannte. Heinrich verteidigte das deutsche Reich erfolgreich gegen die Einfälle der Ungarn und erkämpfte gegen sie 933 einen bedeutenden Sieg.

*Otto I. der Große* 936–973

**Wahl und Krönung Ottos des Großen.** Im Jahr 936 wurde Heinrichs Sohn Otto I. in Aachen zum König gewählt und gekrönt. Über den Vorgang besitzen wir einen ausführlichen zeitgenössischen Bericht, der das genau festgelegte Zeremoniell eindrucksvoll schildert:

*Wahl durch den Adel*

„[Es] versammelten sich die Herzöge und die Ersten der Grafen mit der Schar der vornehmsten Ritter im Säulenhof, der mit der Basilika Karls des Großen verbunden ist, und sie setzten den neuen Herrscher auf einen hier aufgestellten Thronsessel; hier huldigten sie ihm, gelobten ihm Treue und versprachen ihm Hilfe gegen alle seine Feinde und machten ihn so nach ihrem Brauche zum König. Während dies die Herzöge und die übrige Beamtenschaft taten, erwartete der Erzbischof Hildebert (von Mainz) mit der gesamten Priesterschaft und dem ganzen Volk innen in der Basilika den Aufzug des neuen Königs. Als dieser eintrat, ging ihm der Erzbischof entgegen, berührte mit seiner Linken die Rechte des Königs, während er selbst in der Rechten den Krummstab trug, . . . und schritt dann vor bis in die Mitte des Heiligtums, wo er stehen blieb. Dann zum Volke gewandt, das ringsumher stand – es waren nämlich in dieser Basilika Säulengänge unten und oben rundherum – so daß er von allem Volk gesehen werden konnte, sprach er also: ‚Sehet, hier bringe ich euch den von Gott erkorenen und einst vom großmächtigen Herrn Heinrich bestimmten, nun aber von allen Fürsten zum Könige gemachten Otto; wenn euch diese Wahl gefällt, so bezeugt dies, indem ihr die rechte Hand zum Himmel emporhebt.' Darauf hob alles Volk die Rechte in die Höhe und wünschte mit lautem Zuruf dem neuen Herrscher Heil. Sodann schritt der Erzbischof mit dem Könige, der nach fränkischer Art mit enganliegendem Gewande bekleidet war, hinter den Altar, auf dem die Abzeichen des Königs lagen, das Schwert mit dem Wehrgehenk, der Mantel mit den Spangen, der Stab mit dem Zepter und das Diadem. Dieser trat an den Altar, nahm hier das Schwert mit dem Wehrgehenk und sprach zum König gewendet: ‚Empfange dieses Schwert und treibe mit ihm aus alle Widersacher Christi, die Heiden und schlechten Christen, da durch Gottes Willen alle Macht im ganzen Frankenreich dir übertragen ist, zum bleibenden Frieden aller Christen.' Sodann nahm er die Spangen und den Mantel und bekleidete ihn damit, indem er sagte: ‚Die bis auf den Boden herabreichenden Zipfel seines Gewandes mögen dich erinnern, von welchem Eifer im Glauben du entbrennen und in Wahrung des Friedens

*Zustimmung des Volkes*

*Der thronende Kaiser aus dem Evangeliar Kaiser Ottos III. Buchmalerei aus der Schule des Klosters Reichenau, um 998. Je zwei weltliche und geistliche Große stehen zu beiden Seiten des Kaisers. Dessen Bedeutung wird schon durch die Größe deutlich gemacht, in der der Maler des Bildes seine Gestalt von den übrigen Figuren abhebt. Das Evangeliar Ottos III. ist eine der schönsten Prachthandschriften der ottonischen Zeit.*

*Salbung und Weihe*

*Hofämter*

beharren sollst bis in den Tod.' Darauf nahm er Zepter und Stab und sprach: ‚Diese Abzeichen sollen dich ermahnen, mit väterlicher Zucht deine Untertanen zu leiten und vor allem den Dienern Gottes, den Witwen und Waisen die Hand des Erbarmens zu reichen; und niemals möge dein Haupt des Öls der Barmherzigkeit ermangeln, auf daß du in Gegenwart und in Zukunft mit ewigem Lohne gekrönt wirst.' Darauf wurde er alsbald mit dem heiligen Öle gesalbt und mit dem goldenen Diadem gekrönt von den Bischöfen Hildebert und Wichfrid [von Köln], und als nun die rechtmäßige Weihe vollzogen war, wurde er von eben denselben Bischöfen zum Thron geführt, zu dem man auf einer Wendeltreppe hinanstieg, und er war zwischen zwei marmornen Säulen von wunderbarer Schönheit so errichtet, daß er von hier aus alle sehen und von allen wiederum gesehen werden konnte.

Nachdem man das ‚Te deum laudamus' [Großer Gott, wir loben dich] gesungen und das Meßopfer feierlich begangen hatte, stieg der König herab und ging in die Pfalz; hier trat er an die marmorne, mit königlicher Pracht geschmückte Tafel und setzte sich mit den Bischöfen und allem Volk; die Herzöge aber warteten auf. Der Herzog der Lothringer, Giselbert, zu dessen Machtbereich dieser Ort gehörte, ordnete die ganze Feier [als Kämmerer]. Eberhard [Herzog von Franken] besorgte [als Truchseß] den Tisch, Hermann der Franke führte [als Herzog von Schwaben] die Mundschenken, Arnulf [von Bayern] sorgte [als Marschall] für die ganze Ritterschaft und für die Wahl und Absteckung des Lagers."

(Widukind von Corvey, Sachsengeschichte, Buch II, Kap. 1 und 2. Lateinisch-Deutsche-Ausgabe, in: Freiherr-vom-Stein-Gedächtnisausgabe, Mittelalterliche Reihe, Band VIII, Wissenschaftliche Buchgesellschaft, Darmstadt 1971, S. 87ff.)

(1) Was bedeutet es, daß die Wahl Ottos I. in Aachen stattfand?
(2) Widukind von Corvey hat uns eine ausführliche Beschreibung der Krönung Ottos überliefert. Wir gestalten daraus eine Reportage (für den Schulfunk, die Zeitung).
(3) Man könnte die Krönungsinsignien (Zepter, Stab usw.) zeichnen oder sie aus Pappe und Buntpapier anfertigen.

**962**
*Römischer Kaiser*

**Das Kaisertum der Deutschen.** Otto der Große konnte die Macht des Königs sichern und ausbauen. Nach einem Kriegszug über die Alpen gehörte auch Oberitalien zu seinem Reich. Als der Papst ihn um seinen Schutz bat, zog Otto nach Rom, übernahm das Amt eines ständigen Schutzherrn der Kirche und ließ sich zum römischen Kaiser krönen (962). Seitdem blieb das Kaisertum (bis zum Jahre 1806) mit dem deutschen Königtum verbunden. Als Kaiser besaß der deutsche Herrscher das höchste Ansehen unter den Königen von Europa, er galt als Schützer der Christenheit und hatte lange Zeit großen Einfluß auf die Wahl des Papstes.

*Wer wird König?*

Wer jeweils König in Deutschland und Kaiser des Reiches wurde, hing von verschiedenen Bedingungen ab. Nach altem germanischen Recht war das Königsheil an die Sippe gebunden, d.h. daß das Volk nur einen als König anerkannte, der aus einem Königsgeschlecht stammte (vgl. S. 136). Im Laufe des Mittelalters setzte sich jedoch die Auffassung durch, daß ein König gewählt werden müsse. So kam es, daß die Stammesherzöge zusammen mit ihrem weltlichen und geistlichen Gefolge den neuen König wählten.

Da aber das Geblütsrecht weiterwirkte, ergab sich folgende Regel: Der König ließ noch zu seinen Lebzeiten den Sohn zum Nachfolger wählen; oder: Beim Aussterben einer Königsfamilie suchte man den Nachfolger in der weiteren Verwandtschaft. Im Spätmittelalter setzte sich dann das Erbrecht auf das Königsamt durch, das ebenfalls auf das Geblütsrecht zurückgeht.

*Kurfürsten*

Der Kreis der Wähler verengte sich immer mehr. Ursprünglich nahm das Volk an der Wahl teil. Im 12. Jahrhundert war es üblich, daß je 10 Wahlmänner aus dem Stamm der Bayern, Schwaben, Franken und Sachsen die Wahl vornahmen. Später gehörten dem Wahlgremium nur noch die höchsten Fürsten des Reiches an. Sie hießen Kurfürsten, weil die den König zu küren hatten. Zum Kurfürstenkolleg zählten die Erzbischöfe von Trier, Mainz und Köln, der Pfalzgraf vom Rhein, der Herzog von

Sachsen, der Markgraf von Brandenburg und der König von Böhmen. Da der Papst den deutschen König zum Kaiser zu krönen hatte, leitete er daraus das Recht ab, den Kandidaten zu prüfen. Das führte später mehrfach zum Streit zwischen dem deutschen König und dem Papst. Auch das Umgekehrte galt: der Kaiser als Schutzherr der Kirche übte immer wieder Einfluß und Macht auf die Besetzung des päpstlichen Thrones aus (vgl. 168 und 173 f.).

**Amtsherzöge und geistliche Reichsfürsten: Stützen des Königs.** Otto der Große versuchte, die Stammesherzogtümer seinem Einfluß zu unterwerfen. Er machte deshalb Angehörige seiner Familie zu Herzögen: Sachsen und Bayern erhielten Brüder des Königs, Lothringen kam an seinen Schwiegersohn und Schwaben an seinen Sohn. Das alte Königsland Franken aber verblieb beim König selbst. Die neuen Herzöge sollten Amtsherzöge sein, dem König unmittelbar verantwortlich. Das kostete sie ihre weitgehende politische Selbständigkeit, was sie nicht widerstandslos hinnahmen. Es kam zu blutigen Aufständen.

*Stammes- und Amtsherzöge*

Jetzt suchte Otto nach zuverlässigeren Stützen der Reichsgewalt. Er schwächte die Macht der Herzöge, indem er in den Herzogtümern Pfalzgrafen bestellte, die im Königsgericht den Vorsitz führten und sich um die Verwaltung der königlichen Güter und Einkünfte kümmerten.

*Geistliche Reichsfürsten*

Noch mehr Erfolg hatte Otto mit einem anderen Schritt: Er verbündete sich – wie seine karolingischen Vorgänger – mit der Kirche. Er machte Bischöfe und Äbte zu Reichsfürsten. Seinen Bruder Brun, Erzbischof von Köln, belehnte er z. B. mit dem Herzogtum Lothringen, nachdem er seinen aufständischen Schwiegersohn abgesetzt hatte. Da die hohen Geistlichen nicht verheiratet waren und keine Erben hatten, konnte der König nach ihrem Tode immer wieder neue Männer seines Vertrauens in die höchsten Reichsämter bringen. Die riesigen Kirchengüter, die den Klöstern und Bistümern gehörten, betrachtete der König als Reichsgut und übertrug sie den geistlichen Reichsfürsten als Lehen (vgl. S. 170 ff.). Diese leisteten dafür dem König Rat und Hilfe, stellten Soldaten und versorgten den königlichen Hof auf seinen Reisen durchs Land. Mehr als die Hälfte aller Leistungen für das Reich erhielt der König von der Reichskirche.

Manchmal zogen die geistlichen Reichsfürsten selbst in den Kampf, doch meist übernahmen sie politische und diplomatische Aufgaben, denn dafür waren sie am besten vorbereitet. Otto I. wählte seine Bischöfe und Äbte vornehmlich aus den Mitgliedern der königlichen Hofkanzlei und Hofkapelle. Da sie zur Umgebung des Königs gehör-

*Otto II. und Bischof Adalbert von Prag. Relief von der Bronzetür am Dom von Gnesen. Gegossen um 1120. Der König überträgt dem Bischof die mit dem kirchlichen Amt verbundene weltliche Herrschaft mit den Symbolen von Ring und Stab. Diese Übergabe nannte man Investitur (Einsetzung, Einkleidung, vgl. S. 171).*

ten, kannten sie seine Absichten gut. Auch er kannte sie genau und wußte, daß er sich auf sie als treue Reichsfürsten verlassen konnte.

*Vögte*

Die geistlichen Fürsten übertrugen die weltliche Herrschaft meist einem Vogt. Der Vogt saß auch anstelle des Bischofs zu Gericht; denn es erschien unvereinbar mit der priesterlichen Würde, Todesurteile zu fällen und sich dadurch mit Blut zu beflecken.

(4) Wir besprechen die Vorzüge, die darin lagen, daß der König die Bischöfe und Äbte zu Reichsfürsten machte. Konnte es auch Nachteile haben? Für wen?
(5) Welche Aufgaben der geistlichen Reichsfürsten waren weltlicher, welche geistlicher Natur?

*Außenpolitik*

**Die Aufgaben des Königs: Feldherr und Richter.** Der Adel kümmerte sich um den Ausbau seiner Macht innerhalb der Reichsgrenzen. Die Außenpolitik war dem König vorbehalten. Er war auch für die Kriegführung des Reiches verantwortlich. Der König besaß den „Heerbann", d.h. auf sein Geheiß mußten die Kronvasallen mit allen Untervasallen in voller Reiterrüstung am Krieg teilnehmen. Wer den Kriegsdienst verweigerte, verlor sein Lehen (vgl. S. 172).

*Abwehr der Ungarn*
955

Die sächsischen Herrscher führten mehrfach Kriege zur Verteidigung und Ausdehnung der Grenzen im Osten. Die Einfälle der Ungarn beendete Otto der Große durch seinen Sieg auf dem Lechfeld bei Augsburg (955). Er bekämpfte aber auch die Slawen, die allmählich christianisiert wurden. 968 gründete er das Erzbistum Magdeburg, dem die fünf Slawenbistümer Brandenburg, Havelberg, Meißen, Merseburg und Zeitz (später nach Naumburg verlegt) unterstanden. Als Schutzherren der Kirche (vgl. S. 168) verknüpften die deutschen Kaiser ihre Ostpolitik stets mit dem Gedanken der Missionierung. Kaiser Otto III. begünstigte eine unabhängige Entwicklung der Kirche und förderte dadurch die Entstehung der Königreiche Polen und Ungarn (vgl. S. 228).

*Königliche Rechtsprechung*

Überall, wohin der König kam, war er oberster Richter. Er konnte jeden Prozeß unmittelbar an sich ziehen. Ebenso konnte er den Gerichtsbann – d.h. das höchste Recht, zu urteilen – auf seine Vertrauten, adlige oder beamtete Richter, übertragen. Gerichtsstätten waren nicht nur die Gerichtsstuben in Städten, Dörfern und Burgen, sondern auch „des Reiches Straßen", wo unter einem Baum das kaiserliche Gericht tagte. Die Gewohnheit des Adels, sich sein Recht mit eigener Gewalt, d.h. durch die „Fehde" selbst zu verschaffen, versuchte der König mit einem allgemein gültigen „Landfrieden" zu brechen.

„Im Jahre der Fleischwerdung des Herrn 1103 setzte Kaiser Heinrich zu Mainz einen Frieden ein und bekräftigte ihn eigenhändig. Der Sohn des Königs schwor und die Großen des ganzen Reiches, Herzöge, Markgrafen, Grafen und viele andere...
Dies ist der Eid: Keiner soll in jemandes Haus feindlich eindringen noch es durch Brand verwüsten. Keiner soll jemanden um Geldes willen fangen noch verwunden, noch schlagen oder töten. Und wenn einer das tut, der soll Augen oder die Hand verlieren. Wenn einer ihn schützt, soll er dieselbe Strafe, erleiden ..."

(Mainzer Frieden Heinrichs IV., in: Kroeschell, Deutsche Rechtsgeschichte, Bd. 1, 1972, S. 192 f.)

## 11.2. Das Lehnswesen: Die Grundlage der politischen Ordnung

**Was ist ein Lehen?** Heute werden Verwaltungsbeamte, Lehrer und Richter mit Geld bezahlt. Wie die andern Germanen kannten zunächst auch die Franken (vgl. S. 146) die Geldwirtschaft des Altertums nicht. Sie tauschten in Naturalien, also in Getreide, Mehl, Käse, Vieh oder sie halfen sich gegenseitig als Handwerker. Wie aber sollte der König und wie sollten die Grafen, Bischöfe und Äbte ihre Helfer und Beamten bezahlen? Solange der Herrschaftsbereich noch klein war und alle in unmittelbarer Nähe lebten, war eine Bezahlung durch freies Essen, Trinken, Kleiden und Woh-

*Ein Bischof und eine Äbtissin erhalten vom König Zepterlehen, drei weltliche Fürsten Fahnenlehen. Buchmalerei aus dem Sachsenspiegel, dem wichtigsten deutschen Rechtsbuch des Mittelalters.*

nen möglich. Aber wir wissen schon, daß sich das fränkische Königreich immer weiter ausgedehnt hatte; dem entsprach auch die verzweigte Verwaltung und militärische Sicherung des Reiches (vgl. S. 141 f.). Aber auch die weltlichen und geistlichen Herren mußten die weitverstreuten Güter bewirtschaften und verwalten lassen.

Der König entlohnte seine Leute durch ein Landgut; das bekamen sie nicht als Eigentum, sondern geliehen: Sie erhielten ein Lehen. Das gleiche taten die begüterten und mächtigen Adligen, auch die Bischöfe und Äbte: Sie übergaben als Lehnsherren dem Lehnsmann ein Lehen. Der Lehnsmann leistete dafür Dienste und Treue, er wurde Vasall seines Herrn. Der Lehnsherr versprach dem Versall Schutz und Treue. Das lateinische Wort für Lehen heißt „beneficium" oder „feudum"; daher kommt der Ausdruck Feudalismus für die Lehnsordnung.

*Lehen = Leihegut*

Das Lehnsverhältnis machte den Vasall nicht unfrei. Denn das Besondere des mittelalterlichen Lehnswesens war: Lehnsherr und Lehnsmann schworen sich gegenseitig den Treueid. Er lautete: „Deine Feinde sind meine Feinde, deine Freunde sind meine Freunde. Ich will dir allzeit treu zugetan und gegenwärtig sein, wenn du mich brauchst." Indem der Vasall seine Hände in die Hände des Herrn legte und dem Lehnsherrn huldigte, während der Lehnsherr den Vasall küßte und dadurch die Huldigung annahm, wurde ein Bündnis zwischen gleichwertigen, wenn auch nicht gleichrangigen Personen geschaffen. Die Treue sollte Herrn und Vasall binden. Darum leistete der Vasall nicht nur einzelne meßbare Dienste, sondern stand dem Herrn mit Rat und Hilfe zur Verfügung, wenn er sie brauchte. Das Lehnsgut war ein sichtbarer Ausdruck des Bundes und ein Faustpfand in der Hand des Herrn.

*Treueverhältnis*

„Die Verleihung des Lehens fand während einer Zeremonie statt, der *Investitur* oder *Belehnung,* während der der Herr seinem Vasallen ein *Gegenstandssymbol* reichte, das der Vasall behielt: Palmzweig, Erdscholle, Rasenstück, Lanze, Standarte oder Wappen (die kaiserlichen Bischöfe erhielten den Krummstab . . .) oder ein *Handlungssymbol,* mit dem der Herr die Vasallen berührte oder das er ihm einen Augenblick übergab, dann aber zurücknahm: Zepter, Rute, Goldring, Messer, Handschuh usw.
Manchmal bestätigte ein Schriftstück die Belehnung. Die älteste Belehnungsurkunde, die uns erhalten ist, betrifft Wilhelm den Eroberer und einen Ritter, seinen Vasallen; sie entstand in England zwischen 1066 und 1087."

*Verleihung des Lehens*

(Jacques Le Goff, Das Hochmittelalter, Fischer Weltgeschichte Band 11, 1965, Seite 67)

**Königsvasallen.** Die Grafen, die Äbte der bedeutenden Klöster und später vor allem die mächtigen Herzöge waren häufig gleichzeitig Lehnsherren und Lehnsmänner. Sie konnten ihr Eigengut oder das vom König erhaltene Lehen an kleinere Vasallen weiterverleihen. So entstand eine Lehnspyramide, an deren Spitze der König stand, darunter seine Vasallen und deren Unter(After-)Vasallen.

*Lehnspyramide*

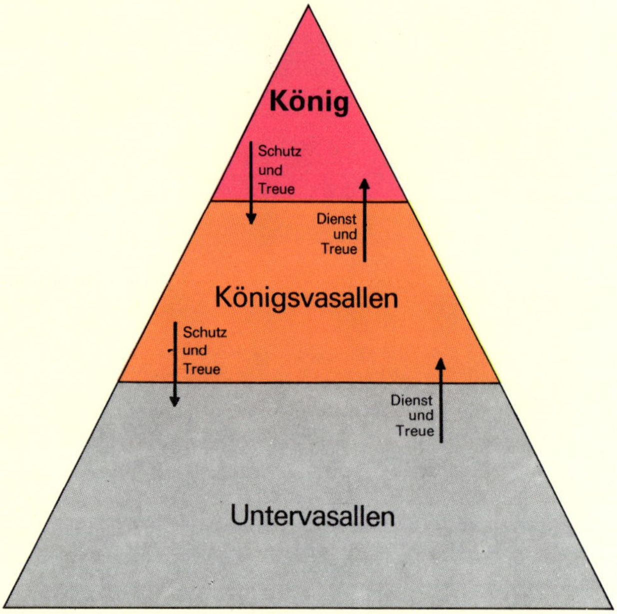


*Das Lehnswesen in Deutschland.*

In dieser Pyramide war der Königsvasall als Zwischenglied zwischen König und Untervasall die einflußreichste Figur. Wenn er seinen Lehnseid brach und sich gegen den König stellte, war der Untervasall immer noch an seinen unmittelbaren Lehnsherrn gebunden, so daß er sogar mit ihm gegen den König zu Felde ziehen mußte. So kam es, daß der König stets um das Wohlwollen seiner eigenen Vasallen buhlen mußte. Die Folge war eine immer einflußreichere Machtstellung des Adels. Je schwächer das Königtum wurde, um so größere Unabhängigkeit erhielten die deutschen Fürstentümer (vgl. S. 224).

Ganz anders war es in Frankreich und England. Hier mußten die Untervasallen nicht nur dem unmittelbaren Lehnsherrn die Treue schwören, sondern auch dem König als oberstem Lehnsherrn die Treue bewahren. Dieser sogenannte Treuevorbehalt stärkte die königliche Macht. Dazu trug noch eine weitere Besonderheit bei. In Deutschland besaß der Adel neben königlichen Lehnsgütern auch Eigengüter. In Frankreich und England dagegen war der König seit dem 11. Jh. Herr über alles Land, während die Vasallen ausschließlich auf Lehnsgütern lebten. Wer sich gegen den König als Lehnsherrn auflehnte, mußte mit dem Verlust seiner Existenzgrundlage rechnen. Der unmittelbare politische Einfluß des Adels sank immer mehr. Frankreich und England blieben deshalb vor einer Aufsplitterung in viele Einzelstaaten verschont; statt dessen entstanden machtvolle, zentral regierte Gesamtstaaten (vgl. S. 215ff. und 219ff.).

*Feudalordnung*

**Die mittelalterliche Ordnung.** Die mittelalterliche Ordnung in Staat und Gesellschaft ruhte auf dem Lehnsverhältnis. Der Vasall erhielt ursprünglich ein Lehen für Dienste und Treue. Allmählich drehte sich das Verhältnis um: Dienste wurden geleistet wegen des Lehens. Ein Lehen konnte nicht allein in einem Landgut bestehen, sondern auch in einem Amt, etwa dem Richteramt, aus dem der Vasall einträgliche Einkünfte (Gerichtsbußen) bezog, oder aus dem Recht, Münzen zu prägen, Zölle zu erheben, Schürfrechte in Erz- und Salzbergwerken auszuüben.

Ein Lehnsmann verlor seinen Besitz und seine Stellung, wenn er die Treue brach, d.h. wenn er den Gehorsam verweigerte. Das Lehnsverhältnis endete gewöhnlich durch den Tod des Lehnsherrn oder des Lehnsmannes. Der neue bzw. alte Herr konnte den Lehnsvertrag erneuern, er mußte nicht. Seit den letzten Karolingern waren die königlichen Lehen im ostfränkischen Reich erblich, so daß der König gezwungen

*Leihezwang*

war, sie an den jeweils Erstgeborenen weiterzugeben (Leihezwang). So verlor der Herrscher viele Königsgüter und die Verfügungsgewalt über manche königlichen Ämter. Am liebsten verlieh er deshalb seine Lehen an die Kirche (vgl. S. 169).

(1) Staat und Gemeinden bezahlen heute Lehrer, Richter, Soldaten, Eisenbahner ... Welche Einkünfte stehen der Öffentlichen Hand zur Verfügung?

(2) Auf Seite 170f. wird das Verhältnis von Lehnsherr und Vasall beschrieben. Überprüfe:

a) Wer stand oben, wer stand unten?

b) Was war der Herr dem Vasall schuldig, wenn dieser in Not kam; was mußte der Vasall tun, wenn sein Herr in Not geriet?

c) Welchen Nutzen zogen beide aus dem Lehnsvertrag?
(3) In Deutschland verpflichtete das Treueband nur gegenüber dem unmittelbaren Lehnsherrn. Schreibe auf, welche Folgen das für den König und die fürstlichen Herren hatte.
(4) Erkläre den Ausdruck „Feudalismus" (vgl. S. 171 oben).
(5) Warum bevorzugte der König die Kirche bei der Vergabe seiner Lehen?

**Die Stellung des Königs.** Der größte Teil des deutschen Reiches war in der Form von Lehen an Adel und Kirche vergeben. Der König konnte nur über die Gebiete, die ihm als Familienbesitz gehörten oder die er aus dem Reichsgut für sich behalten hatte, unmittelbar regieren. Zur Verwaltung dieser Gebiete setzten die deutschen Könige meist ihre Dienstmannen (Ministerialen) ein (vgl. S. 155). Welche Rechte und Einkünfte dem König sonst zustanden, zählten 1158 die Rechtsgelehrten der neu gegründeten Universität von Bologna auf:

*„Regalien"*

„Regalien [königliche und kaiserliche Rechte] sind: das Heeresaufgebot zu erlassen, die Kontrolle über öffentliche Wege, schiffbare Flüsse und solche, aus denen schiffbare gemacht werden können, sowie über die Häfen auszuüben; Uferzölle, Durchgangs- und Marktzölle zu erheben, Münzen prägen zu lassen, Gebühren für Gerichtsverfahren zu kassieren, über Güter zu verfügen, die ein kinderloser Lehensmann hinterließ oder die einem Unwürdigen aufgrund der Gesetze entzogen wurden . . ., wie auch über die Güter derer, die unerlaubte Ehen schließen, sowie über die Güter der Verurteilten und Geächteten . . . Das Recht, für einen Zug nach Rom die Bereitstellung von Posten, Wagen und Schiffen und eine besondere Steuer zu verlangen; die Macht zur Ausübung der Gerichtsbarkeit, das Recht, Behörden einzusetzen, der Besitz der Silberbergwerke und die Erträge aus Fischereien und Salinen . . ."

(Nach: Herrschaft und Genossenschaft im Mittelalter, hrsg. v. D. Starke, Klett Quellen- und Arbeitsheft 4221, S. 22f. Der lateinische Text wurde in dieser Übersetzung vereinfacht und verkürzt. Der volle Wortlaut in: Kroeschell, Deutsche Rechtsgeschichte, Bd. 1, 1972, S. 180f.)

Das deutsche Reich besaß keine Hauptstadt. Der König hatte keine Residenz. Wie und wo übte er seine Regierung aus?

„Als König Konrad sein königliches Gefolge beisammen hatte, zog er zunächst durch Niederlothringen nach der Pfalz Aachen, wo der von den früheren Königen und vornehmlich von Karl aufgerichtete berühmte Königsthron als der echte Stuhl des Reiches gilt. Hier nahm er Platz, erteilte treffliche Anordnungen für das Reich und waltete in allgemeiner Fürsten- und Kirchenversammlung zweckmäßig des kirchlichen und weltlichen Rechts.

*„König im Umherreisen"*

Nach dem Aufbruch aus Niederlothringen kam er nach Sachsen. Hier bestätigte er nach dem Wunsche der Sachsen durch feierlichen Spruch ihr hartes Recht. Darauf forderte er von den Barbaren an Sachsens Grenze Tribut und zog alle schuldigen Abgaben ein. Dann reiste er durch Baiern und Ostfranken nach Schwaben; durch solchen Umritt band er seine Länder in Landfrieden und Königsschutz eng aneinander."

(Wipo, Taten Konrads II., in: Kroeschell, Deutsche Rechtsgeschichte, Bd. 1, 1972, S. 148)

König Heinrich II. war während seiner 22-jährigen Regierungszeit 11mal in Aachen, ebenso oft in Regensburg, 16mal in Magdeburg, 5mal in Basel usw.; hinzu kamen die Kriege, die Italienzüge, die Reichsversammlungen. So verbrachte der König einen Großteil seiner Amtszeit im Sattel. Der Hof kam im Durchschnitt 30 Kilometer am Tag voran. Station machte man meist in Abteien und Bischofsstädten (vgl. S. 169). Zur Verpflegung des Hofes hatte die Abtei Werden im Jahr 1050 für einen Tag 8 Kühe, 68 Schweine, 50 Ferkel, 8 Pfauen, 195 Hühner, 95 Käse, 870 Eier, rund 50 dz Brotgetreide und 172 Krüge Bier zur Verfügung zu stellen.

## 11.3. Machtkampf zwischen Kaiser und Kirche

**Wer war von wem abhängig?** Das Abendland hatte im Mittelalter zwar eine einheitliche Religion, das Christentum, aber keinen einheitlichen Staat. Der Papst in Rom betrachtete sich als Oberhaupt der ganzen Christenheit, während die weltliche Macht den Königen und dem Kaiser zustand. Viele Päpste vertraten die Meinung, daß ihre Gewalt der weltlichen Macht übergeordnet sei. Papst Gelasius I. hatte das schon im Jahr 494 in einem Brief an den oströmischen Kaiser so ausgedrückt:

*Zwei Gewalten*

„Zwei sind es nämlich, erhabener Kaiser, durch die an oberster Stelle diese Welt regiert wird: die geheiligte Autorität der Bischöfe und die kaiserliche Gewalt. Von diesen beiden ist die Last der Priester um so schwerer, als sie auch selbst für die Könige der Menschen vor Gottes Gericht Rechnung abzulegen haben . . . Und wenn sich schon allen Priestern insgesamt die Herzen der Gläubigen demütig hingeben müssen, um wieviel mehr ist dann dem Bischof jenes Stuhles zuzustimmen, welchen die höchste Gottheit erwählte, alle Bischöfe zu überragen."

(Papst Gelasius I. an Kaiser Anastasius I., dt. Übers. in: Hugo Rahner, Kirche und Staat im frühen Christentum, Kösel-Verlag, München, 1961, Nr. 20b, S. 257ff.)

*Roms Abhängigkeit vom Kaiser*

Aber die Päpste waren nicht immer so stark, diesen Anspruch auch durchzusetzen. Besonders tief war das Ansehen des Papstes gesunken, als im Jahre 962 Otto I. nach Rom zog, um sich zum Kaiser krönen zu lassen. Die Adelsfamilien der Stadt waren untereinander verfeindet und hatten das Papsttum für ihre Privatinteressen mißbraucht. Als der Papst den deutschen König zu Hilfe rief, hoffte er einen starken Verbündeten gegen den römischen Adel zu finden. Der neugekrönte Kaiser verstand seine Aufgabe jedoch anders. Er verlangte, daß künftig der neugewählte Papst noch vor seiner Weihe dem Kaiser den Treueid zu leisten hatte, und sicherte so dem Kaisertum einen starken Einfluß auf die Papstwahlen.

*Verweltlichung der Kirche*

**Wie sah die Kirche in Wirklichkeit aus?** Trotz ungezählter Klöster und Pfarreien, Mönche und Geistlicher stand es um die Kirche nicht gut: Heidnischer Aberglaube blühte noch immer; die niederen Geistlichen, die Pfarrer und die Leutpriester (Seelsorger) in den Dörfern, waren arm; viele waren verheiratet und kümmerten sich mehr um Frau und Kinder, um Vieh, Felder und Bauernhof als um Predigt und Sakramentenspendung (vgl. S. 163f.). Fromme Priester waren selten. Auch viele der höheren Geistlichen, vor allem Bischöfe, führten kein vorbildliches Leben. Die Söhne des hohen Adels begehrten die einträglichen Ämter. In den kirchlichen Rechtsbüchern stand zwar, daß Bischöfe von Geistlichen zu wählen und vom gläubigen Volk zu bestätigen sind, doch in Wirklichkeit bestimmten der König oder die Großen im Lande, wer Bischof und wer Abt wurde. Manche Anwärter auf Abteien und Bischofsthrone scheuten sich nicht, Geld für das erstrebte Amt zu zahlen. „Simonie" hieß das Geschäft nach Simon dem Magier, der von Petrus die Gabe, Wunder zu wirken, mit Geld erkaufen wollte. In Frankreich wurden im 10. Jahrhundert viele Bistümer als Familienbesitz von Generation zu Generation vererbt. Es war auch nicht ungewöhnlich, daß in hohen geistlichen Ämtern statt Priestern adlige Laien saßen. Denn wichtiger als geistliche Tugend galt die Fähigkeit, Herrschaft auszuüben, die kirchlichen Besitzungen zu verwalten und ausgerüstete, wehrfähige Männer für den Kriegsdienst bereitzustellen.

*Reformbemühungen*

Auch vor dem Papsttum hatte diese Entwicklung nicht haltgemacht. Papst und Gegenpapst legten das Leben der Kirche fast lahm. Wäre der deutsche Kaiser Heinrich III. (1039–1056) nicht eingeschritten, wer weiß, wie lange dies noch gedauert hätte. Der Kaiser leitete Kirchenversammlungen, schritt gegen Mißstände öffentlich ein und ließ auf der Synode von Sutri 1046 drei Päpste absetzen, die gleichzeitig die Führung der Kirche für sich beanspruchten.

(1) Rom war seit den Tagen des Apostels Petrus „Hauptstadt der Christenheit", der Papst seit der Zeit König Pippins Stadtherr von Rom. Welche Konflikte ergaben sich daraus a) für die gesamte Kirche, b) für das Verhältnis zwischen Papst und römischer Bevölkerung?
(2) Sage mit deinen eigenen Worten, was der Papst Gelasius in seinem Brief dem Kaiser schrieb.
(3) Erst seit dem Mittelalter verlangt die Kirche, daß Priester unverheiratet bleiben. Es gibt Gründe dafür und dagegen. Diskutiert.

*Europa im Hochmittelalter.*

**Die Reformbewegung erreicht Rom.** Die Autorität Heinrichs III. war so groß, daß er mehrere Male hintereinander beim Tode des Papstes ohne Widerspruch dessen Nachfolger vorschlagen konnte. Es waren Deutsche, darunter die Bischöfe von Bamberg und Eichstätt. Aber nicht allein deshalb schlug er sie vor, sondern weil sie von Reformgedanken erfüllt waren, die vom Kloster Cluny aus viele Klöster erfaßt hatten (vgl. S. 164). Die deutschen Päpste brachten die Reformen nach Rom. Mönche und Weltgeistliche sollten wieder ein strengeres Leben führen, der Handel mit kirchlichen Ämtern sollte unterbleiben. Die Reformer verstanden die Kirche als eine Gemeinschaft, in der es nach Gottes Willen den Stand der Geistlichen und den der Laien gab, wobei dem geistlichen Stand die Führung zukam. Deshalb sollten Laien weder ein kirchliches Amt besetzen, noch an der Besetzung mitwirken.

*Führung der Kirche durch Geistlichkeit*

Die Reformer durften folgerichtig auch vor dem Kaiser nicht zurückschrecken, auch wenn er Schutzherr der Kirche war. Sie erreichten nach dem Tode Heinrichs III., daß der Papst ohne Einmischung des Kaisers frei zu wählen war, und zwar durch Kardinäle (Papstwahldekret von 1059). Als Kardinäle galten die Bischöfe der sieben um Rom liegenden Bistümer, außerdem die Pfarrer und Diakone der stadtrömischen

Hauptkirchen. Das Papstwahldekret erwähnte eine Mitwirkung des römischen Adels überhaupt nicht mehr. Auch der Kaiser behielt nur das Recht, den Papst nachträglich anzuerkennen. Von der engen Verbindung zwischen Papsttum und Kaisertum war kaum etwas übrig geblieben.

*Papst Gregor VII.*
1073–1085

**Neue Forderungen des Papsttums.** Ein Mönch aus Cluny bestieg 1073 den päpstlichen Thron; er nannte sich Gregor VII. (1073–1085). Er hatte zuvor als Leiter (Archidiakon) der römischen Kurie (päpstlicher Hof) die Politik der Päpste maßgeblich beeinflußt. In seinem Programm, das er zu Beginn seines Pontifikates (Regierungszeit des Papstes) aufstellte, stand:

*Programm päpstlicher Herrschaft*

2. Der römische Bischof allein darf der allgemeine Bischof genannt werden.
4. Sein Legat (Bevollmächtigter) soll allen Bischöfen auf dem Konzil vorsitzen, auch wenn er geringeren Ranges ist, und er kann über sie das Urteil der Absetzung aussprechen.
5. Der Papst vermag Abwesende abzusetzen.
8. Er allein darf sich der kaiserlichen Insignien bedienen.
9. Des Papstes Füße allein haben alle Fürsten zu küssen.
12. Ihm ist es erlaubt, Kaiser abzusetzen.
19. Er selbst darf von niemandem gerichtet werden.
21. Alle wichtigeren Angelegenheiten einer jeden Kirche sollen dem Apostolischen Stuhl übertragen werden.
22. Die römische Kirche hat sich nie geirrt und wird nach dem Zeugnis der Schrift nie in Irrtum verfallen.
25. Der Papst vermag ohne Mitwirkung einer Synode Bischöfe abzusetzen und Gebannte wieder in die Gemeinschaft der Kirche aufzunehmen.
27. Er vermag Untertanen von ihrer Treueverpflichtung gegen Ungerechte zu entbinden.

(Aus: Dictatus Papae, 1075. Abgedruckt in: Geschichtliche Quellenhefte mit Überblick, Heft 3, a.a.O., S. 59f.)

Das Programm zeigt, wie selbstbewußt das reformierte Papsttum dachte. Es richtete sich gegen alle, die den päpstlichen Führungsanspruch in Frage stellten und Macht und Freiheit der Kirche bedrohten. Es wandte sich dabei vor allem gegen den Kaiser, mit dem es zum Konflikt kommen mußte. Dieser Konflikt, Investiturstreit genannt, erschütterte ein halbes Jahrhundert die Christenheit.

(4) Beurteile, ob das Eingreifen Heinrichs III. die Kirche in neue Abhängigkeit brachte.
(5) Was verstanden die Reformmönche von Cluny unter „Freiheit der Kirche"? Vergleiche S. 164.
(6) Stelle aus dem Programm Gregors VII. zusammen, welche Punkte sich auf Reformen innerhalb der Kirche selbst bezogen und welche sich gegen den Kaiser wandten.

*Heinrich IV.*
1056–1106

**Der Streit um die Investitur.** In Deutschland war nach dem frühen Tod Heinrichs III. dessen unmündiger Sohn als Heinrich IV. (1056–1106) zum König gekrönt worden. Einige Fürsten hatten, bevor er 15jährig die Regierung übernahm, Teile des königlichen Besitzes an sich gerissen. So mußte der junge König zunächst um die Rückgewinnung seines väterlichen Erbes kämpfen.
Auch der Kirche gegenüber wollte Heinrich IV. seine Rechte wahren: Er besetzte freie Bistümer und Abteien mit Männern seines Vertrauens; er bekleidete sie mit Ring und Stab, den Zeichen ihrer Würde. Ein Verzicht auf das Recht der Investitur (vgl. S. 169) hätte weitreichende Folgen für den deutschen König gehabt; denn seit Otto dem Großen waren Bischöfe und Äbte die zuverlässigsten Lehnsmannen. Aber Gregor VII. duldete die Investitur durch den König nicht. Er belegte die eingesetzten Kirchenfürsten mit dem Kirchenbann, d. h. sie wurden aus der Kirche ausgeschlossen. Dem König selbst drohte er den Bann an. Der Kampf zwischen Heinrich IV. und dem Papst begann.
Der König berief eine Reichsversammlung nach Worms (1076). Neben weltlichen Herren erschienen zwei Erzbischöfe und 24 Bischöfe. Man beschuldigte den Papst

*Links: Heinrich IV. bittet die Markgräfin Mathilde von Tuszien und den Abt Hugo von Cluny um Fürsprache bei Papst Gregor VII. Die Burg Canossa, auf der sich der Papst aufhielt, gehörte zum Besitz der Markgräfin. Buchmalerei aus dem „Leben der Mathilde", um 1114. Vergleiche diese Darstellung mit dem Bericht unten. – Rechts: Ein Hauptwerk der romanischen Baukunst ist der 1029 von Konrad II. begonnene und von Heinrich III. vollendete Kaiserdom in Speyer. Wie die anderen salischen Kaiser wurde auch Heinrich IV. hier beigesetzt.*

*Absetzung des Papstes*
*Bannung des Königs*

schwerer sittlicher Vergehen und verfügte seine Absetzung. Als Gregor VII. das hörte, bannte er den König, was seiner Absetzung gleichkam. Die meisten Fürsten nutzten jetzt den Bannspruch aus, um die eigene Macht zu stärken, und wählten Rudolf von Rheinfelden zum Gegenkönig. Er sollte endgültig König werden, falls Heinrich sich nicht binnen Jahresfrist vom Banne löste. Den Papst luden die Fürsten nach Deutschland ein, damit er zwischen ihnen und dem gebannten Heinrich als Richter entscheide.

**Der Gang nach Canossa.** Der König war nicht stark genug, er mußte nachgeben. Er wollte seine Gegner, Papst und Fürsten, auseinanderbringen und ging Gregor VII. entgegen, der sich unterwegs nach Deutschland befand. Im Winter überschritt Heinrich mit seiner Gemahlin und seinem zweijährigen Sohn den Mont Cenis, da alle deutschen Alpenpässe von seinen Gegnern gesperrt waren. Der Papst zog sich, königliche Truppen fürchtend, in die Burg Canossa zurück. Aber Heinrich kam ohne Soldaten (1077).

*Canossa*
**1077**

*König unterwirft sich dem Papst*

„Der König kam persönlich mit wenigen Leuten, ohne eine feindliche oder verletzende Haltung zu zeigen, zum Ort Canossa, wo wir uns aufhielten. Und dort harrte er drei Tage hindurch vor dem Tor der Burg ohne alle Zeichen der königlichen Würde in jämmerlichem Aufzug, nämlich ohne Schuhe und in wollenem Gewand; er hörte nicht eher auf, unter vielen Tränen Hilfe und Trost des apostolischen Erbarmens zu erflehen, als bis er alle, die dort anwesend waren und zu denen

die Kunde davon gelangte, zu solcher Teilnahme und solch mitleidigem Erbarmen bewegte, daß sich alle für ihn mit vielen Bitten und Tränen einsetzten und sich über die ungewöhnliche Härte unserer Haltung wunderten, einige aber laut klagten, daß wir nicht die Härte apostolischer Strenge, sondern die Grausamkeit einer gleichsam tyrannischen Wildheit zeigten.
Schließlich ließen wir uns durch seine beharrliche Reue und die dringende Fürbitte aller der Anwesenden überwinden, lösten ihn von der Fessel des Bannfluches und nahmen ihn wieder in die Gnade des Abendmahles und in den Schoß der heiligen Mutter der Kirche auf."

(Aus dem Schreiben Gregors VII. an die deutschen Fürsten vom Januar 1077. Abgedruckt in: Geschichtliche Quellenhefte mit Überblick, Heft 3, a.a.O., S. 64f.)

In der mittelalterlichen Lebensbeschreibung Heinrichs IV. lesen wir: „Durch diese Haltung erreichte er zweierlei: Er erhielt nämlich die Lösung vom Bann und verhinderte durch sein Dazwischentreten die für ihn bedenkliche Aussprache des Papstes mit seinen Gegnern." Der Biograph stellt an die Gegner des Königs die Frage: „Was hat euch dieses Tun gefruchtet, ihn mit dem Bann zu belegen, da er vom Bann gelöst seine Macht wirkungsvoll ausüben konnte?"

*Wechselhafte Erfolge*

Der Triumph des Biographen war übereilt. Die deutschen Fürsten hielten an Rudolf von Rheinfelden als Gegenkönig fest, so daß Heinrich zum Kampf rüstete. Als Rudolf die rechte Hand verlor, mit der er einst dem König Treue geschworen, sahen die Zeitgenossen ein Gottesurteil wirken, und der König gewann viele Anhänger. Er behielt sie auch, als Gregor VII. im gleichen Jahr den Bann erneuerte. Dadurch wurde die königliche Macht eher gestärkt als gemindert. Die Waffe des päpstlichen Bannspruches war stumpf geworden.
Jetzt zog Heinrich IV. mit bewaffneter Macht nach Italien, und der Papst floh zu den Normannen (vgl. 179) nach Salerno, wo er bald starb. „Ich habe die Gerechtigkeit geliebt und das Unrecht gehaßt. Deshalb sterbe ich in der Verbannung", sollen seine letzten Worte gewesen sein. Der Kampf um die Investitur ruhte, er war nicht beendet.

**Das Wormser Konkordat.** Im Reich suchten die Fürsten die verworrene Lage für sich zu nutzen; sogar der Sohn des Kaisers schloß sich den Gegnern seines Vaters an. Auch nach dem Tode des Kaisers dauerte es noch lange, bis sich eine kaiserliche und eine päpstliche Kommission nach langwierigen Verhandlungen 1122 in Worms einigten (Wormser Konkordat).

**1122**

*Kompromiß zwischen Kirche und Staat*

Der Kaiser konnte Bischöfe und Äbte mit weltlicher Herrschaft belehnen, während der Papst ihnen ihr geistliches Amt übertrug. Dadurch behielt der Kaiser in weltlichen Dingen die Oberhoheit über die Bischöfe und Äbte, während sie in allen kirchlichen und religiösen Fragen dem Papst unterstellt waren. Die Unterscheidung zwischen dem geistlichen und dem weltlichen Amt, das Bischof und Abt zugleich bekleideten, ermöglichte die Einigung. Sie war wie so oft durch Nachgeben beider Seiten erkauft worden. Beide Parteien empfanden sich jedoch als Sieger: Der Kaiser, weil er erreichte, daß in Deutschland zuerst die Belehnung der Bischöfe und Äbte durch ihn erfolgte und er dadurch praktisch seinen Einfluß auf die Kirche erhalten konnte; der Papst, weil er für Italien und Burgund die freie Wahl der Geistlichen durchgesetzt hatte und hier die geistlichen Ämter vergab, bevor die Gewählten vom Kaiser belehnt wurden.

(7) Begründe, weshalb der Kaiser nicht auf die Einsetzung von Bischöfen und Äbten verzichten wollte.
(8) Erläutere, was Heinrich IV. durch seinen Bußgang nach Canossa erreichte.
(9) Stelle fest, von wem heute ein katholischer Bischof bzw. ein evangelischer Landesbischof eingesetzt wird.

## 11.4. Die Zeit der Staufer

**Kaiser Friedrich Barbarossa.** Unter Friedrich I. (1152–1190) aus dem Hause der Staufer, dem schwäbischen Herzogsgeschlecht, erlebte das Kaiserreich einen neuen Höhepunkt seiner Macht. Viele sagen, Barbarossa sei der bedeutendste Herrscher des

*Friedrich I. Barbarossa*
**1152–1190**

Mittelalters gewesen. In einem zeitgenössischen Bericht über seine Taten heißt es über seine Zeit:

„Nach den Stürmen der Vergangenheit strahlt nicht nur wieder der unerhört wolkenlose Himmel des Friedens, sondern es ist auch das Ansehen des römischen Reiches [des Kaiserreiches] dank der Tätigkeit des überall siegreichen Kaisers so gestärkt, daß unter seiner Herrschaft das Volk sich in demütigem Schweigen ruhig verhält und alle außerhalb des Reichs wohnenden Barbaren und Griechen [d.h. das oströmische Reich], durch das Gewicht seines Ansehens niedergehalten, in Furcht verharren."

(Aus Otto von Freising und Rahewin, Taten Friedrichs. Zitiert nach: E. Büssem/M. Neher, Arbeitsbuch Geschichte, Mittelalter. Pullach bei München 1975, S. 152, leicht vereinfacht)

*Kaiser und Papst*

**Wem gehört Italien?** Kaiser Friedrich I. bekam seinen Namen „Barbarossa", d.h. Rotbart, von den Italienern. Italien seiner Herrschaft zu unterwerfen, war eines der wichtigsten Ziele seiner Politik. Damals beanspruchten Kaiser und Papst Macht in Italien. Als König der Langobarden (vgl. S. 137f.) und Kaiser des Reiches hatte der eine die Herrschaft über das reiche und hochentwickelte Oberitalien, während der Papst über Rom und das angrenzende Land – den Kirchenstaat – regierte. Die Freiheit der Kirche – so glaubten die Päpste – wurde aufs höchste gefährdet, wenn der Kaiser in Italien zu mächtig wurde.
In Süditalien waren um 1050 normannische Seefahrer eingedrungen (vgl. S. 215); sie besiegten die Araber auf Sizilien und bildeten unter Roger II. ein starkes Königreich, das vom Papst 1139 anerkannt wurde.
Kaiser Friedrich I. zog während seiner Regierung sechsmal nach Italien, um die Rechte des Reiches in Oberitalien wiederherzustellen. Handel und Handwerk hatten die oberitalienischen Städte reich, aber gleichzeitig auch selbstbewußt gemacht; sie wollten unabhängig sein. So wählten sie eigene Bürgermeister (Consules), nahmen die städtische Verwaltung in die eigenen Hände, prägten eigene Münzen und erhoben Steuern und Zölle. Dem Kaiser gelang es zeitweilig, den Widerstand der Städte zu brechen. Er ließ sie von kaiserlichen Beamten verwalten; das waren meist Reichsministeriale aus der Pfalz und dem Elsaß.
Der Papst schwieg zunächst, denn das normannische Unteritalien bedrohte von Süden her den Kirchenstaat. Als die Gefahr wegfiel, verbündete sich der Papst mit den oberitalienischen Städten als seinen natürlichen Bundesgenossen. Die vertriebenen Bürger kehrten in ihre vom Krieg zerstörten Städte zurück, die sie neu aufbauten und befestigten.

(1) Über die Normannen, die auch Wikinger genannt wurden, findest du mit Hilfe des Registers weitere Angaben im Buch. Im Anhang sind außerdem Jugendbücher über die Normannenzüge aufgeführt.

**Das Ende der Kämpfe.** Der Kaiser war in einer Zwangslage. Auf eine Wiedergewinnung von Oberitalien

*Kaiser Friedrich I., begleitet vom Freisinger Bischof. Plastik am Portal des Doms von Freising (um 1200).*

war kaum zu hoffen, weil die deutschen Fürsten nicht bereit waren, dem Kaiser für riskante Kriegszüge jenseits der Alpen ihre Ritter zur Verfügung zu stellen. Überhaupt war den Fürsten nicht daran gelegen, daß die kaiserliche Macht in Deutschland oder Italien gestärkt wurde; sie wollten lieber selbst mächtige und selbständige Herren in ihren Herzogtümern und Grafschaften sein.

*Heinrich der Löwe*

Der mächtigste Mann nach dem Kaiser war der Welfenherzog Heinrich der Löwe. Er beherrschte Bayern und Sachsen, dehnte sein Land zur Ostsee hin aus, indem er slawische Nachbarn besiegte, und sicherte seine Macht durch die Gründung von Städten (z.B. München, Lübeck) und Bistümern. Einem Aufruf des Kaisers, ihn auf dem Italienzug zu unterstützen, verweigerte Heinrich den Gehorsam (vgl. S. 224).

So mußte Friedrich Barbarossa durch Verhandeln zum Frieden mit dem Papst und den oberitalienischen Städten kommen. Es gelang, beide voneinander zu trennen.

*Unabhängigkeit der Städte*

Der Kaiser zahlte keinen geringen Preis dafür; denn die Städte erhielten das Recht auf freie Wahl der Bürgermeister, zur Erhebung eigener Zölle und zur eigenen Gerichtsbarkeit. Überdies ließ der Kaiser den ursprünglich antikaiserlichen lombardischen Städtebund bestehen, benutzte ihn allerdings dazu, alle Städte auf die gleiche Stufe zu stellen und dadurch die Übermacht einzelner Städte zu brechen.

*Hoftag in Mainz*
**1184**

Einen Höhepunkt in der Zeit Barbarossas bildete ein großes Fest, zu dem der Kaiser am Pfingsttag 1184 nach Mainz einlud. Seine beiden Söhne erhielten an diesem Fest den Ritterschlag (vgl. S. 156). Über 40000 Menschen sollen im „goldenen Mainz" gewesen sein; sie erlebten Turniere und feierliche Gottesdienste der Bischöfe, hörten Spielleuten zu und genossen das Volksfest. Alles diente der Verherrlichung des Kaisertums, das damals überall in Europa hochangesehen war. Wenige Jahre später rüstete Barbarossa zu einem Kreuzzug (vgl. S. 183ff.). Durch einen Unglücksfall kam er auf diesem Zug 1190 ums Leben.

*Heinrich VI.*
**1190–1197**

**Sizilien, ein moderner Beamtenstaat.** Der Sohn Barbarossas, Heinrich VI. (1190–1197), erbte nicht nur drei Königreiche: Deutschland, (Ober)-Italien und Burgund; durch Heirat erwarb er auch das normannische Sizilien. So herrschte er über das größte Reich der damaligen Zeit. Seine Pläne reichten so weit, daß er auch das Oströmische Reich in die staufische Herrschaft einbeziehen wollte. Deutschland und Sizilien sollten für immer verbunden bleiben und somit Grundlage und Kern eines Reiches werden. Den deutschen Reichsfürsten bot Heinrich VI. die Erblichkeit der Reichslehen in männlicher und weiblicher Folge dafür an, daß sie ihrerseits auf das Kaiserwahlrecht verzichteten und dem Staufergeschlecht unangefochten die Kaiserwürde zubilligten.

*Erbreichsplan*

Dieser weitausgreifende Erbreichsplan wurde bei der Mehrheit der deutschen Fürsten zunächst zustimmend aufgenommen, scheiterte aber am Widerstand vor allem niederrheinischer und westfälischer Fürsten. Der frühe Tod des Kaisers – er starb mit 32 Jahren – verhinderte schließlich die Erfüllung dieser Pläne.

Sein Sohn Kaiser Friedrich II. (1214–1250), baute Sizilien zu einem vorbildlich verwalteten Staat aus. Auf einem Hoftag in Capua erklärte er alle bisherigen Privilegien und Vorrechte des einheimischen Adels für ungültig. In Zukunft durften nur die königlichen Beamten Steuern und Zölle einziehen. Eine staatliche Handelsflotte verdrängte die Genueser und Pisaner, die damals das westliche Mittelmeer beherrschten, und in den Hafenstädten mußten alle Waren in staatseigenen Lagerhäusern umgeschlagen werden.

*Friedrich II. Vorderseite einer Münze mit dem Bildnis des Kaisers (aus Brindisi oder Messina, 1231).*

*Der Krönungsmantel der staufischen Kaiser, von sarazenischen Künstlern um 1133 für den Normannenkönig Roger II. in Palermo gefertigt. Zu beiden Seiten des Lebensbaumes ist spiegelbildlich ein Löwe dargestellt, der ein Kamel schlägt. Goldstickerei auf purpurnem Seidengrund.*

*Friedrich II.*
1214–1250

Kupfer, Eisen, Salz, Rohseide, Hanf und Getreide durften private Kaufleute überhaupt nicht handeln. Der Staat beanspruchte die Verkaufsrechte, er besaß ein Monopol. Diese Maßnahmen füllten die Kassen des Königs.

*Förderer von Kunst und Wissenschaft*

„Der Kaiser war ein brillanter Sprachkenner und voll ernsthafter Begeisterung für naturwissenschaftliches Forschen und künstlerisches Gestalten. Er fühlte sich in der Philosophie des Aristoteles [vgl. S. 57] ebenso zu Hause wie in den griechischen und arabischen Naturwissenschaften. Er schrieb ein grundlegendes Werk ‚Über die Falkenjagd', übersetzte arabische Werke . . . Die Binnenhöfe seiner Paläste waren mit Springbrunnen geschmückt, die Räume mit dem Luxus Arabiens ausgestattet. Er wandelte seinen Hof von Palermo in eine Akademie um und vermerkte, daß ‚die Wissenschaften Hand in Hand mit Regierung, Gesetzgebung und Kriegführung arbeiten müßten'. Er gründete die Universität von Neapel, die erste Hochschule, die ihre Entstehung einer königlichen Initiative verdankte, und stattete die medizinische Hochschule in Salerno, die auch weibliche Studenten zuließ, reich aus."

(Meilensteine der Geschichte, Bd. II, Verlag Ullstein, Frankfurt-Berlin-Wien 1971, S. 19)

*Verwaltung durch Beamte*

Die Verwaltung übertrug er Beamten, meist deutschen Ministerialen oder Normannen, auch Juden und Arabern. Er ließ sie an der Staatsuniversität Neapel ausbilden. Anstelle von Lehen oder Anteilen am Ertrag erhielten sie feste Gehälter. Das stehende Heer, das er aufstellte, ersetzte die mittelalterliche Lehnstruppe. Mittelpunkte der Verwaltung und Verteidigung wurden die über das ganze Land verstreuten Kastelle.

(2) Erkläre anhand der Karte, weshalb in Italien die politischen Machtansprüche von Kaiser und Papst aufeinanderprallten.
(3) Beschreibe, was dir an dem Staat Friedrichs II. „modern" erscheint.

**Die Kirche behauptet sich.** Seitdem die Kaiser auch über Sizilien herrschten, fühlten sich die Päpste im Kirchenstaat bedrohlich umklammert. Mit allen Mitteln wehrten sie sich dagegen. An der Spitze der Kirche standen damals tatkräftige

*Europa um 1250.*

*Thronstreit in Deutschland*

Päpste, z. B. Innozenz III. (1198–1216), in dem viele den größten Papst des Mittelalters sehen. Auf allgemeinen Kirchenversammlungen (Konzilien) wurden wichtige Beschlüsse über die Glaubenslehre und das Kirchenrecht gefaßt. Gleichzeitig griffen die Päpste auch entscheidend in die Politik ein. Für Innozenz III. bot sich dazu vor allem die Gelegenheit, als nach dem Tod Heinrichs VI. in Deutschland ein fast zwanzigjähriger Thronstreit ausbrach. Der Papst verhielt sich ganz diplomatisch. Er legte sich lange Zeit weder für den einen noch für den anderen Kandidaten fest, nutzte vielmehr die Gelegenheit, den Umfang des Kirchenstaats fast zu verdoppeln, um von dieser Machtbasis aus das Papsttum möglichst unabhängig zu machen. Das Verhältnis zwischen Papsttum und Kaisertum verglich er mit den zwei Gestirnen Sonne und Mond. Wie der Mond sein Licht von der Sonne erhalte, so empfange der Kaiser seine Macht vom Papst.

Im Kampf gegen Friedrich II., dem schließlich die Kaiserkrone zugefallen war, setzten die Päpste auch wieder die geistliche Waffe des Kirchenbanns ein (vgl. S. 176).

*Ende der Staufer*

Friedrich II. wurde sogar des Aberglaubens und Unglaubens angeklagt, weil er sich an seinem sizilianischen Hof in Palermo mit arabischen und jüdischen Wissenschaftlern umgab. Doch je häufiger der Kirchenbann verhängt wurde, desto unwirksamer blieb er, und desto heftiger war die Gegenwehr. Am Ende erlag freilich der Kaiser der geistlichen Übermacht der Kirche.
Da das Reich der Staufer bald nach dem Tode Friedrichs II. (1250) zerfiel, könnte man vorschnell sagen, der Papst habe im Streit zwischen Kaisertum und Papsttum gesiegt. Doch beide hatten in dem generationenlangen Streit ihre Kräfte verbraucht. Es dauerte nicht lange, bis das scheinbar befreite Papsttum in eine schlimmere Abhängigkeit geriet, diesmal in die des französischen Königs.

**Zur Lernkontrolle**

1. Für die Entstehung des ersten deutschen Reiches waren Ereignisse in folgenden Jahren bedeutsam: 911–919–936–962. Sprich darüber.
2. Der deutsche König konnte gewählt werden nach Geblütsrecht, durch Wahlmänner, durch die Kurfürsten. Erläutere die Begriffe und die Wahlverfahren.
3. Vergleiche anhand der Karten S. 175 und 182 Lage, Größe, Grenzen des deutschen Reiches.
4. Man nennt den Kampf zwischen Kaiser Heinrich IV. und Papst Gregor VII. „Investiturstreit". Um was ging es dabei wirklich?
5. Unter den Staufern ging es im Verhältnis von Papsttum und Kaisertum um zwei Grundfragen: a) Überordnung oder Gleichberechtigung von Papsttum und Kaisertum. b) Wem sollte Ober- und Unteritalien unterstehen? Versuche, die beiden Fragen zu beantworten.

## 12. Kreuzzüge und ihre Folgen

**Lernziele**

- Früher pflegte man mit Stolz auf die Kreuzzüge zurückzublicken; heute werden sie kritisch gesehen. Du kannst versuchen, dir selbst ein Urteil zu bilden, indem du dich informierst, welche verschiedenen Interessen diese Unternehmen bestimmten und wie wenig die erklärten Ziele der Kreuzzüge mit den tatsächlichen Folgen übereinstimmten.
- Durch die Beschäftigung mit den Kreuzzügen kannst du deinen Blick für fremde Kulturen erweitern und dir ein Bild über die Beziehungen Europas zum Orient im Mittelalter machen.

### 12.1. Der Krieg um das Heilige Land

**Ein umstrittenes Unternehmen.** Was im Mittelalter in Europa geschah, hat die anderen Völker der Welt wenig gekümmert. Mit den sogenannten Kreuzzügen wirkte Europa jedoch weit über seine Grenzen hinaus. Zu diesen Kreuzzügen brachen zweihundert Jahre lang Zehntausende aus Frankreich, Italien, Deutschland, England, Spanien auf – junge Männer, Ritter und Adlige, auch einfaches Volk, selbst Kinder beteiligten sich. Sie zogen auf beschwerlichen Wegen zu Land oder mit Schiffen nach Osten, um Palästina und Syrien, das „Heilige Land", für die Christen zurückzuerobern. Sie besetzten Jerusalem, bauten Burgen und gründeten Staaten, verloren sie wieder, kämpften, schlugen grausam zu, wenn sie siegten, und waren am Ende doch völlig gescheitert.

*Pro und Contra*

Das Unternehmen brachte Europa in einen zwiespältigen Ruf. Hier feierte man die Kreuzfahrer als edelmütige Helden, die im Auftrag der Kirche und aus Überzeugung für Christus kämpften und für diese Überzeugung auch starben. Den Türken und Arabern erschienen die Kreuzritter als wirkliche Haudegen, die grausam in ihre Welt einbrachen und keine menschliche Rücksicht kannten. Die Nachwelt sah in den Kreuzzügen teilweise eine Bewährungsprobe der Christenheit, aber viele verurteilten sie als fanatischen Glaubenskrieg. Was geschah in den Kreuzzügen wirklich?

1095

*Seldschuken im Heiligen Land*

**Prediger des Heiligen Krieges.** 1095 reiste Papst Urban II. von Rom nach Oberitalien, um ein Konzil abzuhalten. Unter den Gästen der Kirchenversammlung befanden sich Abgesandte des Kaisers von Byzanz, die Soldaten für einen Feldzug gegen die Türken anwerben wollten. Die Seldschuken, ein türkischer Stamm, waren, aus Asien kommend, zum Mittelmeer vorgedrungen. Sie waren muslimisch geworden, und sie hatten die Herrschaft im Reich von Bagdad übernommen, Kleinasien, auch Palästina mit Jerusalem besetzt. Nun bedrohten sie Byzanz. Die kaiserlichen Gesandten versprachen den Söldnern aus dem Westen nicht nur gute Bezahlung; sie appellierten auch an das Gewissen der Christen: Das Heilige Land sei in den Händen der Ungläubigen, und wer nach Jerusalem pilgern wolle, sei vor nichts sicher; mit vereinten Kräften könne die Christenheit das Heilige Land den Muslimen entreißen.
Der Papst war so beeindruckt, daß er den Plan faßte, zum „Heiligen Krieg" aufzurufen. Im südfranzösischen Clermont, wo ein weiteres Konzil stattfand, verkündete er vor den versammelten Priestern und Laien:

*Aufruf des Papstes*

„Das gottlose Volk der Sarazenen hat das Heilige Land besetzt und hält die Gläubigen dort in Knechtschaft und Unterwerfung. Wem will nicht das Herz darüber brechen? Die ehrwürdigen Orte sind in Schafkrippen und Viehställe verwandelt. Welche Schmach für den Ort, wo Christus gelebt! Jerusalem ist Erbgut Christi, es gehört ihm zu eigen. Bewaffnet euch, liebe Brüder, seid Gefolgsleute des Herrn! Ich rufe euch zum Kriegsdienst Gottes! Erobert die Stammburg Christi zurück. Seid Lehensmannen des Heilandes! Macht seine Sache zur euren! Er vertraut eurer Tapferkeit und eurem Ehrgefühl. Das ist kein ungerechter Krieg, es ist Gottes Kampf, ein Kreuzzug des Herrn. Und wenn ihr fragt, was ihr von Gott als sicheren Lohn für solche Kriegsarbeit erwarten dürft, so verspreche ich euch, daß jeder, der das Zeichen des Kreuzes nimmt und ein reines Bekenntnis ablegt, von aller Sünde frei sein soll und das ewige Leben empfangen wird, wenn er sein irdisches Leben auf diesem Kreuzzug verliert."

(Nach: Wilhelm von Tyrus, Kreuzzugsgeschichte. In: Historisch-politisches Quellenbuch, Band I, a.a.O., S. 214f. Vereinfacht und gekürzt)

(1) Diese Ansprache des Papstes ist uns nicht wörtlich überliefert. Der Geschichtsschreiber, der diesen Bericht schrieb, wollte vor allem den Eindruck schildern, den die Worte des Papstes machten. Worauf hat er dabei Wert gelegt?
(2) Erkläre aufgrund der Rede des Papstes, welche Einstellung die Menschen zu diesem Krieg haben mußten und was die Kirche den Teilnehmern versprach.

**„Gott will es!"** Die Zuhörer unterbrachen die Rede des Papstes immer wieder mit dem Ruf „Deus lo volt" – „Gott will es!". Die Begeisterung war groß, und die Kirchenversammlung beschloß, daß allen Teilnehmern am Heiligen Krieg nicht nur Nachlaß der weltlichen Strafen für begangenes Unrecht gewährt sei, sondern daß ihr Besitz während der Abwesenheit dem Schutz der Kirche unterstellt und von allen Abgaben befreit werde. Jeder Teilnehmer am Unternehmen sollte als Sinnbild seiner Weihe das Zeichen des Kreuzes tragen: Ein Kreuz aus rotem Stoff war auf die Schulter des Überrocks aufzunähen. Jeder, der das Kreuz nahm, hatte einen Eid zu schwören, daß er nach Jerusalem ziehen werde. Kehrte er vorzeitig zurück oder zog er gar überhaupt nicht aus,

*Kreuzzugspredigt Urbans II.*

sollte ihn der Kirchenbann treffen. Geistliche und Mönche durften das Kreuz nur mit Erlaubnis des zuständigen Bischofs oder Abtes nehmen.

(3) Nenne Ursachen des ersten Kreuzzuges.
(4) Beschreibe, warum es nach deiner Auffassung zu der Kreuzzugsbegeisterung kam.

**Der Kreuzzug der armen Leute.** Noch während die Bischöfe den Kreuzzug predigten, sammelte ein umherziehender Mönch, „Peter der Einsiedler", Leute von der Straße, um sie ins Heilige Land zu führen. Eine riesige, buntzusammengewürfelte Menge folgte ihm, darunter Frauen, manche sogar mit Kindern. Die meisten waren Bauern vom Niederrhein, wo damals infolge von Überschwemmungen, Seuchen und Dürre eine schwere Hungersnot herrschte. Man sah auch Städter, sogar Straßenräuber und regelrechte Verbrecher im Zug. Ein heruntergekommener Graf namens Emich von Leiningen schlug vor, den Kreuzzug gleich hier im eigenen Land gegen die „Feinde Christi", d.h. gegen die Juden, zu eröffnen. Man begann in Speyer, doch der Bischof nahm die Juden in Schutz; so zog man nach Worms.

*Judenverfolgungen*

„Am 18. Mai trafen Emich und seine Truppen in Worms ein. Kurz darauf lief ein Gerücht um, die Juden hätten sich eines Christen bemächtigt und ihn ertränkt und das Wasser, darin seine Leiche gelegen, dazu verwendet, um die Brunnen in der Stadt zu vergiften. Die Juden waren weder in Worms selbst noch in der Umgegend beliebt; das Gerücht bewog Stadtvolk und Landvolk dazu, sich dem Angriff der Leute Emichs auf das jüdische Viertel anzuschließen. Jeder Jude, den sie ergriffen, wurde zu Tode gebracht. Wie schon zu Speyer griff der Bischof ein und öffnete den jüdischen Flüchtlingen seinen Palast. Aber Emich und die wütende Menge, die sich um ihn geschart hatte, drückten die Tore ein und drangen ins Innere der Zufluchtstätte. Dort metzelten sie trotz des Bischofs Einspruch seine Gäste, gegen fünfhundert an der Zahl, ausnahmslos nieder."

(Aus: St. Runciman, Geschichte der Kreuzzüge. Beck Verlag, München 1968, S. 133f.)

Die Scharen Peters und seiner Anhänger zogen nach weiteren Metzeleien schließlich donauabwärts, plünderten in Ungarn und in Byzanz, bis sie in Kleinasien von den Türken vernichtet wurden. Sie haben die heiligen Stätten nie erreicht.

*Kreuzzug der Armen*

**Die Kreuzritter und ihre Motive.** Während die „Kreuzfahrt des Volkes" ein klägliches Ende fand, stellten Fürsten gutbewaffnete Ritterheere zusammen, zunächst in Lothringen, Süditalien, Südfrankreich und Flandern. Ihre Anführer verkauften und verpfändeten oft ganze Grafschaften, um Rüstung und Verpflegung für die Mannschaft, Pferde und Schiffe für den Transport zu finanzieren. Die Mehrzahl der Teilnehmer war beritten und kam aus der Schicht der „Ministerialen", der Dienstleute von Königen, Bischöfen, Grafen und kleineren Herren, die im Kriegsfall zu Pferd in schwerer Rüstung kämpften (vgl. S. 155f.). Ihr „Stand" war bis zu jener Zeit noch nicht besonders angesehen. Darum sahen viele im Kreuzzug eine große Chance: Sie wollten als Ritter Gottes eine höhere Ehre gewinnen, als sie dem weltlichen Ritter zuteil wurde. Der größte aller Kreuzzugsprediger, der Abt Bernhard von Clairvaux (vgl. S. 165), erläuterte den Sinn des Kreuzzuges den Rittern so:

*Bernhard von Clairvaux*

„Was die weltlichen Ritter betreiben, ist eher ‚malitia' als ‚militia' [d.h. viel eher Bösartigkeit als Rittertum] zu nennen. Darüber hinaus brachte der Kriegsdienst gar nichts ein, denn wenn ein Ritter fiel, verlor er sein Leben, und wenn er siegte, verlor er die Seele. Denn wenn es nicht die Sache Christi war, für die gekämpft wurde, dann beging der Ritter Totschlag und verspielte so sein Seelenheil. Die Ritter Christi jedoch kämpfen in Sicherheit den Kampf ihres Herrn. Sie brauchen weder die Sünde des Totschlags zu fürchten noch die Gefahr des eigenen Todes; denn in jedem Fall –

ob der Tod für Christus ertragen oder einem andern zugefügt werden muß – er bringt dem Kreuzritter Ruhm. Entweder wird er verherrlicht, weil er einen Heiden getötet hat, oder er wird von seinem Herrn Christus, wenn er selbst im Kampf umkommt, zur Belohnung in den Himmel geführt. Der christliche Ritterdienst bringt den vollen Lohn: Ruhm auf dieser Erde und himmlische Seligkeit obendrein."

(Bernhard von Clairvaux, Lob des neuen Rittertums. Nach J. M. v. Winter, Rittertum, Ideal und Wirklichkeit. Beck Verlag, München 1969, S. 64)

(5) Was hatten die Judenverfolgungen mit den Zielen der Kreuzfahrer zu tun?
(6) Untersuche die Motive, die einen Ritter veranlaßten, am Kreuzzug teilzunehmen. Vergleiche mit der Rede Papst Urbans. Welche Übereinstimmungen stellst du fest?
(7) Äußere deine Meinung über das, was Bernhard von Clairvaux schreibt.

*Schwierigkeiten in Byzanz*

**Jerusalem wird erobert.** Die einzelnen Ritterheere waren getrennt aufgebrochen und wollten sich in Byzanz vereinigen. Dort wurden sie höflich empfangen, bekamen Quartiere und frische Verpflegung zugewiesen. Der oströmische Kaiser hatte jedoch gefügige Söldner erwartet, keine selbständigen Heere. Er ließ die Kreuzfahrer erst weiterziehen, nachdem sie ihm den Lehenseid schwuren. Mißtrauisch verfolgte er fortan den Weg der Ritter.

Auf dem langen Marsch durch Kleinasien quälten Durst, Hunger und Hitze die erschöpften Männer, von denen viele umkamen. Monate verbrachten sie mit der Belagerung von Antiochien, einer Großstadt der damaligen Zeit, die sie erst bezwangen, als ein Turmkommandant durch Verrat die Tore öffnete. Kaum war die Stadt erobert, wurden die Kreuzfahrer selbst darin von einem türkischen Heer eingeschlossen. Hunger und Krankheit zermürbten die Ritter. Da täuschten die Anführer ein Wunder vor: Einer erklärte, die Lanze gefunden zu haben, mit der man einst Christus am Kreuz die Seite durchstochen hatte. Nun wurde das ganze Heer noch einmal von Siegesstimmung erfaßt, sprengte den Ring der Belagerer

*Die Eroberung Jerusalems durch die Kreuzfahrer 1099. Buchmalerei aus einer Handschrift der Kreuzzugsgeschichte des Wilhelm von Tyrus (13. Jahrhundert). Dargestellt sind die Belagerung und die Einnahme der Stadt. Im Vordergrund ein Katapult, mit dessen Hilfe die Kreuzritter die Stadt mit Steinen bombardieren. Links daneben ein auf Rädern laufender Belagerungsturm, von dem aus die Mauern bezwungen werden. Im oberen Teil des Bildes eine Darstellung der Passion.*

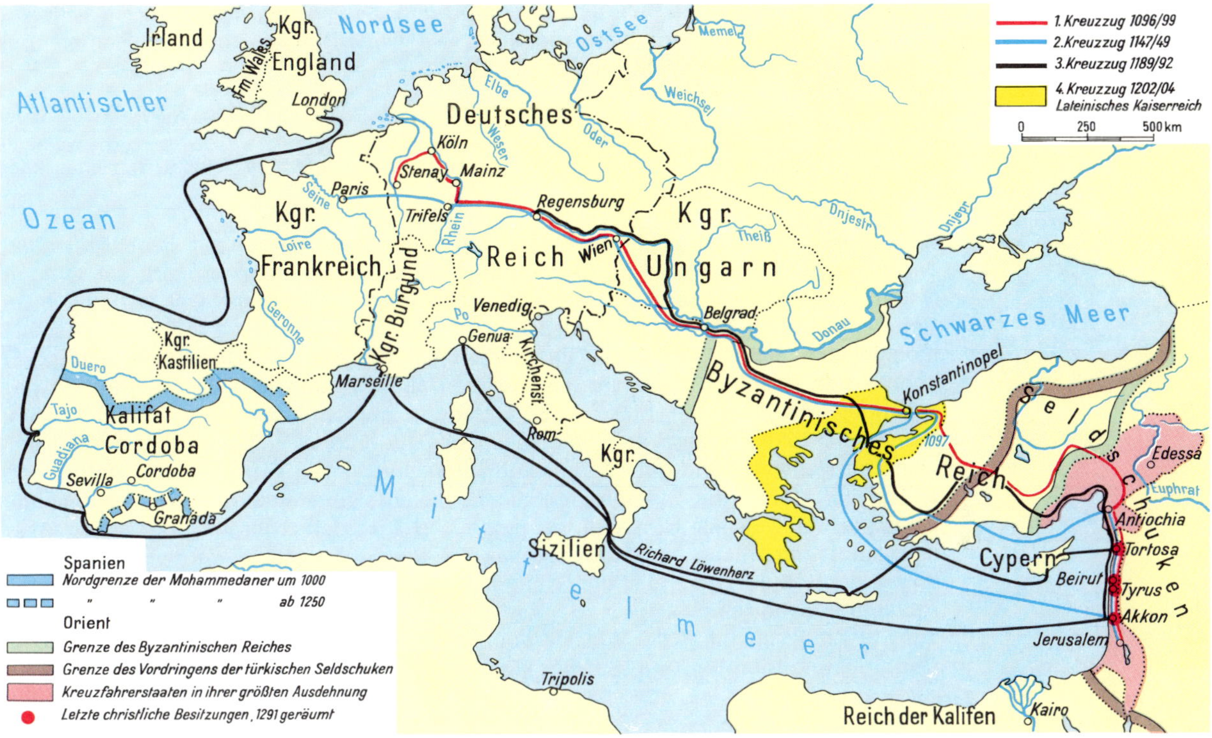


*Die Kreuzzüge.*

und kämpfte den Weg nach Jerusalem frei. Nach vierwöchiger Belagerung fiel die Stadt am 15. Juli 1099. **1099**

*Blutbad bei der Eroberung von Jerusalem*

„Herzog Gottfried, der erlauchte und herrliche Mann, drang vor allen anderen in die Stadt und ermahnte die übrigen, ihm nachzufolgen . . . Wie die Feinde sahen, daß die Unsern die Mauern besetzt hatten und daß der Herzog bereits mit seinem Heere in die Stadt eingebrochen war, flüchteten sie von den Türmen und Mauern nach den Engpässen der Straßen. Sofort durchzogen der Herzog und die, welche mit ihm waren, in geschlossenen Reihen, mit gezückten Schwertern und mit Schilden und Helmen bedeckt, die Straßen und Plätze der Stadt und streckten alle Feinde, die sie finden konnten, ohne auf Alter und Rang Rücksicht zu nehmen, mit der Schärfe des Schwertes nieder. Und es lagen überall so viele Erschlagene und solche Haufen abgeschlagener Köpfe umher, daß man keinen anderen Weg oder Durchgang mehr finden konnte als über Leichen. Auch diejenigen, die sich in den Tempel Salomons geflüchtet hatten, entgingen dem Blutbad nicht. Sie drangen mit einer Menge von Reitern und Fußgängern herein und stießen, ohne jemand zu schonen, was sie fanden, mit den Schwertern nieder und erfüllten alles mit Blut. Es war dies ein gerechtes Urteil Gottes, daß die, welche das Heiligtum des Herrn mit ihren abergläubischen Gebräuchen entweiht und dem gläubigen Volk entzogen hatten, es mit ihrem Blute reinigen und den Frevel mit ihrem Tode sühnen mußten . . . Wie nun die Stadt unterjocht und die Bürger getötet waren, . . . legten sie die Waffen nieder, wuschen sich die Hände, zogen reine Kleider an und gingen dann demütigen und zerknirschten Herzens, unter Seufzern und Weinen, mit bloßen Füßen an den ehrwürdigen Orten umher, welche der Erlöser durch seine Gegenwart hatte heiligen und verherrlichen wollen und küßten sie mit großer Andacht."

(Aus: Wilhelm von Tyrus, Kreuzzugsgeschichte. In: Geschichtliche Quellenhefte mit Überblick, Heft 3, a.a.O., S. 66 f.)

Dem furchtbaren Blutbad bei der Eroberung von Jerusalem waren mehrere Tausend Bewohner der Stadt zum Opfer gefallen. Der Gegensatz zwischen Muslimen und Christen hatte sich noch verschärft.

(8) Berichte über die Eroberung von Jerusalem. Welche Wirkung mußte das Verhalten der Christen auf die Muslime haben?
(9) Vergleiche die Rechtfertigung der Kreuzzüge mit dem, was auf S. 131 f. über den Glaubenskrieg der Muslime steht.

*Kreuzfahrerstaaten mit Lehnsordnung*

**Kreuzfahrerstaaten und ihr Ende.** Die Kreuzfahrer hatten auf dem Weg nach Jerusalem wichtige Plätze an der Küste und im Landesinnern erobert; sie wurden Mittelpunkte kleiner Staaten: Antiochien, Edessa und Tripolis. Der bedeutsamste Staat entstand im Königreich Jerusalem, das der Herzog Gottfried gründete. Er selbst machte sich nicht zum König, da hier einmal Christus die Dornenkrone trug. Er nannte sich demütig „Schützer des Heiligen Grabes" und hob das im Blutbad geschändete Ansehen der Kreuzfahrer, indem er gerecht auch gegen Araber blieb. Seine Nachfolger bauten den Staat nach dem Vorbild westlicher Lehnsstaaten um. Auch im Heiligen Land gab es nun Lehnsherr und Vasall, Lehnseid und -treue, und wie in der Heimat befehdeten sich die Lehnsleute untereinander. Das begünstigte Überfälle der Muslime. Sie wurden lange von Kreuzfahrerburgen abgewehrt. Aber die Kämpfe mit Türken und Arabern brachten ständig Verluste, die nur vorübergehend durch neue Kreuzzüge aus der Heimat ausgeglichen wurden, denn die meisten scheiterten schon unterwegs.

Zum 2. Kreuzzug hatte der Abt Bernhard von Clairvaux, der berühmteste Prediger seiner Zeit, aufgerufen (vgl. S. 185). Doch obwohl die Heere vom deutschen Kaiser und dem König von Frankreich angeführt wurden, blieb das Unternehmen ohne Erfolg. 40 Jahre darauf – im Jahr 1189 – wollte Kaiser Friedrich Barbarossa im dritten Kreuzzug das Heilige Land zurückerobern, nachdem Sultan Saladin, der Herrscher Ägyptens und mächtigste Fürst der Muslime, Jerusalem in Besitz genommen hatte. Doch der Kaiser kam bei einem Unfall im Fluß Saleph (in Kleinasien) ums Leben.

Saladin gewährte in einem Vertrag den christlichen Pilgern freien Zugang zu den heiligen Stätten in Jerusalem. Im umliegenden Land blieben einige Stützpunkte noch lange im Besitz christlicher Ritter. Ritterorden – wie die Tempelherren, die Johanniter oder die Ritter des Deutschen Ordens –, die damals entstanden waren, bemühten sich sowohl um die Verteidigung der Burgen wie um die Betreuung der Pilger. Nach und nach mußten jedoch die Kreuzfahrer ihre Stützpunkte räumen, bis im Jahr 1291 der letzte, die Burg Akkon, verlorenging.

*Die Hagia Sophia in Konstantinopel war lange Zeit das prächtigste christliche Gotteshaus. Die Türken machten daraus nach der Einnahme der Stadt eine Moschee und errichteten Minarette.*

*Das Byzantinische Reich im 10. bis 12. Jahrhundert.*

## 12.2. Begegnung mit dem Orient

**Das reiche Byzanz.** Als die ersten Kreuzfahrer in der Hauptstadt des oströmischen Kaisers eintrafen, gingen ihnen die Augen über: So viel Schönheit und Prunk hatten sie niemals gesehen. Umgekehrt lösten Anblick und Betragen der Kreuzfahrer bei den Byzantinern eine Bestürzung aus, die sich rasch in Verachtung und Empörung äußerte. Sie sahen bald in den „Franken" nichts als habgierige und großmäulige Barbaren. Hier zeigte sich, daß der christliche Westen im Vergleich zum Orient noch weit zurücklag. In Byzanz begegneten sich die verschiedenartigsten Kulturen. Am besten spiegelt sich das im Handel:

*In Byzanz: Umschlag des Welthandels*

„Aus allen Richtungen strömten die Waren auf die Marktplätze in Konstantinopel: Seide und Porzellan aus China, Edelsteine und Gewürze aus Indien, Elfenbein und Ebenholz aus Afrika, Stickereien und Teppiche aus Persien, Perlen vom Persischen Golf, Textilien und Getreide aus Ägypten, Glas und Stahl aus Syrien, Pelze und Holz aus Rußland, Lederwaren aus Marokko; sogar Sklaven aus allen Teilen der Welt befanden sich unter den unzähligen Artikeln, die in der großen Stadt zum Kauf angeboten wurden. Darüber hinaus entfalteten sich in der Umgegend zahlreiche Gewerbe; hervorragende Handwerker und Künstler aus den angrenzenden Ländern siedelten sich in der reichen Hauptstadt an. Duftstoffe, Brokat- und golddurchwirkte Gewänder, Ikonen, Mosaike, Elfenbeinschnitzereien, Skulpturen und Steinschnitzereien, Schmuck, emaillierte Gold- und Silberarbeiten, mit Edelsteinen besetzte Kruzifixe und Bucheinbände sowie alle möglichen Luxusgegenstände wurden in Konstantinopel von hervorragenden Fachleuten angefertigt und von reichen Magnaten aus aller Welt gekauft. Außerdem wurden Handel und Gewerbe vom byzantinischen Staat so geregelt, daß sowohl Käufer und Verkäufer wie die Rechte des Kaisers geschützt waren... Konstantinopel blieb während dieser Periode [im Mittelalter] die wichtigste Stadt des christlichen Abendlandes und brauchte den Vergleich mit Bagdad und Kairo im islamischen Reich nicht zu scheuen."

(A. S. Atiya, Kreuzfahrer und Kaufleute. Die Begegnung von Christentum und Islam. Kohlhammer Verlag, Stuttgart 1964, S. 148f.)

**Das vorläufige Ende des Byzantinischen Reiches.** Das Verhältnis zwischen „Lateinern" und „Griechen" (wie man die Kreuzfahrer aus dem Westen bzw. die Byzantiner nannte) blieb von Beginn an gespannt. Im Jahre 1201 hatte sich erneut ein Kreuzritterheer aufgemacht. Man wollte Ägypten zu Schiff angreifen. Venedig erklärte sich bereit, eine Flotte samt Verpflegung für rund 15000 Ritter und 20000 Mann Fußvolk zu stellen, freilich gegen gute Bezahlung. Als aber den Kreuzfahrern das Geld nicht reichte, wußten die Herren Venedigs gleich einen Ausweg: Man könnte einen Umweg machen und Konstantinopel einnehmen, den Kaiser dort absetzen und aus dem byzantinischen Staatsschatz die Schulden begleichen, um dann mit vollen Kassen gegen Ägypten zu segeln. Die Kreuzritter waren sicher, daß der byzantinische Kaiser schon immer ein Verräter an der heiligen Sache war, und sie nahmen die Gelegenheit nicht ungern wahr, ihn zu beseitigen. Manche dachten wohl mehr an den Reichtum der Kaiserstadt und an das Beutegut. Selbst der Papst gab sein Einverständnis zu dem infamen Vorhaben. So wurde Byzanz tatsächlich erobert und von den Kreuzfahrern geplündert (1204). Die Stadt – 900 Jahre lang Hauptstadt der christlichen Zivilisation und angefüllt mit Kunstwerken, die zum Teil noch aus dem alten Griechenland stammten, und voll mit Meisterwerken der eigenen Künstler – verlor in drei Tagen nahezu all ihre unersetzlichen Schätze.

*Kreuzfahrer erobern Byzanz*
1204

*Lateinisches Kaisertum*

Die Kreuzfahrer richteten nun ein „Lateinisches" Kaisertum ein. Es bestand nur ein paar Jahrzehnte lang, dann wurde Byzanz von den „Griechen" zurückerobert. Aber unter den fremden Kaisern hatten das Reich und seine Hauptstadt zu schweren Schaden gelitten. So war es dem Druck einer neuen islamischen Großmacht, dem Angriff der Türken, nicht mehr gewachsen (vgl. S. 192).

(1) Ist Konstantinopel dem „christlichen Abendland" zuzurechnen? Nimm Stellung zu dieser Darstellung auf Seite 189f.
(2) Stelle die Herkunft der Handelswaren, die in dem Bericht über Byzanz genannt werden, auf der Karte fest.
(3) Vergleiche den Kreuzzug von 1201/1204 mit den eigentlichen Zielen und Motiven der Kreuzfahrer.

*Venedig wird Großmacht*

**Der Aufstieg von Venedig.** Den größten Gewinn aus der Eroberung zogen die Venezianer. Ihre Stadt wurde zur führenden Handelsmacht, zu einer Großmacht, die – wie einst Athen – aus einer Stadt und ihren Schiffen bestand. Auf internationalen Märkten zahlten Kaufleute nicht mehr mit byzantinischem Geld, sondern mit venezianischen Golddukaten. Der Stil der Markuskirche mit ihren fünf Kuppeln erinnert noch heute daran, wie eng Venedig mit Byzanz verbunden war. Dem Handel verdankte Venedig seinen Aufstieg zur reichsten und prachtvollsten Stadt in Europa. Die Gewürze und Luxuswaren Indiens gelangten von Byzanz oder Alexandria über Venedig nach Mittel- und Westeuropa. Auf Baumwolle aus dem Nahen Osten hatten die Venezianer das alleinige An- und Verkaufsrecht, das Monopol. Die größte Fernhandelsstraße Europas führte von Venedig über Augsburg nach Brügge. Am Hohen Ufer des „Canale Grande", am „Rialto" trafen sich Händler und Geldwechsler; in den Speichern und Läden sammelten sich die Reichtümer aller Länder. Ein Fürst von Antiochien verkaufte der Stadt das Geheimrezept zur Herstellung von Glas, und sie behielt das Monopol der Glasherstellung bis in die Neuzeit. Um 1500 zählte die Stadt rund 150000 Einwohner; sie besaß nicht nur den bedeutendsten Hafen Europas,

*Fernhandel*

*Der seit 1050 nach oströmischen Vorbildern umgebaute Markusdom in Venedig.*

sondern galt auch mit ihren Kanälen, Gondeln, Palästen und Kirchen als eine der schönsten Städte der Welt.

**Kulturaustausch mit dem Islam.** Die Kreuzfahrerstaaten im vorderen Orient standen eigentlich der islamischen Welt am nächsten. Aber sie blieben Inseln, fast ohne Kontakt mit der fremden Kultur. Dagegen nahmen die Handelsbeziehungen zwischen dem Westen und den islamischen Ländern im Verlauf der Kreuzzüge rasch zu. Die Hafenstädte von Italien und Südfrankreich ließen sich durch den Kriegszustand mit den Türken und Arabern nicht hindern, sie machten Geschäfte mit beiden Seiten.

*Arabische Einflüsse*

Noch wichtiger wurde der geistige Austausch, der sich in Spanien zwischen den muslimischen Sarazenen und ihren christlichen Nachbarn entwickelte (vgl. S. 134f.). Arabische Wissenschaftler lebten am Hof christlicher Herrscher, arabische Dichtung wurde in europäische Sprachen übersetzt, die Schriften der griechischen Philosophen übertrug man aus dem Arabischen wieder ins Latein.

Arabische Geographen zeichneten Landkarten von der ganzen damals bekannten Welt und schufen so die Voraussetzung für die Entdeckungen der folgenden Zeit.

Schöpfungen der arabischen Kunst und Technik gelangten in die christlichen Länder, nicht selten mit den arabischen Bezeichnungen, wie zahlreiche Lehnwörter in unserer Sprache beweisen.

(4) Nenne die Vorteile der geographischen Lage von Venedig. Vergleiche sie mit der Lage von Byzanz.

(5) Die Araber beherrschten den Zwischenhandel zwischen Indien und Europa. Suche auf der Karte wichtige Handelswege und Handelsplätze der Araber.

**Das Reich der Osmanen.** In der Zeit, als die letzten Kreuzfahrer das Heilige Land verlassen mußten, gewann ein türkischer Stamm, die „Osmanen", die Macht über Kleinasien. Von hier aus drangen die Türken auch auf dem Balkan vor und unterwarfen Bulgaren (vgl. S. 123) und Serben (Schlacht auf dem Amselfeld 1389). Zwar unterlagen die Osmanen um 1400 dem Mongolenherrscher Timurlenk, der damals ein Weltreich beherrschte, das von den Grenzen Chinas über Afghanistan, Indien, Persien bis an das Mittelmeer reichte. Aber bald nach Timurlenks Tod erstarkten die Türken erneut und griffen nun auch Byzanz an. Im Jahre 1453 wurde die Stadt erobert, nachdem die Belagerten 50 Tage lang heldenhaften Widerstand geleistet hatten (vgl. S. 130).

1453

*Istanbul: Residenz des Sultans*

Die Osmanen nannten die Stadt fortan Istanbul (oder Stambul) und machten sie zur Residenz des Sultans, zum neuen Mittelpunkt der islamischen Weltreligion und zum Zentrum eines gewaltigen Reiches. In der Zeit nach der Eroberung Konstantinopels hat sich das Osmanische Reich zu einer Großmacht entwickelt, die weit nach Europa hereinragte und fast das ganze Mittelmeer beherrschte.

„Es sind vorwiegend militärische Ereignisse, von denen die Geschichte [der Osmanen] berichtet: mit überlegener Artillerie wird immer wieder Persien niedergeworfen, wird Ägypten und der Balkan erobert, mit überlegener Flottenmacht werden die Inseln des Ägäischen Meeres und die

*Das Osmanische Reich.*

Küste Nordafrikas erobert; mit einer außerordentlich geschickten Diplomatie werden diplomatische Verhandlungen geführt und Friedensverträge abgeschlossen; . . . Sultan Mehmet Fatih (1451–1481) hat die grundlegenden Staatsgesetze des Osmanischen Reiches geschaffen, die von Süleiman (1520 bis 1566) erweitert und ergänzt wurden. Von jenem stammt der Begriff der ‚Hohen Pforte' als Sitz der Regierung, weil nach uraltem orientalischem Brauch die Angelegenheiten der Völker vor den Toren der Paläste der Herrscher geregelt wurden.

*Aufbau des Osmanenreiches*

Die Regierung bestand aus den vier Veziren, deren erster als Großvezir (Ministerpräsident) die ausführende Staatsgewalt in der Hand hatte und mit unumschränkter Vollmacht der Stellvertreter oder gar das ‚sichtbare Ebenbild des Sultans' war. Hinzu kamen die Heeresrichter, die Buchführer des Staatshaushaltes, die Staatssekretäre, die das Siegel des Sultans bewahrten, und die Befehlshaber der Truppen. . ."

(Aus: R. Peters, Geschichte der Türken. Urban Tb. 54, Stuttgart 1961, S. 60ff.)

**Zur Lernkontrolle**

1. Schildere Ursachen, Verlauf und Ergebnis des 1. Kreuzzuges.
2. Stelle fest, welche Interessen der Papst, der oströmische Kaiser, die Ritter, die Venezianer bei den Kreuzzügen verfolgten.
3. Fasse dein Urteil über die Kreuzzüge in einigen Sätzen zusammen.
4. Erläutere anhand einer Karte die politischen Veränderungen in Kleinasien, auf dem Balkan und in Nordafrika seit dem Ende der Kreuzzüge bis in die Zeit um 1500.
5. Nenne einzelne Beispiele für den Kulturaustausch zwischen Orient und Europa.

# 13. Städte im Mittelalter

**Lernziele**

- Noch heute lassen viele Städte erkennen, daß sie aus dem Mittelalter stammen. In diesem Kapitel kannst du dich darüber orientieren, weshalb und wodurch sich Städte im Mittelalter entwickeln konnten.
- Zum Leben in der Stadt gehört die Fähigkeit, als Mitbürger seine Interessen wahrzunehmen, Bürgersinn zu üben, Initiative und Verantwortung zu ergreifen. Das Leben der Stadtbürger im Mittelalter zeigt dir viele Beispiele und Modelle dafür.
- Anhand der Entwicklung in der mittelalterlichen Stadt kannst du verschiedene Grundlagen unseres Wirtschaftslebens herausarbeiten, vor allem: Markt, Fernhandel und Gewerbe.

## 13.1. Entstehung und und Entwicklung unserer Städte

**Wie entstanden die Städte im Mittelalter?** Viele unserer Städte haben eine lange Geschichte. Ihre Herkunft spiegelt sich manchmal noch in der „Altstadt" solcher Städte.

*Römerstädte*

„Auf der Suche nach ihren Ursprüngen müssen wir schon weit zurückgehen, sind doch die ältesten Städte auf deutschem und österreichischem Boden römischen Ursprungs. Dort, wo die Römer an Rhein und Donau und in dem schmalen, vom Grenzwall des Limes geschützten Zwickel des Zehntlandes ihre Kastelle und Niederlassungen angelegt hatten, wuchsen auch die ältesten Siedlungen mit stadtartigem Charakter. . . Soldaten und Kaufleute prägten das Gesicht dieser Niederlassungen, die nach römischen Gesetzen verwaltet wurden. In den rauhen Zeiten der Völkerwanderung verloren sie an Ansehen und Bedeutung, wurden zerstört, geplündert. An die römische Herrschaft erinnert oft kaum mehr als der Name. Aber die Siedlungen waren dennoch bedeutend genug, um in der Zeit der fränkischen Könige, also im 8. und 9. Jahrhundert, schon wieder Mittelpunkte zu bilden, in denen die königlichen Grafen oder Bischöfe residierten und hinter den soliden alten römischen Mauern Schutz in Kriegszeiten fanden. Solche wenigstens einigermaßen sicheren Plätze waren auch den Kaufleuten sehr willkommen. . ."

(Aus: H. Pleticha, Bürger, Bauer, Bettelmann. Stadt und Land im späten Mittelalter. Arena Verlag, Würzburg 1971, S. 11)

Sucht man den Ursprung von mittelalterlichen Städten, so ist nicht nur an die römischen Legionslager zu denken, sondern auch an die Mittelpunkte des kirchlichen Lebens. Eine kirchliche Vorschrift verlangte, daß der Bischof stets seinen Wohnsitz

*Bischofssitze*

in einer Stadt haben müsse. Sie bewirkte, daß viele Römerstädte die Zeit der Völkerwanderung und der Normanneneinfälle überdauern konnten, weil sich in ihnen ein Bischofssitz befand. Außerdem entwickelten sich Orte, an denen ein neues Bistum gegründet wurde, bald zu städtischen Siedlungen. Auch Klöster bildeten oft den Kern eines zentralen Ortes, der sich zur Stadt entwickelte.

*Kaufmannssiedlungen*

Eine dritte Wurzel der Städte im Mittelalter stellen die Kaufmannssiedlungen dar. Sie sind vor allem an Küsten und Flußmündungen oder auch dort zu finden, wo sich die Handelswege gekreuzt haben. Oft handelte es sich zunächst um befestigte Stützpunkte der Fernhändler, die an solchen Plätzen ihre Waren stapelten und ihre Schiffe in Sicherheit brachten. Später, seit dem 11./12. Jahrhundert, schlossen sich Fernhändler zu festen Gruppen oder Genossenschaften zusammen und schufen in ihren Siedlungen eine eigene Verwaltung, aus der sich der städtische Rat bilden konnte.

*Stadtgründungen*

In dieser Zeit erkannten auch Könige und Fürsten, welchen Vorteil sie aus Handel und Handwerk ziehen konnten: Gewerbe und Markt erbrachten Einnahmen aus Zöllen und Marktgebühren und erlaubten, die gestiegenen Lebensbedürfnisse – am adligen Hof wie auch bei der übrigen Bevölkerung – besser zufriedenzustellen. So gründeten viele adlige Herren planmäßig städtische Siedlungen. Nach mittelalterlicher Rechtsauffassung besaß eigentlich nur der König oder Kaiser das Vorrecht zur Gründung einer neuen Stadt. Aber unter dem Druck der immer mächtiger werdenden weltlichen und geistlichen Fürsten waren sie gezwungen, dieses Vorrecht auf Zeit oder für immer weiterzuverleihen. Nachdem dann später auch adlige oder klösterliche Grundherren dieses Recht für sich in Anspruch nahmen, entstand die kaum noch überschaubare Zahl kleiner und kleinster Städtchen und Marktflecken des hohen und späten Mittelalters.

*Stadtkern und Erweiterung*

**Die Städte wachsen.** Die politisch und wirtschaftlich bedeutenden Städte wuchsen schnell. Stadterweiterungen waren immer wieder notwendig, so daß sich teilweise um die alten Stadtmauern ringförmig neue Stadtgebiete mit neuer Befestigung legten oder an die „Altstadt" eine „Neustadt" angebaut wurde (z. B. die Fugger-Vorstadt in Augsburg, 15. Jahrhundert). Eine einprägsame Schilderung einer Stadterweiterung bringt der Chronist Wilhelm der Bretone für das Jahr 1212:

„Im gleichen Jahr umgab der hochherzige König Philipp ganz Paris von der südlichen Seite bis zum Seinefluß auf beiden Ufern mit einer Mauer; er umschloß so eine sehr große Bodenfläche und drängte die Besitzer von Feldern und Weinbergen, dieses Land und diese Weinberge an Einwohner zu verpachten, damit diese darauf Häuser errichteten, oder daß sie selbst diese neuen Wohnungen bauten, damit die ganze Stadt bis zu den Mauern mit Wohnhäusern ausgefüllt scheine."

(Abgedruckt bei Jacques le Goff, Das Hochmittelalter, Fischer Weltgeschichte, Band 11, 1965, S. 51 f.)

Um das Jahr 1000 gab es in Mitteleuropa etwa 200 bis 300 Städte. Am Ende des 15. Jahrhunderts gab es bereits 4000 Städte; davon zählten etwa

| | |
|---|---|
| 2800 | 100– 1000 Einwohner |
| 900 | 1000– 2000 Einwohner |
| 200 | 2000–10000 Einwohner |

*„Großstädte"*

„Großstädte" mit über 10000 Einwohnern waren z. B.:

| | | | | | | | |
|---|---|---|---|---|---|---|---|
| Hamburg | 10000 | Worms | 20000 | Straßburg | 25000 | Gent | 50000 |
| Frankfurt | 15000 | Danzig | 20000 | London | 30000 | Rom | 50000 |
| Augsburg | 20000 | Rostock | 20000 | Köln | 37000 | Paris | 60000 |
| Nürnberg | 20000 | Lübeck | 25000 | Brügge | 50000 | Neapel | 150000 |

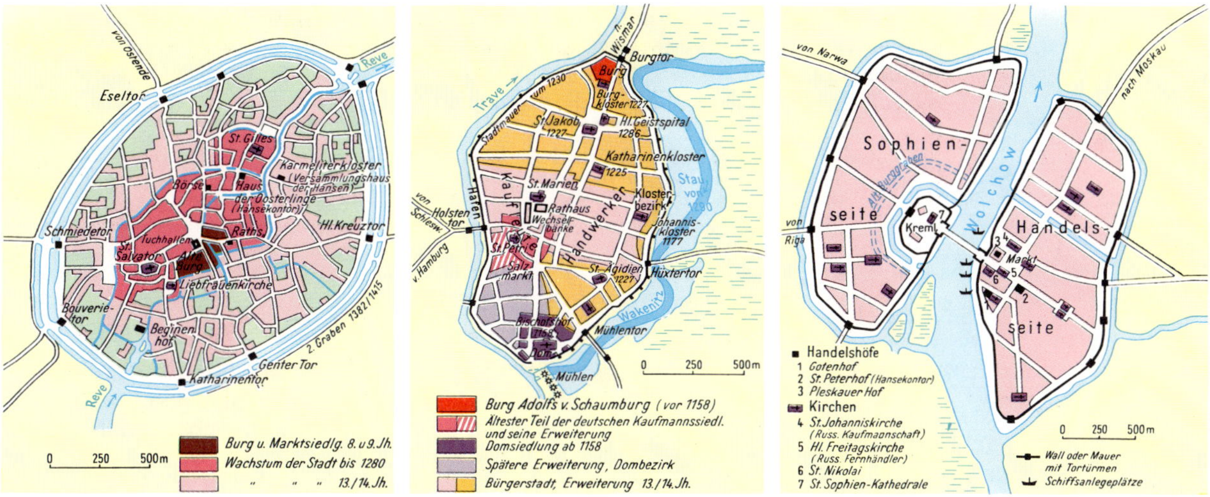


*Pläne der Städte Brügge, Lübeck und Nowgorod.*

(1) Überlegt, welcher Gemeinde ihr heute die Bezeichnung „Stadt" zuerkennen würdet? Welche Voraussetzungen müßte sie erfüllen?
(2) Versuche, die Entstehung und Entwicklung deiner Heimatstadt oder einer Stadt deiner Umgebung zu erkunden. Das Lexikon, der Kunst- oder Heimatführer helfen dir dabei.
(3) Im Geschichts- oder Erdkundeatlas findest du Grundrisse von verschiedenen Stadttypen. Überlege, welche Städte zu den „gewachsenen" und welche zu den geplanten zu rechnen sind.
(4) Zeige an den Plänen von Brügge und Lübeck die schrittweise Entwicklung der Städte.

**Was heißt „Stadtluft macht frei"?** Die bäuerlichen Familien hatten meist viele Kinder, von denen nur wenige auf dem elterlichen Hof bleiben konnten. Die anderen mußten sich nach neuen Erwerbsmöglichkeiten umsehen: Manche traten in Klöster ein, zogen als Siedler nach Osten oder in die nahen Städte, wo sie sich als Handwerker oder Kaufleute niederließen. Sie erhofften und fanden nicht nur Arbeit, sondern auch die persönliche Freiheit, denn daheim wären sie wie ihre Eltern und Geschwister Hörige eines Grund- und Leibherrn geblieben. In der Stadt dagegen wurden sie nach Jahr und Tag persönlich frei, wenn der frühere Herr sie nicht in dieser Zeit zurückforderte. Im Stadtrecht des Herzogs von Zähringen für Freiburg (12. Jahrhundert) heißt es unter anderem:

„In meinem Eigentum Freiburg habe ich einen Markt gegründet im Jahre 1120 n. Chr. Nachdem angesehene Kaufleute überallher zusammengerufen wurden, habe ich jedem ein Grundstück für die Errichtung von Häusern zugeteilt, wovon mir jährlich ein Schilling Zins bezahlt werden soll. Allen, die meinen Marktort aufsuchen, garantiere ich Frieden und Sicherheit, soweit meine Macht reicht... Wenn einer von meinen Bürgern stirbt, kann seine Witwe mit den Kindern das volle Erbe behalten. Allen meinen Kaufleuten erlasse ich den Marktzoll. Meinen Bürgern werde ich stets nur den zum Vogt und zum Priester einsetzen, den sie selbst gewählt haben. Wenn es zu einem Rechtsstreit unter meinen Bürgern kommt, soll nicht nach meinem Ermessen, sondern nach dem Recht der Kaufleute ein Urteil gesprochen werden. Wenn einer in Not gerät, kann er seinen Besitz jedem beliebigen Käufer verkaufen."

*Rechte der Bürger*

(Nach: W. Schlesinger, Zur Gründungsgeschichte von Freiburg. In: Freiburg im Mittelalter, hrsg. v. W. Müller. Bühl 1970, S. 48f.)

**Freiheit – nicht Gleichheit.** Die Freiheit des Stadtbürgers wirkte in der damaligen Zeit revolutionär. Der Bürger war nicht nur persönlich frei, d.h. er konnte heiraten

*Pflichten der Bürger*

nach eigener Wahl, Beruf und Wohnung frei wählen; er konnte auch über seinen Besitz frei verfügen, ihn vermehren oder verkaufen. Aber er mußte auch Verpflichtungen für die Gemeinschaft der Mitbürger übernehmen. So lautete der Eid, den um 1355 ein Kölner bei der Aufnahme in die Bürgerschaft ablegen mußte:

„Dies sollen diejenigen schwören, welche man als Neubürger in Köln aufnimmt. Zum ersten sollen sie schwören, dem Rat und der Stadt Köln treu und hold zu sein und ihren Nutzen zu fördern und ihren Schaden abzuwenden, wo irgend sie davon wissen oder vernehmen; sodann der Sturmglocke zu folgen und eine volle Rüstung zu besitzen zum Nutzen des Rates und der Stadt Köln. Wenn sie diesen Eid geleistet haben, so soll man ihnen das Bürgerrecht verleihen mit der vollen Freiheit, die andere Bürger haben."

(Abgedruckt bei Dieter Starke, Herrschaft und Genossenschaft im Mittelalter, Ernst Klett Verlag, [2]1971, Nr. 118).

*Abhängigkeit*

Die städtische Freiheit hat indes nicht die Unterschiede zwischen Reichen und Armen beseitigt. Die städtische Oberschicht, d.h. die reichen Kaufmannsgeschlechter bestimmten lange allein über den Ausbau der Stadt. Wer etwas erreichen wollte, mußte sich mit den „Herren" gut stellen und blieb von ihnen abhängig. Überdies lebten in jedem Haus mit der Familie des freien Bürgers auch sein Gesinde, die Gesellen und einfachen Arbeitskräfte zusammen. Sie hatten zu tun, was ihnen der Hausherr befahl.

*Reiche und Arme*

**Bevölkerungsschichten in deutschen Städten, gegliedert nach steuerpflichtigem Vermögen (in Prozenten der Bevölkerung) um 1450**

| | Lübeck | Eßlingen | Augsburg | Basel |
|---|---|---|---|---|
| Oberschicht<br>Vermögensgrenze | 22,3<br>600 Mark | 9,7<br>500 Gulden | 8,5<br>400 Gulden | 5,4<br>1000 Gulden |
| Mittelschicht<br>Vermögensgrenze | 38,3<br>150 Mark | 36,5<br>100 Gulden | 5<br>100 Gulden | 26<br>100 Gulden |
| Unterschicht | 39,4 | 53,8 | 86,5 | 68,6 |

1 Gulden hatte etwa den Wert von 1,5 Mark damaliger Währung. Ein Taglöhner verdiente im Jahr – so schätzt man – 10 bis 20 Gulden.
(Aus: Aubin/Zorn, Handbuch der deutschen Wirtschafts- und Sozialgeschichte, Bd. 1, Stuttgart 1971, S. 377)

(5) Die Quellen auf S. 195f. geben Auskunft über Rechte, Pflichten und Freiheiten der Bürger einer Stadt. Nenne und erläutere sie.
(6) Die persönliche Freiheit unterschied den Stadtbürger vom Landuntertan. Schlag zurück auf S. 150f. und berichte über die Bindungen der Untertanen an ihre Herren.
(7) Freiheit bedeutete nicht Gleichheit; es gab auch in der Stadt Unterschiede nach Besitz, Beruf, Herkommen. Diskutiert, welche Abhängigkeiten dadurch entstanden.

*Bürger von minderem Rang*

**Die „Mitwohner".** Nicht alle Bewohner der Stadt waren Bürger. Diejenigen, die zwar Pflichten wie die Vollbürger zu tragen hatten, aber nicht deren Rechte genossen, nannte man „Mitwohner". Das sind zunächst einmal diejenigen, die noch nicht lange genug in der Stadt wohnen, um das Bürgerrecht erwerben zu können, es jedoch nach Jahr und Tag oder – wie z. B. in Prag – nach vier Wochen erwerben können. Eine besondere Gruppe sind die „Pfahlbürger", die außerhalb der Stadtmauer angesiedelt

*Die Altstadt Nürnbergs.*

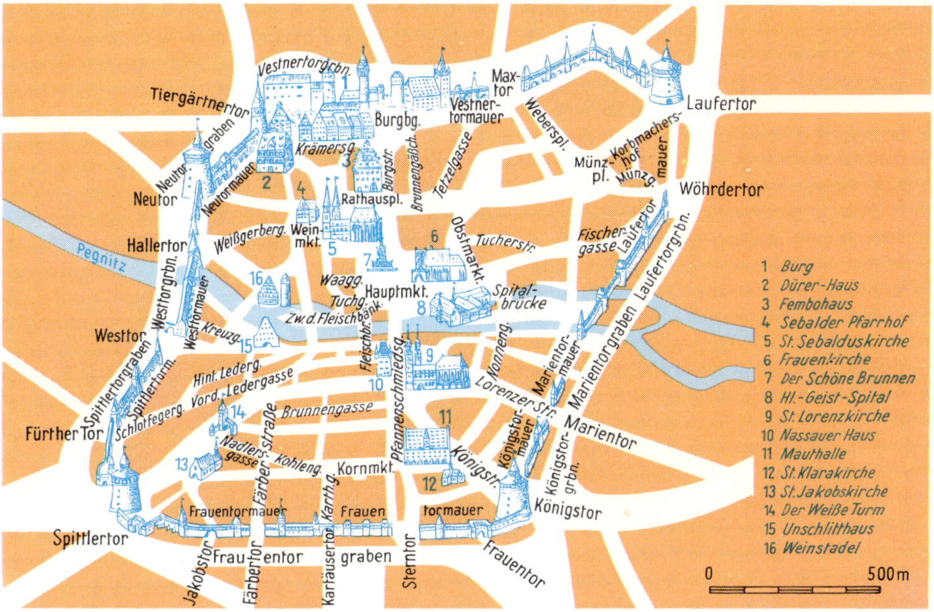


waren, weil die Landesherren durch königliche Gesetzgebung seit dem 13. Jahrhundert den weiteren Zuzug in die Städte gebremst hatten. Die Städte umgingen daher dieses Verbot dadurch, daß sie solche Bürger unmittelbar vor den Toren der Stadt seßhaft werden ließen und ihnen dadurch den persönlichen und beruflichen Kontakt mit der Stadt ermöglichten.

**Die Juden in den Städten** führten ein Eigenleben, ihr Glaube trennte sie von den Christen. Andererseits standen sie seit den Karolingern unter dem besonderen Schutz der deutschen Könige. Da sie im Gegensatz zu den Christen für ausgeliehenes Geld Zins nehmen durften (nicht selten bis zu 50%), wurden viele reich, und das steigerte die Abneigung der Christen, manchmal den Haß, während die Könige, auf Geldanleihen bedacht, den Juden Zugeständnisse machten. Die „kaiserlichen Kammerknechte", wie sie auch hießen, erhielten z. B. Zoll- und Handelsfreiheiten, in Speyer sogar das Recht der eigenen Gerichtsbarkeit.

*Zinsverbot für Christen*

Die Juden blieben ungeachtet ihres Reichtums gewöhnlich aus der städtischen Gemeinschaft ausgeschlossen. Sie durften keine Christen heiraten und keine städtischen Grundstücke kaufen und mußten in eigenen Stadtvierteln, in Ghettos, wohnen. Hier stand ihre Kirche, die Synagoge, hier predigte der Rabbiner seinen Glaubensgenossen, hier lag auch der Judenfriedhof. Der spitze Judenhut und gelbe Kleidung sonderten die Juden auch äußerlich vom christlichen Bürgertum ab. In zahlreichen deutschen Ländern vertrieben die Landesherren im Spätmittelalter die Juden, die größtenteils nach Polen auswanderten.

*Juden im Ghetto*

(8) Gibt es in deiner Heimatstadt bzw. Heimatgemeinde Bürger mit unterschiedlichen Rechten und Pflichten?
(9) Es läßt sich feststellen, ob in eurer Stadt früher Juden wohnten, ob sie eine Synagoge und einen eigenen Friedhof besaßen. Kennst du jüdische Mitbürger? Welche Berufe haben sie?
(10) Warum durften Christen keinen Zins nehmen? Denk an das Gebot der Barmherzigkeit!

**Mauer und Markt** unterscheiden auf den ersten Blick die Stadt vom Dorf. Die Mauer schützte alle Stadtbewohner wie eine befestigte Burg. Die Begriffe „Burg" und „Stadt" bedeuteten lange das gleiche. Die Bewohner nannten sich Bürger.

*Befestigung der Städte*

Wall und Graben sicherten die Mauer ab, die mit ihren Wehrgängen, Schießscharten und Wehrtürmen ein Eindringen des Feindes verhindern sollte. Man gelangte in eine solche „Burg" nur durch Tore, zu denen die Straßen über Zugbrücken führten.
Das Herz der Stadt war der Markt. Er lag im Schnittpunkt der Straßen, die von den Toren in den Mittelpunkt des städtischen Lebens führten – ein runder oder langgestreckter Platz, von schönen Bauten umgeben.

*Bedeutung des Marktes*

„Als Nürnberg um das Jahr 1040 von Kaiser Heinrich III. förmlich gegründet wurde, da war es zunächst nicht mehr als eine Reichsburg, an die sich eine kleine Siedlung und ein königlicher Wirtschaftshof anschlossen. Doch hatte Nürnberg offenbar von Anfang an das Recht, einen Markt zu halten. Den damit verbundenen regen wirtschaftlichen Verkehr verdankt der Ort aber wohl in erster Linie den kostbaren Reliquien, die in seinen Mauern ruhten, den Gebeinen des hl. Sebald, die Nürnberg zu einem vielbesuchten Wallfahrtsort machten und mit den frommen Pilgern auch die Kaufleute anzogen. Diese werden zunächst aus dem alten Kulturgebiet am Rhein und an der Donau gekommen sein. Zu Anfang des 12. Jahrhunderts ist der Nürnberger Markt bereits von so großer Bedeutung, daß sich Worms durch den Kaiser vom Nürnberger Zoll befreien läßt. Bald gehen auch Nürnberger Handelsleute in die Ferne."

(Ludwig Veit, Handel und Wandel mit aller Welt. Aus Nürnbergs großer Zeit. Prestel Verlag, München 1960, S. 5)

Es gab zunächst nur wenige Markttage im Jahr, so im Frühjahr oder Herbst oder zu kirchlichen Festtagen, bis später allmählich der wöchentliche Markt üblich wurde. Was die Bauern nicht für die eigene Familie und den herrschaftlichen Hof benötigten,

*„Marktwirtschaft"*

brachten sie auf den städtischen Markt, und sie lernten sich nach den jeweiligen Bedürfnissen ihrer städtischen Kundschaft zu richten. Sie begriffen, daß Angebot und Nachfrage den Markt bestimmten. Vom Gewinn, der häufig gering blieb, kauften sie, was sie nicht selbst herstellen konnten, z. B. feines Gewebe, Leder, Schuhe, Töpfe aus Kupfer, in bescheidenem Umfang auch Schmuck aus Gold und Silber.
Der Weg zwischen Hersteller und Verbraucher war kurz: Der Bauer verkaufte seine Erzeugnisse unmittelbar an den Handwerker. Sie trafen sich auf dem Marktplatz. Man tauschte nach Angebot und Nachfrage seine Waren aus, d. h. es gab keine Zwischenhändler für die Güter des täglichen Bedarfs.

**Wer garantiert Ordnung und Frieden?** Auf dem Markt stand in vielen Städten das Marktkreuz; es galt als Zeichen des Friedens. Denn der Marktbereich genoß erhöhten Friedensschutz. Wer etwa durch Streit oder Betrug den Frieden brach, mußte eine besonders hohe Strafe zahlen. Eine öffentliche Waage auf dem Marktplatz überprüfte das Gewicht der mitgeführten Waren, nach dem sich die Gebühren für Stadtzoll und Marktbenutzung richteten.

„Der Stadtrat ist übereingekommen, daß niemand – er sei Bürger oder Gast – in seinem Haus oder seiner Herberge mehr als 25 Pfund wiegen dürfe, es gehöre ihm oder anderen; sondern was darüber wäre – sei es, daß gekauft oder verkauft wird –, das soll man mit der Stadtwaage und mit den städtischen Gewichten und nirgendwo anders gewogen geliefert bekommen und liefern."

(Gesetz der Stadt Frankfurt, um 1440. Übersetzt nach dem bei Armin Wolf (Hrsg.), Die Gesetze der Stadt Frankfurt am Main im Mittelalter, Verlag Waldemar Kramer, Ffm. 1969, S. 330, Nr. 237 abgedruckten Originaltext.)

*Marktordnung*

Der Herzog von Niederbayern erließ 1256 für seine Residenzstadt Landshut eine umfangreiche Marktordnung, in der es unter anderem heißt:

*Preisbestimmungen*

2. Wir verordnen, graues Tuch herzustellen, das 5 Spannen in der Länge hat, und die beste Elle soll für 10 Pfennig verkauft werden.

*Links: Abwiegen von Handelsgut auf der Ratswaage von Nürnberg. Steinrelief von Adam Kraft (1497). – Rechts: Das Marktkreuz in Trier, im Hintergrund der Dom.*

3. Die Walker, die ungesetzlich walken, und die Weber, die ungesetzlich weben, werden 60 Pfennig zahlen.
5. Wir verordnen, $2^1/_2$ Pfund Rindfleisch für 1 Pfennig zu verkaufen und ebensoviel Hammelfleisch und 3 Pfund Ziegenfleisch. Die Leute, die es anders machen, werden der Stadt 6 Schilling und dem Richter 60 Pfennig zahlen.
11. Wir verordnen, daß zwei gute Würste, die in der Größe das vorgeschriebene Maß besitzen, für 1 Pfennig verkauft werden, sie dürfen aber nur aus reinem Schweinefleisch gemacht sein. Von einem Mutterschwein dürfen keine hergestellt werden. Zuwiderhandelnde werden 1 Pfund zahlen und ein Jahr lang von ihrem Handwerk ausgeschlossen sein. *Strafen*
12. Wir verordnen, daß aussätziges Fleisch und Fleisch von Mutterschweinen nur 7 Fuß vom Fleischmarkt verkauft werden darf und damit zusammen das Fleisch für die Juden. Die Übertreter werden 5 Pfund zahlen und ein Jahr lang dem Fleischmarkt fernbleiben.
18. Wir verordnen, daß alle Fischer ihre Fische öffentlich ausschütten und sie nicht am Ufer verbergen. Überschreiter werden 60 Pfennig zahlen.
20. Lotterbuben in jeder Art, fahrende Schüler mit langem Haar halten wir fern. Die Leute, die sie über eine Nacht hinaus beherbergen, verurteilen wir zu 1 Pfund.

(Abgedruckt in: Weltgeschichte im Aufriß. Arbeits- und Quellenbuch, Bd. 2, Diesterweg 7372, [16]1973, S. 73f.)

(11) Verdeutliche, was es heißt, daß Angebot und Nachfrage den Markt bestimmen. Vergleiche in verschiedenen Geschäften die Preise für gleiche Waren.
(12) In der Darstellung über das erste Jahrhundert der Nürnberger Stadtgeschichte wird ein besonderer Grund für die schnelle Aufwärtsentwicklung der Stadt angeführt. Nenne ihn. Vielleicht kennst du andere Beispiele; informiere dich im Lexikon z. B. über Rom, Tours, Reims.

## 13.2. Arbeit, Besitz und Macht in den Städten

**Die Rolle der Kaufleute.** Zwei soziale Gruppen haben die europäischen Städte am meisten geprägt: Kaufleute und Handwerker. Die Kaufleute, die ursprünglich als „Reisende" lebten, machten sich seßhaft, wenn eine städtische Ansiedlung wuchs und der Handel mit Waren, die von weither kamen, lohnte. An Kreuzungen wichtiger Handelswege (Flüsse und Straßen), Flußmündungen und Brücken entstanden auch eigene Kaufmannssiedlungen. Wo sich Kaufleute niederließen, wuchs der örtliche Markt, denn sie konnten auch fremdartige, teure Waren anbieten. Das füllte die Kassen der Stadtherren, denn sie kassierten Gebühren und Zölle. Darum förderten sie die Einbürgerung von Kaufleuten. Welterfahrung, Wagemut und vor allem Geld sicherten den Fernkaufleuten einen großen Einfluß auf die Geschicke der Stadt. Seit dem 11. Jahrhundert schlossen sich Fernhändler zusammen und bildeten Kaufmannsgilden, denen sich bald jeder Kaufmann anschließen mußte. So entstand mit der Kaufmannschaft eine Gruppe von Bürgern, die sich gegenüber den Handwerkern und Bauern abschloß. Von ihren Aufträgen blieben die Handwerker weitgehend abhängig, von der Kaufkraft des Handwerkers lebte wiederum der Bauer im Umland. Der Stadtherr seinerseits engte durch zahlreiche Geldanleihen bei den Kaufleuten oftmals seine eigene Unabhängigkeit ein.

*Organisation der Kaufleute*

**Teilhabe am Stadtregiment.** Es gelang den Kaufleuten nach und nach, die Verwaltung der Stadt in die Hand zu nehmen. Sie erließen Ordnungen für den Markt, für die öffentliche Waage, für Preise und Zoll, ja es gelang ihnen, Befugnisse der Polizei und der niederen Gerichtsbarkeit an sich zu bringen. Das war ein weiter Weg.

*Entstehung des Stadtrats*

„Vom 12. Jahrhundert an . . . nahm der Einfluß des Stadtrates, der ehemaligen Konsuln und Senatoren [Vertreter der Bürgerschaft], die jetzt auch Ratsmannen und später allgemein Ratsherren genannt wurden, zu. Gegenüber dem vom Stadtherrn bestellten Schultheiß gewann der Bürgermeister als gewählter Vertreter des Stadtrates zunehmend an Macht. Schließlich traten die Rechte des Stadtherrn, also die Handels- und Gewerbeaufsicht, die Verleihung des Bürgerrechts und die aus diesen Rechten resultierende Strafgewalt, ganz zurück oder wurden mit Gewalt beseitigt. Auch die Marktgebühren und Verbrauchssteuern wurden schließlich von der Stadt erhoben und behalten.
Nur bei den Gründungsstädten [vgl. oben S. 194] brauchte um die Selbstverwaltung nicht gestritten zu werden. Sowohl die Zähringer als auch die Hohenstaufen und Welfen gaben den Neusiedlern oft sogleich das feierlich verbriefte Recht, ihren Rat selbst zu wählen und als Zeichen dieser Freiheit ein eigenes Rathaus zu bauen. In den meisten Städten aber, vor allem in den westlichen Bischofsstädten, die sich aus den alten Römerstädten entwickelt hatten, mußte die civitas (= die Stadt mit dem Recht zur Selbstverwaltung) hart und lange kämpfen, bis sie zu dem gleichen Ziele kam."

(Franz F. Wurm, Vom Hakenpflug zur Fabrik, Diesterweg 7566, a.a.O., S. 48f.)

*Patrizier*

Bürgermeister, Ratsherr oder Vorsteher der städtischen Ämter konnten vor allem in den bedeutenden Handelsstädten nur Kaufleute werden. Sie nannten sich Patrizier und bildeten einen besonderen Stand, der vom späten Mittelalter an auf einer Stufe mit dem Adel stand, so daß Ehen zwischen Patriziersöhnen und Adelstöchtern keine Seltenheit waren. Patrizier waren die obersten Steuerbeamten des Gemeinwesens, sie standen als Kriegsherren an der Spitze des städtischen Aufgebots und gingen als Gesandte zu den Reichstagen und an die Höfe des Kaisers, fremder Könige und Fürsten. Geschäft und Politik waren eng miteinander verwoben.

(1) Du kannst sagen, warum an Flußmündungen und Kreuzungen von Handelsstraßen bedeutende Städte entstanden sind.
(2) Heute gibt es eine unübersehbare Zahl von Zusammenschlüssen der verschiedensten Berufe und Interessengruppen. Nenne die bekanntesten a) für die Arbeitgeber und b) für die Arbeitnehmer.
(3) Erläutere die Begriffe Schultheiß, Bürgermeister, Ratsherr, Selbstverwaltung.

*Zwei Handwerksbilder aus einer „Biblischen Geschichte der Juden" (italienisch um 1400): Kleidermachen und Anfertigung bestickter Wandbehänge.*

**Die Handwerker: der städtische Mittelstand.** Die zweite große Gruppe innerhalb der Bürgerschaft bildeten die Handwerker. Sie lebten von den Aufträgen der weltlichen und geistlichen Stadtherren, der zahlreichen Klöster, der adligen Grundherren, der Bauern und vor allem der reichen Patrizier.

*Stellung der Handwerker*

„Die Handwerker haben, was sie verkaufen, zuvor . . . aus gekauften Rohstoffen in der eigenen Werkstatt nach den Regeln einer ganz besonderen, nur ihnen anvertrauten Kunst selber hergestellt. Der Handwerker mit seinen Leuten hat mancherorts . . . mehr als die Hälfte der gesamten Einwohnerschaft ausgemacht, in Frankfurt und Heidelberg zuzeiten gar 60–70 v. H. Sein Stand ist der Stand der breiten Masse in den mittelalterlichen Städten, die ja freilich an Menschenzahl noch unmodern klein gewesen sind. Das Handwerk, in dem die selbständigen Meister an Zahl gar nicht oder nicht gar so viel zurückstehen hinter den Gesellen, ist Kernstück und Hauptbestand des gesamten Mittelstandes."

(Max Rumpf, Deutsches Handwerkerleben und der Aufstieg der Stadt, 1955, S. 19; abgedruckt in: Materialien für den Geschichtsunterricht, Das Mittelalter, a.a.O., S. 268 f.)

*Zunftwesen*

**Was wollen die Handwerkerzünfte?** Ähnlich den Kaufleuten schlossen sich auch die Handwerker in Vereinigungen, in Zünften zusammen. Es sollten in erster Linie auf das religiöse und gesellige Leben ausgerichtete Gemeinschaften sein. Neue Aufgaben kamen hinzu: Der Stadtherr übertrug ihnen die Kontrolle über die Qualität der angefertigten Waren und die Höhe der Preise; die Zunftmitglieder sahen darin die Möglichkeit, sich gegen Wettbewerb von außen zu schützen und die handwerklichen Fertigkeiten zu steigern. Die Folge war, daß sich das Handwerk auf dem

Lande und in der Stadt auseinanderentwickelte. Eine der ältesten Zunfturkunden ist diejenige der Kölner Decklakenweber aus dem Jahre 1149:

„Es haben Reinzo, Wilderich, Everold und die übrigen Gewerksgenossen in frommer Hoffnung auf ein ewiges Leben eine Bruderschaft der Decklakenweber für Gegenwart und Zukunft gebildet und haben diese Bruderschaft im Bürgerhaus Unter den Juden sich vom Untervogt Ricolf, vom Grafen Hermann, von den Schöffen und Vornehmen der ganzen Gemeinde unter dem Beifall allen Volkes bestätigen lassen. Danach sollen alle Decklakenweber innerhalb der Mauern, einheimische oder fremde, der Ordnung dieser Bruderschaft freiwillig unterworfen sein. Wer aber dem sich widersetzen und ohne Zwang nicht fügen wollte, der soll mit der Strenge des Gerichts gezügelt und unter Verlust seines Vermögens zu Unterwerfung und Gehorsam dennoch gezwungen werden."

(Abgedruckt in: Materialien für den Geschichtsunterricht, Das Mittelalter, a.a.O., S. 272 nach der Übersetzung bei Rumpf a.a.O., S. 83)

*Aufgaben und Bedeutung der Zünfte*

In der Zunft fanden sich Handwerker eines Berufes zusammen, z. B. in der Bäcker-, Metzger-, Leineweber-, Goldschmiede- oder Gerberzunft. Sie wohnten jeweils in bestimmten Straßen und Gassen, wo auch das Zunfthaus stand, das vom wachsenden Wohlstand der Handwerker zeugte. Hier fanden frohe Feste, aber auch harte Debatten über Preise oder Löhne für die Gesellen statt, über den gemeinsamen Einkauf von Rohstoffen, über das Verbot, auf Vorrat zu arbeiten, große Warenlager anzulegen und auf die Dauer die Preise zu drücken. Man sprach auch über das Wohl und Wehe der Stadt, über die Verpflichtung der Zünfte, den zugewiesenen Teil der Stadtmauer zu unterhalten und im Kriegsfall zu verteidigen. Nur Meister konnten Mitglied der Zünfte sein. Um sich keine unliebsamen Konkurrenten zu schaffen, wurde die Zahl der Zunftmitglieder bewußt kleingehalten.

*Ausbildung und Aufstiegsmöglichkeiten*

**Vom Lehrbub zum Meister.** Die Zünfte regelten auch die Ausbildung der Lehrlinge und die Dauer der Lehrzeit, die meist vier Jahre währte. Der Lehrling wohnte – wie der Geselle auch – in der Familie des Meisters. Ein sauber angefertigtes Gesellenstück, zur Prüfung vorgelegt, beendete die Lehrzeit. Vor der versammelten Zunft seines Gewerbes sprach der Zunftmeister ihn „frei". Dann ging der frischgebackene Geselle auf die Wanderschaft; meist blieb er mehrere Jahre aus und kam in dieser Zeit nicht selten in fremde Länder, um auch dort seine Handwerkskünste zu verbessern. Ziel eines jeden Gesellen war es, auch eines Tages Meister zu werden. Weil die Zünfte aber nur eine beschränkte Zahl von Meistern zu Mitgliedern machten, ging der Weg oft nur über die Heirat einer „ehrlichen" Meisterstochter, deren Vater dann die Wege ebnen half.

*Handwerksmeisterinnen*

Auch Frauen konnten Handwerksmeisterinnen werden, meist als Schneiderinnen oder Weberinnen. In manchen Zünften durften sie nach dem Tode ihres Mannes auch den Meisterbetrieb fortführen. Auch hier bot sich für manchen Gesellen die Möglichkeit, in einen Meisterbetrieb einzuheiraten und selbst Meister zu werden.

(4) Die Handwerker machten im Mittelalter mehr als die Hälfte der Stadtbevölkerung aus. Orientiere dich über die Zusammensetzung der Bevölkerung in deiner Stadt bzw. Gemeinde.
(5) Die Zünfte wollten wenig oder gar keine Konkurrenz dulden. Diskutiert Vorteile und Nachteile dieser Einstellung.
(6) Wir vergleichen den Ausbildungsgang eines Handwerkers im Mittelalter und heute.
(7) Kann heute die Frau den Meisterbetrieb ihres verstorbenen Mannes weiterführen? Wenn ja, mit welchen Einschränkungen?

**Neue Handwerkszweige.** Mit den Städten hat sich das Handwerk entwickelt. Neben dem Bauhandwerk gewannen Textil- und Metallgewerbe die größte Bedeutung. Ihre Erzeugnisse wurden im Laufe des Mittelalters immer feiner und vielfältiger. Aus dem Orient übernahmen die Weber den Horizontalwebstuhl, der mit Pedalen bedient

*Grundriß eines mittelalterlichen Handwerkerhauses in Freiburg i. Br.*

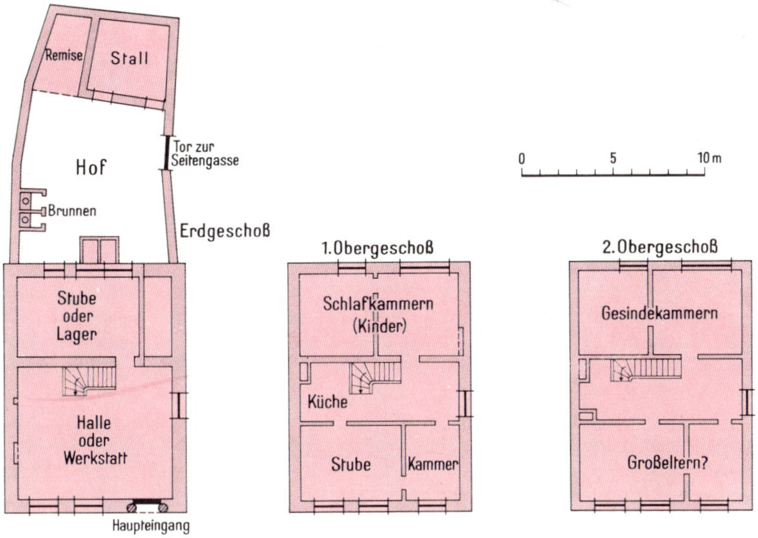


*Technischer Fortschritt*

wird. Mit dem Spinnrad, das erstmals 1298 erwähnt ist, konnte man die Schafwolle rascher zu Fäden verarbeiten. Die Färber lernten, den Stoffen mit immer kostbareren Farben Glanz zu verleihen. Sorgfältig wurde das Herstellungsrezept bewahrt. Die Messing-, Bronze- und Zinngießer stellten Tafelgeschirr für den Haushalt von Adel, Klerus und vornehmen Bürgern her; Gold- und Silberschmiede fertigten Schmuck für geistliche und weltliche Kunden. So entstand ein hochentwickeltes Kunstgewerbe. Die Messer- und Waffenschmiede fanden mit ihren Produkten immer größeren Absatz. Jeder Ritter brauchte sein eigenes Panzerhemd, seinen Helm mit Visier und zahlreiche Waffen. Mit der Erfindung des Schießpulvers (vor 1300) kamen „Feuerbüchsen" und schwere Kanonen auf und mit ihnen weitere Handwerksberufe. In den großen Städten konnten sich die Handwerker immer mehr spezialisieren. Ein Nürnberger Handwerkerverzeichnis von 1363 zählt 1217 Meister in 50 verschiedenen Berufsgruppen auf, darunter:

*Spezialisierung*

| | | | |
|---|---|---|---|
| Schuhmacher | Färber | Schlosser | Kannengießer |
| Schneider | Messingschmiede | Glaser | Kesselschmiede |
| Bäcker | Zinngießer | Nadler | Klingenschmiede |
| Fleischer | Spengler | Drahtschmiede | Pfannenschmiede |
| Kürschner | Mäntelmacher | Hufschmiede | Panzerhemdenmacher |
| Weißgerber | Tuchmacher | Goldschmiede | Steinmetzen |

(Aus: Nürnberger Handwerkerverzeichnis von 1363. In: Chroniken der deutschen Städte, Bd. 2, 1864, S. 507 f.)

Der wachsende Bedarf und die zunehmende Spezialisierung haben den Aufstieg des Handwerks gefördert. Später schlossen die Zünfte sich allerdings ab und sperrten sich gegen weitere Neuerungen. So kam es zu einem Stillstand bis in die Zeit der Entstehung von Fabrik und Maschine.

**Wer hat die großen Dome erbaut?** Die größten Anstrengungen verwandten die Menschen im Mittelalter auf den Bau ihrer Kirchen. Auf die wuchtigen Dome des romanischen Baustils folgten seit etwa 1200 die hohen gotischen Kathedralen. Mit größter Genauigkeit sind ihre spitzen Bogen und hohen Gewölbe, die Pfeiler, Türme und Fenster berechnet und konstruiert. Das Leben „auf dem Bau" schildert die folgende Darstellung:

*Eine Baustelle*

„Der Platz für die Kathedrale glich einer gewaltigen Baustelle mit einem Gewirr von Kränen, Handwinden, Treträdern und anderen Hebewerkzeugen und unzähligen Karrenladungen von Steinen, aus dem nächsten Steinbruch in endloser Prozession herbeigeschafft. Die Arbeit am Bau war einer Gruppe von Handwerkern übertragen, die miteinander arbeiteten – Maurer, Zimmerer, Steinmetzen, Bildhauer, Bronzegießer und Glasmacher. Manche Gruppen blieben jahrelang zusammen und zogen auch wohl gemeinsam zu einem neuen Kathedralenbauprojekt, wenn das alte beendet war. Gewöhnlich standen einer solchen Bauhütte zwei Männer vor, ein Architekt, der alle Arbeiten überwachte, und ein Bauleiter, der Arbeit und Material einteilte. Entlaufene Leibeigene und Bauern bildeten das Heer der einfachen Arbeiter – derjenigen Männer, die Steine brachen, Holz transportierten, Fundamente aushoben und Schieferplatten für das Dach oder andere Materialien in Körben auf dem Rücken trugen . . . Die Anforderungen des Kathedralenbaues spornten alle Schichten des Handwerks an. Nie wieder wurden die juwelengleichen Farben der Glasfenster erreicht, die ihr funkelndes Licht auf den grauen Stein des Kircheninnern warfen. Die schweren Kirchendächer konstruierte man so, daß ein einzelnes defektes Stück für sich ausgewechselt werden konnte. Um von Dächern und Mauern das Regenwasser abzuleiten, setzte man Wasserspeier an die Gesimse, und nicht zufrieden damit, sie nur nützlich zu gestalten, verwandelten die Steinmetzen sie in phantastische Vögel oder steinerne Tiere, die das Wasser in sicherer Entfernung von der Kirche hinunterspien. Die Schmiede ersannen härtere Stahlwerkzeuge zum Zuschneiden der Steine, Eisenbänder zum Heben schwerer Gewichte und Eisenketten zur Verklammerung des Mauerwerks im Innern. Zimmerleute ersannen Rampen, um Wagenladungen mit Material auch auf steile Hänge heraufzufahren, und sie erfanden so erstaunliche Dinge wie die Schubkarre, mit der ein Mann die Arbeit von zweien verrichten konnte."

*Technische Erfindungen*

(Aus: A. Fremantle, Kaiser, Ritter und Scholaren. Hohes und spätes Mittelalter. Rowohlt, Life 34, Hamburg 1973, S. 136f.)

**Zunftmeister gegen Patrizier.** Es gab mehr Handwerker als Kaufleute, und ihr Anteil am Steueraufkommen der Stadt war nicht gering; sie festigten den guten Ruf der heimatlichen Erzeugnisse auf den großen Weltmärkten wie Venedig, Genua, Brügge, Gent, Lübeck oder London. Dennoch erhielten sie lange keine Möglichkeiten, die Geschicke der Stadt entscheidend mitzubestimmen. Denn wer nicht mit „Elle und Waage" arbeitete, gehörte nicht zur städtischen Oberschicht. Im 13. und 14. Jahrhundert begannen die Zünfte dagegen aufzubegehren: in Köln, Frankfurt, Zürich, Ulm, Augsburg.

Am Sonntagabend, dem 22. Oktober 1368, versammelten sich die Zünfte unter der Leitung des Hans Weiß, Kellermeister der Weberzunft, wohlbewaffnet am Perlachturm. Sie schlossen alle Stadttore und besetzten alle Straßen und Plätze der Stadt. Den Stadtpflegern ließen sie sagen, die Gemeinde solle in Ruhe den Zusammentritt des Rates am folgenden Morgen abwarten.

*Die Buchmalerei von Jean Fouquet (um 1420–1480) zeigt eine biblische Szene: den Bau von Salomons Tempel. Tatsächlich aber ist der Bau eines gotischen Doms dargestellt. Ein Teil des „Tempels" ist vergoldet. Nur oben und rechts außen ist noch Naturstein sichtbar.*

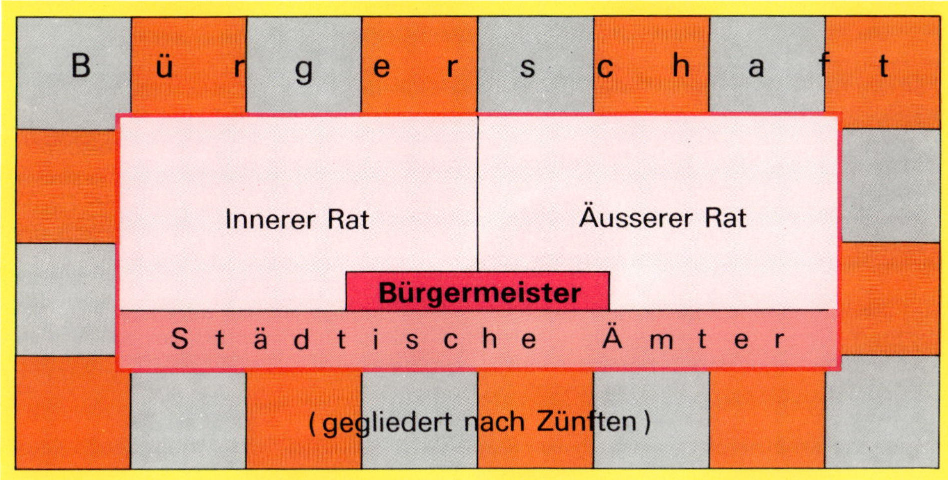


*Mittelalterliches Stadtregiment.*

*„Zunftrevolution"*

Sturmglocken riefen in der Frühe des 23. Oktober die Ratsherren zu einer außerordentlichen Ratssitzung zusammen. Schweigend eilten die Ratsherren durch das Spalier der bewaffneten Handwerker dem Rathaus zu. Nachdem der Große und der Kleine Rat versammelt waren, besetzten Wachen der Zünfte die Rathauspforten und schlossen so die Falle.
Sechs ehrenwerte Meister traten vor den Rat, und Hans Weiß forderte in schlichten Worten die Teilnahme der Zünfte an der städtischen Regierung. Nach stundenlangen Debatten gaben die Ratsherren schließlich nach. Der auf dem Perlachplatz harrenden Menge verkündete man die alsbaldige Einführung der Zunftverfassung. Der Rat übergab als Unterpfand seines Wortes die Hoheitszeichen der Stadtregierung, die Torschlüssel und die Schlüssel zur Sturmglocke und zum Ratsarchiv, die Stadtsiegel und das Stadtrechtsbuch. Dann schworen „reich und arm", Patrizier und Handwerker, eine „zünftliche Regierung" einzuführen.
Zwei „Zunftbriefe" regelten die neue Stadtverfassung: Neben 15 Patriziern saßen 29 Zünftler im Kleinen Rat; beide Gruppen stellten je einen Bürgermeister.

(Nach der Augsburger Stadtchronik von 1368 und dem Ehrenbuch der Zunftregierung von 1545)

*Gleichberechtigung von Patriziern und Zünften*

Die Zunftkämpfe endeten wie in Augsburg fast immer mit einem Vergleich: Die Hälfte oder mehr Handwerker saßen neben den Patriziern auf den Bänken des inneren Rates, dem wichtigsten Gremium der städtischen Selbstverwaltung, aus dem meist auch die Bürgermeister hervorgingen. Der äußere Rat nahm demgegenüber nur untergeordnete Aufgaben wahr und besaß auch keine Entscheidungsbefugnisse. Allerdings betrachteten sich nicht alle Zünfte untereinander als ratsfähig. Auch hier hatten Machtkämpfe dazu geführt, daß nur die angeseheneren Zünfte im Rat vertreten waren.

(8) Besorgt Wahlrecht und Wahlordnung, nach denen heute euer Stadt- oder Gemeinderat gewählt wird.
(9) Aus welchen Schichten und Berufen kommen die Mitglieder des Stadt- bzw. Gemeinderates deines Ortes?
(10) Wird der Bürgermeister unmittelbar von der Bevölkerung oder durch den Stadt- (Gemeinde-) Rat gewählt? Welche Rechte und Pflichten hat er?

*Städtische Einnahmen*

**Die Finanzen.** Für den Einzug der Steuern und Zölle und die Kontrolle der städtischen Aufgaben gab es verschiedene Ämter, an ihrer Spitze den Bürgermeister. In vielen Städten übten die Ratsherren selbst diese Ämter aus; sie kontrollierten sich im städtischen Rat also selbst. Die wichtigste Einnahmequelle der städtischen Selbstverwaltung waren Steuern, die die Bürger von ihrem Besitz oder Gewinn, aber auch in Form von Luxus- und Verbrauchssteuern abführen mußten. Daneben brachte der Zoll wertvolle Einnahmen. Ausgaben entstanden der Stadt für den Mauerbau, den Bau von Straßen und öffentlichen Gebäuden – Rathaus, Kirchen und Schule –, für die Polizei (Markt-, Bau-, Feuer- und Sanitätspolizei) und das städtische Personal.

*Stapelzwang*

Beträchtliche Vorteile boten sich einer Stadt durch das Stapelrecht, das die durchziehenden Kaufleute zwang, ihre Waren einige Tage lang feilzubieten. Die Bürger der Städte, die dieses Recht zum Stapelzwang hatten, konnten sich reichlich und billig mit Lebensmitteln, Rohstoffen und Fertigwaren von aller Art versorgen.

(11) Jährlich stellen die Städte bzw. Gemeinden Haushaltspläne auf. Aus der Zeitung oder von der Stadt-/Gemeindeverwaltung könnt ihr erfahren, welche Einnahmen der Stadt zufließen und welche Ausgaben sie davon bestreiten muß und welche sie freiwillig leistet.
(12) Erkläre: Steuer – Zoll – Stapelzwang.

**Die sozialen Einrichtungen.** In den Städten wohnten nicht nur wohlhabende Kaufleute und Handwerker, von denen bisher die Rede war. Auch damals lebten dort Arme, Schwache, Gebrechliche und Kranke. Mit den Kirchen und Klöstern teilten sich die Städte die Aufgabe, auch für diese Menschen zu sorgen. Auch reiche Familien halfen durch großzügige Stiftungen. So entstanden Spitäler für Kranke, Siechenhäuser für Gebrechliche und Alte. Außerhalb der Stadtmauer standen die Leprosenhäuser für Aussätzige, die sich nur mit einer Glocke oder Holzrassel in der Hand den bürgerlichen Wohnungen nähern durften.

*Spitäler*

*Armut und Not*

„Unsere heutige Einstellung zu Armut und Not ist grundverschieden von [der damaligen] . . ., weil wir die Armut nicht mehr als unvermeidlichen Teil der Weltordnung hinnehmen. Eine Wohlstandsgesellschaft kann es sich als Ziel setzen, die Armut abzuschaffen. In einer unterentwickelten oder noch in der Entwicklung begriffenen Gesellschaft, wie der des westlichen Abendlandes im Mittelalter, war „Vollbeschäftigung" unmöglich . . . Viele Leute besaßen ein Stück Landes, das sie bebauen konnten. Für sie bedeutete Armut einen niedrigen Lebensstandard, in einem schlechten Jahr noch Schlimmeres. Viel größer war aber die Zahl derer, die kein Land besaßen, und für sie konnte die Armut zu einem unzertrennlichen Gefährten werden. Doch war für einen gewissen Ausgleich gesorgt: Es wurde als selbstverständlich vorausgesetzt, daß man sich in Zeiten der Not gegenseitig half, und die Kirche wies die Reichen fortgesetzt auf ihre Verpflichtung hin, den Armen gegenüber großzügig mit Almosen zu sein. Unter diesen Umständen ist es verständlich, daß die Armut als etwas Unvermeidliches hingenommen wurde.

(Christopher Brooke, Der Aufbau der mittelalterlichen Gesellschaft, in: Blüte des Mittelalters, Verlag Droemer Knaur, München 1966, S. 31)

(13) Erkundige dich, seit wann es in eurer Stadt ein Krankenhaus, ein Altersheim gibt.
(14) Wie beugen wir heute gegen Not im Falle von Krankheit, Arbeitsunfähigkeit und Alter vor?
(15) Sprich einmal mit Gastarbeitern, wie man in ihrem Heimatland gegen soziale Nöte vorbeugt.

## 13.3. Fernhandel, Banken und Monopole

**Internationaler Verkehr.** Der Handel machte auch schon im Mittelalter an den Landesgrenzen nicht Halt.

„Mit den Kreuzzügen [vgl. S. 183] war das Mittelmeer zur großen europäischen Handelsstraße geworden. Durch die Eroberung von Byzanz im Jahre 1204 ging der Welthandel auf Venedig und andere Städte Italiens über. Etwa zur selben Zeit schoben sich Nord- und Ostsee in den Vordergrund. Die deutsche Ostkolonisation [vgl. S. 229ff.] schuf die Grundlagen für den im 13. Jahrhundert allmählich enstehenden Hansabund, der diesen Handelsweg beherrschte, der Rußland, Polen und Skandinavien mit England, Flandern und Brabant verband. Diese beiden großen Wirtschaftsgebiete [Mittelmeerraum und Nord-Ostseegebiet] sind bis zur Entdeckung Amerikas und des Seeweges nach Ostindien die Zentren des europäischen Handels gewesen. Sie berührten sich

*Mittelalterliche Handelsstraßen und Handelsgüter.*

auf dem Seewege in Flandern und wurden durch die quer durch Europa führenden großen Land- und Wasserstraßen miteinander verbunden."

(Ludwig Veit, Handel und Wandel mit aller Welt. Aus Nürnbergs großer Zeit. Prestel Verlag, München 1960, S. 5)

*Fernhandelsstraßen*

Die großen Handelsstraßen gingen im Süden von Venedig aus: über Wien, Brünn, Krakau nach Kiew, über Bozen, Brennerpaß, Augsburg, Nürnberg nach Leipzig, über Mailand, Lyon, Troyes nach Paris. Köln war Schnittpunkt der Straßen von Südfrankreich, Basel, dem Rhein entlang bis Amsterdam und von Krakau über Breslau, Leipzig nach Brügge. Ähnlich wichtige Kreuzungspunkte waren Frankfurt und Nürnberg. Im Eisenacher Rechtsbuch finden wir eine regelrechte Straßenverkehrsordnung, wie man am Ende des 14. Jahrhunderts auf „des Königs Straße" fahren mußte:

*Straßenverkehrsordnung*

„Des Königs Straße oder die Landstraße, die soll so breit und weit sein, daß ein Wagen dem andern weichen könne und die Leute daneben gehen. Der ledige Wagen soll weichen dem beladenen, . . . allein der Wagen voll Leute, dem soll jedermann weichen wegen der Würde oder der menschlichen Natur. Danach soll die trockene Ware weichen der nassen, der berittene Mann soll weichen dem Wagen, die Karre soll auch weichen dem Wagen."

(Eisenacher Rechtsbuch, bearbeitet von Peter Rondi, Weimar 1950, S. 189; abgedruckt in: Historisch-politisches Quellenbuch, Bd. 1, a.a.O., Nr. 236)

*Zölle*

Zahlreiche Straßen stammten noch aus der Römerzeit. Der Straßenzustand war oft jämmerlich, obwohl sich die Landesherren oder Städte bemühten, die Zugangs- und Durchgangsstraßen in Ordnung zu halten, damit der Handelsverkehr nicht auf andere Verkehrsadern auswich. Dafür durften sie dann Straßen-, Ein- und Ausfuhrzölle erheben.

*Schiffsverkehr*

Den Zöllen entgingen die Fernhändler auch auf den seit alters schiffbaren Flüssen nicht. Allein zwischen Bamberg und Frankfurt passierte ein Mainboot 25 Zollstätten. Dennoch blieben die europäischen Flüsse – Garonne, Loire, Rhône, Saône, Seine, Somme, Oise, Schelde, Maas, Rhein, Main, Weser, Elbe, Weichsel – für den Handel von überragender Bedeutung. Von Lübeck nach Danzig brauchte man auf dem Landweg 14 Tage, mit dem Schiff dagegen nur 4 Tage.
Was für die Flußschiffe galt, traf in noch höherem Maße für die Seeschiffe zu: Die Fahrtzeiten verkürzten sich ganz beträchtlich, und gleichzeitig konnte ein einziges Schiff bis zu Hunderten von Wagenladungen aufnehmen.

„Im späten Mittelalter waren Schiffe von mehreren hundert Registertonnen nicht selten. Seit die Verwendung des Kompasses allgemein üblich geworden war, wagte man auch den Schritt von der Küstenschiffahrt zur Überseeschiffahrt. Vom frühen 14. Jahrhundert an segelten italienische Schiffe, die früher kaum je das Mittelmeerbecken verlassen hatten, regelmäßig nach Nordeuropa, wobei sie Brügge, London, Southampton und andere Häfen anliefen."

(Donald King, Kaufleute und Geldwirtschaft, in: Blüte des Mittelalters, Droemer Knaur, München 1966, S. 271)

(1) Verfolge auf der Karte die Handelswege zu Lande, auf den Flüssen und Meeren. Nenne bekannte Städte, die an ihnen liegen.
(2) Die mittelalterliche Verkehrsordnung erinnert an heutige Verkehrsregelungen im Hochgebirge. Erkundige dich bei Autofahrern, Fahrlehrern, Autoclubs.
(3) Schlage im Lexikon nach: Bruttoregistertonne.

**Wie sah das Warenangebot aus?** Da nicht alle Dinge, die ein Mensch braucht oder die sich Menschen wünschen, überall vorkommen bzw. leicht herzustellen sind, werden sie gehandelt, d.h. von Kaufleuten besorgt. Wie schon im Altertum (vgl. S. 52ff., 89f.) beschaffte auch im Mittelalter ein internationaler Handel die gewünschten Rohstoffe und Waren aus aller Welt:

*Luxuswaren*

„Güter des Fernhandels . . . waren in erster Linie Luxusgüter. Zum Beispiel war Köln der Umschlagplatz insbesondere nach England für glasiertes Steinzeug, das in Aachen, Siegburg, Frechen und im Westerwald hergestellt wurde. Frankfurt war der Hauptabsatzmarkt des mittelrheinischen Wolltuches, des sogenannten Frankfurter Tuches; außerdem war die Rhein-Main-Metropole führend am Weinhandel beteiligt. Besonders begehrt waren orientalische Seide und vor allem Gewürze wie Safran, Pfeffer, Ingwer, Nelken und Muskat. Neben derartigen Luxusgütern wurden aber in immer steigendem Ausmaß auch Massenkonsumgüter zur Versorgung der Städte gehandelt wie Holz, Holzkohle, Textilien aller Art, Fische, Bier, Salz, Leder, Wolle und Leinen. Ferner wurden in allen Städten Metall und Metallwaren gekauft und verkauft. . . Vor allem gewannen die Getreideeinfuhren aus den landwirtschaftlichen Überschußgebieten Ostdeutschlands, Polens und des Baltikums eine immer größere Bedeutung. Unverändert bezog Mitteleuropa aus den Gebieten östlich der Oder Wachs, Honig, Pech und Pelze . . . Ferner wurde finnisches Eisen- und Kupfererz . . . nach Westen verschifft.

*Massenkonsumgüter*

Demgegenüber waren die wichtigsten Handelsgüter, die die deutschen Seeschiffe auf ihren Frachtschiffen nach Osten brachten, das französische Meersalz . . . und das Salz der Lüneburger

*Die Stadt Köln 1531 mit dem noch unvollendeten Dom.*

Salinen, aber auch holländisch-flandrische Tuche und andere Erzeugnisse der gewerblichen Produktion. Vor allem das mitteleuropäische Salz war für den Osten lebenswichtig; es war damals nicht nur Genuß-, sondern auch das wichtigste Konservierungsmittel für die herbstlichen Schlachtungen. Aus dem Norden wurden vor allem getrocknete Fische, nämlich Stock- und Klippfische, sowie Salzheringe bezogen." *Salzhandel*

(Franz F. Wurm, Vom Hakenpflug zur Fabrik, a.a.O., S. 65)

(4) Der internationale Handel besorgt Dinge aus aller Welt: Erkläre, was im Mittelalter „Welt" bedeutete.
(5) In der freien Marktwirtschaft richtet sich der Markt nach Angebot und Nachfrage, in der Planwirtschaft dagegen bestimmt der Staat, was produziert wird. Diskutiert Vor- und Nachteile.
(6) Die Bedürfnisse der Verbraucher sind nicht immer „echt", sie können auch gesteuert werden. Nennt Beispiele. Besprecht die Rolle der Werbung.

**Harte Konkurrenz.** In hartem wirtschaftlichen Wettstreit teilten sich Italiener, Deutsche, Franzosen und Holländer das europäische Wirtschaftsgebiet zwischen Afrika und Skandinavien, Rußland und Frankreich. Die Italiener beherrschten mit ihren venezianischen und genuesischen Seeflotten das Mittelmeer und das Schwarze Meer. *Mittelmeerhandel* Als Konkurrenten ließen sie bestenfalls die Franzosen gelten. So schlossen Genua und Marseille, die wichtigste Hafenstadt Frankreichs am Mittelmeer, 1211 einen Vertrag, durch den sie die Deutschen von der Mittelmeerfahrt ausschlossen. Im Binnenland entwickelten sich vor allem Mailand, Florenz und Bologna zu wichtigen Handels- und Gewerbestädten.
Von jenseits der Alpen kamen die Fernhändler – Deutsche, Franzosen und Holländer – und kauften in Venedig und Genua die Ware auf, die italienische Seeschiffe aus den

islamischen Ländern um das Mittelmeer, aus Griechenland und den Schwarzmeergebieten herangebracht hatten. 1228 wird erstmals der Fondaco dei Tedeschi in Venedig, ein Kauf- und Wohnhaus der Deutschen, genannt; dort lagerten sie ihre Ware vor dem Weitertransport ein. Um sich auf den langen, mühseligen und oft auch gefährlichen Wegen gegenseitig zu schützen, zogen die Fernhändler meist in langen Trecks. Aus solchen gemeinsamen Geschäftsfahrten entstanden die ersten Handelsgesellschaften.

*Handelsgesellschaften*

Die älteste Handelsgesellschaft wurde Ende des 14. Jahrhunderts in Ravensburg gegründet. Aber auch in anderen süddeutschen Städten wie Augsburg und Nürnberg finden wir solche Gesellschaften, in denen sich oft mehr als hundert Handelsherren zusammenschlossen. Neben solchen Gesellschaften behaupteten sich aber auch Unternehmerfamilien wie die Tucher (Nürnberg), Welser und Fugger (Augsburg), die Welthandel trieben und außerdem teilweise als Finanziers von Kaisern und Königen die Weltpolitik beeinflußten.

**Wie die Monopole entstanden.** Die Zoll-Listen vieler Städte zeigen, daß deutsche Handelsherren und -häuser in zunehmendem Maße die ausländische Konkurrenz von den deutschen Märkten verdrängten. Vielleicht als Gegenwehr gegen die Seefahrt der Italiener auf dem Mittelmeer nahmen deutsche Fernhändler für sich das Recht in Anspruch, den Handel zu Lande von Süd nach Nord und von Ost nach West quer durch Deutschland zu betreiben. Sie hinderten auch Engländer, Dänen und Norweger daran, etwa rheinaufwärts ihre Waren selbst zu handeln.

*Ausschaltung der Konkurrenz*

*Zollabkommen*

Der deutsche Monopolanspruch konnte dadurch verwirklicht werden, daß man die Zölle für die „Ausländer" wesentlich höher ansetzte als für die einheimischen Handelspartner. Um sich aber auf fremden Märkten oder beim Durchgangsverkehr durch fremde Städte nicht selbst zu schaden, schlossen zahlreiche Städte Zollabkommen untereinander. So führt ein Nürnberger Zollprivileg von 1332 rund 70 Städte auf, in denen Nürnberger Kaufleute keinen Zoll zahlten. Sie liegen an Handelsstraßen entlang dem Rhein, in Flandern, in der Schweiz, nach Südfrankreich, nach Böhmen und an der Donau. Eine derartige Zollpolitik ermöglichte auch Absprachen darüber, welche Städte sich beispielsweise mehr dem Woll-, dem Wein-, Holz- oder Fischhandel widmeten.

Städte und Stadtherren gingen nicht selten einen Schritt weiter; sie gewährten nicht nur wirtschaftliche Vorteile, sondern garantierten auch den persönlichen Schutz. So heißt es in einer Urkunde des Großfürsten von Smolensk für die Stadt Riga (Mitte 14. Jahrhundert):

*Gegenseitiger Rechtsschutz*

„Die Deutschen mögen reisen zum Hause der heiligen Gottesmutter [Dom von Riga] und zu mir, der ich sie hüten soll wie meine Smolensker, und die meinigen mögen fahren nach Riga, wo der [Deutschordens-]Meister und die Ratmannen über meine Smolensker wachen werden wie über ihre Deutschen."

(Hansisches Urkundenbuch, Band II, S. 279. Abgedruckt in: Historisch-politisches Quellenbuch, Bd. 1, a.a.O., Nr. 230)

(7) Verfolge im Geschichtsatlas (oder: auf Karte S. 207) die Routen der Handelsschiffe, die von Marseille, Genua, Neapel und Venedig ausfuhren.
(8) Diskutiert die Behauptung, daß man durch Zölle Wirtschaftspolitik betreiben kann. Nennt Beispiele, die ihr aus der Zeitung entnehmen könnt.

**Märkte und Messen.** Je höher die Ansprüche der Verbraucher stiegen, desto wichtiger wurden die Märkte.

„Die bäuerliche Einwohnerschaft deckte den größten Teil ihres Bedarfs an Lebensmitteln, Textilien und so fort selbst. Ebenso konnten die Bewohner von Kleinstädten mühelos einen Teil ihres

Lebensmittelbedarfs selbst erzeugen. Daneben waren die Bedürfnisse des mittelalterlichen Durchschnittshaushalts gering: Kleider, Möbel und andere Gegenstände des täglichen Gebrauchs erstand man verhältnismäßig selten... Der Markttag, einmal wöchentlich abgehalten, genügte in den meisten Fällen durchaus. Größere Städte hatten wohl häufiger Markttag, dazu meist auch Läden...
Der Fernhandel bedurfte eines größeren Rahmens: die halbjährlich oder jährlich in bestimmten Städten stattfindenden Messen, die jeweils mehrere Wochen dauerten. Auch das Recht, Messen abzuhalten, wurde durch königliches Privileg [wie bei den Märkten] verliehen."

*Wochenmarkt*

(Donald King, Kaufleute und Geldwirtschaft, a.a.O., S. 270)

Das Zusammentreffen von Kaufleuten aus nah und fern, aus dem In- und Ausland, machte eigene Handelsordnungen und -gesetze erforderlich; die Messepolizei überwachte sie. Die Messebeamten überprüften auch die Qualität der Waren, der Maße und Gewichte. Es gab schon Qualitätssiegel.

„Ein Messegericht aus zwei Beamten überwacht die Anwendung des Messerechts. Sie haben Schreiber zur Verfügung, die sich mit dem Aufsetzen und Registrieren von Verträgen und ihrer Beurkundung befassen. Die Messepolizei besteht aus einem kleinen Heer von Sergeanten... Da sich viele Schuldsachen von einer Messe zur nächsten hinziehen, kommt es häufig vor, daß der Schuldner ausbleibt. In solchen Fällen wenden sich die Messehüter, vom Gläubiger dazu aufgefordert, an die ausländische Rechtsprechung, die im allgemeinen dafür sorgt, daß das Urteil gegen den Schuldner vollzogen wird, denn die Messegesetze werden als den Landesgesetzen übergeordnet erachtet."

*Messerecht*

(Jacques Le Goff, Das Hochmittelalter. Fischers Weltgeschichte, Band 11, 1965, S. 197)

(9) Stellt die bekanntesten Messestädte in Deutschland zusammen. Welche Messen werden dort abgehalten und wer darf dort kaufen?
(10) Wird eine im Inland ausgesprochene Strafe auch heute noch ohne weiteres im Ausland verfolgt? In der Zeitung könnt ihr immer wieder von Auslieferungsbegehren lesen.

**Das Bankwesen entwickelt sich.** Vieles, was im modernen Bankwesen üblich ist, entstand schon im Mittelalter.

„Bis zum 15. Jahrhundert bezahlte man bei Großeinkäufen vor allem mit Silberbarren. Großsilbermünzen und Goldmünzen lösten schließlich im Laufe des 15. Jahrhunderts den Barrenverkehr ab. Die ursprüngliche Gepflogenheit, jede Ware sofort zu bezahlen, konnte jedoch bei steigendem Geldumlauf, Ausweitung der Handelsbeziehungen und Anwachsen der Geschäfte nicht mehr beibehalten werden... Die Abwicklung von Geschäften auf der Basis von später zu begleichenden Rechnungen wurde seit dem Ende des 14. Jahrhunderts die Regel. Man verpflichtete sich, an einem vereinbarten künftigen Termin zu zahlen, dazu wurden vor allem größere kirchliche Feste ausgewählt, namentlich aber die Zeiten der großen Warenmessen, die Fastenmesse und die Herbstmesse. Als Sicherstellung wurden Schuldbriefe abgefaßt, Bürgen gestellt, Pfänder gesetzt. Grundlage dieses Verfahrens ist ein außerordentliches Vertrauen, doch war die Einbringung und die Bezahlung der Schulden dem Kaufmann nicht immer leicht, zumal Bargeldsendungen durch Boten bei der Unsicherheit der Wege ein großes Risiko in sich bargen.
Man gebrauchte deshalb den Überkauf, eine Art Wechselgeschäft. Hatte der Schuldner am Wohnort des Gläubigers Schuldansprüche an andere Kaufleute, so konnte er diese zur Zahlung der eigenen Schuld verpflichten oder seinem Gläubiger den eigenen Anspruch übertragen...
Die Banken haben auch den Geldwechsler weitgehend abgelöst, der seit dem Altertum mit Münzen gehandelt, sie eingeschätzt, vertauscht und vermittelt hat... Sie wurden auch die Vermittler der großen Geldgeschäfte, mit denen der Großhandel seit jeher seinen Gewinn aus dem Warenhandel zu steigern versuchte."

*Kreditwesen*

*Geldwechsel*

(Ludwig Veit, Das liebe Geld – zwei Jahrtausende Geld- und Münzgeschichte. Prestel-Verlag, München 1969, S. 46ff.)

*Kunden vor den Kontenbüchern einer italienischen Bank. Buchmalerei aus Genua (14. Jahrhundert).*

Die Einheit der Münzen und Währungen war im Laufe der Jahrhunderte verlorengegangen. Kaiser und Könige hatten weltlichen und geistlichen Fürsten das sogenannte Münzregal verliehen (vgl. S. 173), ebenso auch vielen Reichsstädten. Das hätte einen internationalen Handel zum Erliegen bringen müssen, weil oft schon nach wenigen Kilometern die Währungsgebiete wechselten. Aber die Fernkaufleute fanden einen Ausweg: Anstelle der unüberschaubaren Zahl von Münzwährungen erkannten sie nur wenige als überregional gültig an und handelten mit ihnen; es war das Handelsgeld. Dazu zählten seit dem 13. Jahrhundert der Florentiner Gulden und der venezianische Dukat, im 14. Jahrhundert der rheinische Goldgulden.

(11) Lies auf S. 146 nach, wie Karl der Große die Münzeinheit im Reiche herstellte.
(12) Wir bezahlen im täglichen Leben größere Summen mit Scheck. Wer haftet dem Gläubiger (Verkäufer) dafür?
(13) Berichte, was auf dem Bild oben über Kundschaft und Kontoführung in einer mittelalterlichen Bank zu erkennen ist.
(14) Viele von euch waren schon im Ausland. Soll man sein Geld schon zu Hause oder erst im Ausland umwechseln? Wann kann das eine, wann das andere günstiger sein?

**Die deutsche Hanse.** Im Mittelmeerraum beherrschten italienische Fernkaufleute auf italienischen Schiffen den Handel, in Nord- und Osteuropa erschlossen deutsche Händler neue Märkte und besaßen zu Land und Wasser ein Handelsmonopol. Mit neuartigen Schiffen, die man Koggen nannte – rundbauchigen Segelschiffen mit hoher Bordwand und sicherem Steuerruder –, konnten die Fahrtzeiten verkürzt und die Ladung erhöht werden. Deshalb wurden seit dem 13. Jahrhundert die meisten Waren zur See gehandelt. Die Koggen kreuzten zwischen der flandrisch-niederdeutschen Küste und Dänemark, Norwegen, Schweden, dem Deutschordensland und Rußland. Wie im Mittelmeer, so waren auch hier die Schiffe durch Sturm und Seeräuber gefährdet, und die Kaufleute fanden auf fremden Märkten manche Schwierigkeit, die sie allein nicht bewältigt hätten.

*Koggen*

*Kaufmannsgenossenschaften*

Darum schlossen sich die Kaufleute zusammen und gründeten Genossenschaften, auch Hansen genannt. Der Zweck war, sich gegenseitig beizustehen, auf fremden Märkten gemeinsam Münzen, Gewichte und Maße festzulegen, gemeinsam die Handelsware anzubieten. Was in der Heimat selten gelang, geschah in der Fremde: Man überwand die Konkurrenzangst und handelte nicht gegeneinander, sondern im guten Einvernehmen, indem man z. B. seine Ware auf der gleichen Kogge verlud. So sparte man Geld und Leute und teilte das Risiko mit Geschäftspartnern.

*Städtebund*

**Handelsstädte verbünden sich.** Auch in der Heimat stieg der Einfluß der Kaufleute, so daß sich aufgrund der gemeinsamen Handelsinteressen ein Zusammenschluß der Städte anbahnte. Aus den Hansen der Kaufleute entwickelten sich die Hanse der Städte. Die Mitgliedschaft brachte große wirtschaftliche Vorteile, denn man räumte sich gegenseitig Sonderrechte hinsichtlich der Zölle, des Stapels, der Märkte, des Gewichts, der Waage und Münzen ein. Man betrieb eine vorausschauende Wirtschaftspolitik und regelte Warenausfuhr und Wareneinfuhr. Die Hanse war bald so stark geworden, daß sie sowohl den deutschen Landesherren wie dem Ausland gegenüber eine bedeutende Macht darstellte. Sie schloß Handelsverträge und entschied über Krieg und Frieden, z. B. als der Bund der Hansestädte unter der Führung Lübecks einen Krieg gegen den Dänenkönig führte.

*Bedeutung der Hanse*
um 1400

**Hansetage.** Etwa 100 Städte hatten sich um 1400 in der Hanse zusammengeschlossen. Lübeck hatte den Vorsitz; daneben spielte Köln eine bedeutende Rolle. In unregelmäßigen Abständen versammelten sich die Mitglieder, um wichtige Angelegenheiten zu besprechen und gemeinsame Beschlüsse zu fassen. Wer solche Beschlüsse nicht einhielt, mußte mit wirtschaftlichen Nachteilen und Strafen rechnen. Der Ausschluß aus dem Hansebund („verhansen") bedeutete für viele Städte den wirtschaftlichen Niedergang.

„Lübeck ein Kaufhaus, / Köln ein Weinhaus, / Braunschweig ein Honighaus, / Danzig ein Kornhaus, / Magdeburg ein Backhaus, / Rostock ein Malzhaus, / Lüneburg ein Salzhaus, / Stettin ein Fischhaus, / Halberstadt ein Frauenhaus, / Riga ein Hanf- und Butterhaus, / Reval ein Flachs- und Wachshaus, / Krakau ein Kupferhaus, / Wisby ein Pech- und Teerhaus."

(Althansischer Spruch. Zit. nach E. Hering, Die Deutsche Hanse, 1942; abgedruckt in: Materialien für den Geschichtsunterricht, Das Mittelalter, a.a.O., S. 292)

**Handelskontore im Ausland.** Deutsche Kaufleute besaßen an einigen wichtigen Handelsplätzen des Auslands das Recht zur Anlage von Lager-, Stapel- und Verkaufshallen. In London stand der Stalhof, in Bergen die Deutsche Brücke, in Nowgorod der Petershof. In diesen Außenstellen legten die Kaufmannssöhne ihre Bewährungsprobe ab, während die Väter das Gesamtgeschäft aus der Heimatstadt lenkten. Mit Hilfe einer genauen Buchführung behielten sie den Überblick. Um die Kosten zu senken, achteten die Schiffsherren sehr darauf, daß sowohl

*Das Holstentor in Lübeck wurde 1466–1478 erbaut. Der Mittelbau mit dem Treppengiebel steht zwischen den beiden mächtigen Rundtürmen mit Luken und Schießscharten.*

*Eine Seite aus der reichbebilderten Handschrift des Hamburger Stadtrechts (1497). Auf der linken Bildseite ist ein Kran zu sehen, mit dem ein Schiff entladen wird. Im Vordergrund Kaufleute und Seefahrer vor dem Haus des Zollschreibers. Im Hafen selbst verschiedene Schiffsarten: Flußkähne, Jollen und Koggen.*

auf der Hin- wie auf der Rückfahrt alle Schiffe vollbeladen waren. Größte Bedeutung hatte der im Juli beginnende Fischfang vor der schwedischen Küste. In Schonen (Südschweden) wurde Tonne um Tonne voller Heringe in die hansischen Koggen verladen. Der Hering wurde in alle Teile Deutschlands verkauft, denn gesalzen hielt er sich lange und war allerorts beliebte Fastenspeise.

(15) Auf der Karte S. 207 kannst du die Handelsrouten im Nord- und Ostseeraum verfolgen.
(16) Nenne die Entstehungsgründe der Hanse und die Bedeutung des Zusammenschlusses.
(17) Suche im Atlas den Einflußbereich der Hanse und schreibe auf, welche Handelsgüter die Koggen aus den Nachbarländern brachten.

## Zur Lernkontrolle

1. Manche Städte gehen auf römische Reste zurück, andere wurden völlig neu gegründet. Man spricht daher von „gewachsenen" und „gegründeten" Städten. Nenne Beispiele.
2. Die städtische Gesellschaft bestand aus freien Bürgern, aus „Mitwohnern" und vielerorts auch aus Juden. Wie waren die Rechte und Pflichten abgestuft?
3. Kaufleute und Handwerker prägten das städtische Leben am stärksten. Nenne verschiedene wirtschaftliche, soziale und religiöse Aufgaben und Ziele der Gilden und Zünfte.
4. Erläutere, was du unter städtischer Selbstverwaltung verstehst.
5. Berichte anhand der Karte S. 207 über Handelswege und Handelsgüter im Mittelalter.
6. Erkläre am Beispiel des „Wechsels", wie das Bankwesen im Mittelalter funktionierte.
7. Sage, was ein Monopol ist. Wer kann ein Interesse daran haben, daß es Monopole gibt? Wie denkst du darüber?

# 14. Die neuen Nationalstaaten und das Reich

**Lernziele**

- „Jeder Staat in Europa hat seinen eigenen Werdegang." Was sagt dir dieser Satz? In diesem Kapitel kannst du einen Überblick über die geschichtliche Entwicklung des englischen, französischen und spanischen Staates im Mittelalter gewinnen.
- Am Beispiel Englands kannst du beobachten, wie schon im Mittelalter die Macht des Königs beschränkt und die Grundlage für die politische Mitwirkung der Bürger gelegt wurde.
- Am Beispiel Frankreichs und Spaniens ist zu erkennen, unter welchen Bedingungen sich die nationale Einheit eines Staates entwickelt hat.
- Am deutschen Beispiel solltest du herausfinden, warum es dem Kaiser nicht gelang, einen einheitlichen Staat zu errichten, während die Fürsten aus ihren Ländern politische Einheiten, die Territorialstaaten, schufen.

## 14.1. Der Inselstaat England

**Normannen erobern England.** In Dänemark, Norwegen und Schweden lebten Nordgermanen, auch Normannen, Wikinger (= Buchtleute, Männer von den Fjorden) oder Waräger genannt. Seit dem 9. Jahrhundert drangen sie als Krieger und Eroberer, aber auch als Kaufleute entlang der Küsten und Flüsse in Frankreich, England und Rußland ein (vgl. S. 232). Selbst bis Island und Grönland gelangten normannische Seefahrer; um das Jahr 1000 entdeckten sie Nordamerika (Winland).

*Züge der Waräger, Wikinger und Normannen.*

*Normandie*
**911**

In manchen Gebieten, die sie eroberten, blieben sie als Herren und wurden dort heimisch. So gründeten sie 911 in der Normandie ein Herzogtum, das sie vom französischen König zu Lehen nahmen. Die Angelsachsen, die seit der Zeit der Völkerwanderung (vgl. S. 120) England beherrschten, wehrten sich zweihundert Jahre lang gegen die Einfälle der Normannen. Nach dem Aussterben des englischen Königshauses erhob der Normannenherzog Wilhelm der Eroberer Erbansprüche auf den englischen Königsthron. Mit 10000 Mann kam er über den Kanal und siegte in der Schlacht von Hastings (1066). In Westminster ließ er sich zum König von England krönen.

*Wilhelm der Eroberer*
**1066**

*Normannenherrschaft in England*

„Entscheidend war auch, daß William das sehr wirksame Verwaltungssystem der Normandie nun auch in England einführte. Der König vergab das Land als Lehen an den normannischen Adel, der dafür in Kriegszeiten Soldaten stellen mußte. Der Adel seinerseits verlieh das Land weiter an Pächter, die dafür Abgaben oder Bodenzins zahlen mußten. Während zuvor England Tausende freier Landbesitzer gehabt hatte, stand nun fast jeder unter einem Herrn. Der Adel verwaltete auch die lokale Gerichtsbarkeit. Daneben gab es in jedem ‚shire' ein Gericht, dem der vom König ernannte Sheriff vorstand, doch auch der war in dieser Zeit zumeist ein Feudalherr.
Der normannische Adel bzw. seine mächtigsten Vertreter bildeten den Staatsrat (Great Council), eine Versammlung, aus der sich später durch die wachsenden Interessengegensätze zwischen König und Adel allmählich das Parlament herausbildete. Über großen Landbesitz verfügten neben den ‚barons', dem weltlichen Adel, auch die Kirchenfürsten, die Bischöfe und Äbte der Klöster – alles Machtpositionen, die nun fast vollständig von den Normannen besetzt wurden.

*Wirksame Verwaltung*

Um eine Übersicht über die Besitzverhältnisse und das Steueraufkommen zu erhalten, wurde gleich in den ersten Jahren der normannischen Herrschaft eine sehr genaue Landbeschreibung vorgenommen, freilich unter Gesichtspunkten des Landbesitzes und des Steueraufkommens."

(Hans-Christian Kirsch, England aus erster Hand. Arena-Verlag, Würzburg 1969, S. 47)

*Auf dem 70 m langen und 50 cm breiten Bildteppich von Bayeux (11. Jahrhundert) wird die Geschichte der Eroberung Englands durch Wilhelm den Eroberer erzählt (Ausschnitt).*

In diesem ersten staatlichen Grundbuch, dem sogenannten Domesday Book, war das ganze Land mit seinen Eigentümern und Einkünften verzeichnet. Herrenloses Land fiel an den König. Weite Teile des Königreiches, das im 12. Jahrhundert ganz England (ohne Wales und Schottland) umfaßte, gehörten seither unmittelbar dem König, der ja überdies noch gleichzeitig Herzog der Normandie war.

(1) Auch in Sizilien hatten die Normannen einen straff aufgebauten Staat geschaffen. Vgl. S. 180f. und wiederhole.
(2) Auf der Karte S. 215 (oder: im Geschichtsatlas) kannst du die Eroberungs- und Handelsfahrten der Normannen verfolgen.
(3) Grundeigentum wird heute im Kataster und im Grundbuch eingetragen. Wo werden sie geführt und was wird darin festgehalten?

*Ausbau der Königsgewalt*

**Die Plantagenets.** Nach dem Aussterben des normannisch-englischen Königshauses unterdrückten normannische Barone in einem zwanzigjährigen Bürgerkrieg die angelsächsischen Bauern und Bürger, und wiederum fiel England einem mächtigen Lehnsträger des französischen Königs zu: Heinrich II., mit dem die Herrschaft des Hauses Anjou-Plantagenet beginnt (1154–1399).

„Als Graf von Anjou, dem das ganze westliche Frankreich gehörte, war Henry der mächtigste Feudalherr unter dem französischen König und außerdem König von England. Nachdem er sein französisches Reich fest in der Hand hatte, kam er nach England, um dort Ordnung zu schaffen. Vor allem mußte der Vorwitz der Barone gezügelt werden. Der König zerstörte Hunderte ihrer Zwingburgen und änderte die Lehnsordnung. Von nun an mußte der Adel Geldabgaben entrichten, die es dem König ermöglichten, Söldner anzuwerben. Damit erreichte er, daß sich seine Truppen ihm, dem König, direkt verantwortlich fühlten. Zur Aufrechterhaltung von Ruhe und Ordnung auf der Insel stellte er eine Miliz auf, die sich aus freien Männern zusammensetzte."

(Kirsch, a.a.O., S. 48)

*Konflikte mit der Geistlichkeit*

Um das Reich besser zu regieren, ersetzte der König die adligen Lehnsträger durch Beamte. Königliche Richter reisten durchs Land; ihre Rechtsprechung trug zur Vereinheitlichung des Rechts (Common Law) bei. Als Heinrich Plantagenet jedoch den Versuch machte, auch Geistliche der weltlichen Gerichtsbarkeit zu unterwerfen, und der sich dagegen widersetzende Erzbischof von Canterbury, Thomas Becket, in seiner Kathedrale ermordet wurde, kam es zu gefährlichen Konflikten mit dem Papst.

*Die Macht Heinrichs II.*

„Seine 1152 eingegangene Ehe mit der leichtfertigen, von Ludwig VII. von Frankreich geschiedenen Eleonore von Aquitanien stellte ihn an die Spitze eines großen Gebietes in Frankreich, das Aquitanien, Anjou und die Normandie umfaßte. Als Schwiegervater der Könige von Kastilien und Sizilien, als Bundesgenosse des Königs von Aragonien suchte er sich die Grafschaft Toulouse anzueignen und einem seiner Söhne Savoyen zu verschaffen. Der Kontinent, Frankreich, das Mittelmeer, sogar die Kaiserpolitik lockten diesen unermüdlichen, ständig umherziehenden Herrscher mehr als England, wo er sich vor allem die finanziellen, militärischen und politischen Mittel für seine Unternehmungen auf dem Festland zu beschaffen suchte."

(Jacques Le Goff, Das Hochmittelalter. Fischer Weltgeschichte, Band 11, 1965, S. 118)

(4) Wilhelm der Eroberer stützte sich auf den mitgebrachten normannischen Adel, Heinrich Plantagenet dagegen auf die Engländer. Suche nach Gründen.
(5) Die neue Politik Heinrichs II. wirkte sich auch auf die „freien Männer" aus. Überlegt, welche Rechte sie 1066 verloren und welche sie nach 1154 wiedergewonnen haben.
(6) Heinrich II. war Zeitgenosse des Kaisers Friedrich I. Barbarossa (vgl. S. 178ff.). Hätte er dessen Kaisertum gefährlich werden können? Wo berührten sich ihre Machtinteressen am nächsten?

*Freiheitsrechte von Adel, Klerus und Bürgertum*

**Magna Charta libertatum.** Der Sohn verspielte das Erbe des Vaters: Die französischen Besitzungen gingen verloren. Nach einem Streit mit der Kirche verlor auch

England seine Selbständigkeit; der König mußte sein eigenes Land zur Versöhnung vom Papst als Lehen nehmen. Man nannte ihn daher König Johann „Ohneland".

Der Adel war seiner Unfähigkeit überdrüssig. Vom Erzbischof von Canterbury angeführt, erzwangen die Barone und Prälaten, denen sich auch die Bürger Londons anschlossen, daß König Johann ihre Forderungen anerkannte. Im Großen Freiheitsbrief (Magna Charta) von 1215 sind sie aufgeschrieben. Die wichtigsten Artikel lauten:

*Magna Charta*
**1215**

1. Wir haben Gott gelobt, daß die englische Kirche frei sei und ihre Rechte unversehrt und ihre Freiheiten unverletzt haben soll.

12. Es soll kein Schildgeld oder Hilfsgeld [d. h. Steuern] in unserm Königreiche ohne Genehmigung durch den Gemeinen Rat des Königreichs auferlegt werden.

13. Die Stadt London soll alle ihre alten Privilegien und freien Gewohnheiten sowohl zu Lande als auch zu Wasser behalten. Außerdem wollen wir und gestehen zu, daß alle anderen Städte, Flecken, Höfe und Häfen alle ihre Privilegien behalten.

14. Und zur Tagung des Gemeinen Rates des Königreiches . . . werden wir die Erzbischöfe, Bischöfe, Äbte, Grafen und größeren Barone einzeln durch gesiegelte Briefe aufbieten [einladen] . . . und alle andern unmittelbaren Vasallen aufbieten lassen auf einen bestimmten Tag.

39. Kein freier Mann soll verhaftet oder eingekerkert oder um seinen Besitz gebracht oder geächtet oder verbannt oder sonst in irgendeiner Weise ruiniert werden, . . . es sei denn auf Grund eines gesetzlichen Urteils von Standesgenossen oder gemäß dem Gesetze des Landes.

61. Die Barone sollen unter ihren Standesgenossen im Königreich 25 auswählen, welche sie wollen, und diese 25 sollen nach all ihren Kräften den Frieden und die Freiheiten . . . wahren und festhalten und dafür sorgen, daß sie auch von anderer Seite gewahrt werden.

(Aus der Magna Charta libertatum von 1215. Übersetzung in: Geschichtliche Quellenhefte mit Überblick, Heft 3, a.a.O., S. 83f.)

**König und Parlament.** Der Papst wetterte gegen die Magna Charta, durch die „die ganze Sache Christi" bedroht sei. In Wirklichkeit war der Papst in seinen Rechten als Oberlehnsherr von England so gut wie ausgeschaltet. Die Mitwirkungsrechte des Adels und der englischen Kirche dagegen waren abgesteckt worden. Dennoch richtete sich der große Freiheitsbrief nicht gegen das Königtum. Denn auch die Rechte des Königs blieben gewahrt: Die Tätigkeit der königlichen Beamten und Richter wird ausdrücklich bestätigt.

*Entstehung des Parlaments*

In den nächsten Generationen kamen je zwei adlige Vertreter der Grafschaften und je zwei Bürger der wichtigsten Städte in den Gemeinen Rat (Art. 14). Daraus entstand das englische Parlament. 1295 tagte es erstmals in dieser Zusammensetzung. Der niedere Adel und die Bürger arbeiteten mit Unterstützung des Königs zusammen; sie bildeten später im englischen Parlament das Unterhaus (House of Commons). Der hohe Adel und die Bischöfe dagegen bildeten das Oberhaus (House of Lords).

Die Magna Charta bewirkte, daß Königtum, weltlicher und geistlicher Adel, Bürger und Freie eine Rechtsordnung für England fanden. Nachdem die französischen Besitzungen der Plantagenets verlorengegangen waren (vgl. S. 217), konnten sich König und Parlament auf den Ausbau des Inselstaates England beschränken, der noch um die Grafschaft Wales und Teile Irlands erweitert wurde. Bevor es zu neuen, langwierigen Konflikten mit Frankreich kam, wuchsen die Engländer zu einer Nation zusammen.

(7) Die Bestimmungen der Magna Charta zählen Rechte verschiedener Gruppen auf. Um welche Rechte handelt es sich und wie werden sie geschützt?

(8) Die Engländer haben bis heute keine geschriebene Verfassung; sie leiten die Grundrechte aus der Magna Charta ab. Erkläre, was diese Grundrechte besagen.

(9) Schlage im Lexikon nach: Parlament – Einkammersystem – Zweikammersystem.

## 14.2. Die Franzosen werden eine Nation

**Die Kapetinger.** Aus den Teilungen der Karolinger hatte der westfränkische König die merowingisch-fränkischen Kernlande erhalten (vgl. S. 144). Sie lagen in der Île de France; Paris – seit langem die größte Stadt des Königreichs und schon seit der Merowingerzeit bevorzugte Königsresidenz – war die Hauptstadt. Die französischen Könige teilten die Herrschaft mit über dreißig Lehnsfürsten; die mächtigsten waren die von Anjou und der Normandie. Nach dem Aussterben der Karolinger wurde der Herzog Hugo Capet zum König gewählt. Er ist Stammvater der Kapetinger (987–1328). Es war ein Glücksfall für die Kapetinger, daß sie während der ganzen Zeit direkte männliche Nachkommen besaßen; so war die dynastische Kontinuität (ununterbrochene Folge der kapetingischen Könige) gesichert und jeglicher Erbfolgestreit vermieden. Geschickt schirmten sich die Könige gegen jedes Risiko ab, indem sie ihre Nachfolger noch zu Lebzeiten krönen ließen.

*Dauerhafte Dynastie*

**Der Treuevorbehalt.** Bis zum Sieg über den englischen König Johann Ohneland besaß der französische König selbst nur wenige eigene Gebiete. Er war jedoch – anders als in Deutschland – nicht gezwungen, freigewordene Lehen erneut auszugeben. Auch die Untervasallen durften ihrem unmittelbaren Lehnsherrn die Treue nur unter dem Vorbehalt schwören, daß dieser sich nicht gegen den König erhebe. Daher war die Stellung des französischen Königs viel gefestigter als die des deutschen Kaisers (vgl. S. 171f.). Alle freien Lehen fielen an den König; das Königsland breitete sich immer mehr aus. Die Franzosen wuchsen daher lange vor anderen europäischen Völkern zu einem Staatsvolk, zu einer Nation zusammen.

*Erweiterung des Königslandes*

**Die Vorstellung vom Herrscheramt.** Als Friedenskönig betrachtete sich Ludwig IX. (1226–1270), der als der Baumeister des französischen Staates gilt und den die Kirche schon bald nach seinem Tode heiliggesprochen hat. Er suchte statt Krieg den Verständigungsfrieden: außenpolitisch mit England und Aragonien, im Innern durch eine unparteiische Rechtsprechung, die auch vor dem fehdelustigen Adel oder vor untreuen Beamten nicht haltmachte.
Philipp IV., der Schöne, empfand sich dem Kaiser ebenbürtig und leitete davon sein Recht ab, als Schutzherr der Kirche aufzutreten. Die Päpste, die sich gegen diesen Anspruch mit dem Kirchenbann zur Wehr setzten, wanderten für sieben Jahrzehnte in die „babylonische Gefangenschaft": Ihre Residenz mußten sie von Rom in das französische Avignon verlegen (1309–1376).

*Papsttum von Frankreich abhängig*

„Der König von Frankreich hat alle Gewalt in seinem Königreich, die der Kaiser im Kaiserreich hat; . . . und er hat in der Welt keinen Oberen in weltlichen Dingen . . . Er ist Kaiser oder an Stelle des Kaisers in seinem Königreich, und aus demselben Grunde ist er und darf sein Herr seines Reiches, so wie der Kaiser Herr der Welt ist im Imperium. Denn das Königreich Frankreich und andere Königreiche der Welt waren früher als das Imperium."

(Aus einem für den französischen König verfaßten Rechtsgutachten, um 1300. Zit. nach: F. Kern, Acta Imperii Angliae et Franciae, 1911; abgedruckt in: Materialien für den Geschichtsunterricht, Das Mittelalter, a.a.O., S. 256)

Der König bediente sich Rechtsgelehrter (Legisten), die vor allem an der Universität Paris das römische Recht lehrten. Es zog später auch in die Verwaltungs- und Gerichtsstuben deutscher Fürstenhöfe ein und verdrängte das alte, d.h. das deutsche Recht.

*Rechtsgelehrte*

(1) Vergleiche das französische mit dem deutschen Lehnsrecht (S. 171f.).
(2) Das Lehnsrecht hat das Zusammenwachsen der Franzosen zu einer Nation begünstigt. Nenne Gründe. Wie war es demgegenüber in England?
(3) Die Gutachten und Urteile der Richter können auch heute die Politik sehr stark beeinflussen. Sammelt Beispiele.

*Frankreich und England im Mittelalter.*

**Der Hundertjährige Krieg.** Als die Kapetinger ausstarben, entbrannte um den französischen Thron ein Krieg, der hundert Jahre dauerte (1339–1453). Die Franzosen wehrten sich dagegen, daß der englische König als naher Verwandter der Kapetinger gleichzeitig König von Frankreich werden wollte. Die Engländer landeten auf dem Festland und kämpften mit ihren Bogenschützen zu Fuß lange Zeit erfolgreich. Die schwergepanzerten französischen Ritter fühlten sich den bürgerlichen Fußtruppen überlegen, aber sie unterlagen der neuen, beweglicheren Kriegführung.

„Die Eroberungspolitik des englischen Königs war unter seinem Volk populär. Alle Schichten versprachen sich davon einen Vorteil. Die Bürger, meist Tuchhändler, hofften auf einen neuen Absatzmarkt für ihre Stoffe, die Ritter und Großgrundbesitzer versprachen sich nach der Eroberung Frankreichs bessere Preise für ihre Wolle, das Haupthandelsprodukt der Insel, die Adligen erwarteten Lösegeld für Gefangene und die gemeinen Soldaten Beute, dem König aber winkten Ruhm und die französische Krone."

(Kirsch, a.a.O., S. 50)

Der englische König fand in den französischen Kronvasallen, die untereinander um die Erbfolge stritten, seine natürlichen Bundesgenossen. Die mächtigsten, der Herzog von Burgund und die Grafen von Flandern, standen auf seiner Seite. So brachte er fast ganz Nordfrankreich bis an die Loire in seine Hand.

(4) Überlege, warum die englische Infanterie (Fußtruppen) den französischen Ritterheeren überlegen war.
(5) Diskutiert über die Motive, die den Engländern den Krieg mit Frankreich erstrebenswert erscheinen ließen. Spielen derartige Gründe heute auch noch eine Rolle?

*Nationale Befreiung*

**Die Jungfrau von Orléans.** Englische Truppen belagerten Orléans, den wichtigsten Brückenkopf des französischen Königs am nördlichen Ufer der Loire. Da erschien im Heerlager der bedrängten Franzosen ein Bauernmädchen aus Domrémy in Lothringen. Sie hatte die Not des Krieges am eigenen Leib verspürt und fühlte sich durch eine innere Stimme berufen, Frankreich von den Engländern zu befreien und den jungen französischen Thronerben Karl VII. nach Reims zur Krönung zu führen. Ihr Glaube an die Zukunft Frankreichs ermutigte die Soldaten. In der Karwoche 1429 schrieb Jeanne d'Arc einen Brief an den englischen König:

„Ihr König von England und Ihr Herzog von Bedford, der Ihr Euch Verweser des französischen Königreiches nennt: Gebt dem Himmelskönig sein Recht; liefert der Jungfrau, die von Gott, dem Himmelskönig, hierher gesandt ward, die Schlüssel all der guten Städte aus, die Ihr in Frankreich besetzt und geschädigt habt. Sie ist von Gott hierher gesandt, das königliche Blut in sein Recht einzusetzen.
Und Ihr alle, Bogenschützen, Kriegsgesellen, adelige und gemeine, die Ihr vor der Stadt Orléans liegt: Geht hinweg im Namen Gottes und kehrt in Euer Land zurück! Andernfalls werdet Ihr bald von der Jungfrau hören: Heimsuchen wird sie Euch zu Eurem sehr großen Schaden.
Folgt Ihr diesem Rat nicht, König von England, so wisset: Kriegsoberst bin ich, und wo immer ich Eure Leute in Frankreich finde, da will ich sie mit Waffen gehen heißen, es sei ihnen lieb oder leid. Wollen sie nicht hören, so wird es ihr Untergang sein, denn ich bin von Gott, dem himmlischen König, gesandt, Euch aus ganz Frankreich zu verjagen."

(In Übersetzung abgedruckt in: Materialien für den Geschichtsunterricht, Das Mittelalter, a.a.O., S. 259)

*Jeanne d'Arc*

An der Spitze des französischen Heeres befreite Jeanne d'Arc im Mai 1429 die Stadt Orléans. Der Jubel war unbeschreiblich. In einem Siegeszug führte sie wenig später den Dauphin (Thronerben) Karl VII. zur Königskrönung nach Reims, wo seit alters die Könige Frankreichs gesalbt und gekrönt wurden.

*Hexenprozeß*

**„Johanna auf dem Scheiterhaufen".** Weitere Siege blieben der Jungfrau von Orléans versagt; vergeblich versuchte sie, Paris zu befreien. Die Burgunder nahmen

*Jeanne d'Arc wird bei ihrer Ankunft in Chinon von König Karl VII. begrüßt. Deutscher Wandteppich des 15. Jahrhunderts.*

sie gefangen und übergaben sie gegen hohes Lösegeld dem englischen König. Ein qualvoller kirchlicher Prozeß entlockte ihr das Geständnis der Zauberei und Ketzerei. Als Hexe wurde sie 1431 öffentlich auf dem Scheiterhaufen verbrannt.
Als Hexen galten damals Frauen, von denen es hieß, sie hätten einen Bund mit dem Teufel geschlossen, um ihm ihre Seele zu verkaufen und dafür übernatürliche Fähigkeiten (z. B. durch die Luft zu reiten) von ihm zu erhalten. Der Hexenwahn verbreitete sich damals in ganz Europa. Die Gerichte konnten schon bei bloßem Verdacht eine „Hexe" zum Feuertod verurteilen.
Über die Hinrichtung der Jungfrau von Orléans berichtet ein Augenzeuge:

„Man bemächtigte sich ihrer, brachte sie dorthin, wo die Reisigbündel schon bereitlagen, und sie wurde bei lebendigem Leib verbrannt ... [zuvor hatte sie noch mit einem Priester sprechen dürfen] ‚Magister Pierre', fragte sie, ‚wo werde ich heute abend sein?' Magister Pierre antwortete darauf: ‚Hofft ihr denn nicht auf Gott?' Sie sagte: ‚Doch! Und wenn es Gott gefällt, werde ich im Paradiese sein!' ...
Als Johanna sah, wie man die Reisigbündel entzündete, begann sie mit lauter Stimme ‚Jesus' zu rufen, und immer wieder, bis zu ihrem Tode schrie sie: ‚Jesus!'.
Als sie tot war, veranlaßten die Engländer den Henker, die Flammen einzudämmen, damit die Anwesenden sehen konnten, daß Johanna verschieden war, und nicht erzählt würde, sie sei ihnen entkommen."

(Aus den Prozeßakten gegen Jeanne d'Arc, in: Hermann Schreiber, Frankreich aus erster Hand, Arena-Verlag, 1970, S. 87f.)

*Nationalheilige*

Der französische König, den sie befreit hatte, tat nichts für sie. Ihre Tat aber hat das Nationalbewußtsein der Franzosen gestärkt. Seit ihrer Heiligsprechung wird sie als Patronin Frankreichs verehrt.

**Frankreich und England nach dem Hundertjährigen Krieg.** Der Krieg endete für Frankreich siegreich; nur Calais blieb noch für zweihundert Jahre in englischer Hand. Den französischen Königen gelang es, die mächtigen Kronvasallen auszuschalten und mit Hilfe des kleinen Adels und der Städte einen straff regierten Staat aufzubauen.
In England dagegen führten Thronstreitigkeiten zu einem grausamen dreißigjährigen Bürgerkrieg. Unter dem Zeichen der „weißen" und „roten" Rose bekämpften sich die Adelsparteien. Erst Heinrich VII. aus dem Hause Tudor ermöglichte seit Ende des 15. Jahrhunderts eine machtvolle englische Politik, die vor allem den wirtschaftlichen Aufschwung (Tuchhandel, Seeflotte) herbeiführte.

(6) Die Gestalt der Jungfrau von Orléans ist von vielen Dichtern dargestellt worden, u. a. von Schiller und Bernard Shaw. Wer kann aus ihren Dramen erzählen?
(7) Zeige auf der Karte S. 220, welche Gebiete England durch seine Niederlage an Frankreich abtreten mußte.

## 14.3. Die iberischen Königreiche schließen sich zusammen

**Die Mauren in Spanien.** Die Araber hatten seit 711 von Nordafrika aus die iberische Halbinsel besetzt (vgl. S. 130). Wie alle Muslime unterstanden auch die spanischen Araber (Mauren) dem Kalifen von Damaskus (vgl. S. 133). Spanien wurde von einem Statthalter, einem Emir, verwaltet. Schon Ende des 8. Jh. machte sich das Emirat von Córdoba vom orientalischen Kalifat unabhängig und verwandelte sich im 10. Jh. in ein selbständiges Kalifat. Dieses bestand aus etwa zwanzig Provinzen, die sich weitgehend selbst verwalteten (vgl. Karte, S. 131).

**Die „Rückeroberung" Spaniens.** Einige schwer zugängliche Gebiete im Norden der Iberischen Halbinsel blieben frei von der maurischen Herrschaft. Hier entstanden einzelne Grafschaften; manche von ihnen wurden als „Königreiche" bezeichnet. Sie leisteten gegen die Mauren Widerstand und stießen zuweilen in maurisches Gebiet vor. Im 11./12. Jh. wandelten sich diese vereinzelten Unternehmungen der Christen gegen die Mauren zu einem umfassenden Kreuzzug der „Rückeroberung" (Reconquista) Spaniens. Er wurde durch innere Zerwürfnisse der Mauren, aber auch durch Hilfe von außen, vom Papst und den Ritterorden (vgl. S. 188) begünstigt. Hauptträger waren das seit 1137 mit Katalonien vereinigte Königreich Aragon und das erst 1230 endgültig vereinigte Königreich Asturien (auch León genannt) – Kastilien; eine weniger wichtige Rolle spielten die christlichen Randstaaten Navarra und Portugal. Unaufhaltsam unterwarfen die Christen ganz Spanien, wobei die Kastilier im Innern der Halbinsel vordrangen, während die Truppen Aragons den östlichen Teil entlang dem Mittelmeer einnahmen und – unter Abkehr von den ursprünglichen Kreuzzugsabsichten – über die Mittelmeerinseln (Balearen, Sardinien) Sizilien und Neapel eroberten. Die letzte Bastion der Mauren, das Königreich Granada, fiel 1492 (vgl. Karte, S. 182).

*Reconquista*

*Granada*
**1492**

Das gemeinsame Band der iberischen Staaten war ihre Lage auf der Halbinsel im Südwesten Europas und ihre gemeinsame christliche Religion. Im übrigen verfolgten sie durchaus auseinandergehende Interessen, die vor allem in der Behandlung der eroberten Gebiete deutlich wurden.

„In der Verteilung der eroberten Ländereien bestanden erhebliche Unterschiede zwischen Kastilien und den Ländern der aragonesischen Krone. In den von Kastilien eroberten Gebieten wurde das Land unter die Adeligen und die im 12. Jahrhundert entstandenen Ritterorden verteilt. So entstand der z.T. weitgehend extensiv bewirtschaftete Großgrundbesitz, der jahrhundertelang, z.T. bis heute die Wirtschafts- und Gesellschaftsstruktur Südspaniens bestimmt hat. In den von der aragonesischen Krone erworbenen Gebieten wurde Land nicht nur an Angehörige des Hochadels, sondern auch an den niederen Adel, an Bauern und Hirten verteilt. So war die soziale Struktur dieser Gebiete ausgeglichener, die in ihnen lebende Bevölkerung . . . genoß größere Freiheiten als anderswo."

(Günther Haensch und Clestino Sánchez López, Staat und Gesellschaft in Spanien, in: Handbücher der Auslandskunde. Spanien, Bd. 1, 1975, S. 50, leicht gekürzt, Diesterweg 6657)

*Die Alhambra, das maurische Kalifenschloß in Granada. Sie ist eine der eigenartigsten Schöpfungen der Baukunst. Ein Gebäudeviereck umschließt den hier abgebildeten Löwenhof (vollendet 1354). Leichte Bogengänge, die von 168 zierlichen Marmorsäulen getragen werden, umgeben ihn. In der Mitte steht der berühmte Löwenbrunnen. Zwölf Marmorlöwen tragen zwei prächtige Alabasterschalen.*

Wirtschaft und Handel stärkten im Spätmittelalter vor allem das Freiheitsbewußtsein der Bürger in den Städten. Neben Adel und hoher Geistlichkeit durften daher die Städte Vertreter in die Volksvertretung der Cortes (Landstände) entsenden. Die Cortes besaßen vor allem das Recht zur Bewilligung von Steuern; die Könige mußten nach ihrer Thronbesteigung die Sonderrechte (Privilegien) der Cortes eidlich verbürgen.

**Die Gründung des Königreiches Spanien.** 1469 heiratete König Ferdinand von Aragon die Erbin Kastiliens, Isabella. Der Wunsch nach einer politischen Einheit der Halbinsel erwachte. Kastilien und Aragon blieben miteinander verbunden, 1512 kam Navarra hinzu; nur Portugal blieb eigenständig.
Ferdinand und Isabella konnten die Opposition des Adels beseitigen und dessen Sonderrechte eindämmen, während sie das Bürgertum begünstigten. Das Land sollte auch im christlichen Glauben einig sein. Deshalb wurden Juden und Mauren mit grausamer Gewalt zum Christentum gezwungen. Spanien entwickelte sich zu einem geschlossenen Reich, dessen Zentrum im 16. Jahrhundert Kastilien wurde.

(1) Suche auf der Karte die vier spanischen Königreiche.
(2) Lies S. 130ff. nach, was dort über den Islam und sein Vordringen in Europa steht.
(3) Erkundige dich über die arabische (maurische) Baukunst in Südspanien, z. B. Granada.

## 14.4. Die Landesherren im deutschen Reich

**Die Entstehung der Landesherrschaft.** Wenn der deutsche König bzw. Kaiser in einer schwierigen politischen oder finanziellen Lage war, nutzten viele Fürsten dies aus: Sie stärkten die eigene Macht. So trieben die großen Adelsfamilien eine Hausmachtpolitik, die durch Kauf, Tausch, Erbschaft und Eroberungen den eigenen Besitz vermehrte. Die Staufer hatten auf diese Weise im 12. Jahrhundert ihre Hausmacht im alemannischen Raum erweitern können, während die noch erfolgreicheren Welfen in Norditalien, Süddeutschland, Mittel- und Norddeutschland große Gebiete erwarben. Solange das Verhältnis zwischen den beiden mächtigsten Familien gut war, übertrug Kaiser Friedrich Barbarossa seinem welfischen Vetter, dem Sachsenherzog Heinrich dem Löwen, auch noch das Herzogtum Bayern, das er allerdings um das Herzogtum Österreich verkleinerte. Als der Doppelherzog jedoch den Kaiser mehrfach auf dessen Italienzügen (vgl. S. 180) im Stich ließ, wurde Heinrich der Löwe auf dem Reichstag von Gelnhausen 1180 geächtet. Der welfische Besitz wurde aufgeteilt: Sachsen zerfiel in das neue Herzogtum Westfalen, das der Erzbischof von Köln erhielt, und in das östliche Sachsen mit dem Herzogstitel für die Askanier. Von Bayern wurden nochmals kleinere Herzogtümer abgespalten, nämlich Steiermark und Meranien, während Bayern selbst an die Wittelsbacher kam, die es ununterbrochen bis 1918 behielten.

*Alte und neue Herzogtümer*

**Zugeständnisse an die deutschen Fürsten.** Zu sehr waren Könige und Kaiser in den nachfolgenden Generationen in die Auseinandersetzungen mit dem Papst und Italien verwickelt, als daß sie – wie Friedrich Barbarossa – gegen die Sonderinteressen der deutschen Reichsfürsten hätten einschreiten können. So mußte Kaiser Friedrich II. den geistlichen (1220) und den weltlichen (1232) Fürsten weitreichende Zugeständnisse auf Kosten alter Königsrechte (Regalien) machen:

*Machtgewinn für die Landesherren*

„Neue Zölle oder Münzstätten werden wir in ihren Territorien ohne ihr Befragen oder gegen ihren Willen künftig nicht errichten; die alten Zölle und Münzrechte . . . werden wir unverletzt und fest bewahren und beschützen.
Dem Kirchenbann soll . . . unsere Acht folgen, die nicht eher widerrufen werden soll, bis der Kirchenbann zurückgenommen ist.

Keine Burgen und Städte sollen auf kirchlichem Besitz . . . errichtet werden.
Ferner verbieten wir in Nachahmung unseres Großvaters Kaiser Friedrichs, daß einer unserer Beamten in den Städten der Fürsten eine Gerichtsbarkeit in Zoll, Münze oder anderen Sachen beanspruche."

(Aus Friedrichs II. Vereinbarung mit den geistlichen Fürsten, 1220. In Übersetzung abgedruckt in: Weltgeschichte im Aufriß Band II, a.a.O., S. 45)

(1) Auf S. 179ff. kannst du nochmal nachlesen, welche politischen Auseinandersetzungen die staufischen Kaiser (Mitte 12. bis Mitte 13. Jahrhundert) zu bestehen hatten.
(2) Welche der in der Quelle von 1220 abgedruckten Bestimmungen stärkten die Unabhängigkeit der Fürsten?

**Fürstenmacht statt Reichsgewalt.** Nach dem Aussterben der Staufer (Mitte 13. Jahrhundert) schien das deutsche Reich völlig in die Vielzahl der weltlichen und geistlichen Fürstentümer, Grafschaften und Herrschaften, reichsunmittelbaren Ritterschaften und Städte zu zerfallen. Am mächtigsten waren die sieben Kurfürsten, die als die alleinigen Königswähler über die anderen Fürsten hinausragten (vgl. S. 168). Weil auch sie weniger an das Wohl des Reiches, dagegen mehr an den eigenen Vorteil dachten, hüteten sie sich peinlich, einen mächtigen Herrn zum König zu wählen. Die Kurfürsten, deren Vorrechte 1356 durch die Goldene Bulle bestätigt wurden,

*Kurfürsten*

*Goldene Bulle*
**1356**

*Kaiser Karl IV. und die Kurfürsten. Darstellung in einem Wappenbuch aus dem Jahre 1370.*

hatten auch keine Bedenken, Königskandidaten außerhalb der Reichsgrenzen zu suchen.
Mit der Zeit bestimmten neben den Kurfürsten noch andere mächtige Familien die Politik im Reich: die Wittelsbacher, Habsburger, Luxemburger und Hohenzollern.

(3) Suche auf der Karte im Geschichtsatlas die Herrschaftsgebiete der Wittelsbacher, Hohenzollern, Luxemburger und Habsburger.
(4) In den Wappen der deutschen Bundesländer finden sich noch Hinweise auf ihre Vergangenheit. Erkläre das Staatswappen deines Landes.
(5) Zu welcher Herrschaft gehörte deine Heimatstadt?

*Einheitliche Staatsgewalt*

**Was sind „Territorialstaaten"?** Im mittelalterlichen Lehnsstaat war die staatliche Hoheitsgewalt auf viele verteilt: der König, die Fürsten, Grafen und Ministerialen, die Grundherren, die Kirche und auch die Städte hatten jeweils Teile von ihr in Besitz. Die Landesfürsten aber begannen in ihren Ländern („Territorien") alle Gewalt zusammenzufassen und zu „zentralisieren". Sie schufen eine einheitliche Verwaltung; ernannten Beamte, die für den Einzug der Steuern verantwortlich waren und darüber wachten, daß Gesetze und Anordnungen durchgeführt wurden. Man stellte das Rechtswesen auf eine einheitliche Grundlage, das geschriebene Recht (vgl. S. 219). Eine Staatskasse wurde eingerichtet und die Finanzen einheitlich geordnet. Die Landesherren stellten ihr eigenes Heer auf und sorgten für einheitliche Führung und Ausrüstung. Sie sorgten auch dafür, daß sich die Wirtschaft entwickelte; viele förderten Bergbau, Handel, Verkehr und Gewerbe.

*Schwächung des Volkes*

Indem aber die Landesherren all diese Aufgaben in ihrer Hand zusammenfaßten und durch ihre Beamten ausführen ließen, verlor das Volk – die Bauern und Bürger – immer mehr Einfluß. Der Kaiser, von dem die einfachen Leute Schutz gegen die Allmacht der Landesherren erhofften, war zu schwach.

**Reich und Länder.** Die Landesherrschaften bildeten Staaten im Staate, sie bestanden innerhalb des deutschen Reiches als selbständige Länder. Der Kaiser blieb auf das Wohlwollen der Landesherren angewiesen. Eine wirksame Reichspolitik war nur noch möglich, wenn sich der Kaiser auf eine starke Hausmacht stützen konnte. Im „Reichstag" hatten die Reichsstände, d. h. alle weltlichen und geistlichen Reichsfürsten, die reichsunmittelbaren Grafen und freien Herren, über die – allerdings nicht festumgrenzten – Angelegenheiten des Reiches mitzuentscheiden, während die Reichsstädte sich dieses Mitspracherecht erst erkämpfen mußten.
Dem Reichstag entsprach in den Ländern die „Landschaft" (Landtag), in der alle Stände des Landes – Adel, Prälaten, Städte und vereinzelt auch Bauern – mitregierten. Das Maß dieser Mitregierung richtete sich nach dem Geldbedarf des Landesfürsten; je mehr dieser verschuldet war, desto größer war auch das Mitspracherecht der Landstände.

**Die Reichsreform des Kaisers Maximilian.** Am Ende des Mittelalters empfanden alle politischen Kräfte den Zustand des deutschen Reiches als unbefriedigend, zumal Frankreich

*Die erste Seite der „Goldenen Bulle" von 1356, deren Bestimmungen über die Königswahl bis 1806 Gültigkeit behielten.*

im Westen und die Türken im Osten das Reich bedrohten. Daher waren die Stände des Reiches bereit, dem Kaiser um den Preis einer Reform im Innern zu helfen. Damals herrschte Kaiser Maximilian I. aus dem Hause Habsburg (1493–1519). Auf zwei bedeutenden Reichstagen 1495 und 1500 wurde beschlossen:

1. Im ganzen Reich wird der ewige Landfrieden verkündet. Es darf niemand mehr durch Fehden sein Recht durchzusetzen versuchen. Dies ist nur noch über die Gerichte erlaubt.
2. Ein Reichskammergericht soll als letzte Instanz über die gleichmäßige Wahrung des Rechtes im Reich wachen. Unabhängig vom kaiserlichen Hofe tagte es zunächst in Frankfurt, später in Speyer und Wetzlar. Von seinen 17 Mitgliedern wurden 16 durch die Reichsstände bestellt.
3. Das Reich wird zunächst in sechs (später in zehn) überschaubare Reichskreise aufgeteilt. Sie sollen für die Durchführung des Landfriedens verantwortlich sein. In ihnen soll aber auch der gemeine Pfennig, eine allgemeine Kopfsteuer, eingezogen und an das Reich zur Finanzierung der Reichskriege abgeführt werden.
4. Im Reichsregiment teilen sich Kaiser und durch den Reichstag bestimmte Vertreter der Stände die Regierung des Reiches. Als Sitz wird Nürnberg bestimmt.

*Kaiser Maximilian, wie ihn der Maler Albrecht Dürer auf dem Reichstag zu Augsburg 1518 gezeichnet hat. Die Eintragung in der rechten Ecke lautet: „Das ist Kaiser Maximilian, den hab ich, Albrecht Dürer, zu Augsburg hoch oben auf der Pfalz in einem kleinen Stüble konterfeit, da man zählte 1518 am Montag nach Johannis dem Täufer."*

**Eine leere Reform.** Nur das Reichskammergericht und die Reichskreise traten ins Leben, während das Kernstück der Reform, das Reichsregiment, ein Stück Papier blieb. Denn Kaiser und Fürsten wollten nicht das gleiche: Der Kaiser meinte Habsburg, wenn er vom Reich sprach; die kleinen Fürsten dagegen befürchteten, daß die Kurfürsten und die ebenso mächtigen, größeren Fürsten durch die Teilhabe an der Reichsregierung noch mächtiger würden. So scheiterte die Reform auch diesmal. Immerhin besaß der Reichstag künftig ein stärkeres Mitspracherecht. Als Maximilians Nachfolger Karl V. durch Heirat auch Spanien an Habsburg brachte, blieb er im Reich von den Entscheidungen des Reichstages abhängig.

*Scheitern der Reform*

(6) Du kannst aufzählen, mit welchen Mitteln die Landesherren ihre Macht ausübten und erweiterten.
(7) Welche Stände gehörten dem Reichstag, welche der „Landschaft" an?
(8) In der Bundesrepublik Deutschland gibt es Bund und Länder.
   a) Wie werden Bundestag und der Landtag deines Heimatlandes gewählt?
   b) Welche staatlichen Rechte übt der Bund, welche die Länder aus?
(9) Wie setzt sich der Bundesrat zusammen?

**Zur Lernkontrolle**

1. Berichte über die gegenseitigen Machtansprüche zwischen dem französischen und dem englischen Königshaus.
2. Worin liegt die Bedeutung des „Großen Freiheitsbriefes" von 1215 für die Engländer?
3. Unterscheide die Auswirkungen des Lehnswesens in England und Frankreich von denen in Deutschland.
4. In einem Jugendlexikon werden als Vorbedingungen für eine Nation aufgezählt: gleiche Staatsangehörigkeit, gleiches Volk, gleiche Sprache. Lege diesen Maßstab an Italiener, Spanier, Franzosen, Engländer und Deutsche im Mittelalter an. Lebten sie in Nationalstaaten? Hat das Jugendlexikon nicht wichtige Gesichtspunkte vergessen?
5. Erläutere, was ein „Territorialstaat" ist und wie er sich in Deutschland entwickeln konnte.

# 15. Nachbarn und Fremde im Osten

**Lernziele**

- Informiere dich bitte anhand dieses Kapitels über drei Staaten, die für uns heute besonders wichtig sind: Polen, Rußland, China. Es gibt viele Vorurteile über sie, und du solltest ihnen künftig mit besserer Sachkenntnis begegnen können.
- Versuche die besonderen politischen und kulturellen Leistungen dieser Völker festzustellen.
- Du kannst in diesem Kapitel unterschiedliche Formen der Beziehungen zwischen den Staaten (Krieg, Kolonisation, Eroberung, Abwehr, Isolierung . . .) herausarbeiten.

## 15.1. Polen, ein europäischer Nachbarstaat

**Wie ist der polnische Staat entstanden?** Die Slawen bildeten in der Zeit, als sie sich – vor rund eineinhalbtausend Jahren – in Osteuropa ausbreiteten, kein einheitliches Volk (vgl. S. 122f.). Ein Stamm der Westslawen, die Polanen (Polen), siedelte sich in der Gegend an, wo heute die Städte Gnesen (Gniezko) und Posen (Poznan) liegen. Auf ihren Burgen herrschten mächtige Adelsgeschlechter. Sie dehnten ihre Herrschaft rund um ihre Stammlande aus und gewannen das Gebiet um das heutige Krakau (Krakow) hinzu. Während die meisten Slawenstämme an Elbe und Oder in langen und wechselvollen Kriegen mit deutschen Fürsten und Königen in deren Abhängigkeit gerieten und nur widerstrebend das Christentum annahmen (vgl. S. 170), ließ sich der Herzog der Polanen, Miezko I. aus dem Geschlecht der Piasten, 966 taufen und holte christliche Missionare, Bischöfe und Äbte in sein Land. Er wurde Lehnsmann des deutschen Kaisers und gewann die Herrschaft über Schlesien. Sein Sohn Boleslaw Chrobry (der Tapfere) erkämpfte seinem Land die Selbständigkeit. Er unterstellte die polnische Kirche einem eigenen Erzbistum Gnesen, das im Jahr 1000 in Anwesenheit des Kaisers Otto III. gegründet wurde. Im Jahr 1025 ließ er sich zum König von Polen krönen.

*Polen wird Königreich*
**1025**

„Boleslaw Chrobry wollte nicht bloß jede Abhängigkeit abstreifen, sondern seine Macht nach allen Seiten erweitern. Er griff Deutsche und Böhmen an und erreichte in einem denkwürdigen Zug, auf dem ihm auch deutsche Ritter folgten, Kiew, dessen Großfürstentum er für einen seiner Söhne zu gewinnen hoffte. Nach seinem Tode erfolgte ein Machtverfall, und Polen ist, bis es sich im späten Mittelalter zu neuer Größe erhebt, ein Fürstentum mit vielen Thronstreitigkeiten und wechselnden Bündnissen und Feindschaften im Kreise seiner Nachbarn. Die deutsche Lehensoberhoheit bestand dem Anspruch nach fort, obgleich es nur von Zeit zu Zeit gelang, sie auch durchzusetzen. Polen gehörte jedenfalls schon seit der Ottonenzeit zum christlichen Abendland. Seine Fürsten waren vielfach verbunden mit dem höchsten Adel des Deutschen Reiches."

(G. Tellenbach, in: Saeculum Weltgeschichte, Bd. 4. Herder Verlag, Freiburg 1967, S. 260)

(1) Die Einheit Polens hatte drei Grundlagen: gemeinsame Sprache, gemeinsame Religion, gemeinsames Königtum. Zähle auf, wodurch nach deiner Ansicht die Einheit unseres Staates begründet wird, und vergleiche mit damals.
(2) Die Herzöge von Schlesien waren meistens mit deutschen Fürstentöchtern verheiratet. Was ist daraus zu schließen? Berühmt war die Herzogin Hedwig, die Frau Heinrichs I. – Wer weiß Näheres über sie?

*Arbeiten im Weinberg. Darstellung in einem mittelalterlichen Evangelienbuch. Sie vermittelt eine Vorstellung von Arbeitsweise, Gerät und Kleidung in der Zeit der beginnenden „Ostsiedlung“.*

*Siedler aus dem Westen*

**Deutsche Ostsiedlung.** Die slawischen Gebiete waren bis ins 12. Jh. noch schwach besiedelt; weite Flächen waren von Urwald bedeckt, und die örtlichen Grundherren hatten nicht genügend Bauern, um ihn zu roden und urbar zu machen. Daher war ihnen daran gelegen, Siedler aus dem Westen zu bekommen. Im Lauf von rund 200 Jahren zogen nahezu 400 000 Menschen vorwiegend aus Deutschland und Flandern in den Osten; das waren etwa 0,5% der Bevölkerung im Deutschen Reich[1].

*Leistungen der Siedler*

„Was lag diesem Vorgang zugrunde? Verbesserungen der Landwirtschaftstechnik (Dreifelderwirtschaft, eiserne Feldgeräte, Pferdebespannung) hatten es in West- und Mitteleuropa ermöglicht, zunächst mit gleicher Menschenzahl mehr Boden zu bewirtschaften. In einer späteren Phase hatte sich in diesen Gebieten eine starke Bevölkerungsvermehrung ergeben. Die dadurch freigesetzten Menschen zogen ‚gen Osten‘, nach Pommern und Schlesien.
Diese Wanderung organisierte man so: Von ‚Unternehmern‘ (d.h. wagemutigen Personen, die für die damit verbundene Arbeit erbliche Bürgermeisterstellen erhielten) wurden Wagenzüge angeworbener Siedler in einheitlich geplante Großdörfer oder auch Städte mit eigenem Recht gelenkt. Die Siedler erhielten für die oft außerordentlich hohen Entbehrungen der Aufbauzeit eine verbesserte soziale Stellung. Weiter sandten christliche Orden ihre Mönche zur geistlichen Betreuung dieser Siedler mit; diese Mönche verfügten über interessante Spezialkenntnisse, wie zum Beispiel Schreiben. Der sich langsam entwickelnde Verkehr führte zu einer Art Straßennetz. An den Übergangsstellen der Flüsse, den Furten, entstanden Niederlassungen, in denen bald Kaufleute heimisch wurden. Gleichzeitig erschlossen eine neue Art von Schiffen, die ‚Koggen‘, die Ostsee und überbrückten die für damalige Verhältnisse recht großen Entfernungen in annehmbarer Zeit. Pommern und Schlesien waren sehr dünn besiedelt. Zwischen den wenigen Einwohnern und den zahlreichen Neusiedlern entstanden kaum Reibereien. Stattdessen entwickelte sich ein friedlich-nachbarlicher kultureller Assimilationsprozeß [eine Angleichung der Kulturen].“

(Aus: Informationen zur politischen Bildung. Folge 142: Deutsche und Polen 1, 1970, S. 2)

*Verschmelzung von Deutschen und Slawen*

In Pommern und Schlesien wie auch in manchen Teilen von Böhmen überwog allmählich die deutsche Bevölkerung. In den Gebieten östlich davon verschmolz die Schicht der deutschen Siedler häufig mit den einheimischen Slawen. Lange Zeit behielten die Deutschen jedoch in den Städten eine bevorzugte Stellung, weil ihre handwerklichen Fähigkeiten weiter fortgeschritten waren und man ihnen günstige Rechte gewährt hatte wie im Beispiel von Prenzlau:

[1] Man schätzt diese Bevölkerung auf 10–12 Mio.; da jedoch die durchschnittliche Lebenserwartung nur ca. 25 Jahre betrug, lebten im Verlauf von 200 Jahren acht Generationen, zusammengerechnet also 80–90 Mio. Menschen, von denen insgesamt 400 000 (= 0,5%) in den Osten zogen.

*Günstiges Stadtrecht*

„Barnim, durch Gottes Gunst Herzog der Slawen. Indem wir unsern Nutzen und Vorteil im Auge haben, aber auch den Gewohnheiten anderer Länder folgen wollen, haben wir beschlossen, in unserm Land freie Städte zu gründen. Zur Erbauung dieser Stadt [Prenzlau] und zum Vorteil und Nutzen derer, die in der genannten Stadt wohnen, verschreiben wir dreihundert Hufen[1], zweihundert auf der einen Seite des Flusses Ucker, und zwar auf der, wo die Stadt erbaut werden wird, und hundert auf der andern Seite jenseits der Ucker, dazu Wasser zur Errichtung von Mühlen, die sie nicht werden entbehren können. Die Errichtung der Stadt vertrauen wir den umsichtigen und ehrbaren Männern an, Walter, der Schulze [Bürgermeister] sein wird, Jordan und seinem Bruder, Willeko mit Esyko, Heinrich mit Elias und Paul, alle von Stendal [Stadt in Norddeutschland], die von uns diesen Platz empfangen haben zu folgenden Bedingungen. Vom Fest des hl. Martin an soll drei Jahre lang von den Hufen, die wir der Stadt gegeben haben, nichts gezahlt werden. Nach drei Jahren soll von jeder Hufe ein halber Vierdung[2] gezahlt werden. Die Stadt soll dieselbe Freiheit genießen, die die Stadt Magdeburg hat. Auch sollen die Kaufleute der Stadt Prenzlau in unserm Lande keinen Zoll bezahlen . . ."

(Herzog Barnim von Pommern, Gründungsurkunde für Prenzlau, 1235. Zitiert aus Materialien für den Geschichtsunterricht, Bd. 2, a.a.O. S. 152, leicht gekürzt)

(3) Stelle eine Liste mit Gründen für die Auswanderung aus deutschen Gebieten bzw. die Einwanderung in slawische Gebiete zusammen.
(4) Ein Spruch der Kolonisten lautete: „Der erste hat den Tod, der zweite die Not, der dritte das Brot." Er schildert die Lebensbedingungen im Neusiedelland. Du kannst ihn erklären.
(5) Berichte, was die Siedler mitbrachten und worin sie der einheimischen Bevölkerung überlegen waren. Erkläre, was für ein Vorurteil gegenüber den Polen dadurch entstehen konnte.

*Heidnische Preußen*

*Die Macht des Ordensstaates*

**Der Staat der deutschen Ordensritter.** Einer der polnischen Teilfürsten, der Herzog von Masowien, holte nicht nur Bauern und Bürger in sein Land. Er lag seit langem im Krieg mit den heidnischen Preußen im Norden von Polen. Da bat er den deutschen Ritterorden um Waffenhilfe. Der Deutsche Orden, der während der Kreuzzüge entstanden war und sich inzwischen neue Aufgaben suchte (vgl. S. 188), nahm die Aufforderung im Jahre 1226 an; doch er unterstellte sich nicht dem polnischen Herzog, sondern verlangte die Herrschaft über die Preußen. Es gelang den Ordensrittern, die Preußen zu besiegen und sie zum Christentum zu bekehren; dann gewannen sie auch das Gebiet um Riga (Livland) und nahmen schließlich auch Pomerellen mit der Stadt Danzig in ihren Besitz. In der Nähe von Danzig erbauten sie die Marienburg. Sie war der Sitz des „Hochmeisters" des Ordens und die Hauptstadt des ganzen Ordensstaates. Das Land wurde von den Rittern streng verwaltet; sie legten planmäßig Dörfer und Städte an, holten deutsche Siedler ins Land, bauten Burgen, Kirchen und Klöster. Sie ließen Wälder roden und Sümpfe entwässern. In den Städten konnten sich Handwerk und Handel entfalten. Aus den Häfen gingen große Transporte mit Holz und Getreide in den Westen. Danzig wuchs zu einer der größten und reichsten Städte im damaligen Deutschland. Steuern und Abgaben füllten die Kassen des Ordensstaates, der immer mächtiger wurde.

**1386**
*Polen mit Litauen vereint*

**Polen wird Großmacht.** Die angrenzenden Länder fühlten sich von der wachsenden Macht des Ordensstaates bedroht. Das Königreich Polen war inzwischen selbst wieder erstarkt. König Kasimir (1333–1370), dessen Vater das Land wieder geeint hatte, konnte die Teilfürsten entmachten, ließ verödete Landstriche besiedeln, verschaffte den Bauern mehr Rechte, gründete Schulen und sogar eine Universität (in Krakau) und schloß mit den Nachbarstaaten Bündnisse. Als die polnischen Adligen – die das Recht hatten, den König zu wählen – im Jahre 1386 die Königstochter Jadwiga (Hedwig) auf den Thron erhoben und sie gleichzeitig mit dem

[1] Vgl. Angaben in Arbeitsanweisung S. 151.
[2] Der Betrag entspricht 25 Pfennigen damaliger Währung.

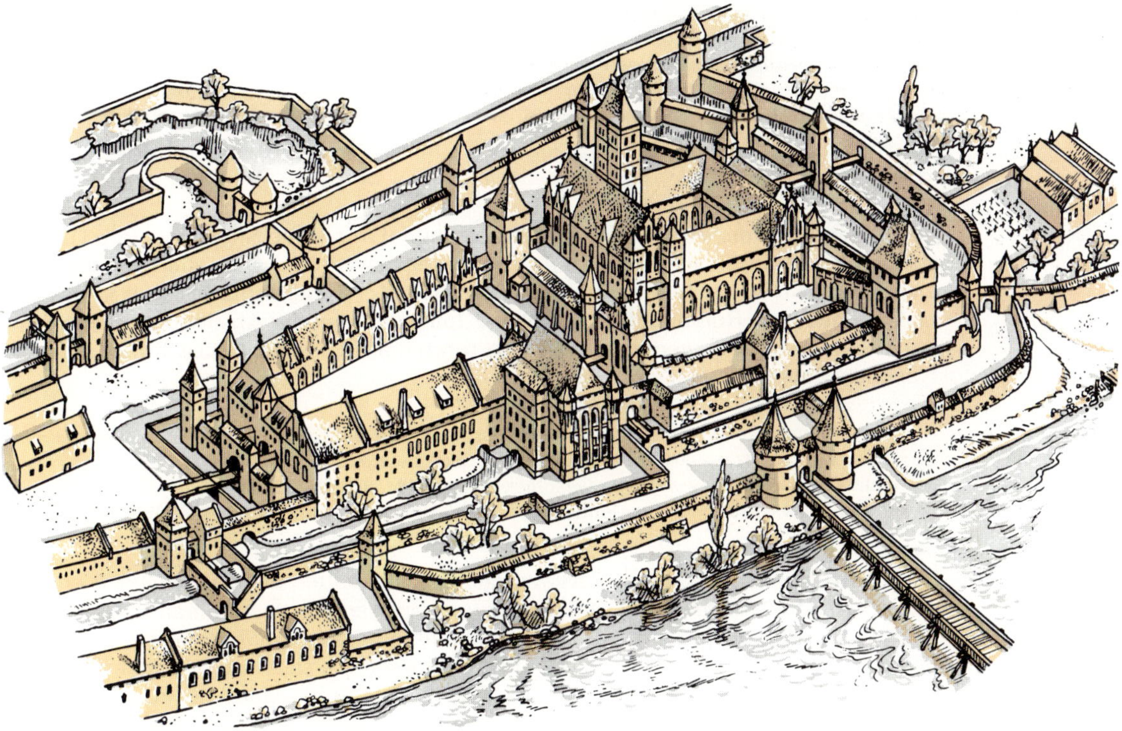

*Die Marienburg zur Zeit der Hochmeister. Die Hauptgebäude rechts (Kirche und Hochschloß) bilden eine klosterähnliche Anlage. Das langgestreckte Gebäude links ist der Rittersaal; daran anschließend erkennt man den etwas vorstehenden Hochmeisterpalast. Von dem zweitürmigen Tor im Vordergrund führt eine Brücke über die Nogat. Die Marienburg wurde 1280 als Komtursitz gegründet und 1309 zur Residenz des Hochmeisters erhoben.*

Großfürsten von Litauen, Jagiello, verheirateten, da war der Grundstein zu einem gewaltigen Reich im Osten Europas gelegt. Bald standen sich Ordensstaat und Jagiellonenreich feindlich gegenüber; aus einzelnen Streitigkeiten entwickelte sich ein Krieg, bei dem die Ordensritter in der entscheidenden Schlacht bei Tannenberg 1410 unterlagen. Nach weiteren Kriegen schloß man 1466 den endgültigen Frieden (in Thorn): 1410 1466

„Diesmal erhielt Polen Danzig, Pomerellen und das Gebiet von Kulm mit einem Teil von Preußen selbst, einschließlich des Hafens von Elbing, der Stadt Marienburg und des Bistums Ermland... Der übrige Teil Preußens mit Königsberg als neuer Hauptstadt blieb dem Orden untertan... Doch sollte dieses Ostpreußen nicht mehr ein unabhängiger Staat, sondern ein polnisches Lehen sein. Dem Vertrag gemäß sollte jeder Hochmeister dem König huldigen und ihm Hilfstruppen senden, sofern dies notwendig erschien. Dazu kam, daß der Orden seinen ausschließlich deutschen Charakter aufgeben und zur Hälfte polnische Ritter als Mitglieder aufnehmen mußte."

(Aus: O. Halecki, Geschichte Polens. Scheffler Verlag, Frankfurt 1963, S. 83f.)

Gegenüber dieser Darstellung von polnischer Seite betont ein deutscher Forscher, daß der Friedensvertrag von Thorn das Ordensgebiet nicht zum polnischen Lehen gemacht habe:

„Festgelegt wurde nur ein persönliches Verhältnis des Hochmeisters zu König und Krone [von Polen]: Der Hochmeister sollte den König als ‚Haupt und Oberen' anerkennen ... Die zweite Bestimmung [Aufnahme polnischer Ritter in den Orden] ... ist vom Orden konsequent umgangen worden, ohne daß polnischerseits – anders als bei der Eidesleistung – auf Erfüllung gedrängt worden wäre. Auch nach 1466 ist kein Pole in den preußischen Ordenszweig aufgenommen worden ..."

(G. Rhode, Kleine Geschichte Polens. Wiss. Buchgesellschaft, Darmstadt 1965, S. 156f.)

*Siege über den Ordensstaat*

Polen war durch die Verbindung mit Litauen und durch seine Siege über den Ordensstaat zu einer Großmacht geworden. In der Zeit um 1500 waren auch Böhmen und Ungarn mit Polen verbunden, und der polnische König herrschte bis weit in das Gebiet des heutigen Rußland. Erst 100 Jahre später begann der Abstieg Polens; verlustreiche Kriege mit Schweden und Russen führten am Ende dazu, daß Polen unter die Nachbarstaaten aufgeteilt wurde.

(6) Versuche darzustellen, wie man den Ordensstaat a) aus deutscher und b) aus polnischer Sicht beurteilen konnte. Wie wird er im Abschnitt S. 230 beurteilt?
(7) Viele Polen sind stolz auf ihre Geschichte. Das läßt sich begründen.
(8) Erkläre, was es für Polen bedeutete, seit 1466 Danzig und andere Ostseehäfen zu besitzen.

## 15.2. Rußland im Mittelalter

**Der erste russische Staat.** Ostslawische Stämme hatten das ganze Gebiet entlang der Wasserstraßen, die zur Ostsee und zum schwarzen Meer führen, besiedelt. In der Zeit nach 800 gewannen normannische Kaufleute, Waräger oder Rus (auch Rhos) genannt, die Macht in diesem Gebiet und schlossen die slawischen Stämme allmählich zu einem Staat zusammen (vgl. S. 215f.). An der Spitze stand der Fürst von Kiew, darunter die Teilfürsten in anderen Städten und ihre Gefolgschaften. Sie bildeten eine dünne Oberschicht über den slawischen Bauern und Fischern, Handwerkern und kleinen Händlern.

*Das Reich von Kiew*

Die Hauptstadt des ersten russischen (von „Rus") Reiches war Kiew. Die Stadt war berühmt wegen ihrer Größe und Schönheit. Ein Bischof aus Merseburg schreibt 1018, in Kiew gäbe es 400 Kirchen und 8 verschiedene Märkte. Ein anderer Geschichtsschreiber aus jener Zeit vergleicht Kiew mit Byzanz, der einzigen Weltstadt des Mittelalters. Um 1100 hatte Kiew fast so viele Einwohner wie Paris, damals die größte Stadt in Westeuropa. Aus verschiedenen Gründen war Kiew zu dieser Bedeutung gelangt. Die Stadt war ein wichtiges Handelszentrum: Kaufleute brachten Waren aus Byzanz und Bagdad, ja auch aus Indien und dem Fernen Osten hierher, wo sie von Händlern aus anderen Städten Rußlands oder des Westens aufgekauft wurden. Die Kiewer Stadtherren – Großfürsten aus dem Geschlecht der Ruriks – waren selbst die größten Handelsunternehmer in Rußland. Zug um Zug hatten sie ihre Macht ausgedehnt und die anderen Städte und Fürsten gezwungen, sich ihrer Herrschaft zu beugen und ihnen Abgaben zu zahlen. So war der erste russische Staat entstanden.

**um 950**

*Christianisierung aus Byzanz*

Die wichtigste Grundlage dafür bildete eine einheitliche Religion, das Christentum, das die Russen nicht wie die Polen von Missionaren aus dem Westen, sondern vom Patriarchen in Konstantinopel (Byzanz) übernahmen. Deshalb schlossen sie sich auch ganz an die griechisch-byzantinische Kultur an, während der Westen für sie ziemlich fremd blieb. Byzanz war kulturell damals führend, und so zeigten sich auch die Russen in manchem dem Westen überlegen. Als um 1050 eine Tochter des Kiewer Großfürsten den König von Frankreich heiratete, konnte sie den Ehevertrag selbst unterschreiben, während der französische König, des Schreibens unkundig, nur ein Kreuz als Unterschrift machte. Die russische Schrift stammt aus dem Griechischen, und weil sie von dem Missionar Kyrill entwickelt wurde, nennt man noch heute die russischen Buchstaben „kyrillisch".

Die Russen nahmen das Christentum besonders ernst. Sie bauten zahlreiche Klöster und kunstvolle Kirchen. Das Volk zeigte bei der Feier der Gottesdienste und in der Verehrung der Heiligen eine tiefe Frömmigkeit. Die gemeinsame Religion und Sprache, die einheitliche Herrschaft und eine feste Rechtsordnung, die der Großfürst von Kiew für alle Russen verfügte, bildeten die Klammer um den russischen Staat. Wirtschaftliches und kulturelles Leben konnten sich hier ganz besonders in den Städten Kiew, Nowgorod und Smolensk entfalten.

*Mongolische Reiter überfallen ein Zeltlager. Darstellung in einer persischen Handschrift.*

(1) Wiederhole, was du auf S.122f. über die Slawen erfahren hast.
(2) Zeige die Bedeutung der Religion im alten Rußland.

**Die Mongolen kommen.** Niemand kann sagen, wie Rußland sich weiterentwickelt hätte, wäre es nicht plötzlich von den Mongolen überwältigt worden.

*Sieg der Mongolen*

„Im Jahr 1206 fand, ohne jede Vorankündigung, in dem Gebiet zwischen Baikalsee und der Wüste Gobi ein Ereignis statt, das katastrophale Folgen haben sollte. In diesem Gebiet hatten lange Zeit mongolische Stämme gelebt, die sich zwar untereinander bekämpften, doch weder für China noch für den Westen eine Bedrohung darstellten. Im Jahre 1206 jedoch versammelte eine der wichtigsten Gestalten der Weltgeschichte, ein Stammesfürst namens Temüdschin, alle Mongolen unter seiner Herrschaft und legte sich den Titel Dschingis Khan zu. Fünf Jahre später brach er durch die Große Mauer nach China ein und unterwarf mit einem 100000 Mann starken Heer ein Volk von vielen Millionen. Danach wandte Dschingis Khan sich mit der Absicht, die Welt zu erobern, gen Westen. Er schickte seine durch zahllose chinesische Ingenieure und Techniker verstärkten Heere durch Zentralasien nach Persien. Sie zogen südlich am Kaspischen Meer vorüber, wandten sich gen Norden und gelangten über die Kaukasuspässe in die Steppe. Dort schlugen sie die Polowzer, die in ihrer Verzweiflung ihre Erzfeinde, die Russen, zu Hilfe riefen: ‚Heute haben die Mongolen unser Land genommen', sagten die Polowzer, ‚und morgen werden sie das eure nehmen.'

Die Russen erkannten die Gefahr, und viele ihrer Fürsten schickten Heere. Eine vereinigte russisch-polowzer Streitmacht traf im Jahre 1223 an den Ufern des Kalka-Flusses, einem Nebenfluß des Don, auf die Mongolen. In einem kritischen Augenblick der Schlacht brachen die Polowzer aus und liefen davon, und die russischen Heere wurden völlig aufgerieben. Nach der Schlacht zwangen die siegreichen Mongolen die Anführer ihrer Gefangenen – etliche Fürsten und Ritter –, sich auf den Boden zu legen, während sie eine große hölzerne Plattform für das Siegesmahl über ihnen errichteten, die die darunter Liegenden zermalmte."

(Aus: R. Wallace, Der Aufstieg Rußlands. Time-Life International 1969, S. 38)

Warnend schrieb ein Italiener, der die Mongolen kennengelernt hatte:

*Streben nach Weltherrschaft*

„Es ist die Absicht der Tataren [ein Mongolenstamm, nach dem man die Eroberer aus Asien meistens benannte], sich die ganze Welt zu unterwerfen. Und von Dschingis-Khan haben sie dazu den Auftrag. Ungefähr dasselbe schreibt auch ihr Kaiser in seinen Briefen: ‚Gottes Kraft, Herrscher über alles.' Auch auf seinem Siegel hat er diese Umschrift: ‚Gott herrscht im Himmel, Dschingis-Khan über die Erde.' Mit keinem Volk schließen sie Frieden, das sich ihrer Herrschaft nicht unterwirft. Und da es in der Welt außer der Christenheit keine Macht gibt, die sie fürchten, so bereiten sie sich gerade deshalb zu einem Krieg gegen uns vor."

(Aus: P. Carpini, Über die Tataren. Aus: R. Federmann, Rußland aus erster Hand. Arena-Verlag, Würzburg 1971, S. 57)

*Schlacht bei Liegnitz*
**1241**

In der Folgezeit stießen die Mongolen weiter nach Westen vor, eroberten und zerstörten Kiew und andere russische Städte (Nowgorod ausgenommen) und gelangten 1241 bis nach Polen und Ungarn. In der Schlacht bei Liegnitz unterlag ihnen auch das Heer der vereinigten schlesischen und polnischen Ritterschaft.

„Es war nicht der Erfolg auf dem Schlachtfelde, der damals das Schicksal Europas entschied, sondern der plötzliche Tod des Groß-Chan in Karakorum, der zum Unglück für die Mongolen und zum Glück für die Europäer ein Säufer war und 1241 einer Alkoholvergiftung erlag. Dieser Tod bewog den Abkömmling der älteren Linie der Dschingisiden, den in Europa kommandierenden Batú, unverzüglich quer durch ganz Europa und Asien nach Karakorum zu reiten, um bei der Regelung der Nachfolge mit dabei zu sein. Der Europafeldzug der Mongolen wurde gestoppt, Rußland blieb aber unter dem Tatarenjoch."

(H. v. Rimscha, Geschichte Rußlands. Darmstadt 1970, S. 92)

*Osteuropa und Rußland im späten Mittelalter.*

*Links: Das aufsteigende russische Reich hatte seinen Mittelpunkt in Moskau und sein Nationalheiligtum am Grabe des hl. Sergius in der Dreifaltigkeitskathedrale von Sagorsk. Dort malte Andrej Rublew um 1420 seine berühmten Ikonen (Heiligenbilder), darunter die hier abgebildete Dreifaltigkeitsikone. – Rechts: Die Uspenskij-(Himmelfahrts-)Kathedrale des Kremls in Moskau, erbaut 1475–1479.*

(3) Dschingis Khan wird als „eine der wichtigsten Gestalten der Weltgeschichte" bezeichnet. Warum? Vgl. auch die Jugendbücher über ihn, die S. 254 genannt sind.
(4) Die grausame Geschichte vom Siegesmahl der Mongolen ist vermutlich eine Legende, mit der die Russen das Verhältnis zwischen Siegern und Besiegten sinnbildlich beschreiben wollten. Was soll also die Geschichte sagen?
(5) Erkläre das Streben nach Weltherrschaft anhand des Berichts von Carpini über die Tataren.

**Rußland unter der Mongolenherrschaft.** Rußland blieb fest in der Hand der Mongolen. Im ganzen Land mußten die Fürsten ihnen Sklaven und Soldaten stellen und regelmäßig Tribut zahlen. Im übrigen ließ man sie in Ruhe, solange sie demütig Gehorsam leisteten. Nach mehr als 100 Jahren gaben die Mongolen schließlich Westrußland auf. Kiew, Smolensk und die großen Wasserstraßen wurden frei, kamen allerdings bald darauf unter die Herrschaft des großpolnischen Reiches und wurden in dieser Zeit stark vom Westen beeinflußt. Der größere Teil Rußlands blieb weiter unter mongolischer Oberhoheit. Im Südosten – etwa im Raum des heutigen Wolgograd – lag das Zentrum ihrer Macht; von dort wurde das Reich der „Goldenen Horde" (so nannte man das Mongolenreich) regiert.

*Fremdherrschaft der „Goldenen Horde"*

**Wie wurde Rußland wieder frei und mächtig?** Im Jahre 1480 gelang es den Bewohnern von Groß-Rußland endlich, die Fremdherrschaft abzuschütteln. Daß ganz

*Befreiung durch Moskau*
**1480**

Rußland befreit und wieder geeinigt wurde, war das Werk der Fürsten von Moskau. Zunächst verweigerten sie der Goldenen Horde den Tribut, und schließlich kam es so weit, daß sie das Heer der Mongolen, die untereinander zerstritten waren, in die Flucht jagten. Der Patriarch der russischen Kirche, der jetzt in Moskau residierte, unterstützte die Ziele des Fürsten von Moskau, vor allem als Iwan III. – ein Nachkomme der Ruriks – versuchte, Rußland unter seiner Macht zu vereinen.

*Iwan III. der Große*

„Die Geschichte gab Iwan den Beinamen ‚der Große'. Ursprünglich regierte er nur über das Fürstentum Moskowien mit der Hauptstadt Moskau, doch begann er unverzüglich, Stadt um Stadt, Landstrich um Landstrich der anderen kleinen russischen Fürsten an sich zu ziehen. Die Bewohner dieser Städte und Fürstentümer stimmten ihm gewöhnlich zu, nur das stolze Nowgorod mit seinem unabhängigen Geist leistete ihm lange Zeit erfolgreichen Widerstand. Da Iwan aber von seinem Fürstentum aus die Nahrungsmittelzufuhr nach Nowgorod kontrollieren konnte, mußte sich die Stadt am Ende doch ergeben.
Und während er so gegen seine fürstlichen Rivalen vorging und auch Litauen und Polen bekriegte, gelang es ihm, sein Herrschaftsgebiet während seiner dreiundvierzigjährigen Regierungszeit zu verdreifachen. Sein Ansehen und das des ganzen Landes stieg, als er eine Nichte des letzten Kaisers von Byzanz, zugleich ein Patenkind des Papstes, heiratete. Er rief griechische und italienische Baumeister ins Land, die Kirchen und Paläste bauen sollten, und begann so dem armseligen Moskau einen gewissen Glanz zu geben.

*Zar*

Und doch legte Iwan unbeabsichtigt in diese neue russische Nation auch den Keim für eine gefährliche Schwäche hinein. Obwohl zum Großfürsten gekrönt, fing er an, sich Zar zu nennen, eine Vereinfachung des Wortes Caesar – Kaiser. Die unterworfenen Fürsten aber, die doch wie er von Rurik abstammten, degradierte er zu Bojaren [abhängige Gefolgsleute] ... So führte Iwan Rußland hin zum absoluten Zarentum, und was er begonnen hatte, setzte sein Sohn Wassilij III. erfolgreich fort. Er fand dabei die Unterstützung der höheren Geistlichkeit, die wörtlich erklärte: ‚Dein, o Herrscher, ist die Macht, zu handeln, wie Gott es dir eingibt!'"

(Aus: H. Moscow, Rußland und die Zaren. Ensslin und Laiblin Verlag, Reutlingen 1962, S. 52)

(6) Welche Folgen hatte die Mongolenherrschaft für Rußland?
(7) Die Bezeichnung „Goldene Horde" geht eigentlich auf das Wort „Ordu", d.h. „Zelt" zurück, denn die Mongolen lebten in Zelten. Du kannst erklären, weshalb.
(8) Beurteile die Leistungen Iwans des Großen.
(9) Im Jahre 1494 mußte die Hanse ihr Kontor in Nowgorod schließen. Erkennst du den Zusammenhang mit der Politik Iwans III.?

## 15.3. Das „Reich der Mitte" im Fernen Osten

*Der Ferne Osten*

**Eine fremde Welt.** Rußland lag aus der Sicht unserer Vorfahren weit im Osten. Man bezog zwar mancherlei Waren aus Rußland, aber von den Menschen, die dort lebten, wußte man wenig. Noch weniger kannte man allerdings die Völker und Reiche im „Fernen Osten". Erst in der Zeit, als die Mongolen ihre Herrschaft von China bis zum Persischen Golf und ans Schwarze Meer ausbreiteten (vgl. S. 192), gelangten Reisende aus Europa auf den Handels-, Post- und Militärstraßen der Mongolen häufiger in den fernen Orient und brachten Kunde von einer märchenhaften und fremden Welt. Einer berichtete über Quinsai (Hangchou), eine Hauptstadt des chinesischen Reiches zu jener Zeit:

*Eine Stadt ohnegleichen*

„Nach allgemeiner Schätzung beträgt der Umfang der Stadt etwa hundert Meilen. Ihre Straßen und Kanäle sind sehr breit, und ihre Marktplätze haben eine gewaltige Ausdehnung, weil sie unvorstellbare Menschenmengen aufnehmen müssen... Innerhalb der Stadt gibt es zehn Marktplätze – außer den unzähligen Markthallen in den Straßen. Diese Plätze sind quadratisch, und jede ihrer Seiten ist eine halbe Meile lang. Die Marktplätze sind je vier Meilen voneinander entfernt. Parallel zu der die Marktplätze verbindenden Hauptstraße läuft ein breiter Kanal, an dem geräumige

Warenhäuser aus Stein aufgeführt sind; diese dienen der Bequemlichkeit der Kaufleute, damit sie einen günstigen Stand für den Markt haben, wenn sie mit ihren Waren aus Indien oder aus anderen Ländern kommen... Viele Straßen führen zu den Marktplätzen, und in einigen von ihnen gibt es kalte Bäder, in denen Diener beiderlei Geschlechts bereit sind, Männer und Frauen zu waschen. Die Besucher dieser Anstalten sind von Kindheit an daran gewöhnt, in kaltem Wasser zu baden, was sie für sehr gesund halten. Doch gibt es in den Badeanstalten auch Räume mit warmem Wasser, zum Gebrauch der Fremden, die das kalte Wasser nicht vertragen. Jedermann pflegt hier täglich zu baden, besonders vor den Mahlzeiten.
In anderen Straßen liegen die Wohnungen der Ärzte und Astrologen, die auch Unterricht im Lesen und Schreiben sowie in vielen anderen Künsten erteilen. An je einer Seite eines jeden Marktplatzes stehen zwei große Gebäude, in denen sich die kaiserlichen Beamten aufhalten, die sogleich eingreifen, wenn irgendwo Differenzen zwischen den fremden Kaufleuten oder unter den Einwohnern der Stadt entstanden sein sollten. Außerdem haben sie die Aufgabe, die Wachen auf den verschiedenen zu ihrem Bezirk gehörenden Brücken zu kontrollieren.
Auf jeder Seite der Hauptstraße stehen große Paläste und Häuser mit Geräten, und neben diesen die Wohnungen von Handwerkern, die in ihren Läden arbeiten. Zu jeder Tagesstunde bewegen sich so große Menschenmassen, die zu den verschiedensten Berufszweigen gehören, durch die Straßen, daß es unmöglich scheint, sie alle zu ernähren. Jedoch wird man gleich eines Besseren belehrt, wenn man die Verkäufer auf den Marktplätzen sieht und die Vorräte, die sie verkaufen..."

(Aus: Die Reisen des Venezianers Marco Polo, neu übertragen von H. E. Rübesamen, Goldmann Gelbe TB, Nr. 2541/42, 1969; abgedruckt in: Materialien für den Geschichtsunterricht, Das Mittelalter, a.a.O., S. 223f.)

(1) Stelle zusammen, was Marco Polo in Quinsai besonders beeindruckt hat.
(2) Was müßte man tun, um zu prüfen, ob die Angaben des Marco Polo stimmen?
(3) In einem arabischen Bericht aus jener Zeit erfahren wir, daß in Hangchou allein 120000 Mann Soldaten stationiert waren. Vergleiche mit einer modernen Stadt, die du kennst.

*Marco Polo*

**Wer war Marco Polo?** Der Mann, dem wir die Berichte aus China verdanken, stammte aus einer Kaufmannsfamilie in Venedig. Mit 15 Jahren hatten sein Vater und sein Onkel ihn auf eine Geschäftsreise nach China mitgenommen. Erst nach 24 Jahren kehrte Marco in seine Heimat zurück. Seine Landsleute kannten ihn nicht mehr. Sie hielten ihn für einen Aufschneider und nannten ihn „Herrn Millioni". Wenige Jahre vor seinem Tod († 1324) hat er seine Reiseerinnerungen aufgezeichnet: eines der spannendsten Bücher der Welt. Marco Polo hatte das Vertrauen des „Großkhans" von China erworben, des Mongolenherrschers Khubilai. Dieser hatte ihm wichtige Ämter übertragen, ihn zum Berater und zeitweilig zum Gouverneur einer Provinz gemacht und hatte ihm schwierige diplomatische Aufträge anvertraut.

*Mongolen in China*

Die Mongolen, die rund 150 Jahre lang China beherrschten, stellten viele Ausländer in ihren Dienst. Die Chinesen, in deren Augen die Mongolen barbarische Fremdherren waren, wurden als Untertanen behandelt. Die Mongolen selbst bildeten die Herrenschicht; im Vergleich zur Masse des chinesischen Volkes eine winzige Gruppe: auf 1000 Chinesen kam ein Mongole. Die fremden Herren konnten die alte Kultur und Gesellschaftsordnung Chinas nicht ändern, und als schließlich im Jahre 1386 der Anführer eines Volksaufstandes die Mongolen 1386
besiegte und selbst den Kaiserthron bestieg, wurde die alte Ordnung des Reiches wiederhergestellt.

**Der Kaiser von China.** China hat wie das alte Ägypten eine jahrtausendelange Geschichte. Im Unterschied zu allen anderen Völkern der Welt hat sich China jedoch rund 3000 Jahre bis in die Neuzeit weiterentwickelt und besitzt daher eine Vergangenheit, die in einzigartiger Weise zusammenhängt (vgl. S. 29).

*China zur Zeit der Ming-Dynastie.*

China zählte im Mittelalter schon 50–60 Millionen Menschen. Stolz nannten sie ihren Staat „Reich der Mitte" und sich selbst „kulturtragendes Volk der Mitte". Das chinesische Wort für „Reich" bedeutet so viel wie „Das unter dem Himmel" oder einfach „Die Erde". Die Kaiser Chinas galten als „Himmelssöhne", denen der Himmel die Macht als einen Auftrag (ein „Mandat") übertrug. War ein Kaiser unfähig, für das Wohl des Reiches zu sorgen, und wurde er von einem anderen Führer des Volkes gestürzt, so erhielt der neue Mann den Auftrag des Himmels, denn – so lautet ein alter chinesischer Spruch – „es gibt keine zwei Herrscher unter dem Himmel". Die Religion gebot dem Volk, den Kaiser zu verehren und ihn als leuchtendes Vorbild zu sehen. Er zeigte sich bei feierlichen Anlässen hoch über den gewöhnlichen Menschen. Der Palast funkelte von Gold und leuchtender Seide. Zum Hofstaat gehörten Diener für den Privathaushalt des Kaisers, hohe Offiziere, Schreiber, Bürovorsteher, Steuereinnehmer, Baumeister und Vertreter der staatlichen Handelsunternehmen. Bogen- und Speerträger in reichen Rüstungen und farbenprächtigen Mänteln, bestickt mit Abbildungen wilder Pferde und Leoparden, begleiteten den Kaiser.

**Ein Beamtenstaat.** Die Regierung bildeten Minister, von denen je einer für das Militär, die Wirtschaft und die Verwaltung zuständig war und die ihrerseits dem Kaiser verantwortlich waren. Ganz China wurde von einem Heer von Beamten verwaltet. Anders als in Europa blieben jedoch die Ämter hier nicht dem Adel allein vorbehalten. Der Lehre des Gründers der chinesischen Staatsreligion, des Konfuzius (um 500 v. Chr.) folgend, machte man die Ernennung zum Beamten davon abhängig, daß der Bewerber ein „Staatsexamen" ablegte: eine staatliche Prüfung, in der einer zeigen mußte, ob er die alten Schriften kannte und die Gesetze beherrschte. Das Wissen der Kandidaten war ausschlaggebend, denn

*Staatsexamen für Beamte*

„das Wissen sieht Unglück und Glück von ferne, es weiß Nutzen und Schaden beizeiten. Die Dinge entwickeln sich, und es weiß, wie sie sich wandeln; die Ereignisse gedeihen, und es weiß, wann ein Rückschlag kommt. Es sieht den Anfang und kennt das Ende."

(Tung Chung-Shu; abgedruckt in: H. Wilhelm, Gesellschaft und Staat in China. rde Hamburg 1960, S. 41)

*Rolle der Beamten*

Diese Einrichtung, die Beamten aufgrund von staatlichen Prüfungen zu ernennen, hatte folgende Konsequenzen:
Begabte junge Leute konnten auch aus einfachem Stand in die Beamtenschaft aufsteigen; der Staat fand stets genügend Bewerber und konnte die Besten aussuchen.

*Ein hoher kaiserlicher Beamter bei einer Inspektionsreise. Der Mantel mit den weiten Ärmeln gehört zu den Zeichen seiner Würde. In seinem Gefolge ein Diener, der einen Sonnenschirm über ihn hält.*

Wissen und Bildung aus der Vergangenheit wurden sorgfältig gepflegt. Die Beamten stellten eine breite Schicht von Gebildeten dar, die dem Staat diente und ein hohes Ansehen im Volk besaß.
Die staatlichen Prüfungen sorgten dafür, daß die Beamten einheitlich gebildet waren und im ganzen Land die gleichen Grundsätze anwandten, so daß die Kaiser das große Reich von der Mitte aus „zentralistisch" regieren konnten.
Welche Auffassung vom Staat die Kaiser selbst vertraten, erkennt man aus folgenden Sätzen:

*Regierungsgrundsätze*

„Die Macht eines Fürsten ist wie sein Wagen, sein Ansehen wie seine Peitsche, die Beamten sind seine Pferde, und das Volk sind seine Räder. Wenn seine Macht stark ist, so ist sein Wagen sicher, und wenn sein Ansehen gefestigt ist, so hat seine Peitsche Kraft. Folgsame Beamte geben gute Pferde, und wenn das Volk friedlich ist, so rollen die Räder leicht. Sobald aber im Staat irgend etwas in Unordnung gerät, so gibt es eine Katastrophe. Der Staatswagen wirft um, die Pferde gehen durch, die Räder zerbrechen, und alles im Wagen geht in Trümmer."

(Teng Hsi-Tzu; abgedruckt in: H. Wilhelm, a.a.O. S. 125)

(4) Die Chinesen hatten eine besondere Auffassung von sich und ihrem Reich. Erläutere sie bitte.
(5) Zähle auf, was den Kaiser der Chinesen kennzeichnete.
(6) Erkläre die Rolle der Beamten im chinesischen Reich.
(7) Vergleiche die Voraussetzungen, Beamter zu werden: a) im chinesischen Reich, b) in unserem heutigen Staat.

**Luxus und technischer Fortschritt.** Da bei den Chinesen Bildung ein Vorrecht der Beamtenschaft wurde, hatten es Söhne aus Beamtenfamilien bei den Prüfungen meist leichter als andere. Sie waren erfolgreicher und machten Karriere, während den Leuten aus einfachen Kreisen der Aufstieg erschwert war. So entstand auch in China eine geschlossene Oberschicht, die es zudem verstand, vom Kaiser immer mehr Vorrechte zu erwerben, zum Beispiel Steuerfreiheit, das Recht auf Großgrundbesitz und auf die Einkünfte aus staatlichem Handel. Diese Oberschicht der „Mandarine", wie man die hohen Beamten nannte, sammelte Reichtümer und führte ein luxuriöses Leben.

*Die Oberschicht*

„Im 9. Jahrhundert waren die Haushalte der Reichen in der Hauptstadt Changhan mit Bädern, Heizung, mechanischen Fächern, künstlichen Springbrunnen und eisgekühlten Räumen ausgestattet. Die Villen mancher Aristokraten verfügten über ‚Pavillons mit selbsttätigem Regen', und im Palast eines Kaisers gab es eine große Halle mit kompletter Klimaanlage."

(Aus: E. H. Schafer, China, das Reich der Mitte. Rowohlt, Life 25, Hamburg 1971, S. 44)

*Hohe Kultur*

Die Ausstattung der Häuser zeigte aber auch den Stand der chinesischen Kultur. China besaß eine hochentwickelte Wissenschaft und Technik. Schon in der Zeit vor 1000 Jahren kannten die Chinesen den Kompaß und die mechanische Uhr, sie hatten Schießpulver und Papier erfunden, konnten Bücher drucken und Porzellan herstellen. In der Himmelskunde und in manchen Bereichen der Medizin (z. B. bei der Narkose und in der Arzneimittelkunde) waren sie führend. Am meisten aber galten die Werke der Literatur und der Malerei. Die chinesische Schrift war nicht nur ein Verständigungsmittel, sondern zugleich eine schöne Kunst. Nur wer sie beherrschte, konnte am Leben der Oberschicht, der Gebildeten, teilhaben.

(8) Vergleiche den Zeitpunkt einzelner Erfindungen in China und in Europa.
(9) Die chinesischen Schriftzeichen werden in den verschiedenen Provinzen des Reiches ganz unterschiedlich gelesen, aber haben stets die gleiche Bedeutung (ähnlich wie die arabischen Ziffern in den verschiedenen europäischen Sprachen). Was bedeutet das für die Einheit des Reiches?
(10) Die Chinesen „erfanden" auch die Zahl Null. Was schließt du daraus? Vgl. auch S. 3.

**Die chinesische Wirtschaft.** Der Hofstaat des Kaisers, das Militär und der gewaltige Beamtenapparat kosteten riesige Summen. Den größten Teil der Steuern bezahlten die Bauern in Form von Abgaben für ihre Grundstücke, die sie zum Teil vom Staat erhielten. Die Bauern waren außerdem zu öffentlichen Arbeiten – zum Bau von Bewässerungsanlagen, Straßen, Befestigungsmauern – verpflichtet, konnten sich von der Dienstpflicht aber auch freikaufen. Sie bauten Hirse und Reis an, Weizen, Hanf, Bohnen, Rüben und Zuckerrohr, außerdem züchteten sie vielerlei Obst, darunter Orangen und Mandarinen. Mit ihren Produkten versorgten die Bauern auch die Bevölkerung der zahlreichen Städte: Residenzstädte des Kaisers, Provinzhauptstädte sowie Hafen- und Handelsplätze. Allein in der Hauptstadt lebten schon vor 1000 Jahren rund 2 Millionen Einwohner.

*Stellung der Bauern*

*Verkehr und Handel*

Für einen weiträumigen Warenaustausch sorgte ein gut ausgebautes Netz von Flüssen, Kanälen und Straßen. Es gab Schiffe, die 500 t Gewicht laden konnten; und damit der Straßenverkehr reibungslos lief, war für die Wagen eine einheitliche Spurweite vorgeschrieben. Auf den Märkten gab es außer den schon genannten Produkten Fleisch, Tee und Wein, Stoffe, Salz und Eisenwaren. Der Handel mit wertvolleren Gütern – Seide und Glas, Drogen und Duftstoffen, Kunst- und Gebrauchsgegenständen aus Edelhölzern oder feinen Metallen – war weithin dem Staat vorbehalten und brachte dem Kaiser und seinen Beamten zusätzliche Einnahmen. Häufig brachten Gesandte

*Die Wirtschaft des Chinesischen Reiches.*

aus Nachbarländern dem Kaiser von China wertvolle Erzeugnisse oder auch Gold und Silber als „Tributgeschenk", während er ihnen chinesische Waren als „Gegengeschenk" übergab. In Wirklichkeit stellte das freilich eine versteckte Form des Handels mit dem Ausland dar.

**Warum schloß sich China nach außen ab?** Die engsten Beziehungen mit anderen Staaten unterhielt das chinesische Reich in der Zeit der Mongolenherrschaft. Danach begann das Land sich zu isolieren. Man wollte die Grenzen, besonders gegenüber den Mongolen im Norden des Landes, sichern und sich gegen die Außenwelt abschirmen.

**1421**
*Die Große Mauer*

„Die Verlegung der Hauptstadt nach Peking im Jahre 1421 bedeutete vor allem die entschlossene Bereitschaft zur Verteidigung der nördlichen Grenze. Dem gleichen Zweck diente der Ausbau des alten nördlichen Befestigungsgürtels zu einer durchlaufenden, festen „Großen Mauer", einem monumentalen Bauwerk von etwa 2000 km Länge, das teilweise heute noch zu sehen ist ... [Auch alle anderen Auslandsbeziehungen wurden eingeschränkt.] Fremde durften nur als Tributgesandtschaften mit ausdrücklicher chinesischer Erlaubnis unter strengster Kontrolle bestimmte chinesische Häfen anlaufen. Chinesen war es verboten, hinauszufahren oder zu Lande die Grenzen zu überschreiten. Fremden war es nicht erlaubt, chinesische Bücher zu erwerben oder gar die chinesische Sprache zu erlernen. Gewiß wurden diese Bestimmungen nicht strikt eingehalten; es blühte sogar ein umfangreicher illegaler Seehandel mit Südostasien. Doch bedeuteten sie im Gegensatz zur Weltoffenheit des Mongolen-Reiches – zumal auf geistigem Gebiet –, daß China sich bewußt von der Außenwelt abschloß."

(Aus: Informationen zur politischen Bildung. Folge 96: China, Teil I, Geschichte, S. 12)

*Um 200 v. Chr. begannen die Kaiser von China mit dem Bau der „Großen Mauer", die erst im 15. Jahrhundert vollendet wurde. Sie sollte das Reich gegen die drohenden Einfälle der Nomadenvölker schützen. Die Mauer ist unten 8 m, oben 5 m stark und einschließlich der Brustwehr 16 m hoch. Auf steilen Berggipfeln ist die Mauerstärke etwas geringer. Mit einer Länge von rd. 2450 km ist die „Große Mauer" das größte Bauwerk der Erde.*

(11) Man bezeichnet eine Orangensorte noch heute als „Apfelsine" (d.h. Chinaapfel). Was kannst du daraus schließen?
(12) Lies noch einmal den Bericht des Marco Polo (S. 236f.) und prüfe anhand der Informationen aus diesem Abschnitt, ob er zutreffen kann.
(13) Erkläre den Ausdruck „Tributgemeinschaften". Als die Chinesen vor rund 150 Jahren in den Welthandel einbezogen wurden, bezeichneten sie auch die Industrieerzeugnisse aus Europa als Tributgeschenke. Warum wohl?

## Zur Lernkontrolle

1. Stelle auf einem Blatt mit zwei Spalten gegenüber, was für eine Meinung du über die Polen (oder die Russen oder die Chinesen) des Mittelalters a) vor diesem Unterricht hattest, b) welche du jetzt vertrittst.
2. Schreibe auf, was du über den ersten polnischen oder den ersten russischen Staat weißt.
3. Vergleiche die Bedeutung, die die Mongolen für Rußland und China hatten.
4. Zähle verschiedene kulturelle oder politische Leistungen der Polen, Russen oder Chinesen im Mittelalter auf.
5. Der Ausdruck „Ferner Osten" kann auch eine geistige Ferne bezeichnen. Für wen?
6. Vor einigen Jahrzehnten sprach man in bezug auf die Chinesen von einer „gelben Gefahr". Nimm dazu Stellung.

## Entwicklungsgeschichte des Menschen

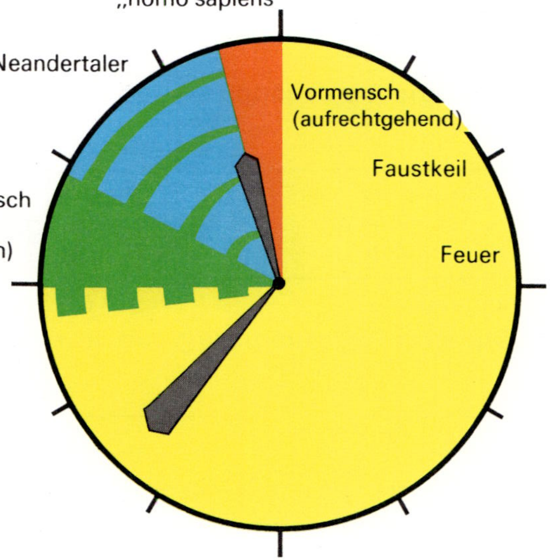


12 Stunden = 1 Million Jahre
Der Uhrzeiger zeigt das Auftreten des „homo sapiens" an.

## Unsere Vorgeschichte
(bis zum Beginn unserer Zeitrechnung)

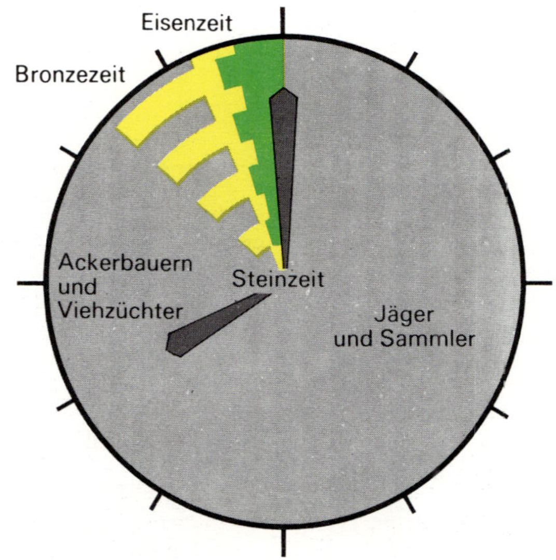


1 Stunde = 2500 Jahre
Die Uhr zeigt auf die Zeit, in der die Menschen zur bäuerlichen Lebensweise übergingen.

## Hohe Kulturen der Frühzeit

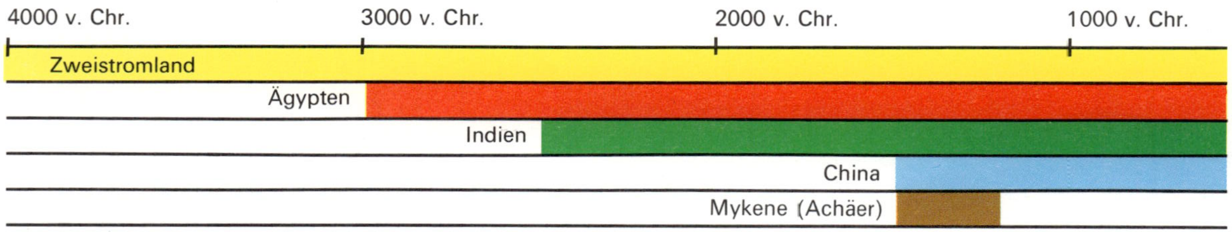


## Aus der Geschichte der Griechen

600 v. Chr. — 500 v. Chr. — 400 v. Chr. — 300 v. Chr.

| | | | | | |
|---|---|---|---|---|---|
| **594** | **510** | **480** | **429** | **399** | **336–323** |
| Reformgesetze für Athen (Solon) | Demokratie in Athen (Kleisthenes) | Sieg über die Perser | Tod des Perikles | Tod des Sokrates | Alexander der Gr. |

## Aus der Geschichte der Römer

300 v. Chr. — 200 v. Chr. — 100 v. Chr.

| | | | | |
|---|---|---|---|---|
| **241** | **133** | **73** | **44** | **31 v.– 14 n. Chr.** |
| Rom besiegt Karthago | Reformversuche des Tib. Gracchus | Sklavenaufstand (Spartacus) | Caesar ermordet | Augustus |

200 n. Chr. — 300 — 400 — 500

| | | | | |
|---|---|---|---|---|
| **212** | **313** | | **451** | **476** |
| Römisches Bürgerrecht im ganzen Reich | Mailänder „Toleranzedikt" | Germanische Völkerwanderung | Hunnen abgewehrt | Ende des Weströmischen Reiches |

## Aus der Geschichte des Mittelalters

**500 – 600 – 700 – 800**

| | |
|---|---|
| **482–511** | Chlodwig König der Franken |
| **529** | Benedikt gründet Kloster Monte Cassino |
| **622** | Mohammed flieht nach Medina |
| **632** | Mohammeds Tod |
| **732** | Abwehr der Araber (Tours und Poitiers) |
| **754** | Tod des Bonifatius |
| **768–814** | Karl der Große |
| **800** | Kaiserkrönung in Rom |

**800 – 900 – 1000 – 1100**

| | |
|---|---|
| **843** | Frankenreich wird geteilt |
| **911** | Normannen in „Normandie" |
| **936–973** | Otto der Große |
| **955** | Ungarn abgewehrt (Lechfeld) |
| **962** | Otto wird Kaiser |
| **1066** | Normannen erobern England |
| **1077** | Canossa (Gregor VII. und Heinrich IV.) |
| **1095** | 1. Kreuzzug |

**1100 – 1200 – 1300 – 1400**

| | |
|---|---|
| **1122** | Konkordat von Worms |
| **1152–1190** | Friedrich I. Barbarossa |
| **1206–1227** | Dschingis Khan Mongolen in China u. Rußland |
| **1215** | Magna Charta |
| **1214–1250** | Kaiser Friedrich II. |
| **1339–1453** | Hundertjähriger Krieg zw. England und Frankreich |
| **1356** | Goldene Bulle |
| **1386** | Polen und Litauen vereint |

**1400 – 1500 – 1600**

| | |
|---|---|
| **1421** | Peking wird Hauptstadt von China |
| **1453** | Türken erobern Byzanz |
| **1466** | Polen besiegt den Deutschorden |
| **1480** | Iwan III. beendet Mongolenherrschaft |

# Namenregister

Das Namensregister enthält nicht alle Namen, die im Buch vorkommen, sondern beschränkt sich auf diejenigen Orte, Personen, Flüsse, Länder und Völker, die für den geschichtlichen Zusammenhang wichtig erscheinen.

# Sachregister

Das Sachregister dient dazu, diejenigen Stellen aufzufinden, an denen bestimmte Sachverhalte im Buch dargestellt sind. Dabei werden in der Regel Oberbegriffe verwendet, z. B. „Schule" (nicht: Klosterschule, Stadtschule, Lateinschule usw.).

# Sach- und Jugendbücher zu den Themen dieses Bandes

## 0. ZUR EINFÜHRUNG

J. v. Erkrutt: Der Kalender im Wandel der Zeiten. Kosmos, Stuttgart 1972

## 1. DER MENSCH ENTWICKELT SICH

R. André/D. Vogellehner: Wir entdecken die Vorzeit. Herder, Freiburg o.J.
H. Arends: Aak, der Steinzeitjunge. Hoch, Düsseldorf 1966
H. Baumann: Die Höhlen der großen Jäger. Ravensburger Tb. 57
F. Brassicus: Die Steppenjäger. Spectrum, Stuttgart 1973
F. Hetmann: Das Rätsel der grünen Hügel. dtv junior 7083
J. Kleibl/Z. Burian: Menschen der Urzeit. Franck, Stuttgart 1976
G. Kutschka: Auf den Spuren der Vorzeit. Überreuter, Wien 1976
H.-G. Richardi: Der große Augenblick der Archäologie. Loewes, Bayreuth 1977
A. Th. Sonnleitner: Die Höhlenkinder. Franck, Stuttgart 1974
Die Urwelt lebt. dtv junior 7051
D. F. Weinland: Rulaman. Tübingen, (1878) 1950 u. ff.

## 2. DAS ALTE ÄGYPTEN, EIN LAND MIT HOHER KULTUR

H. Baumann: Die Welt der Pharaonen. Ravensburger Tb. 35
S. Burger: Juti. Fredebeul und Koenen, Essen o. J.
J. Hawkes: Das große Buch der Pharaonen. Ensslin und Laiblin, Reutlingen 1967
E. Hering: Der Bildhauer des Pharao. Boje, Stuttgart 1964
D. Macauly: Wo die Pyramiden stehen. Artemis, Zürich 1976
E. Nack: Ägypten und der Vordere Orient im Altertum. Überreuter, Wien 1962
Die Welt entdecken. Große Völker der Vergangenheit: Die Ägypter. Falken Verlag, Wiesbaden 1977

## 3. DIE GROSSE ZEIT DER GRIECHEN

Athen und seine große Zeit. Arena, Würzburg ²1976
H. Baumann: Der große Alexanderzug. dtv junior 7275
G. Boldrini: Der Löwe von Mykene. Loewe, Bayreuth 1973
R. Carstensen: Die Sagen der Griechen und Römer. Ensslin und Laiblin, Reutlingen 1954 u. ff.
G. Ellert: Alexander der Große und sein Weltreich. Überreuter, Wien 1968
W. Mondfeld: Entscheidung bei Salamis. Arena, Würzburg 1976
E. Nack/W. Wägner: Hellas. Land und Volk der alten Griechen. Überreuter, Wien–Heidelberg 1975
H. Schönfeld: Die Pagenverschwörung von Baktra. Klopp, Berlin
J. v. Schwartzenfeld: Alexander. Herr der Welt. Franck, Stuttgart 1963
R. Sutcliff: Wettkampf in Olympia. Hörnemann, Bonn 1972
Die Welt entdecken. Große Völker der Vergangenheit: Die Griechen. Falken Verlag, Wiesbaden 1977

## 4. DAS RÖMISCHE WELTREICH

H. Baumann: Ich zog mit Hannibal. dtv junior 7048
J. Isenberg: Julius Caesar. Ensslin und Laiblin, Reutlingen o.J.
D. Macauly: Eine Stadt wie Rom. Artemis, Zürich 1975
E. Nack/W. Wägner: Rom. Land und Volk der alten Römer. Überreuter, Wien–Heidelberg 1976
H. R. Niederhäuser: Römische Sagen und Geschichten. Freies Geistesleben, Stuttgart 1974
Rom und seine große Zeit. Leben und Kultur im antiken Rom. Arena Tb. Würzburg 1978
R. Sutcliff: Der Adler der neunten Legion. dtv junior 7012
R. Sutcliff: Das Stirnmal des Königs. Union, Stuttgart 1969
R. Sutcliff: Der silberne Zweig. dtv junior 7069
L. Ugolini: Julius Caesar. Styria, Graz o. J.
Die Welt entdecken. Große Völker der Vergangenheit: Die Römer. Falken Verlag, Wiesbaden o. J.
B. K. Wilson: Als der Vesuv die Städte verschlang. Bertelsmann, Gütersloh 1969

## 5. SKLAVEN BEI GRIECHEN UND RÖMERN

E. J. Görlich: Die Sklavin des Senators. Arena, Würzburg 1963
P. E. Knudsen: Der Wettstreit. Blanvalet, Berlin 1962

## 6. DAS CHRISTENTUM SETZT SICH DURCH

H. Fink: Entscheidung für Markus. Ensslin und Laiblin, Reutlingen 1973
E. A. Gray: Als Tiberius Kaiser in Rom war . . . Franck, Stuttgart 1962
N. Kotker: Das Heilige Land. Ensslin und Laiblin, Reutlingen 1968

## 7. DIE GRUNDLAGEN EUROPAS

P. Dickinson: Silvesters abenteuerliche Reise ins Land der Hunnen. Boje, Stuttgart 1975
I. Engelhardt: Dunkles Glas und Fisch in der Lampe. Roman aus dem römischen Germanien. Mohn, Gütersloh 1963
G. Gárdony: Die unsichtbare Macht. Herold, München o. J.
I. Linfert-Reich. Römisches Alltagsleben in Köln. Röm.-Germ. Museum Köln 1975
E. Nack: Germanien. Überreuter, Wien-Heidelberg 1977
H. Noelle: Die Kelten. Ilmgau, Pfaffenhofen 1974
H. Plate: Attila. Engelbert, Balve
R. Pörtner: Bevor die Römer kamen. Städte und Stätten deutscher Urgeschichte. Knaur Tb. 69
R. Pörtner: Mit dem Fahrstuhl in die Römerzeit. Städte und Stätten deutscher Frühgeschichte. Knaur Tb. 144
R. Pörtner: Die Erben Roms. Städte und Stätten des deutschen Früh-Mittelalters. Knaur Tb. 132
L. Radauer: Attila und seine wilden Reiter. Styria, Graz
G. Schreiber: Wokkio, König der Noriker. München 1966

## 8. DER ISLAM: WELTRELIGION UND POLITISCHE GROSSMACHT

G. Ellert: Propheten, Könige und Kalifen. Österr. Bundesverlag, Wien 1960
D. Stewart: Islam. Die mohammedanische Staatenwelt. Rowohlt Life 29
F. Gabrieli: Geschichte der Araber. Urban Tb. 73
Mohammed und seine Zeit. Vollmer, Wiesbaden o. J.
H. P. Richter: Mohammed. Engelbert, Balve 1974

## 9. DAS KAISERTUM DER KAROLINGER

J. R. L. Anderson: Das Zeitalter der Wikinger. Carlsen
S. Carter: Nordmänner und Drachenschiffe. Hoch, Düsseldorf 1976
P. Gabriel: Die Steppenreiter kommen. Klopp, Berlin
H. Pleticha: Drachensegel am Horizont. Arena, Würzburg 1976
A. u. M. Politzer: Abenteuer mit Harald dem Wikinger. Stalling, Oldenburg 1976
R. Winston: Karl der Große. Ensslin und Laiblin, Reutlingen 1969
L. Ugolini: Karl der Große. Styria, Graz 1977

## 10. DIE GESELLSCHAFT IM MITTELALTER

D. Macauly: Sie bauten eine Kathedrale. Artemis, Zürich 1974 (auch dtv junior 7289)
E. Mudrak (Hrsg.): Das große Buch der Rittersagen. Reutlingen 1969
H. Pleticha: Bürger, Bauer, Bettelmann. Arena, Würzburg ²1976
H. Pleticha: Ritter, Burgen und Turniere. Arena, Würzburg 1974
A. u. M. Politzer: Abenteuer mit Robin Hood. Stalling, Oldenburg 1975
L. Ugolini: Il Poverello. Styria, Graz 1973
U. Williams: Die wilden Falken. Benzinger, Einsiedeln 1972

## 11. POLITISCHE KRÄFTE UND GEGENSÄTZE

E. Cyran: Die tödliche Krone. Glanz und Untergang der Hohenstaufen. Wien 1969
I. Engelhardt: Im Schatten des Staufers. Thienemann, Stuttgart 1962
W. Winkler: Sohn des Himmels und der Hölle. Im Bann Kaiser Friedrichs II. von Hohenstaufen. Loewe, Bayreuth 1965
H. Wolfart: Philipp von Schwaben. Herrscher ohne Reich. Styria, Graz 1962
Vgl. auch Kap. 9 und 10

## 12. KREUZZÜGE UND IHRE FOLGEN

G. Ellert: Kreuzritter. Herder, Wien o. J.
M. Reich: Die Straße des Glaubens. Auf der Spur der Kreuzritter. Wien 1965
G. Schreiber: Lösegeld für Löwenherz. Wien 1973
H. Treece: Der Kinderkreuzzug. Luzern 1960
J. Williams: Das große Buch des Kreuzritter. Ensslin und Laiblin, Reutlingen 1963

## 13. STÄDTE IM MITTELALTER

R. Dangel: Freie Reichsstädte anno dazumal. Stuttgart 1965
F. Habeck: Aufstand der Salzknechte. Jugend und Volk, Wien/München 1967
J. Isenbörger: Dome, Burgen, Bürgerhäuser. Mainz ²1965

D. Macauly: Sie bauten eine Kathedrale. Artemis, Zürich 1974 (auch dtv junior 7289)
D. Reiche: Der Bleisiegelfälscher. Anrich, Neunkirchen 1977
J. v. Roeder: Der Maler von Nürnberg. Arena Tb. 1119
H. Schreiber: Fahrt auf freien Meeren. Die deutsche Hanse und ihre Zeit. Arena, Würzburg 1967

## 14. DIE NEUEN NATIONALSTAATEN UND DAS REICH

England aus erster Hand, hrsg. v. H. C. Kirsch. Arena, Würzburg 1969
Frankreich aus erster Hand, hrsg. v. H. Schreiber. Arena, Würzburg 1970
M. McKendric: Ferdinand und Isabella. Ensslin und Laiblin, Reutlingen 1969
P. Melnikoff: Der Stern und das Schwert. Jugend und Volk, Wien/München
F. Meyer: Wir wollen frei sein. Sauerländer, Aarau 1973
I. Ott: Geier über dem Montségur. Arena, Würzburg 1973
W. Scott: Der Bogenschütze des Königs. Arena, Würzburg 1976
R. Sutcliff: Randal der Ritter. Union, Stuttgart 1967
R. Sutcliff: Der Schildwall. Union, Stuttgart 1966

Vgl. auch Kap. 9 und 10

## 15. NACHBARN UND FREMDE IM OSTEN

H. Baumann: Steppensöhne. dtv junior 7072
China aus erster Hand, hrsg. v. J. Kwok. Arena, Würzburg 1973
H. E. Dettmann: Auf dem Rücken ihrer Pferde. Der junge Dschingis-Khan. Fischer, Göttingen 1970
E. Hartenstein: Kaiser Wu-di kauft Pferde. Boje, Stuttgart 1972
K. F. Kohlenberg: Marco Polo. Engelbert, Balve 1974
Rußland aus erster Hand, hrsg. v. R. Federmann. Arena, Würzburg 1971
L. Ugolini: Mit Marco Polo am Hofe des Großkhans. Styria, Graz 1972
E. Schönbeck: Tschingis Chan. Herrscher der Welt. Boje, Stuttgart 1967

# Bildnachweis

Fratelli Alinari, Florenz (5). Archiv für Kunst und Geschichte, Berlin (1). archivio foto B, Mailand (1). Bavaria-Verlag, Gauting (3). Bayerische Staatsbibliothek, München (1). Bayerische Staatsgemäldesammlungen, München (1). Bibliotheca Apostolica Vaticana (1). Bibliothèque Nationale, Paris (2). Bibliothèque Royale, Brüssel (1). Bildarchiv Preußischer Kulturbesitz, Berlin (3). Erwin Böhm, Mainz (1). Karl Brandt, Herne (1). The British Museum, London (1). Canali, Rom (1). Deutsche Presse-Agentur, Frankfurt/M. (1). Archiv Verlag Moritz Diesterweg, Frankfurt/M. (3). Foto Marburg (5). Germanisches Nationalmuseum, Nürnberg (2).Giraudon, Paris (1). Hachette, Paris (1). G. Heberer (1). Hirmer Fotoarchiv, München (10). Historisches Uhrenmuseum, Wuppertal (1). Holle Bildarchiv, Baden-Baden (2). Ikonenmuseum Recklinghausen (1). Kunsthistorisches Museum, Wien (1). Kunstmuseum Basel, Colorphoto Hans Hinz, Allschwil, Schweiz (1). Robert Löbl, Bad Tölz (1). Ulrich Lübbert, Garmisch (1). Leonard von Matt, Buochs/Schweiz (2). Musée Historique & Archeologique de l'Orlénais (1). Nationalmuseum Kopenhagen (1). Niedersächsische Staats- und Universitätsbibliothek Göttingen (1). Österreichische Nationalbibliothek, Wien (1). Piperdrucke München (1). Paul Popper, London (1). Jochen Remmer, München (1). Rheinisches Landesmuseum, Bonn (2) Römisch-Germanisches Zentralmuseum, Mainz (1). Scala, Florenz (3). Toni Schneiders, Bad Schachem (1). Staatliche Antikensammlungen, München (2). Staatliche Münzsammlung, München (1). Staatliche Museen Preußischer Kulturbesitz, Berlin (2). Staatliches Museum für Völkerkunde, München (1). Staatsarchiv / Staatliche Landesbildstelle Hamburg (1). Staatsbibliothek Bremen (2). Stadtbibliothek Trier (1). Süddeutscher Verlag München (1). Universitätsbibliothek Heidelberg (1). Zentrale Farbbildagentur, Düsseldorf (3).

*Aus Büchern entnommen:*
Pierre Grimal, Römische Kulturgeschichte, Verlag B. Arthaud / Lizenzausgabe Droemersche Verlagsanstalt Th. Knaur Nachf., München (2). Walter Stoeckel, Erinnerungen eines Frauenarztes, Kindler Verlag, München (1). Weltgeschichte der abendländischen Kultur, Georg Westermann Verlag, Braunschweig (1).